新时代工程咨询与管理系列丛书

政府投资项目绩效评价理论与实务

主编⊙周舜英　林玉茹　祝建红　谢望平　李孝林
主审⊙赖铭华　王亦斌　焦红波
策划⊙尹贻林

中国建筑工业出版社

本书编委会

主　　编：周舜英　林玉茹　祝建红　谢望平　李孝林

主　　审：赖铭华　王亦斌　焦红波

策　　划：尹贻林

参编人员：许瑞祥　周　成　周晓生　王圣祥

　　　　　黄玲芝　王俊玲　杨文才　蒋　亚

前　言 | FOREWORD

政府投资项目是为了适应和推动国民经济或区域经济的发展，解决人民日益增长的美好生活需要和不平衡不充分的发展之间的矛盾，以及出于政治、国防、教育等因素的考虑，以政府直接投资为主，配合资本金注入、投资补助、贷款贴息等方式，在社会公益服务、公共基础设施、农业农村、生态环境保护、重大科技进步、社会管理、国家安全等公共领域使用预算安排的资金兴建的固定资产投资项目。

相较于一般项目，政府投资项目旨在适应和推动国民经济或区域经济的发展，满足人民日益增长的对美好生活的需要，故其目标具有双重性，即同时注重效率和公平。此外，由于政府投资项目的公益性特征，其考核应进行综合性评价，采用绩效则能够更为全面地反映投资项目的产出成果。因此，政府投资项目绩效作为衡量国家经济繁荣与人们生活品质的关键，日益受到社会和公众的密切关注。而对政府投资项目开展绩效评价，愈来愈成为提高政府投资项目监管水平、财政资金管理效率的需要。

因此，探索并建立完善的政府投资项目绩效评价体系，是本书的主要研究目的和方向，旨在

（1）廓清政府投资项目绩效评价的相关理论与依据；

（2）明确政府投资项目绩效评价的内容、方法和指标；

（3）提供政府投资项目绩效评价的相关实例。

本书案例翔实，借助某养老院项目、某市乡镇兽医站基础设施扩建项目、某文化中心景观工程、某桥梁项目和某高速公路地方政府专项债券项目等的绩效评价实例，对政府投资项目绩效评价进行了详细说明，本书落地性实操性强。此外，本书对“新时代”背景下的数字化技术、BIM技术在政府投资项目绩效评价中的应用及“新基建”项目绩效评价的相关问题进行了探讨，可为相关后续研究提供借鉴。本书的出版得到了2022年度河南省重点研发与推广专项（科技攻关）项目“基于区块链的水利工程水毁修复项目投资管控综合平台设计与实现”

（222102320174）的资助，特此表示感谢。本书可供政府投资项目绩效评价专业人士、高校工程管理和工程造价专业人员选用。

作者

2023年6月9日

目　录 | CONTENTS

第一章 政府投资项目概论

第一节　政府投资项目的界定 | 002
一、经济学视角下的政府投资项目 | 002
二、政府投资项目的概念及特征 | 005
第二节　政府投资项目管理模式的历史沿革 | 009
一、计划经济投资管理体制阶段 | 009
二、投资管理体制改革阶段 | 012
三、投资管理体制深度改革阶段 | 013

第二章 政府投资项目绩效评价概论

第一节　政府投资项目绩效评价相关概念辨析 | 020
一、项目绩效 | 020
二、项目目标 | 021
三、项目成功 | 021
四、项目管理成功 | 023
五、项目管理绩效 | 024
六、项目绩效评价 | 025
七、政府投资项目绩效 | 026
第二节　政府投资项目绩效的评价 | 026
一、政府投资项目绩效评价的定义 | 026
二、政府投资项目开展绩效评价的必要性 | 027
三、开展政府投资项目绩效评价的政策依据 | 029

第三节　政府投资项目绩效评价的理论基础和研究进展 | 036
一、政府投资项目绩效评价的理论基础 | 036
二、国外政府投资项目绩效评价研究现状 | 045
三、国内政府投资项目绩效评价研究现状 | 047
第四节　政府投资项目绩效评价的主体、客体和类型 | 049
一、政府投资项目绩效评价的主体 | 049
二、政府投资项目绩效评价的客体 | 051
三、政府投资项目绩效评价的类型 | 053

第三章
政府投资项目绩效评价的内涵

第一节　政府投资项目绩效评价的原则、准则与特征 | 062
一、绩效评价原则 | 062
二、绩效评价准则 | 063
三、绩效评价特征 | 064
第二节　政府投资项目绩效评价的内容 | 068
一、投入的绩效评价 | 068
二、过程的绩效评价 | 070
三、产出的绩效评价 | 072
四、其他绩效评价 | 073
第三节　政府投资项目绩效评价的方法、指标与评价结果的应用 | 073
一、政府投资项目绩效评价的方法 | 073
二、绩效评价指标体系概述 | 078
三、政府投资项目绩效评价体系的构建思路 | 081
四、绩效评价结果的应用 | 083

第四章 "新时代"背景下政府投资项目绩效评价

第一节 政府投资项目的数字化管理绩效评价 | 086
一、开展政府投资项目数字化管理绩效评价的必要性 | 086
二、政府投资项目数字化管理绩效评价现状 | 087
三、政府投资项目数字化管理绩效评价要点 | 088
第二节 数字化技术辅助政府投资项目绩效评价 | 090
一、数字化技术辅助政府投资项目绩效评价的可行性 | 090
二、基于数字化技术的政府投资项目绩效评价要点 | 092
三、基于数字化技术的政府投资项目绩效评价模型 | 092
第三节 "新基建"背景下地方政府专项债券资金项目绩效评价 | 093
一、开展地方政府专项债券资金项目绩效评价的必要性及意义 | 093
二、地方政府专项债券资金项目绩效评价指标体系建设的现状 | 095
三、地方政府专项债券资金项目绩效评价指标体系建设的要点 | 096

第五章 某养老院项目绩效评价指标体系构建及评价结果

第一节 项目背景 | 100
第二节 项目绩效评价指标体系的构建 | 102
一、评价的依据 | 102
二、评价指标体系及评价方法 | 104
三、绩效评价指标分析情况 | 107
第三节 综合评价情况及评价结论 | 129
一、运用绩效评价分值法的评价分析 | 129
二、运用成功度法的评价分析 | 133
三、运用逻辑框架法（LFA）的评价分析 | 134
四、运用模糊综合评价法的评价分析 | 136
五、评价结论 | 142
第四节 项目绩效评价结果分析 | 142
一、绩效评价结果应用建议 | 142
二、主要经验、存在的问题和建议 | 143

第六章

某市乡镇兽医站基础设施扩建项目绩效评价指标体系构建及评价结果

第一节 项目背景 | 152

一、项目简介 | 152

二、项目立项审批程序 | 152

三、项目建设的必要性 | 156

四、项目建设的可行性 | 156

第二节 项目绩效评价指标体系的构建 | 157

一、评价的依据 | 157

二、评价指标体系及评价方法 | 159

三、绩效评价指标分析情况 | 166

第三节 综合评价情况及评价结论 | 190

一、绩效评价分值法评价 | 190

二、逻辑框架法（LFA）评价分析 | 194

三、成功度法评价分析 | 196

四、多层次灰色评价法评价分析 | 197

五、绩效评价结论 | 203

第四节 项目绩效评价结果分析 | 205

一、绩效评价结果应用建议 | 205

二、主要经验、存在的问题和建议 | 205

第七章

某文化中心景观工程绩效评价指标体系构建及评价结果

第一节 项目背景 | 210

第二节 项目绩效评价指标体系的构建 | 211

一、评价的依据 | 211

二、评价指标体系及评价方法 | 213

三、绩效评价指标分析情况 | 214

第三节 综合评价情况及评价结论 | 239

一、运用绩效评价分值法的评价 | 239

二、运用逻辑框架法（LFA）的评价分析 | 242

三、运用成功度法的评价分析 | 243

四、运用多层次灰色评价法的评价分析 | 244
五、绩效评价结论 | 251
第四节　项目绩效评价结果分析 | 253
一、绩效评价结果应用建议 | 253
二、主要经验、存在的问题和建议 | 254

第八章
某桥梁项目绩效评价指标体系构建及评价结果
第一节　项目背景 | 258
第二节　项目绩效评价指标体系的构建 | 260
一、评价的依据 | 260
二、评价指标体系及评价方法 | 262
三、绩效评价指标分析情况 | 266
第三节　项目绩效评价结果分析 | 303
一、绩效评价结果应用建议 | 303
二、主要经验、存在的问题和建议 | 303

第九章
某高速公路地方政府专项债券项目绩效评价指标体系构建及评价结果
第一节　项目背景 | 310
一、项目名称、建设内容及资金来源 | 310
二、项目绩效目标 | 310
第二节　项目绩效评价指标体系的构建 | 310
第三节　项目绩效评价结果分析 | 314

第十章

BIM技术辅助的某保障性住房项目绩效评价

第一节　项目背景 | 318

一、项目名称、建设内容及资金来源 | 318

二、BIM技术与该项目的适配 | 318

第二节　某保障性住房项目绩效评价指标体系构建 | 318

一、保障性住房项目绩效评价指标体系 | 318

二、基于BIM的保障性住房项目绩效评价模型构建 | 321

第三节　基于BIM的保障性住房项目绩效评价模型应用 | 323

一、项目识别与准备阶段 | 323

二、项目采购阶段 | 324

三、项目施工阶段 | 324

四、运营阶段 | 325

参考文献 | 326

| 第一章 |

政府投资项目概论

第一节 政府投资项目的界定

一、经济学视角下的政府投资项目

西方经济学理论认为，人类的诸多需求大致可以分为两类，即私人需求（Private Wants）和公共需求（Public Wants）。所谓私人需求，是指个人能够独自满足的要求，是具有排他性的欲望，不允许他人共享。通常，私人需求在市场体系中通过市场机制得以实现；而公共需求则是满足社会公共利益的、具有不可分割性的共同利益需求。换言之，一人对某件物品的需求不妨碍他人对同一物品的同样需求，这样的需求即为公共需求。通常，公共需求无法在市场体系中通过市场机制得以实现，因而需借助政府的调控。在统计收支的计划经济体制下，私人需求是受到压抑和批判的。公共需求则建立在非私人需求基础上，公共需求的有效满足需要公共服务达到供需平衡的状态。因此，集权政治与计划财政是其必然选择，以行政命令为主要方式，国家全部领域的重要投资均属于政府公共投资，由国家专有专段管理。因此，在市场经济的基础上，通过区分与联系私人需求与公共需求，引出了公共财政的理论与实践（尹贻林和阎孝砚，2006）。

在市场经济体制下，社会化大生产满足了私人需求的大规模供应，而私人需求的极大程度满足又使得整个经济社会得以健康、高效地运行，并高效率地配置社会资源，不断促进整个社会财富价值的最大化。同时，从联系的角度看，公共需求也是一种特殊的私人需求：私人需求是公共需求的基础，没有私人需求，公众就会不顾及公共需求的实现；公共需求是私人需求的保障，没有公共需求，私人需求就无法得到保障。也正是如此，国防安全、社会发展、基础设施建设是所有市场主体的必要需求，也是一种社会的共同需求，任何人对其在数量和质量上的“消费”都具有相似性，但是却无法对其加以分割并独占，亦无法按照私人经济的收费形式加以限制。因此，此类需求市场的天然秉性并不相符，故称之为公共需求，并设法寻求特殊的主体以特殊的形式予以供给。能够满足市场主体公共需求的物品被称为公共产品（Public Goods），其表现形式可以是有形的商品、行为或服务等。公共产品也称公共物品，美国经济学家萨缪尔逊（Paul A.Samuelson）对其进行了简明扼要的定义：如果每个人对一种物品的消费不需要从其他人对它的消费中扣除，那么这种物品就是公共物品（莫童，2005）。

公共产品在消费时具有非排他性和非竞争性的特征，即：一旦有人提供，不妨碍其他任何人同等享受。公共物品的非排他性决定了人们可以不付成本享受公共产品的好处，所以每个人都愿意成为免费搭车者，也就是在使用公共产品时会尽量不流露他的偏好以避免付费；公共产品的非竞争性意味着新增一个消费者的边际成本等于零，因而供给者必须以免费的方式来供给。公共产品的非排他性和非竞争性特征决定了成员使用公共产品的边际成本为零，也决定了提供者的边际收益为零。因此，尽管公共产品的供给主体包括个人、企业或其他组织等，但是由于这种供给与消费活动完全不能以市场等价交换的形式来解释和实现，即：它们无法遵循市场机制来定价收费，或因为私人主体无法强制他人缴费而使这种收费不可能，或者收费成本和收费所带来的社会交易成本过于高昂，故理性的市场主体根据占优策略通常难以主动产生供给行为，只有国家或政府才最适合供给此类产品。究其原因，国家或政府是享有强制权力的政治实体，其权力范围和活动空间覆盖整个领土辖区，它所提供的公共产品或服务能够让其管辖下的每一个个体无差别地受益；同时，它也能够行使国家管辖权，强制性地收取提供公共产品的费用，并能让任何人都没有机会“搭便车”。新旧历史学派经济学家对此也做出了类似表述，如阿尔伯特·沙夫勒提出应适当满足公共需求和私人需求，瓦格纳（Adolf Wagner）提出了著名的“瓦格纳法则”，认为在经济快速发展的情况下政府的公共支出也应该逐渐增加。

在市场经济体制下，政府作为国家公共财政的掌控者，其职责范围包括利用国家公共财政对国民经济的特殊领域以特有的方式进行投融资和建设活动，这也是政府履行其经济职能的必由之路。市场的本质是交换，通过市场的价格机制和竞争机制可以实现优胜劣汰，激励高效率的经济主体、淘汰落后的产业产能，提升市场主体活力和积极性，提高资源配置效率，促进经济发展。国家和政府则对市场和社会进行管理，维护统治阶级利益和市场秩序，保证各种有冲突的经济利益主体能够以和平的方式实现经济交换和共处。市场极大地促进了社会经济和其他方面的发展，而政府能够对市场失灵、经济危机、社会公平、资源配置等问题进行宏观调控，并为社会提供诸如国防、教育、卫生、基础设施等公共产品。可见，政府和市场是人类社会发展的必要条件和推动因素。当前，世界上大多数国家都相当重视政府和市场在社会发展中的重要作用，并着力去寻找它们两者之间的最佳配合点。我国也提出“在发挥政府主导作用、保证国家性质的前提下，充分发挥市场在资源配置中的决定作用”的中国式发展模式。政府投资的必要性理论主要有以下三种。

1. 市场失灵理论

约翰·梅纳德·凯恩斯（John Maynard Keynes）提出了市场失灵理论，认为因私人企业的营利性和市场在提供公共物品、垄断、信息不对称等方面的内在局限性，单纯依靠市场无法实现资源的最优配置。一旦出现了市场失灵，为实现资源配置效率的提升和最大化，就会出现不完全竞争、信息失灵、负的外部性、公共产品和协调失败。因此，政府就必须在不同程度上对市场行为进行干预，以维护全体公众的利益，并使市场逐步回归正常或无限接近于完全竞争的状态。市场失灵理论是市场监管理论和政府投资的理论基础，正是由于市场出现了失灵的现象，才需要政府的干预和介入。政府干预的手段很多，其中直接投资是干预经济最有效的方法之一。通过政府投资可以提高社会的整体利益，为社会提供比较充裕的公共产品或劳务，为市场经济主体创造一个适宜的经济环境，降低生产单位的成本，以获得社会利益最大化。

2. 非均衡发展理论

“均衡发展”与“非均衡发展”是发展经济学有关经济发展的两种理论模式。非均衡发展论源于熊彼特的创新理论。非均衡发展理论认为，均衡增长所需要的财力、物力是十分巨大的，是发展中国家所无法支持和实现的。产业部门之间由投入产出联系决定的投资联系效应对发展中国家的资本积累是极其重要的，甚至是决定整个经济发展的一个最基本的因素。因此，发展中国家应当执行非均衡发展的产业结构政策，应当集中有限的资本和资源首先发展一部分地区的一部分产业，用获得的收益进行再投资扩大生产规模，提高经济运行效率，带动发展滞后的地区，以此为动力形成产业"联系效应"。在这种非均衡发展中，除了靠当地人的努力之外，各级政府的投资尤为重要，特别是中央政府。我国的"先富带动后富，实现共同富裕"政策，卫星城市的建设，以及目前我国在城镇化发展过程中，强调要注重大中小城镇的协调发展，都是这一理论的具体应用。

3. 经济增长理论

经济增长理论最早来源于西方经济学，一般认为英国经济学家哈罗德（Harrod R.F.）是该理论的开创者。从古典学派开始，经济增长就成为经济学研究的重要课题。经济增长理论从资本、人力、技术以及全要素生产率等方面来研究经济增长的动力源泉。随着经济增长理论的不断完善和研究的不断深入，创新、制度、国际化等动力因素不断被加入到经济模型中，经济增长动力研究不断细化和深化。其中，传统经济增长理论认为投资是促进经济增长的最重要变量之一。更为重要的是，当一个国家经济发展速度减慢、消费需求萎缩时，政府投资往往成为刺激消费、启动市场、拉动经济增长的重要因素。

政府投资从两方面推动经济增长：一是提高未来的生产能力，二是增加现实的需求。政府投资需要投入大量的投资品和劳动力，从而对生产资料和消费资料的需求增加，这样就会刺激生产的扩张，从而提高就业率、活跃市场，并加快经济发展的速度。但是，由于政府参与经济活动的资金来源是国家公共财政，是社会全体成员之共同财富，故政府的投资行为必须接受投资目的的公益性、投资行为的程序法定性、投资行为与责任的一致性、政府投资行为相对交易人交易机会的平等性、政府投资监管的多重性等诸多条件的制约。

1）投资目的的公益性

政府及其代理人运用国家公共财政资金的投资行为不得以营利为目的、不求经济回报，或将投资回报继续用于公益事业。即使有时对服务对象收取一定的费用，但其目的也是为了补偿服务成本，而不能视为投资收益。相反，其应当以提供社会公共物品或者服务，增加社会全体成员福利总量为宗旨，用于促进经济发展、弥补私人投资不足、完成宏观调控、保护和改善生态环境等事项。

2）投资行为的程序法定性

科学的投资管理程序是规范投资行为、防范投资风险、提高投资收益的基础。例如，实行社会民主政治、三权分立的宪政国家，国家政权一般划分为立法权、行政权与司法权。立法权由国家代议机构（一般是国会）享有，司法权由法院独享，行政管理权则归国家行政机构享有。由于宪法规定的职权所在，可以动用政府财政资金参与投资的机构为其行政机构与部门，而行政机构在立意投资时必须得经过议会辩论、审议与表决、监督，政府投资行为不可能是随意和武断的，并且整个投资参与过程中的行政行为应当符合行政法的基本原则与程序，保持相当的透明度。此外，规范投资行为的程序，亦可对提高建设资金的使用效益和投资管理水平起到重要作用。

3）投资行为与责任的一致性

我国是社会主义国家，政府的投资行为加强了我国社会主义公有制的基础性地位。在法律制度相对完善的条件下，政府行政机构参与的投资行为的风险和失败的责任与投资行为的决策实施职权应互为对应，以此确定投资的责任人。责任人除承担相应的政治责任、行政责任、经济赔偿责任外，有时还面临刑事责任的追究。此外，要完善投资追责机制，使做出投资决策的人员和投资效益密切联系、休戚相关。在投资决策出现明显不利条件下，做出投资决策的人员需要承担相应的责任，以此充分调动项目决策者的责任心和敬畏心。

4）政府投资行为相对交易人交易机会的平等性

由于政府财政来源于国民分配的公共性，本质上应当属于全体国民共有，因而在政府组织支出财政资金进行投资时，凡符合投资目的与条件的公民、法人或其他组织均享有与之进行交易的自由机会，因而政府投资相对人的确定一般属于竞争性质，公平选任适合者。如我国的《中华人民共和国招标投标法》规定，在我国境内进行下列工程建设项目包括项目的勘察、设计、施工、监理以及与工程建设有关的重要设备、材料等的采购，必须进行招标：①大型基础设施、公用事业等关系社会公共利益、公众安全的项目；②全部或者部分使用国有资金投资或者国家融资的项目；③使用国际组织或者外国政府贷款、援助资金的项目。上述规定有效地保障了政府投资行为相对交易人交易机会的平等性。

5）政府投资监管的多重性

由财政归属、权力属性决定，政府投资行为必须要接受监督职权机构、社会舆论乃至国民私人的监督和控诉。此外，应对政府投资项目加强事中、事后监管，完善依法审计机制，健全权责明晰、各司其职的政府投资监管体系，创新在线监测、现场核查等方式，加强项目实施监督检查。

二、政府投资项目的概念及特征

1.政府投资项目概念的界定

政府投资项目的概念是在我国改革开放和现代化建设的实践过程中逐步形成的。在国外一般叫作“政府工程（Government Project）”或“政府项目”，在中国香港、日本等地区和国家叫“公共工程（Public Project）”。政府投资项目指以政府为投资主体，使用一般公共预算资金、政府性基金、财政专户管理的资金以及法律、法规规定的其他财政性资金，采取直接投资、资本金注入、投资补助、贴息等方式投资的固定资产建设项目。其中，投资主体是指对投资资金拥有所有权或者经营管理权、对投资项目有决策权、对投资所形成的固定资产有收益权，并因此承担投资的法律责任和经济风险的法人和自然人。

“政府投资项目”这一术语最早是由财政部在1999 年正式提出的，在这之前，其被称为“财政性基本建设资金投资项目”或者“中央政府投资项目和地方政府资金项目”。《财政部关于印发〈财政性基本建设资金投资项目工程预、决算审查操作规程〉的通知》（财基字〔1999〕37号，简称“财基字〔1999〕37号文”）中明确指出，财政性基本建设资金投资项目指经政府职能部门批准立项，由各类财政性基本建设资金投资或部分投资的项目。同时，该文件又明确了财政性基本建设资金包括以下五项内容：

（1）财政预算内基本建设资金；

（2）财政预算内其他各项支出中用于基本建设项目的资金；

（3）纳入财政预算管理专项基金中用于基本建设项目的资金；

（4）财政预算外资金中用于基本建设项目的资金；

（5）其他财政性基本建设资金。

在财基字〔1999〕37号文的基础上，进一步规范化，并明确提出了财政性基本建设资金投资项目的概念，即财政性基本建设资金投资项目是指政府职能部门批准立项，由各类财政性基本建设资金投资或部分投资的项目。自2019年7月1日起实施的《中华人民共和国政府投资条例》则明确了政府投资项目的边界。根据《中华人民共和国政府投资条例》，政府投资指使用预算安排的资金进行固定资产投资建设活动，包括新建、扩建、改建、技术改造等。政府出资的资金应投向市场不能有效配置资源的社会公益服务、公共基础设施、农业农村、生态环境保护、重大科技进步、社会管理、国家安全等公共领域的项目，以非经营性项目为主，为当地的社会公共建设做出贡献。

事实上，随着我国建设工程投融资体制改革的深入发展，政府投资项目的内涵及其范围也在不断扩展。政府投资项目概念的出现，源于项目资金来源的多元化。而对政府投资项目概念的认识，主要区别在于其资金来源的不尽相同。政府投资项目无疑比财政性基本建设资金投资项目的范畴更广。究其原因，在投资实践中，特别是在政府投资项目的采购行为中，资金来源往往包含政策性贷款和债券，如国家开发银行的贷款、世界银行和亚洲银行的贷款，国债或地方财政性债券等，甚至涉及来自商业性银行或金融机构的贷款，同时也不排除来自证券市场、资本市场的融资资金。此外，政府投资项目投资金额大的特点决定了其资金来源的多元化，也可以是本级公共预算安排的资金、上级财政补助的资金、地方政府发行债券取得的资金、事业收入、捐款、赠款，也可以是政府与社会资本合作模式组合的资金。同时，由于我国是以公有制为主体的社会主义国家，如果把所有公有经济投资的工程都纳入政府投资工程的范畴，势必会造成政企不分的严重后果。此外，国有企业的产权改革和法人治理机制难以形成，故国有企业投资工程不应视为政府投资工程。另一个原因是，WTO的政府采购协议（GPA）的核心原则是无歧视性原则，故如果把国有企业的投资行为视同政府投资，国有企业就将受到政府的特殊保护，从而违反无歧视性原则。西方发达资本主义国家则把项目分为政府项目与私人项目，公营机构投资一般视同政府投资。因为这些国家的私人项目占主导地位，而公有制在我国的经济体系中占据主导地位，这有别于西方国家。因此，不能照搬国外的做法，单纯根据投资主体和经济类型的不同，把项目分为政府项目与私人项目。显然，该概念是根据政府投资项目资金来源来划分政府投资项目和非政府投资项目的，我国按照政府投资项目资金来源而不是按照经济类型划分政府投资项目与非政府投资项目的做法是符合中国国情的。

鉴于此，结合《中华人民共和国政府投资条例》，我们认为政府投资项目的定义应该是：政府投资项目是为了适应和推动国民经济或区域经济的发展，满足人民日益增长的美好生活需要和不平衡不充分的发展之间的矛盾，以及出于政治、国防、教育等因素的考虑，以政府直接投资为主，配合资本金注入、投资补助、贷款贴息等方式，在市场不能有效配置资源的社会公益服务、公共基础设施、农业农村、生态环境保护、重大科技进步、社会管理、国家安全等公共领域使用预算安排的资金兴建的固定资产投资项目。

基于上述分析可知，对于政府投资项目概念的认识是一个渐进加深的过程，这反映出财政部的基建管理机构对这个问题的创新思维。政府投资项目无疑比财政性投资项目的内容更宽，也更准确地指明了财政部门进行投资管理的范围。这对国家各级财政部门加强国家财政性基本建设资金使用的管理和控制将起到积极的促进作用。

2. 政府投资项目的特征

根据国际惯例，政府投资项目与一般项目存在较大的特征差别，并且其特点是由该项目产出的基本特性和政府投资目标的基本指向这两个方面的因素决定的，具体体现在以下几个方面：

1）产出具有公共品性

政府投资项目所提供的产品或服务一般具有较强的公共品性质。公共物品一般都具有“非竞争性”特点，也具有“非排他性”特征。由于公共产品的边际收益为零，导致私人供给不足，为保证社会经济发展及满足人民物质文化等需求，需要由政府来提供，以解决市场失灵的问题。比如，城市的一条收费公路可以集体使用，但是并不把不交费者排除在外。

2）较大的外部性

外部效应指在相互联系、相互作用的经济单位之间，一个经济单位对其他经济单位的影响，而该单位又没有根据这种影响从其他单位获得报酬或向其他单位支付赔偿。外部性有正负之分，所谓正外部性指该经济主体的经济活动在不花费任何代价的情况下就能为另一经济主体带来一定的好处，比如养蜂人的蜜蜂的活动给果农带来好处，而果农不必为此付钱。而负外部性与之相反，个体的行为对其他经济主体和社会经济产生危害或严重影响，但却不需要弥补任何损失，比如汽车尾气、工业废水的排放，这些污染物给社会及其他旁观者造成不良影响，导致生态环境紊乱等。西方社会的“NIMBY”现象（“Not in My Back Yard”的缩写，直译为“别在我家后院”），较好地说明了人们对待负外部性的态度。政府投资项目往往都具有较强的正外部性，比如某投资主体兴建一座水电站，他可以通过发电获取收益，而下游居民也能从电站大坝的修建中获得减少洪水灾害的受益。

3）多是为社会发展服务且非营利的公益性项目

政府投资项目集中在国防建设、基础设施、教育文化等方面，这些项目具有公益性特征，提供者的边际收益几乎为零。政府投资项目的公益性特征致使以追求利益最大化为目标的一般经济组织不愿轻易涉足。此外，这些公益性项目往往又是国家或区域经济发展所不可或缺的基础设施，是改善投资环境、改善人民生活、加强国防安全的必要配备，所以政府可谓是“欲罢不能”，国家财政基本建设资金必须集中投资在这些公益性的基础设施上。

4）一次性投资大、风险高、影响面广

超大型重点政府投资项目具有比一般项目投资大、风险高、影响面广的特征。如港珠澳大桥总投资高达1200多亿元，从规划、立项，到建设、通车，时间跨度超过30年，项目的投资回收期预计长达数十年。如此的高投资、高风险、长回收期，导致一般经济主体“望而却步”。此外，超大型重点政府投资项目的目标具有双重性，即同时注重效率目标和公平目标。因此，这类项目如果没有政府资金的介入，任何其他的经济组织都不可能承受如此巨大的投资额和风险。但是，一旦项目投入运行将形成巨大的生产力，并影响着与该生产力相关的诸多产业、部门，影响着区域经济的发展与产业结构的调整，甚至影响到整个社会经济的发展与人民生活质量的提高。

5）委托代理性

政府投资建设项目实质上是政府代理公众进行投资，公众授予政府代理权。因此，政府应当在自身资源具有优势的情况下来合理实施代理权。而由于政府投资项目的目标具有复杂性，故政府代理具有多层次性，与其他委托代理关系一样，需要建立合理的制度来激励和监督代理权的实施，以期实现委托人与代理人的激励相容。但在实施政府投资项目的过程中，由于代理人的利益往往与委托人的不一致，往往并不总是能实现有效的激励和监督，故容易导致公共资金的投资失控和腐败行为的产生。

3. 政府投资项目的分类

不同的划分标准，可将政府投资项目划分为不同的种类，具体介绍如下：

1）按资金来源划分

根据资金来源的不同，政府投资项目可分为财政性资金项目（包括国债在内的所有纳入预算管理的资金项目）、财政担保银行贷款项目和国际援助项目。其他资金来源项目都属于非政府投资项目，包括国有企业、集体单位、外商和私人投资等。我国的国家机关和实行预算管理的事业单位、团体组织履行自己的职能所使用的资金，既有预算内的，也有预算外的，这是我国财政性资金的特色，国外财政资金只有预算内资金。另外，财政性资金还包括国债资金，故它需要国家财政偿还，相当于国家未来的税收收入。

2）按建设项目性质划分

根据建设项目性质的不同，可将政府投资项目分为经营性项目和非经营性项目两大类型。经营性项目包括港口、机场、电厂、水厂、煤气、公共交通等设施项目，建成后有长期、持续、稳定的收益，项目自身具备一定的融资能力，除政府投资外，还可吸收企业和外商投资。对这类经营性政府投资项目采用项目法人责任制，法人不仅负责项目筹划、设计、概算审定、招标定标、建设实施，还要承担部分资金筹措、投资控制直至生产经营管理、归还贷款以及资产保值增值的责任。近年来，我国大力推行PPP（政府和社会资本合作）模式，这类项目中大量的轨道交通、港口、电力、高速公路、污水处理厂等经营性项目引入了一些私人部门的资金、技术以及管理经验，收到了良好的效果。

非经营性项目是指非营利性、以满足社会公共需求或追求社会效益最大化为目标的政府投资项目，其通常包含文化、教育、卫生、科研、党政机关、政法和社会团体等投资建设项目，是为社会发展服务的，由政府作为单一主体投资建设，建成后由有关单位无偿使用，难以产生直接的回报。由此，非经营性项目除具有政府投资项目的普遍性质外，还具有公益性和投资目标特殊性的特点，即非经营性项目基本是以低价和免费的形式向社会提供，且一般不以经济效益最大化为目标，而是更加注重社会效益的最大化。显然，这类项目不适用项目法人责任制的管理模式，在管理模式上与经营性政府投资项目是有区别的。对非经营性政府投资项目采取项目专业化管理是一种趋势，2004年7月发布的《国务院关于投资体制改革的决定》（国发〔2004〕20号）中明确指出，对非经营性政府投资项目加快推行“代建制”，即通过招标等方式，选择专业化的项目管理单位负责建设实施，严格控制项目投资、质量和工期，竣工验收后移交给使用单位。

第二节　政府投资项目管理模式的历史沿革

新中国成立以来，我国的经济模式历经计划经济、有计划的商品经济和社会主义市场经济的转型过程，我国的政府投资项目管理体制受宏观政策、经济体制的影响，也是随经济体制改革而变迁的，经历了从计划到市场化的历史发展过程。总的说来，政府投资项目的管理体制大致经历了三个阶段。

一、计划经济投资管理体制阶段

从20世纪40年代到20世纪70年代，与高度集中的计划经济体制相适应，我国的投资管理体制始终在集权与分权之间进行调整。具体而言，在此阶段长达20多年的时期，我国投资体制经历了“收权—放权—再收权—再放权”的循环，但是传统投资体制模式仍是与集中计划经济模式相适应的，属于集权投资模式，具体表现为中央集权制和中央统一领导下的地方分权制两种形式。所谓的“收权”和“放权”的调整，始终是在中央政府和地方政府之间进行的，政府在整个投资活动过程中的主导角色始终没有改变过。因此，在计划经济投资管理体制阶段，几乎所有的建设项目都是政府投资项目。

1. 中央高度集权下的统一管理

在国民经济恢复时期（1949 ~ 1952年）和第一个五年计划（1953 ~ 1957年）时期，中央高度集权，统一管理。在第一个五年计划时期，随着对多种所有制进行统一改造的社会主义改造的基本完成，我国投资管理体制形成了高度集中统一的模式，或者说是形成了由国家"全统全包"的投资分配制。总的来说，在国民经济恢复时期和第一个五年计划时期，我国经济体制处于逐步建立的过程中，国家投资实行集中管理，投资决策权集中于国家，建设资金由国家统一拨款，理顺了基本建设管理机构和管理制度，基本建设投资统一由专业银行办理拨款和监督，建立起高度集中计划的投资模式。

2. 投资管理权限的第一次下放

1958年至1960年，投资管理权限迎来了第一次下放。在计划管理的条块关系上，改从中央到部委的"条条"管理为以"块块"管理为主，即由原来中央部委的"条条"管理为主转为以地方管理为主，部分年度国民经济计划和国家预算核定的基本建设投资（包括储备资金）实行包干制。在管理制度方面，破除部分规章制度，弱化投资管理，原先的合理制度"先勘察，后设计；先设计，后施工"被废除，实行"边勘察、边设计、边施工、边生产"的"四边"做法，抛弃了合理的基建程序，造成了部分返工损失和工程质量事故。

3. 恢复和重建中央集权管理

1961年至1965年的国民经济调整时期，我国在投资管理体制方面恢复和重建了中央集权管理的模式。1961年国民经济进入调整时期，我国重新实行集中统一的投资管理体制，再度把基本建设的管理权集中到了中央政府。国家重申全国统一计划的原则，收回了下放给地方的投资管理权限。国家规定：基本建设投资不再由地方财政包干，而由中央财政专项拨款。此时期加强了投资管理机构的建设，恢复和重建投资管理规章制度，严格控制、严格规定基本建设审批权限。这些措施有效地精简了基本建设的规模。

4. 投资管理权限的第二次下放

这一时期，简化甚至废除了必要的基本建设程序及投资管理制度，把投资管理、监督和经济核算作为"资产阶级法权"横加批判，投资管理组织体系面临严重挑战，投资管理方针、政策和规章制度被否定，投资管理权限大量向地方下放。

在计划经济投资管理体制阶段的20多年里，我国政府投资项目的工程建设管理模式主要采取过以下几种方式：

一是建设单位自建自管方式。由建设单位自己设置基建机构，负责支配建设资金、对工程项目建设全过程进行组织管理，自行组织设计、施工力量，配置采购施工机械材料。在国民经济恢复时期，这种方式有过短暂的应用。这种模式易导致权责不分明，管理专业性不强，监督力度薄弱等一系列问题。自建自管方式的流程如图1–1所示。

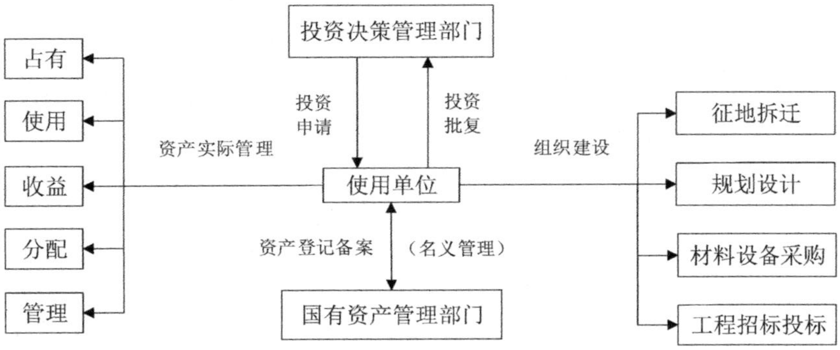

图1-1　自建自管方式流程图

二是第一个五年计划时期采用的甲、乙、丙三方承发包制度。甲方（建设单位）由政府主管部门负责组建，乙方（设计单位）和丙方（施工单位）分别由各自的主管部门进行管理。建设单位自行负责建设项目全过程的管理。设计、制造、施工任务分别由各自的政府主管部门下达，项目实施过程中的许多技术、经济问题由政府有关部门直接协调和负责解决。这种方式下，虽采取合同的方式明确了甲乙双方的经济关系，但甲方（建设单位）的资金、物资供应由主管部门统一管理，同时乙方和丙方也由主管部门采取行政指令的方式指定。甲、乙、丙三方承发包制度的流程如图1–2所示。

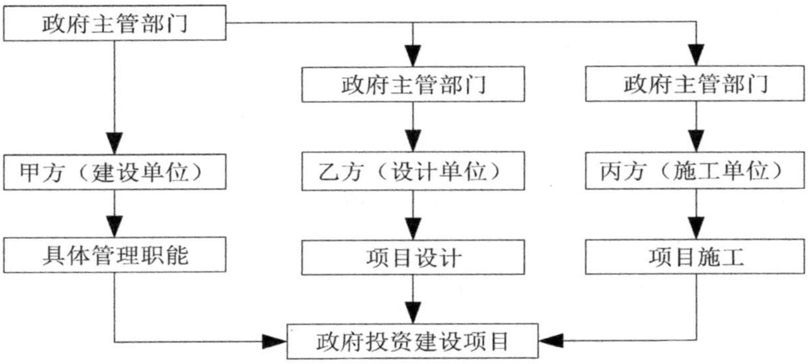

图1–2　甲、乙、丙三方承发包制度流程图

三是工程指挥部方式。20 世纪60～70年代，在公路等大型工程建设领域，由政府部门提出计划，相关部门抽调人员组成协调议事机构，即指挥部模式。工程指挥部是高度集中的计划经济的产物，在“二线建设”中得到发展，指挥部通常由政府主管部门指令各有关单位派代表组成，统一指挥工程项目的所有工作。大型工程项目和重点工程项目多采用这种方式进行建设。这种模式的缺点在于其属于临时性机构，以行政指挥为主，政企不分，无法独立履行职责，不利于工作人员管理政府公共工程的经验的积累，进而不利于培养专业化的政府公共工程管理人员。工程指挥部模式的流程如图1–3所示。

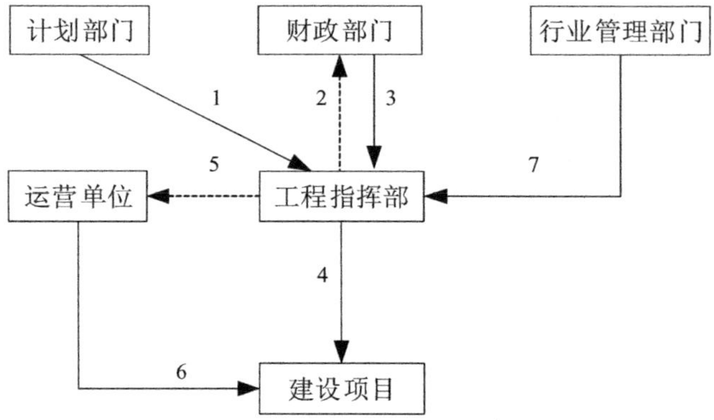

注：
- 项目立项阶段
  1.计划部门立项组建工程指挥部
- 项目投资阶段
  2.指挥部编制概算
  3.财政部门拨付资金
- 建设阶段：
  4.指挥部负责建设
- 项目运营阶段：
  5.移交
  6.使用
  7.行业管理部门监管

图1-3　工程指挥部模式流程图

总的来说，在政府作为单一投资主体的情况下，对投资项目的利益诉求主要是作为最终业主的政府本身，这也就决定了上述政府投资项目管理模式基本上处于粗放式管理的阶段。随着投资主体多元化局面的形成和项目利益诉求主体的增加，项目管理方式迎来了变革，逐步走向集约化。

二、投资管理体制改革阶段

此阶段的时间跨度为1979年至1992年。1979年年初的全国基本建设工作会议规定基本建设投资实行“拨改贷”，投资体制改革由此开始，政府对投资项目管理的改革也初见端倪。

1. 推行贷款制、投资包干和招标投标制度

1979年至1983年，集中计划的政府投资管理模式开始变革，此阶段主要推行了拨款改贷款、投资包干和招标投标制度。此外，此阶段的国有施工企业开始推行经济责任制，而建筑企业则从实行“利润留”更改为“利改税”。后来开始试行国际通行的建筑工程安装招标制度，而工程设计单位则实行设计取费制度，并着力扩大企业的经营自主权。如此，曾经是政府事业单位的建筑施工企业、设计单位开始按照市场规则行事，发挥市场经济主体的作用。

2. 市场经济投资管理体制开始萌芽

1984年至1992年，市场经济投资管理体制开始萌芽。究其原因，随着我国经济体制改革的深入进行，政府对投资的管理也需与市场化的步伐合拍。以1984年国务院发布的《国务院关于改革建筑业和基本建设管理体制的若干问题的暂行规定》和1988年发布的《国务院关于印发投资管理体制近期改革方案的通知》为标志，政府对投资体制进行了一系列的改革。《国务院关于改革建筑业和基本建设管理体制的若干问题的暂行规定》明确规定：“全面推行建设项目投资包干责任制；大力推行工程招标承包制，并鼓励竞争，防止垄断。”此外，此阶段开始实行多种计划管理形式，逐步缩小指令性计划范围，扩大指导性计划；进一步下放审批权限，简化审批手续；固定资产投资项目的决定权逐步分散，建立投资项目评估审议制度；投资建设领域推行招标投标制，政府进一步实现了由投资活动的直接控制者向社会投资活动的宏观管理者的转换。

1978年改革开放以后，特别是在20世纪80年代，我国政府投资项目的工程建设组织方式也进行了改革的探索。1979年，工程项目建设方式结束了长达20年的工程指挥部制，恢复了第一个五年计划时期的承发包制度。1984年开始，随着国务院颁布《国务院关于改革建筑业和基本建设管理体制若干问题的暂行规定》，基本建设和建筑业体制改革，实行建设工程招标承包制和项目投资包干责任制，建立工程承包公司和城市综合开发公司，改革工程项目所需资源（人、财、物）的供应方式，实行设计单位企业化和建设工程质量监理制度，使我国的工程项目建设方式开始与国际惯例接轨。

三、投资管理体制深度改革阶段

此阶段的时间跨度为1992年至今。1992年11月9日，国家计划委员会颁布了《关于建设项目实行业主责任制的暂行规定》，进一步强化投资责任约束。1993年11月，党的十四届三中全会审议通过《中共中央关于建立社会主义市场经济体制若干问题的决定》，将十四大提出的经济体制改革的目标和原则具体化，明确了建立社会主义市场经济体制的基本任务和要求，提出了建立社会主义市场经济体制的总体目标。相应地，政府投资管理体制也实行了一些深层次的变革，与市场经济规则相适应的投资管理体制在这一阶段得以初步形成。

此外，《中共中央关于建立社会主义市场经济体制若干问题的决定》中提出深化投资体制改革的原则要求，并将所有投资项目划分为竞争性、基础性和公益性三种类型。此外，源于1988年的工程监理试点工作于1996年得以全面铺开，工程建设监理制由此转入全面推行阶段。与此同时，国有企业作为投资过程的管理主体从政府分离出来。1996年3月，国家计划委员会颁布了《关于实行建设项目法人责任制的暂行规定》，规定“国有单位经营性基本建设大中型项目在建设阶段必须组建项目法人”“由项目法人对项目的策划、资金筹措、建设实施、生产经营、债务偿还和资产的保值增值，实行全过程负责”。由此，我国投资缺乏责任约束机制的问题得以解决，政府投资项目的实施过程管理真正变成了企业行为。此外，明确了政府投资范围划定在非竞争性、非营利性基础设施和公益性项目范围内，政府作为市场经济投资宏观调控主体的角色初步确立。在此后相当长的一段时间内，关于市场与政府在资源配置中的作用与关系一直是讨论的热点问题。党的十八大以来，党中央充分肯定了市场在配置资源中的决定性作用。党的十八届三中全会首次明确了“使市场在资源配置中起决定性作用和更好发挥政府作用”。党的十九届五中全会进一步提出“充分发挥市场在资源配置中的决定性作用，更好发挥政府作用，推动有效市场和有为政府更好结合”。从“基础性作用”到“决定性作用”，再到“更好发挥政府作用，推动有效市场和有为政府更好结合”，实现了质的突破，破除了公有制和市场经济能否统一的理论难题。实现了我国社会主义基本制度与市场经济的有机结合，达到了“有效的市场”和“有为的政府”的有机统一。党的十九大提出，要“构建市场机制有效、微观主体有活力、宏观调控有度的经济体制”，继续在理顺政府和市场关系上下功夫。既要“有效市场”，又要“有为政府”，把“看不见的手”和“看得见的手”的优势都发挥好，更好地体现社会主义市场经济体制的特色和优势。

总体而言，自改革开放以来，国家对原有的投资体制进行了一系列改革，打破了传统计划经济体制下高度集权的投资管理模式，初步形成了投资主体多元化、资金来源多渠道、投资方式多样化、项目建设市场化的新格局。但是，投资体制还存在不少问题，特别是企业的投资决策权没有完全落实，市场配置资源的基础性作用尚未得到充分发挥，政府投资决策的科学化、民主化水平需要进一步提高，投资宏观调控和监管的有效性需要增强。在此时期，我国政府投资项目的工程建设管理模式主要采取了以下几种方式：

1. 项目法人制模式

项目法人制模式是指对于营利性基础设施项目，由投资人（包括政府和私人投资者）共同组建项目公司，对项目筹划、准备、建设、运营的全过程负责。1995年水利部颁布的《水利工程建设项目实行项目法人责任制的若干意见》，以及1996年国家计划委员会颁布的《实行建设项目法人责任制的暂行规定》，确立了这种模式。随后，项目法人制在水利、交通、铁路等建设领域广泛推行，成为基础设施建设遵守的基本管理制度之一。项目法人制模式是对我国以往项目管理模式的重大变革，首次从体制机制方面明确了政府投资项目的法人承担的职责、拥有的权限和享有的利益，实行项目法人制模式进行投资管理，典型项目主要有三峡工程、各地地铁、高速公路工程，以及深圳盐田港项目等。此外，对于非营利性项目，则是利用项目法人制模式来模拟企业化、市场化运作形式，项目法人通常由政府某一主管部门担任，管理费用从项目管理费中列支，项目建成后的运营依靠政府财政拨款。经营性的项目法人制模式的流程如图1–4所示。

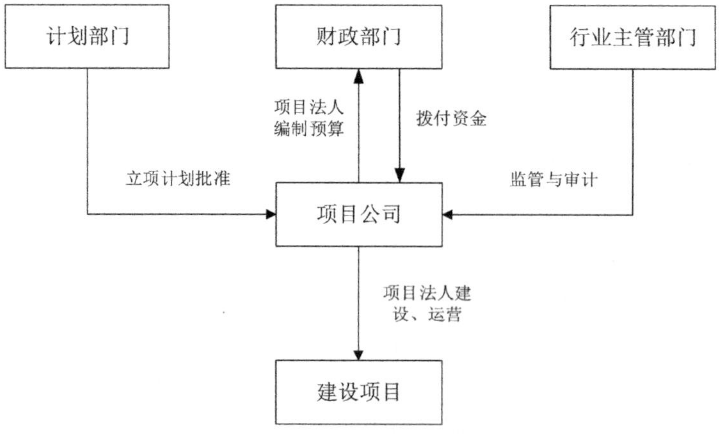

图1–4　项目法人制模式流程图

2. 政府采购模式

政府采购模式，即由政府设立统一的集中采购机构，对公共房屋或中、小型基础设施项目负责建设，建完后移交给国有机构使用或移交给运营单位运营。《中华人民共和国政府采购法》和《中华人民共和国政府采购法实施条例》规定，国家机关、事业单位和团体组织的采购项目既使用财政性资金又使用非财政性资金的，使用财政性资金采购的部分，适用《中华人民共和国政府采购法》及《中华人民共和国政府采购法实施条例》；财政性资金与非财政性资金无法分割采购的，统一适用《中华人民共和国政府采购法》及《中华人民共和国政府采购法实施条例》。在政府采购模式中，集中采购机构发挥核心作用，负责预算编制、建设等阶段的管理工作，是典型的集中管理模式。与计划阶段的分散管理模式相比，它具有一些更明显的优点，如便于节约管理成本；便于促进经验的积累和管理水平的提高；由于普遍实行了招标投标制度，工程采购的价格普遍降低；有利于发挥政府采购的宏观经济调控功能，便于通过政府采购实现特定的社会政策目标等。项目采购模式的流程如图1-5所示。

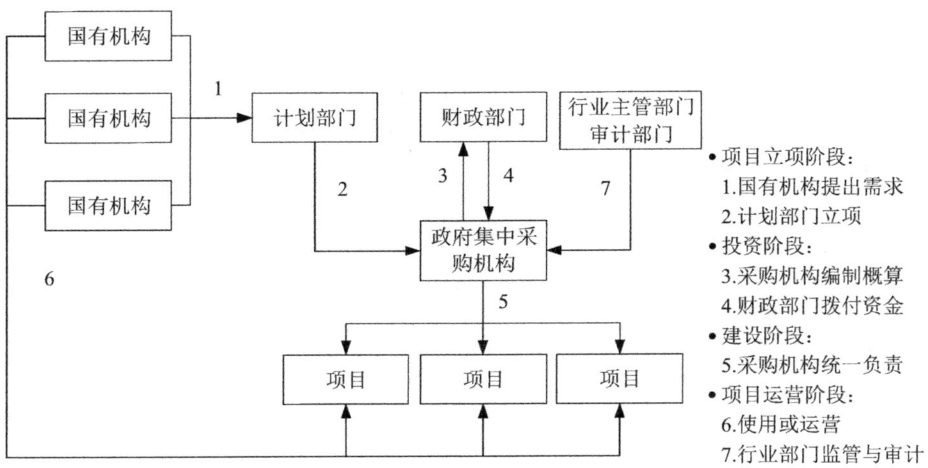

图1-5　项目采购模式流程图

3. 代建制模式

代建制是由政府投资主管部门或其授权机构通过招标方式选择专业化的项目管理公司，对政府投资项目建设实施全过程或分阶段管理，严格控制项目投资、质量和工期，竣工验收后移交给使用单位的建设方式。当前，代建制按代建范围不同分为两种方式：一种是分阶段代建，另一种是全过程代建。分阶段代建根据项目的建设周期可以分为项目前期代建和项目实施代建两部分。对于一些专业性较强的项目，项目使用人可以分阶段选择不同的代建人，以充分发挥代建人的专业优势。全过程代建是代建人负责从项目前期、实施阶段，直到竣工验收的全过程管理。一般来说，只有大型的综合性的项目管理公司具备全过程管理的能力，多数政府投资项目代建管理方式为分阶段代建。在代建制实施过程中，陆续出现了代建的“厦门模式”“宁波模式”“深圳模式”等。代建制模式的流程如图1–6所示。

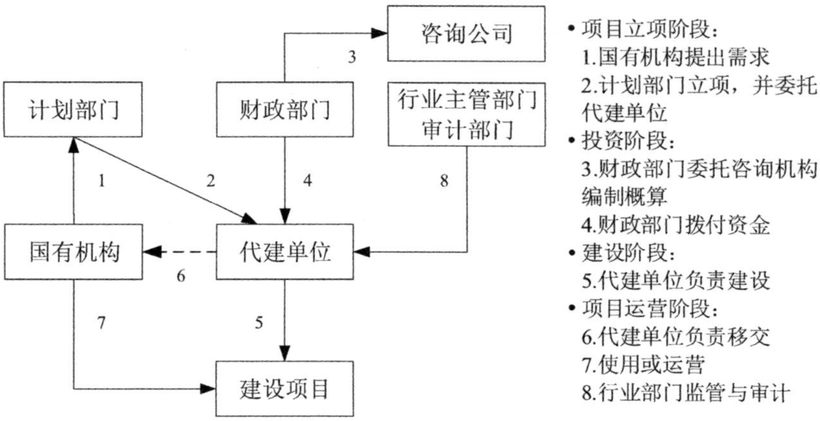

图1–6　代建制模式流程图

4. DBB模式

DBB模式即设计—招标—建造模式，是传统的国际上通用的项目承发包模式。该模式下，业主委托建筑师或咨询工程师（工程师）进行前期的可行性研究等工作，待项目立项后再进行设计、编制施工招标文件，设计完成后协助业主招标选择承包商。业主和承包商签订施工合同，承包商可进一步分包。业主一般指派业主代表与咨询方和承包商联系，负责项目管理工作。由于DBB模式下设计和施工相分离、二者分而治之，这极易导致项目建设过程中的脱节和“扯皮”现象，无法满足发包人日益增长的投资多、工期短、高质量的需求。此外，随着建筑行业投资的规模不断扩大，建设规模大型化、施工技术复杂化、建筑信息数字化等现象亦在客观上要求建筑工程施工项目经营管理的全面化、规范化、数字化，传统的承发包模式面临越来越严重的挑战。DBB模式下的项目参与方关系如图1–7所示。

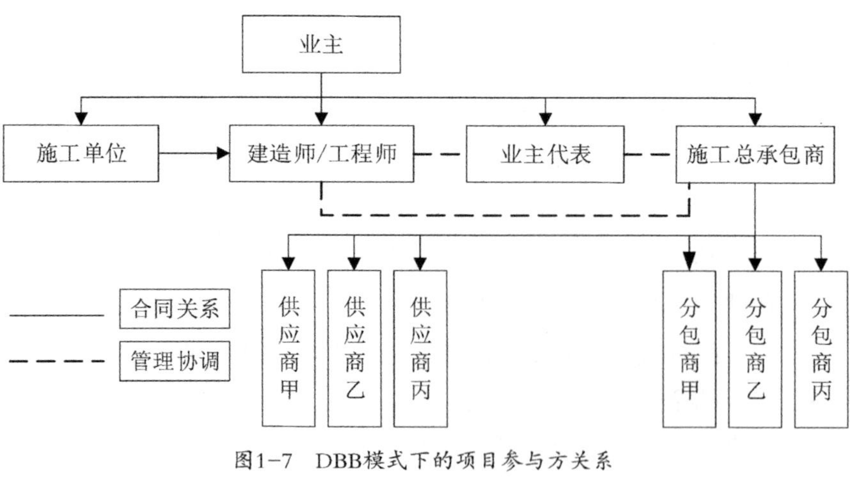

图1–7　DBB模式下的项目参与方关系

5. DB模式

DB模式即设计—施工模式（Design–Build），是指承包商负责工程项目的设计和施工安装全过程的总承包。该模式下，业主首先聘请一家咨询公司为其研究项目的基本要求并明确工作范围。在项目原则确定之后，业主选定一家公司负责项目的设计和施工工作。这种方式在投标和签订合同时是以总价合同为基础的（可调价）。工程总承包商对整个项目的成本负责，其可以采用竞争性招标方式选择分包商，当然也可以利用本公司的设计和施工力量完成一部分工程。此外，该模式下的业主聘用工程师（FIDIC黄皮书）或业主代表（美国AIA）进行项目管理。该模式下，承包商对工程承担了大部分责任风险，适用于房屋建筑、大中型土木、机械、电力等项目。DB模式下的项目参与方关系如图1–8所示。

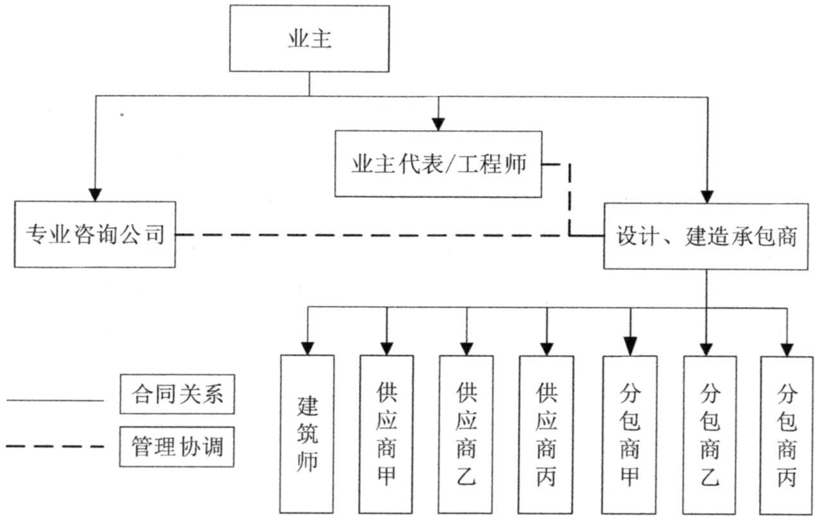

图1–8　DB模式下的项目参与方关系

6. PMC模式

PMC（Project Management Contractor）模式，国内通常叫作“项目管理承包商”，诞生于20世纪80年代初。在该模式中，业主首先委托一家有相当实力的工程项目管理公司对项目进行全面的管理承包，直接参与项目的设计、采购、施工和试运行等阶段的具体工作。PMC模式下，发包人通常通过招标的方式聘请一家有实力的项目管理承包人（公司或公司联营体）作为发包人大代表或发包人的延伸，帮助发包人在项目前期策划、项目定义、项目计划、项目融资，以及设计、采购、施工、试运行等整个过程中实施有效的工程质量、进度和费用控制，进行集成化管理，达到项目生命周期技术和经济指标的最优化。PMC项目参与方关系如图1–9所示。

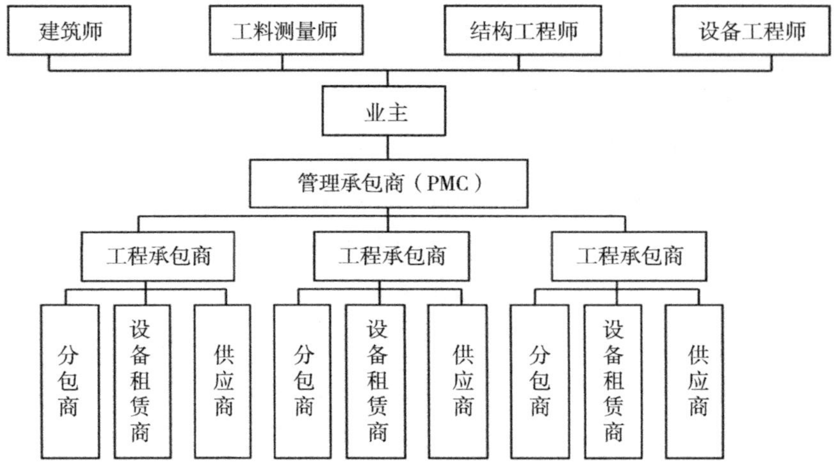

图1-9 PMC模式下的项目参与方关系

7. EPC模式

EPC（Engineering-Procurement-Construction）模式，即设计—采购—施工模式，在我国又称之为“工程总承包”模式。该模式首次于20世纪80年代在美国出现，得到了那些希望尽早确定投资总额和建设周期（尽管合同价格可能较高）的业主的青睐，在国际工程承包市场中的应用逐渐扩大。EPC模式中，Engineering不仅包括具体的设计工作，而且可能包括整个建设工程内容的总体策划以及整个建设工程实施施工组织管理的策划和具体工作。在EPC模式下，业主只要大致说明一下投资意图和要求，其余工作均由EPC承包单位来完成。业主不聘请监理工程师来管理工程，而是自己或委派业主代表来管理工程。该模式下，承包商承担设计风险、自然力风险、不可预见的困难等大部分风险，且一般采用总价合同。EPC模式下项目参与方关系如图1-10所示。

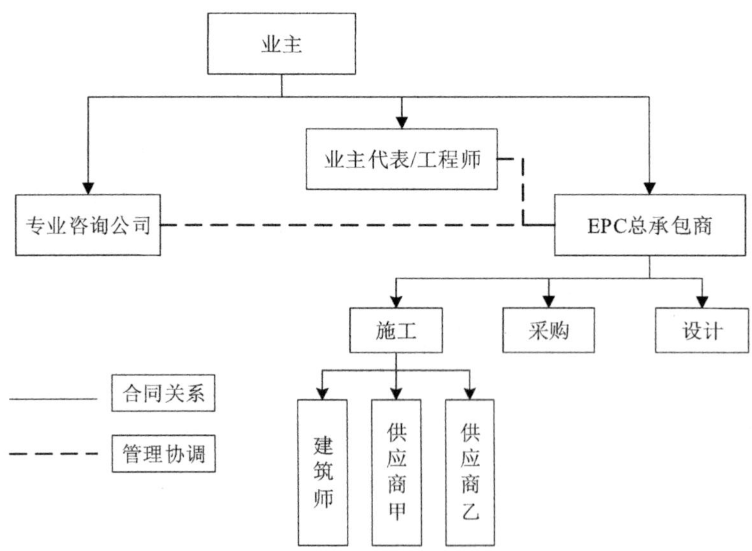

图1-10 EPC模式下的项目参与方关系

| 第二章 |

政府投资项目绩效评价概论

第一节 政府投资项目绩效评价相关概念辨析

随着中国经济进入新常态，政府投资项目逐渐以物超所值、精准投放为导向，以期撬动更大的投资。与之对应，政府投资项目绩效关注的便是工程项目利益相关者的诉求和社会投资回报率等问题。即政府投资项目绩效较好地契合了政府投资项目领域对“激发投资活力、提高投资效益”追求的本质属性。基于此，政府投资项目绩效的相关研究引起了政府投资领域学者的极大关注。政府投资领域，与政府投资项目绩效相关的概念还有很多，如项目绩效、项目目标、项目成功、项目管理成功和项目绩效评价等，以下将逐一进行介绍和辨析。

一、项目绩效

《辞海》对于“绩效”的解释为工作的成绩与效果。学术界对绩效的理解，主要有两种代表性观点：一是从结果的角度出发来理解绩效，认为绩效是一种与工作有关的结果，如Bernadin等认为绩效应被定义为工作结果，因为这些工作结果与组织战略目标、顾客满意度及所投资金的关系最密切；Kane认为绩效是一个人留下的东西，这种东西与目的相对独立地存在。不难看出，持这一观点的学者是从投资学角度来讲的，认为绩效需要投入，投入后就应该按照投入产出比来衡量其结果，这与绩效评价指标体系的设计有关，比如用市场或财务指标来衡量绩效结果等。另一种则是从行为角度来认识和理解绩效，如Murphy指出，绩效是与一个人所在的工作组织或组织部门的目标有关的一组行为；Campbell则认为绩效即是行为，其应与结果分开，因为结果会受到系统因素的影响。绩效界定的结果与行为两种视角，在后续的研究中都得到了一定程度的发展与深化。

除上述两类相异的绩效观外，后续研究也出现了“综合观”，即将结果和行为综合起来去考察绩效。如Brumbrach认为绩效管理不仅要关注行为的内容和结果，同时也要关注行为的过程。

项目绩效的相关研究肇始于现代管理学之父彼得·F.德鲁克（Peter F.Drucker）于20世纪70年代后期提出的目标管理理论，其指出管理之所以存在，是因为它专注于绩效，又细化为三项具体任务：经济绩效、使工作富有生产力并使员工有所成就、管理社会影响和社会责任。目前学术界对项目绩效尚无被普遍接受的定义，方建参照项目及绩效的定义，将项目绩效定义为建设项目业主方组织成员在实现项目目标的过程中表现出来的行为和结果。这显然是以绩效的“综合观”来定义项目绩效。与之类似，专注于公共项目的学者对公共项目绩效的界定由最初的“结果观”（绩效即结果）逐渐演变为“综合观”（绩效是结果与过程的统一体）。因此，公共项目绩效的评价应同时注重静态的结果和动态的运行过程两个方面。

二、项目目标

项目目标的概念起源于现代管理学之父彼得·F.德鲁克和管理过程学派的主要代表人物之一哈罗德·孔茨。彼得·F.德鲁克于1954年在《管理的实践》一书中介绍了目标管理的概念。企业的运作要求各项工作都必须以整个企业的目标为导向，尤其是每个管理人员的工作更必须注重企业整体的成功。企业管理人员创造的业绩必须衍生于企业的业绩目标，他们的成就也必须根据其工作对企业成功所作的贡献来衡量。

由此，其提出了目标管理的主张：企业的目的和任务必须转化为目标。目标的制定者必须先确定企业的航标（总目标），然后对航标进行分解，以使目标流程分明。1993年，哈罗德·孔茨在《管理学》一书中阐述了目标的性质与制定过程。其认为：企业及其各部门的目标必须是可考核的；为实现企业的宗旨，必须设置众多的企业目标。

自彼得·F.德鲁克和哈罗德·孔茨之后，目标管理方面的著述和实证研究颇多，而这一有价值的管理制度和方法逐渐被引入到建设项目管理的实践之中，并对其产生了深远影响。这是因为工程项目管理是为实现项目目标而实施过程管理活动。鉴于建设项目具有一次性、不确定性和高风险等特点，项目管理人员须在项目执行的初期即制定科学合理的目标，然后以实现目标为指引，对建设项目的实施过程进行有效控制。对建设项目而言，目标是指期望项目达到或取得的成果的描述。建设项目不同参与方的项目目标如表2-1所示。

建设项目参与方的项目目标　　表2-1

参与方	利益	参与阶段	项目目标
业主	本身	实施阶段全过程	投资、进度、质量
设计方	整体、本身	主要在设计阶段	成本、进度、质量、投资
总承包商（DB/EPC）	整体、本身	实施阶段全过程	安全管理、投资、成本、进度、质量
施工方	整体、本身	主要在施工阶段	安全管理、成本、进度、质量
供货方	整体、本身	主要在施工阶段	投资、进度、质量

三、项目成功

目前，国内外还未对项目成功这一概念形成统一的认识。项目成功作为一种难以领会的感觉，对不同主体有着不同的含义，业主、设计方和承包商等都有自己的一套项目成功标准；即便是同一个主体，其在不同的项目或在同一项目的不同阶段对项目成功的理解也可能存在差异。尽管如此，一些学者仍对项目成功进行了定义，如表2-2所示。

项目成功的不同定义　　表2-2

文献	项目成功的定义
Tuman（1986）	能够使用充足的资源、以一种较快的方式满足项目的所有预期
De Wit（1986）	项目满足其运行所需的技术性能需求，并且达到了上级组织、项目团队成员、终端用户等的满意标准
Ashley等（1987）	项目在成本、工期、质量、安全和项目参与者满意度方面的结果均满足或超过预期
Pinto等（1987）	实现工期和预算约束、实现既定的项目目标、被用户接受和使用的项目即是成功的项目
Wuellner等（1990）	实现工期和预算约束、实现盈利目标并具备较高的用户满意度、有高质量的设计或咨询服务等的项目即是成功的项目
Baccarini（1999）	项目成功包括项目管理成功和产品成功
Cooke-Davie（2002）	项目成功与项目的全局目标和长期效应相关
Al-Tmeemy等（2011）	项目成功包括项目管理成功、产品成功和市场成功

众所周知，提高项目管理活动的效果与效率都被认为是项目管理绩效改善的结果，而对其进行合理的评价则是后续工作的前提条件。绩效评价通常是指确定组织实现其目标的程度的评估工作与过程，因此众多研究均是基于项目目标来确定绩效指标。传统意义上，多数项目都涉及成本、进度/时间和质量三大目标，它们也被称为项目成功的三大标准。

对于项目目标、项目绩效和项目成功这三个紧密联系的概念，Chan等指出，项目成功是最终目标，而成本、进度和质量三大目标是达到最终目标的三个被广泛接受的标准；每个项目都有一系列的目标需要完成，这些目标也是作为项目绩效衡量的标准而存在的，三者之间的关系如图2-1所示。多数情况下，项目绩效的衡量指标或标准与项目成功衡量指标或标准并无差异。

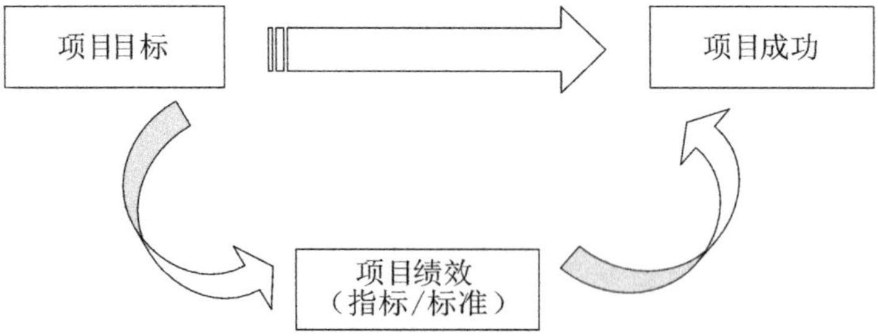

图2-1　项目目标、项目绩效和项目成功之间的关系

四、项目管理成功

作为与项目成功相生的一个概念，项目管理成功的相关研究是在不断与项目成功“作比较”之中发展起来的。目前学术界尚未对项目管理成功下一明确的、被普遍接受的定义，但学者倾向于将其理解为“成功的项目管理（Successful Project Management）”或“项目管理方面的成功（The Success of Project Management）”。如Stawicki给出了项目管理成功的定义：如果项目参与方在最初的预算和工期约束内完成了项目，或者以合理的原因终止了项目，便可视为项目管理成功。其进而给出了这一概念适用的项目类型：1）该项目采用了合适的方法；2）项目实施团队不但具有相关的知识，而且具备相应的经验；3）项目经理具有丰富的知识、经验，并具有必要的个人“软技能”。可见，项目管理成功的落脚点是项目管理方面的成功，这与项目成功有着范围指向方面的区别。

美国项目管理学者J·D.弗雷姆曾以悉尼歌剧院项目来阐释项目成功与项目管理成功的关系：悉尼歌剧院这一项目出现了严重的进度拖期和费用超支问题，若以传统的“铁三角”标准作为评价尺度，该项目在管理方面无疑是失败的；然而，悉尼歌剧院落成后，几乎每一张澳大利亚的旅游明信片上都有该歌剧院的影子，澳大利亚公民认为该项目取得了巨大的成功。可见，项目成功和项目管理成功既存在密切联系，又有显著的区别。

正如Munns等所言，尽管项目管理成功常与项目的最终成果相联系，但项目管理成功和项目成功并不是天然的直接相关的。De Wit和Baccarini指出，二者涵盖的全寿命周期长短和实现的项目目标层次均不相同。Munns等将项目的全寿命周期分为概念阶段（Conception Phase）、计划阶段（Planning Phase）、生产阶段（Production Phase）、移交阶段（Handover Phase）、使用阶段（Utilization Phase）和关闭阶段（Closed Own Phase）。基于此，Munns等进而指出了项目成功与项目管理成功在涵盖范围方面的差异：项目管理成功仅涵盖阶段2~4（计划阶段、生产阶段、移交阶段），项目成功则涵盖了项目的全部阶段，如图2–2所示。

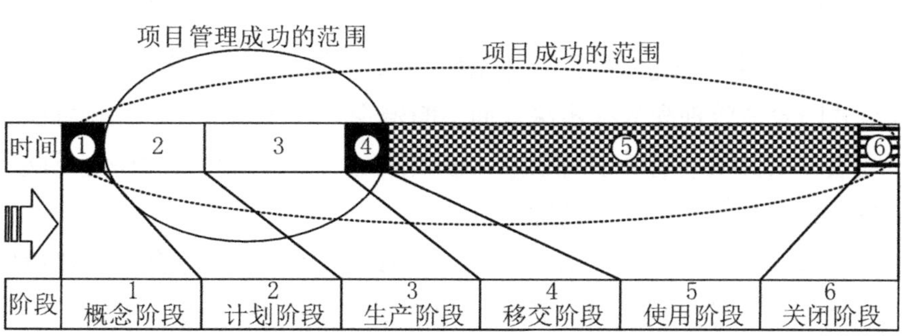

图2–2　项目成功与项目管理成功的涵盖范围

Munns等对这六个阶段的定义分别为：①概念阶段——项目的想法是在客户组织中产生的，其可行性是确定的；②计划阶段——实现最初想法的方法是经过计划和设计的；③生产阶段——将计划转化为现实；④移交阶段——完成的项目移交给客户使用；⑤使用阶段——客户使用已完成的项目；⑥关闭阶段——项目在其使用寿命结束时被拆除和处置。

由图2-2可知，项目成功比项目管理成功有更丰富的内涵。此外，尹贻林从投资目标、投资回报等因素讨论了项目成功，其认为：技术可行能够保证项目实现投资目标，市场可行能够保证项目的投资回报，环境可行能够保证健康的可持续性发展，社会稳定可行能够保证项目的顺利实施。以上四点是保证项目成功不可或缺的重要因素，是保证项目成功的不二法门。而对于项目管理成功，其认为：控制投资、控制质量和控制进度是项目管理的三大目标。按预设目标完成了三大控制，就是项目管理成功。其观点在一定程度上代表了学术界对这些概念的认知。

Munns等曾指出，以往研究之所以易将项目成功与项目管理成功相混淆，源于三大原因：①时间范围的交叉。项目成功的评估常在项目管理的全部工作结束时展开。此时，部分涉及项目管理成功的指标是已知的，因为预算、进度和质量标准都是可衡量的：项目的各参与方都能够将初始目标与所得成果相比较。与此同时，由于长期指标尚未实现，故其无法衡量。因此，此时判断成功，其实是看它是否满足了项目管理成功的标准。②目标的混淆。项目成功和项目管理成功的目标往往是交织在一起的，二者并没有明确地被区分为两个独立的概念，而总是以单一的同质集合的身份出现。例如，“完成预算约束”可能与“盈利能力”并列为目标。事实上，“完成预算约束”主要是一个项目管理问题，而“盈利能力”却属于项目成功的范畴。③测量的简易性。项目管理的预算和进度两目标在所有项目中都是通用的，并且易于量化。基于此，人们易将注意力集中在项目管理及其成功上，而不是放在更为广泛的项目背景之上。事实上，许多项目目标要么是定性的，以至于不易被客观的方式衡量；要么是长期的，以至于不能加以即时衡量。综上，使用项目管理成功的度量标准来衡量整体项目成功变得极为方便。

五、项目管理绩效

工程项目管理绩效的概念是随着人们对“绩效”认识的深入而不断拓展与丰富起来的，其研究范式随着绩效理念的逐步深入而不断嬗变。天津理工大学尹贻林团队辨析了公共项目管理绩效与项目绩效的区别与联系。该团队对项目管理绩效的研究反映了此领域研究从“结果论”到“综合论”的演进脉络。

柯洪指出绩效应是“绩”与“效”的组合（成绩与效率），综合反映建设成果：“绩”用以衡量项目预期目标的完成程度，侧重于反映量上的成果；“效”则用以度量任务完成的效率，是对建设成果质的反映。可见，项目管理绩效的内涵主要指“结果”；范道津则把公共项目管理绩效界定为“过程+结果”的综合体，认为公共项目的管理绩效评价不仅要着眼于项目的静态结果，更应注重项目管理动态的过程行为，反映了一种综合绩效论；杜亚灵概括出绩效的四大维度，并总结了公共项目管理绩效内涵扩展的历程：从最初将公共项目管理绩效界定为“结果”，过渡至“过程+结果”，并随着PPP项目“物有所值（Value for Money）”的概念而推广；徐志超则指出项目管理绩效的内涵应至少涉及以下四个方面：

（1）项目管理绩效可被视为项目绩效的中介变量，通过资源配置与过程控制，交付支持项目层次目标的成果，进而实现项目绩效、达到项目成功。

（2）项目管理绩效关注项目计划、实施与移交等阶段的管理过程与管理成果，强调“在约束成本范围内，按时移交合格的项目产品”。

（3）项目管理绩效通常为项目管理团队所关注的内容，总承包人或项目管理服务公司为主要执行人员。

（4）项目管理绩效对项目绩效，进而项目成功具有正向促进作用，但良好的项目管理并不必然促成项目绩效的提高或项目成功。

此外，项目管理绩效总是伴随着实际效果与评价效果两大尺度，管理绩效评价由此成为项目管理绩效研究的重要内容。如Campbell等认为管理绩效是与组织目标相关联的行为集合，且此集合是可被观察、测量和评价的。Michael Armstrong认为组织的管理绩效应该从行为和结果两个维度进行测量。徐志超和尹贻林认为工程项目管理绩效在考虑经济性、效率性、效果性的同时，还要分析项目组织行为及这些行为所产生的最终静态结果，包括工期、质量、成本和利益相关者满意度等四个方面。陈奕林和尹贻林指出，在考量工程项目的管理绩效时，应将进度、成本、质量三要素作为其考核的主要度量指标，同时还需兼顾项目利益相关者的满意度。

六、项目绩效评价

项目绩效具有实际效果与评价效果两大衡量尺度。由此，项目绩效评价成为项目绩效研究的重要内容。项目绩效评价是指对项目决策、准备、实施、竣工和运营过程中某一阶段或全过程进行评价的活动，其主要目的是判断项目是否可行或者让项目各级管理者和利益相关方了解和掌握项目执行的基本情况，以便找出问题、及时调控、总结经验。项目绩效评价主要针对项目的实施过程进行评价，即项目中评价，或称为过程评价，它是项目实施过程管理的一个环节，包括针对项目组织、进度控制、费用控制、质量管理等实施管理主要任务的评价和针对资源限制、项目实施风险、项目范围变更、项目合同、环境条件等其他配合支撑条件进行的分析与评价，旨在促进项目绩效目标的实现及项目的可持续发展。故与项目实施前绩效评价相比，项目绩效评价更具现实性（所依据的是项目现实发生的真实数据）、阶段性（每一阶段或每一时点的评价结果只是反映了那个阶段或时点的情况）、探索性（需要分析项目现状、发现问题并探索解决方案）、反馈性（为下一步的项目控制与监管提供决策依据并指明努力方向）及适度性（是项目执行过程中对于执行情况的评价，不应耗费过多的时间和人力，以免影响项目的正常进行）。与项目实施后绩效评价相比，项目实施过程中绩效评价的阶段性与适度性更加优越。

由此，基于项目绩效评价在项目生命周期中所处的阶段和在项目决策过程中的作用，绩效管理者必须明确项目绩效评价的目标和原则，设计一套足以衡量组织目标实现程度的评价指标体系和评分标准，研究开发适用的绩效评价方法，多维度（不同部门、不同时期等）展开绩效评价，分析组织或个人绩效存在的问题，并提出改进对策，做到以指标促进评价，以评价促进管理，以管理促进发展。

七、政府投资项目绩效

随着管理者对绩效认识的深入，政府投资项目绩效的概念不断拓展与丰富，其研究范式也不断嬗变。一方面，相较于一般项目，政府投资项目是为了适应和推动国民经济或区域经济的发展，为了满足社会的文化、生活需要，其目标具有双重性，即同时注重效率和公平。另一方面，由于政府投资项目的公益性特征，导致政府投资项目的产出测算困难，故难以对项目的效益进行全面考核，而采用绩效则能够更为全面地反映投资项目的产出成果。因此，政府投资项目绩效作为衡量国家经济繁荣与人们生活品质的关键，日益受到社会和公众的密切关注。此外，政府投资项目绩效是评价项目运作效率和政府治理水平的重要依据，其不单单是一个政绩层面的概念，还包括政府效率、社会进步、发展预期等内容，政府投资项目绩效的核心是提高服务质量和满足社会公众的需求，这一观点涵盖了公共责任和顾客至上等管理理念。最后，政府投资项目绩效是政府在履行职责、实现政府意志过程中所体现出来的管理能力和管理水平，以及在社会管理活动中的结果及管理工作的效率和效能的直接体现。

总的来说，政府投资项目绩效就是指公共财政支出活动所取得的实际效果，反映了政府为满足社会公共需要而进行的资源配置活动与所取得的实际效果之间的比较关系，重点研究政府配置资源的合理性和资源使用的有效性。不仅关注政府配置的资源总量是否符合整个社会客观比例要求，更看重资源的使用是否达到效用最大化目标，尤其在以扩大内需为主的政策导向下，政府投资项目绩效对促进经济可持续发展、构建和谐社会发挥着举足轻重的作用。

第二节　政府投资项目绩效的评价

一、政府投资项目绩效评价的定义

随着人民日益增长的对美好生活的需要及由此带来的政府投资规模的持续扩大，中央及各级地方政府日益重视对投资效果的评估问题，政府投资绩效评价已成为我国各级政府关注的问题。政府投资项目绩效评价是指依据政府投资项目目标，运用科学、规范的绩效评价方法，按照统一的评价标准，对政府投资行为过程及其结果进行的客观、公正、科学、全面的衡量比较和综合评判，是从根本上克服资金使用效率低、提升项目运行质量的关键手段。

然而相较于以经济效益为主要目的的一般投资项目，政府投资项目旨在发挥社会服务性，强调其社会效益与公平分配的双轮驱动，故传统以经济效益为主的评价模型、方法无法适用于政府投资项目。政府投资项目的绩效评价更应该关注项目的公共效益，考虑项目对改善经济结构、促进经济发展、提高社会福利等所做出的贡献。因此，政府投资项目的绩效评价与一般的投资项目绩效评价不完全相同，更强调以下两点：

1. 评价内容的完整性和连续性

除投资项目微观层面的技术经济评价、影响评价和社会评价等传统评价内容外，还需要根据项目的不同阶段，丰富项目与资源、环境、社会的协调与可持续性发展相关的评价内容，并强调项目全生命周期管理与评价，使评价行为更具连续性，使项目评价信息能够更好地衔接并相互支撑，以保证政府投资项目绩效评价的科学性、权威性和有效性。

2. 评价阶段的全程性和动态性

政府投资项目绩效评价在传统的后评价基础上增加了全过程动态评价，即对项目从开始（立项前）到结束的全过程进行定期、不定期的跟踪、评价与监督，特别是加强项目决策阶段与项目建设过程中的事前、事中及事后的评价与总结，及时反馈评价结果并进行动态调整，切实体现评价结果的指导与监督管理价值。政府投资项目的全过程监控与评价成为投资项目的重点工作，政府投资项目绩效评价的重要目标是经济性、效率性和社会性评价。

二、政府投资项目开展绩效评价的必要性

政府投资项目模式，主要是强调政府与社会资本之间的一系列合作关系，该模式具有利益相关方众多、时效性强、工期紧张、资金投入规模大等特点。因此，有必要根据相关法规规范及项目相关的立项、建设和运营实践情况，建立一个促进政府投资项目健康和可持续发展的绩效评价体系。对政府投资项目开展绩效评价，不仅能够客观评价政府投资项目目标实现情况、项目效果和效益，科学合理地为确定政府付费支出和调整服务价格提供依据，监督社会资本方切实履行相关职责和义务，调动社会资本方积极性，为社会公众提供更多优质公共服务，还能够提升政府投资决策质量和行政监管水平，提高资金使用效率，降低政府风险，减少后期项目纠纷，保障政府投资项目的顺利实施，为国家完善政府投资项目相关法律政策提供参考依据。由于我国固定资产投资项目不断地增加，出现的问题也越来越多，开展政府投资项目绩效评价，对政府投资项目的经济性、效率性和效果性进行科学、全面地分析，有助于增加政府投资项目的效益，开展政府投资项目绩效评价的必要性有以下几点：

1. 提高政府投资项目决策质量、资源循环再利用率的需要

在项目识别阶段，各级财政部门须会同行业主管部门从定量和定性方面开展项目物有所值评价和财政承受能力的论证，判断项目采用政府投资模式是否物有所值，是否在财政承受能力范围之内，并依据物有所值评价和财政承受能力论证结果初步设定项目的绩效评价目标、指标和评价标准。通过以上工作，一方面，为政府、社会资本方、融资方和社会公众等利益相关方开展项目投资决策并选择政府投资模式提供重要的参考依据，以便提高决策质量；另一方面，为优化和完善项目实施方案、推动项目实施和加强项目监管提供依据。政府投资项目是消耗资源的过程，同时也是生产资源的过程。在流动、转化的过程中，资源也会产生一些“次生资源”，可以考虑对这些资源的充分再利用，要明确、科学地统筹利用规划，建立资源的循环利用机制。

2. 提高政府投资项目监管水平、财政资金管理效率的需要

在项目准备阶段需要将项目绩效评价作为实施方案的核心条款；在识别阶段初步设定项目绩效评价目标、指标和评价标准，详细设计项目绩效评价办法和实施细则；在项目采购阶段，须将项目绩效评价办法和细则作为招标的核心条款之一，要求社会资本方在投标时做出明确的规定，并在项目合同中予以明确约定，在项目实施过程中依据约定履行责任。以上工作既可以明确社会资本方和项目公司的工作目标、考核指标和标准，也使政府方的监管有理有据，从而有利于引导、激励社会资本方依法履行责任、大胆创新，有利于政府方加强对政府投资项目的监管。通过深入检查分析政府投资项目的各个方面与全部流程，能够有效地挖掘政府在财政资金管理方面存在的短板与不足，提出针对性强、切实可行的提高财政资金管理效率的途径，有效帮助财政资金使用单位改进工作，提高其财政资金管理效率。

3. 提高政府投资项目实施效果、投资项目经济性的需要

在项目执行阶段，项目实施机构需要督促社会资本方或项目公司履行合同义务，定期、不定期地进行绩效监测和评价，检查项目绩效目标实现情况，编制季报和年报，并报项目实施机构和财政部门等备案。通过项目执行阶段的绩效监测和评价，确保合作各方获知项目进展及绩效目标完成情况，为政府付费与奖惩、价格调整和加强项目监管工作提供依据；同时可以尽早发现项目实施中存在的问题，以便及时采取措施进行改进进而减少后期可能发生的项目纠纷，降低政府投资项目因信息不对称所造成的风险损失，从而提高项目的实施效果。在项目移交阶段，需要进行项目移交前和移交后的绩效评价，通过项目移交前评价，确保项目公司要按照合同约定的移交形式、移交内容和移交标准移交给项目实施机构或政府指定的其他机构，项目移交后绩效评价需对项目的实施经验及存在的问题进行总结，为加强后续项目的决策和管理提供参考依据。对政府投资项目进行绩效评价，能够对投资项目立项的合规性与可行性、财政资金使用的合理性与合规性进行审查与判断，并对比分析工程施工量与工程造价，判断被评价投资项目是否存在虚增工程量、套取预算份额、虚增成本费用等弄虚作假、侵占公共财政资金的违法违规行为。

4. 完善国家政府投资项目政策和法律的需要

有关政府投资模式的法律规定大多出自国务院、国家发展改革委、财政部、住房和城乡建设部等国家部委及地方政府部门。这些政策文件逐渐形成了一套政府投资模式的监管制度，但其政策法规比较分散，无法形成一套系统的法律体系。不同部门出台的行政法规在某些规定上存在一定的重叠。通过建立绩效评价体系能够清楚地发现影响项目实施的主要因素，有利于政府针对性地改进和完善政府投资项目政策法律内容，解决政府投资项目法律法规效力层次低的问题，不断促进政府投资模式在我国规范化、标准化、法治化的运用；有利于向社会资本方和社会公众展现良好的政府形象，更好地吸引社会资本方参与基础设施和公共服务领域的建设和运营管理，使我国政府投资项目更加理性和成熟。另一方面，政府投资项目绩效评价是一个增强投资活动透明度的过程，势必会增强政府投资项目参与方的责任感，通过绩效评价厘清项目实施过程中的是非因果，可以为探究政府投资项目实施的成败功过提供科学和客观的依据。

5. 建立廉洁高效、组织管理能力强的政府部门的需要

随着我国市场经济体制和财政体制改革的不断深入与逐步完善，社会各界对财政资金使用的监督不再局限于公共财政资金的安全与完整性，而是公共财政资金的整体效益。同时，社会公众对政府行为监督的意识越来越强烈，对政府投资项目的绩效评价提出了更高的要求和标准。监督部门应高度重视资金使用情况和绩效评价工作，不断提升绩效评价的质效，满足“阳光财政”的要求。当前有些投资项目经济效益实现程度低，比如，有些投资项目在施工设计时铺张浪费，普通的办公用房装潢成五星级宾馆样式。某些建设单位认为政府投资项目用的是国家的钱，一切的配置都按最高标准，这样造成了极大的金钱浪费。政府投资项目是一个复杂的系统工程，需要各个项目管理部门协调配合，提高项目组织管理能力，有助于投资项目顺利进行，加快项目进度并尽快投入使用，项目的任何一个环节出现错误，都有可能造成连环效应，使项目进程延后，也会造成资金的闲置和资金的利用效率下降。

三、开展政府投资项目绩效评价的政策依据

在政府投资项目的执行过程中，绩效评价是加强项目监管及衡量项目能否取得成效的重要方法与手段。绩效评价工作能否有效开展、绩效评价工作结果能否被有效运用，是政府投资模式能否健康发展的重要决定性因素之一。基于此，国家重视对政府投资项目的绩效评价工作，国务院相关部门和地方政府部门在政府投资项目的相关文件中均对开展政府投资项目绩效评价工作做了明确的规定。通过整理当前的政策文件和分析政府投资项目绩效评价的相关规定，得出如表2-3所示的代表性文件汇总。

政府投资项目绩效评价政策文件汇总　　表2-3

序号	发布部门	政策文件	条款
1	财政部	《项目支出绩效评价管理办法》	第十四条　财政和部门绩效评价指标的确定应当符合以下要求：与评价对象密切相关，全面反映项目决策、项目和资金管理、产出和效益；优先选取最具代表性、最能直接反映产出和效益的核心指标，精简实用；指标内涵应当明确、具体、可衡量，数据及佐证资料应当可采集、可获得，同类项目绩效评价指标和标准应具有一致性，便于评价结果相互比较
2	农业农村部	《现代农业人才支撑计划项目资金管理办法》	第十七条　现代农业人才支撑计划项目资金使用管理实行绩效管理制度，按要求编制绩效目标和绩效指标，组织开展绩效评价，评价结果作为预算安排的重要依据
3	上海市	《上海市财政项目支出预算绩效管理办法》	第九条（目标编报要求） 绩效目标编报时应当符合以下要求： （一）突出重点。绩效目标要符合国民经济和社会发展规划、部门职能及事业发展规划，并与相应的财政支出范围、方向、效果相匹配，通过归纳和总结项目内容，梳理、分析和提炼最具代表性、最能直接反映产出和效果的核心目标。 （二）具体细化。绩效目标应从数量、质量、时效、成本等方面进行细化，尽量进行定量表述；不能定量的，可采用定性的分级分档形式表述。 （三）合理可行。绩效目标要以结果为导向，要经过调查研究和科学论证，符合客观实际；要与预算编制有机结合，要结合不同对象管理的基本要素和要求，进行成本效益分析
4	浙江省	《浙江省项目支出绩效评价管理办法》	第二十九条 财政部门和主管部门应在评价工作完成后，及时将评价结果反馈被评价部门（单位），并明确整改时限；被评价部门（单位）应当按要求向财政部门或主管部门报送整改落实情况。主管部门应按要求将部门评价结果报送同级财政部门。 第三十条 评价结果作为安排预算、完善政策和改进管理的重要依据，对绩效好的项目原则上优先保障，对绩效一般的项目要督促改进，对低效无效资金一律削减或取消
5	广东省	《广东省国际金融组织和外国政府贷款赠款项目绩效评价管理实施细则》	第九条　实施单位参与并配合相关项目的绩效评价工作，履行下列工作职责： （一）配合财政部门组织实施的绩效评价工作。 （二）提供真实、有效、完整的项目基本信息、数据和资料。 （三）按照绩效评价结论要求落实整改措施，整改结果逐级报送省级财政部门备案。 （四）按要求向同级财政部门报送项目监测与评价的数据和资料
6	江苏省	《江苏省省级项目支出绩效评价管理办法》	第十一条 财政评价的内容主要包括： （一）项目决策情况； （二）资金管理和使用情况； （三）相关管理制度办法的健全性及执行情况； （四）实现的产出及其管理和应用情况； （五）取得的效益情况； （六）其他相关内容

续表

序号	发布部门	政策文件	条款
7	河南省	《河南省省级政府投资基金绩效考核评价管理暂行办法》	第七条 绩效考核评价采取年度考核和整体考核相结合的方式。在基金投资期、退出期内，以基金政策目标完成情况、投资运营情况、合规管理情况为考评基础，按年度开展绩效考核评价。对已完成清算或退出的基金最终实施效果开展整体绩效考核评价
8	四川省	《四川省政府投资项目后评价实施办法》	第二十二条　省发展改革委通过项目后评价工作，认真总结同类项目的经验和不足，后评价成果应作为规划制定、项目审批、资金安排、项目管理的重要参考依据。 第二十三条　省发展改革委应及时将后评价成果提供给相关省级行业主管部门、市（州）发展改革部门和项目单位，加强信息沟通。 第二十四条　省发展改革委定期以适当方式汇编后评价成果，积极推广项目后评价总结出来的成功经验和做法
9	湖北省	《湖北省中央财政水利发展资金绩效管理实施细则》	第十条 绩效评价的主要依据： （一）经财政部、水利部批复的绩效目标及指标； （二）国家、省相关法律、法规和规章制度；财政部、水利部、省财政厅、省水利厅印发的相关政策和管理制度；水利行业标准及技术规范等； （三）相关规划、实施方案，项目可行性研究报告、初步设计等批复文件，项目建设管理有关资料和数据等； （四）预算下达文件，有关财务会计资料； （五）截至评价时，已形成的验收、审计、决算、稽查、检查报告等；国家、省有关部门公布的相关统计数据
10	福建省	《福建省政府投资基金绩效评价暂行管理办法》	第四条 绩效评价应当遵循以下基本原则： （一）科学规范。绩效评价应按照规定程序，运用科学合理的绩效评价指标、评价标准和方法，对基金的绩效进行测量、分析和评判。 （二）公正公开。绩效评价应坚持真实、客观、公正，如实反映基金运行情况，按规定公开并接受监督。 （三）统筹实施。绩效评价应围绕基金政策目标和管理要求，根据不同行业特点，明晰绩效评价重点和评价指标。事前绩效评价、基金自评、重点绩效评价和整体绩效评价应职责明确、各有侧重、相互衔接。 （四）激励约束。绩效评价结果应作为基金后续调整出资、决策、管理等方面的重要依据，并与基金管理费支付和基金公司高管薪酬等实质性挂钩，体现奖优惩劣
11	湖南省	《湖南省预算支出绩效评价管理办法》	第二条　预算支出绩效评价（简称绩效评价）是指财政部门和预算部门、单位（简称预算部门），依据设定的绩效目标，对预算支出的经济性、效率性、效益性和公平性进行客观、公正地测量、分析和评判

这些政策文件对我国政府投资项目绩效评价的工作起到重要的推动作用。综合上述政策文件，归纳出政府投资项目绩效评价工作的下述要点：

1. 各部门、各单位要积极创造好政府投资项目绩效评价工作的条件

政府投资项目绩效评价工作是政府拨款的重要环节。政府投资项目绩效评价工作既是改进和加强各管理部门的重要参考依据，也是促进各部门、各单位进一步调整投资结构、优化投资方向、加强资金管理和改进资金拨付方式，进一步提高投资效益的重要措施。各部门、各单位要将政府投资项目绩效评价作为一项重要工作列入议事日程，要充分认识到开展政府投资项目绩效评价工作的重要意义，统一思想、加强学习、深入研究，积极创造好政府投资项目绩效评价工作的条件。当前可从自身实际情况出发，选择一些具有代表性的、重点行业的重点项目作为试点，通过试点工作，在指标构建和评价方法上积累相关经验，待条件成熟后，对本部门或行业政府投资项目全面开展绩效评价工作。

2. 政府投资项目绩效评价工作以项目单位为主体

政府投资项目预算绩效评价工作以项目单位（或部门）为主体，财政部门做指导、监督的工作。主管部门负责具体实施本部门政府投资项目预算绩效评价工作，具体包括：

（1）依据财政部的统一规定和要求制定本部门绩效考核的具体实施办法，组织实施本部门所属投资项目的绩效评价工作。

（2）指导本部门项目单位开展绩效评价工作，审核本部门所属单位的绩效自评报告。

（3）编报本部门投资项目绩效报告，向财政部汇总报送，根据绩效评价的实际情况，提出改进绩效评价方式方法的意见和建议。

（4）将绩效评价的结果及相关信息反馈给项目单位，督促其改进投资预算编制及投资项目管理工作。

除选择部分有影响力或有代表性的重点投资项目委托财政投资评审机构进行绩效评价工作外，财政部还要发挥指导、监督作用，具体包括：①制定中央政府投资项目预算绩效评价的指导意见和参考办法；②督促主管部门按财政部的规定开展绩效评价工作和报送绩效评价报告；③总结绩效评价的相关经验，建立项目资料库，依照绩效评价的结果改进政府投资项目预算编制、预算批复及资金拨付工作，并将绩效评价的结果抄送有关部门作为项目主管部门和投资主管部门对今后同类项目立项审批的参考依据；④对评价工作中涉及财政部与投资主管部门等相关部门职能关系需协调的，由财政部负责进行协调沟通。

3. 政府投资项目绩效评价工作的原则

根据《财政部关于印发〈项目支出绩效评价管理办法〉的通知》（财预〔2020〕10号）和《江苏省财政厅关于印发〈江苏省省级项目支出绩效评价管理办法〉的通知》（苏财规〔2020〕20号）等政策文件可以归纳总结出在进行政府投资项目绩效评价时应遵循的原则。

（1）科学公正原则。绩效评价需要应用科学合理的方法，按照评价程序的规范性和严密性进行绩效评价，需要对项目绩效进行客观、公正的反映。

（2）统筹兼顾原则。绩效评价分为单位自评、部门评价和财政评价，各自部门应该职责分明，各有侧重点，相互衔接。单位自评应由项目单位自主实施，即“谁支出，谁评价”；部门评价和财政评价应在单位自评的基础上进行绩效评价，必要时可以委托第三方机构实施。

（3）激励约束原则。绩效评价的结果应与预算安排、政策调整、改进项目管理有实质性关系，奖励评价结果为优等级的政府投资项目，处罚评价结果为劣等级的政府投资项目。建立激励相容导向，有效的项目优先考虑并安排；低效的项目需要压减，项目建设时，相关部门应加强督促；无效项目的实施需要及时问责，并调查相关部门的失职责任。

（4）公开透明原则。政府投资项目绩效评价结果应依法依规公开透明，并自觉接受社会公众的监督工作。

4. 政府投资项目绩效评价工作的内容

根据《财政部关于印发〈项目支出绩效评价管理办法〉的通知》（财预〔2020〕10号）、《浙江省财政厅关于印发〈浙江省项目支出绩效评价管理办法〉的通知》（浙财监督〔2020〕11号）和《关于印发〈上海市财政项目支出预算绩效管理办法（试行）〉的通知》（沪财绩〔2020〕6号）等政策文件，可以归纳总结出政府投资项目在进行绩效评价时需要评价的工作内容包括项目前期、项目建设期、项目竣工运营期，政府投资项目绩效评价工作贯穿整个项目生命周期。

（1）项目前期绩效评价是安排在项目建设之前，采用科学的方法对项目在社会、经济、财务、生态环境等方面的效益进行全面系统的分析、评价，判断项目是否值得投资，效益、效果如何，存在哪些风险等。

（2）项目建设期绩效评价是对建设期的工程项目在财务管理等方面所进行的评价，主要包括：建设管理制度执行情况、工程进度及质量、各项合同执行情况、投资概算执行情况、财务管理及会计核算、建设资金到位和使用管理情况、建设工期及施工管理水平、管理制度等。

（3）项目竣工运营期绩效评价是指对建成投产或交付使用的建设项目实际取得的经济效益、社会效益及环境效益进行全方位的绩效评价。主要从是否达到了预期目标或达到目标的程度、成本效益分析评价、对社会经济实际影响、项目可持续性等方面对项目进行绩效评价。

5. 政府投资项目绩效评价工作的实现方式

根据《财政部关于开展中央政府投资项目预算绩效评价工作的指导意见》《中华人民共和国预算法》及党的十六届三中全会关于“建立预算绩效评价体系”等规定和要求，可以了解到开展政府投资项目绩效评价工作需要各部门、各单位根据项目管理需要、项目特点、项目目标采用以下的实现方式进行绩效评价。

（1）项目投资评价。既可以对项目全过程进行绩效评价，也可以对项目实施的某个阶段进行绩效评价，侧重于对单个项目建设成本、工程造价、投资控制和行业投资进行分析，为部门预算编制、政府采购、国库集中支付等提供参考依据，既可委托财政投资评审机构进行评价，也可委托具备资质的中介机构进行评价。

（2）项目执行绩效评价。包括对建设项目生产能力、实际运行能力、设计能力、差异、项目偿债能力、盈利能力进行分析评价，侧重于对项目建设实施过程和结果的有效性进行评价，过程评价结论可以作为监控资金拨付的依据，项目实施结果评价结论可以作为审批同类项目立项的参考依据。

（3）项目后评价制度。是指投资项目投产后或投入使用后一定时间，对项目的运行进行全面评价，侧重于对项目决策初期效果和项目实施后终期效果进行对比考核，对建设项目投资产生的财务、经济、社会和生态环境等方面的效益和影响及可持续发展情况进行全面分析评价。

（4）项目效益分析制度。侧重于对项目财政性建设资金使用和效益情况以及对经济社会影响进行全面分析。定性指标由于无法直接计量其效益，可通过专家评估、公众问卷、抽样调查及将其与建设规模、建设内容、资金来源大致相同的类似项目相比较，来评判其效益的高低。

（5）专项检查。侧重于对项目资金进度、使用、管理和财务管理状况的监督考核。

6.政府投资项目绩效评价工作的指标体系

政府投资项目绩效评价工作需要采用定量分析与定性分析相结合的方法，尽量采用定量分析方法，对于定性分析方法应聘请权威机构和相关专家进行指标选取和分析评价。由于绩效评价的内容涉及面广、专业性强、操作难度大，因而建立政府投资项目的绩效评价指标体系十分必要。绩效评价指标应分为定量指标和定性指标，以定量指标为主，定量指标包括一般性指标和个性指标。一般性指标包括社会效益指标、财务效益指标等被广泛应用在公共支出项目绩效评价的指标；个性指标是指一般性指标未列入、结合投资项目不同特点和具体目标而设置的特定指标。定性指标则是指无法通过数量计算分析评价内容，而采取对评价对象进行客观描述和分析来反映评价结果的指标。各部门、各单位在进行政府投资项目绩效评价工作时，要结合实际情况、在征求广泛意见的基础上明确项目的绩效目标（即评价指标的目标值）、评价指标和评分依据（依照绩效目标的实现程度确定评分标准），并将其向被评价部门和社会公众公布。财政部亦在广泛试点的基础上，依据不同行业的特点和绩效评价工作的可操作性，分类设立评价指标库，这有利于今后各部门在评价时针对不同项目、不同评价内容选取相应的绩效评价指标。政府投资项目绩效评价指标体系的建立是做好绩效评价工作的关键之一，不同类型的项目有不同的评价指标，各部门、各单位应构建动态、可扩充的绩效评价指标体系，通过实践不断加以完善补充，形成体系，政府投资项目绩效评价总指标体系如表2–4所示。

政府投资项目绩效评价总指标体系 表2-4

一级指标	分值	二级指标	分值	三级指标	分值
投入	25	项目立项	18	项目立项规范性	6
				绩效目标合理性	6
				绩效指标明确性	6
		资金落实	7	资金到位率	5
				到位及时率	2
过程	30	业务管理	16	管理制度健全性	4
				制度执行有效性	8
				项目质量可控性	4
		财务管理	14	管理制度健全性	4
				资金使用合规性	6
				财务监控有效性	4
产出	20	项目产出	20	实际完成率	6
				完成及时率	5
				质量达标率	5
				成本节约率	4
效果	25	项目效益	25	经济效益	5
				社会效益	5
				生态效益	5
				可持续影响	5
				社会公众或服务对象满意度	5
总分	100		100		100

7. 政府投资项目绩效评价结果的运用

绩效评价的结果应被合理运用，才能发挥绩效评价的效果。财政部和各级政府的相关文件均规定，要充分重视绩效评价工作，逐步把绩效评价的结果运用于改善投资预算管理和资金拨付工作，以增绩效评价工作的规范性和约束力，发挥政府投资项目绩效评价对财政资金的“跟踪问责”作用和决策信息反馈作用，不断提高投资项目决策管理和资金使用效益。对于一般项目，财政部规定要将绩效评价结果作为今后年度预算安排和资金拨付的参考依据；对于重点项目，规定要在财政投资评审复核的基础上，作为今后年度预算安排和资金拨付的重要依据。此外，财政部提出要不断加强对绩效评价工作的监督和指导，不断扩充评价指标库和完善评价方法，对好的做法加以表扬，对不足之处提出改进意见。

8. 绩效评价报告的一般形式

根据财政部和各地方政府相关文件的规定，绩效评价工作应体现在绩效评价报告上，且绩效评价工作和结果（绩效评价报告）应依法自觉接受审计监督。绩效评价报告应包含项目的基本情况介绍、绩效评价工作开展情况、绩效评价结果分析等内容，如下所示。

项目支出绩效评价报告

（参考提纲）

一、基本情况

（一）项目概况。包括项目背景、主要内容及实施情况、资金投入和使用情况等。

（二）项目绩效目标。包括总体目标和阶段性目标。

二、绩效评价工作开展情况

（一）绩效评价目的、对象和范围。

（二）绩效评价原则、评价指标体系（附表说明）、评价方法、评价标准等。

（三）绩效评价工作过程。

三、综合评价情况及评价结论（附相关评分表）

四、绩效评价指标分析

（一）项目决策情况。

（二）项目过程情况。

（三）项目产出情况。

（四）项目效益情况。

（五）项目其他情况。

五、主要经验及做法、存在的问题及原因分析

六、有关建议

七、其他需要说明的问题

第三节　政府投资项目绩效评价的理论基础和研究进展

一、政府投资项目绩效评价的理论基础

当前，国内关于政府投资项目绩效评价方面的研究主要集中于绩效评价指标的设计、数据收集、评价结果的运用等方面。通过回顾已有的政府投资项目绩效评价的相关文献，发现既有研究呈现以下特点：首先，既有研究强调政府投资项目绩效评价的实务性和实用性，在此基础上构建起众多的绩效评价指标；其次，既有研究对政府投资项目绩效评

价的方法进行了大量研究，涌现出众多的评价方法，如平衡计分卡（Balanced Score Card，BSC）、模糊评价法、积分制法、层次分析法（Analytic Hierarchy Process，AHP）以及定性分析方法（如个人判断法、专家会议法、德尔菲法、头脑风暴法等）。目前，绩效评价的方法越来越倚重于定量化的方式与工具，并呈现出定性与定量相结合的趋势。然而，从理论角度探讨政府投资项目绩效评价的研究较少。本书认为，政府投资项目绩效评价的理论依据包括激励性规制理论、利益相关方理论、公共产品理论、项目管理理论、价值工程理论等，下面将展开介绍。

1.激励性规制理论

激励性规制是指在市场经济体制条件下，政府以治理市场失灵为目的，根据有关法律、规章和制度，干预经济主体（特别是企业）活动的行为。日本著名的规制经济学家植草益认为，所谓激励性规制（Incentive Regulation），就是在保持原有规制结构的条件下，激励受规制的企业来提高内部效率，也就是给予受规制的企业以竞争压力和提高生产或经营效率的正面诱因。激励性规制给予受规制企业一定的价格制定权，让其利用信息优势和利润最大化动机，主动提高内部效率、降低成本，并获取由此带来的利润增额，提供高质量的产品或者服务，实现有效率的产出和投资水平。

此外，学者对激励性规制理论的演进进行了梳理，指出规制者（政府）对企业的激励性规制问题可以简化成博弈论和信息经济学中双方处于信息不对称下最优激励合同的设计问题，这一“委托—代理”问题可以使用博弈论中“隐藏信息的道德风险模型”来分析。不同学者对激励性规制的内涵都有各自的理解，但都是围绕着处于信息劣势的规制者（政府）如何设计机制（合同）来展开，以此激励处于信息优势的企业降低生产成本、提高运营效率、降低产品价格、保护消费者福利，最终提高整个社会福利的角度来定义。国外学者最早提出激励性规制及其定价机制设计的相关概念，在以电话和电报行业为例分析规制约束下的企业行为时，提出以“公平报酬率”限制企业定价的政府规制行为将会导致企业生产的低效率甚至产生亏损，政府规制应该朝着激励企业最小化成本、最大化产出方向发展。将“委托—代理”理论的基本分析框架引入对激励性规制方案的分析最具代表性的是 Loeb和Magat提出的“L-M 方案”，该方案的宗旨是根据经济学中为了达到帕累托最优状态原理，企业需要按照边际成本定价，在信息不对称时规制者（政府）为了激励企业动态调整价格，需要补贴企业将价格定在平均成本以下而造成的损失，规制者补贴企业支付的费用即信息租金，该方案下规制者（政府）制定的价格与企业的成本完全相关，规制目的在于保护消费者权益。Littlechild为了控制企业的垄断价格，提高被规制企业自身内部效率，提出一种“RPI-X 模型”，X 是由规制者制定的一个外生于企业的固定值，超过X的部分由企业保留。Laffon和Tirole提出最优规制，实际上是在信息不对称时代理人的企业效率与委托人的信息租金之间的权衡，而不出让信息租金必然造成代理人的低效率。激励性规制理论在两方面超越了传统的规制经济学。首先，该理论坚持公共利益范式，在假设规制者是社会福利最大化的条件下，突破传统规制理论信息完全的假设，在信息不对称的框架下分析规制问题。其次，该理论吸收了政治学中前沿的规制体系非整体观，打开规制机构这个黑箱，将规制机构分为规制者（监督者）和国会（委托人）两层，承认规制者可能被企业或其他利益集团俘获或收买而与之合谋，从而发展了一种具有利益集团政治的“委托—代理”理论，这实际上采用和坚持了利益集团范式。在“委托—代理”框架下，政府作为委托人，被假设为社会福利最大化者，这又坚持了公共利益范式。因此，在利益集团范式下的激励性规制理论框架下，实际上还并存着公共利益范式。公共利益范式和利益集团范式二者共存于激励性规制理论这一框架下，在一定程度上走向了“范式融合”。

激励性规制理论特别适合于作为开展政府投资项目绩效评价的理论基础。首先，激励性规制理论强调成本补偿。这要求激励性规制契约制定的目标在于倡导规制者规制企业降低生产成本，提高经营效率。这与绩效评价对项目产出和效益等方面的侧重思想不谋而合。其次，激励性规制本身也是一种弹性的绩效评价机制。具体而言，部分项目在开展绩效评价过程中会设置相应的规制机制，目的在于评价政府投资项目的最终绩效而不是具体的生产行为，并要求规制者需要利用市场经济下奖惩制度取代传统的行政命令的形式。此外，激励性规制是一种动态的调整机制，与绩效评价工作的“持续改进”目的相一致。激励性规制需要随着受规制的项目的实施阶段的改变进行相应的修正，并随着项目公司和政府投资方成本的变化而变化。最后，激励性规制的最终目的在于提高消费者、企业、社会的总体福利。规制者给予被规制企业一定的自主权，使得企业通过其自身的信息优势及追逐自身利润的动力降低成本、提高效率，最终实现社会总福利的最大化目标。这亦与政府提供的公共产品性质的建设项目极为相似。

2. 利益相关方理论

利益相关方（Stakeholder）术语最初出现在1708年，原意为“赌注”或“押金”。利益相关方理论（Stakeholder Theory）的萌芽可追溯到1932年哈佛大学法学院学者多德（E.Merrick Dodd）在驳斥伯利（Adolf Berle）时所发表的一篇论文。其在文中指出：“公司董事必须成为真正的受托人，他们不仅要代表股东的利益，而且要代表其他利益主体，如员工、消费者，特别是社区整体利益。”然而，在随后的30多年里，利益相关方方面的讨论陷于沉寂。直到1963年，斯坦福研究所（Stanford Research Institute，SRI）才将利益相关方作为一个明确的理论概念正式提出。利益相关方观点形成一个独立的理论分支则得益于瑞安曼（Eric Rhenman）和安索夫（Igor Ansoff）的开创性研究，并经弗里曼（Freeman）、布莱尔（Blair）、多纳德逊（Donaldson）、米切尔（Mitchell）和克拉克森（Clarksen）等众多学者的共同努力，使利益相关方理论形成了比较完善的理论框架，并在实际应用中取得了较好的效果，利益相关方理论自此开始引人关注。目前针对利益相关方的定义方式大体分为两类：第一种是将利益相关方定义为“在公司发展过程中投入了劳动力、资金或其他种类生产资料的个体或组织”，这种定义方式强调实际上的参与属性，也相对比较片面；第二种是将利益相关方定义为“因企业的生产经营而使自身直接或间接产生影响，同时自身的各类活动也将反作用于企业生产经营活动的个体或组织”，这种定义方式包含了潜在的参与属性，强调只要二者之间存在相互影响，就可以纳入利益相关方的范畴，相比第一种定义方式，这类定义涉及的范围更为全面。

随着人民日益增长的对美好生活的需要及由此带来的政府投资规模的持续扩大，政府部门越来越意识到利益相关方在政府投资项目的建设与运营过程中的重要作用。政府投资项目的利益相关方不同于一般的在商业组织背景下的组织利益相关方。在我国，政府投资项目的投资主体是政府，也是项目的使用授权者和建设管理者。与一般商业组织利益相关方相比，政府投资项目的利益相关方的组成与地位是不尽相同的。具体而言，政府投资项目涉及的利益相关方主要包括政府、社会资本方（除政府外的其他投资人）、施工总承包商及分包商、项目管理单位、造价咨询机构、融资机构、工程监理单位、材料供应商、顾客、竞争者、媒体机构以及社会公众。这些利益相关方以政府投资项目为中心，为各自的利益诉求和项目资源需要围绕在政府投资项目的周围，如图2-3所示。

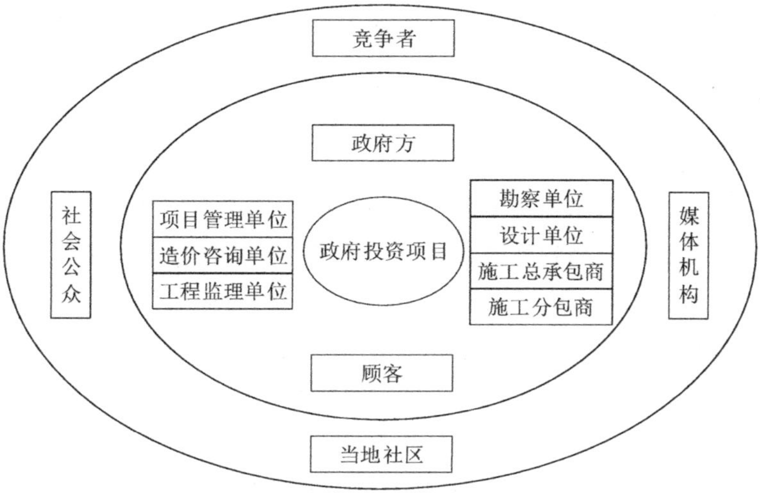

图2-3　政府投资项目利益方简图

项目管理领域的学者主要运用利益相关方理论对建设项目进行分析。利益相关方分析（Stakeholder Analysis）现成为发展领域甚为流行的分析工具，该理念及其方法对于扶贫研究、可持续生计问题、社区资源管理和冲突管理等有重要意义。世界银行、亚洲发展银行等国际组织机构在其贷款项目的评价指南中明确规定，项目决策时必须进行项目利益相关方分析，并具体规定了一系列的利益相关方分析的指导原则。近年来，利益相关方分析伴随发展理念的转变得到了较大转变，其后续被广泛应用于项目立项、规划和设计等方面。如在项目的立项阶段，开展完整的利益相关方分析是很有必要的，因为利益相关方对项目的不同诉求与项目的成败有直接关系。总之，投资项目的利益相关方分析，是投资项目社会评价、经济评价和环境评价的重要方法、内容。

国内对利益相关方理论的研究多集中于企业治理领域。目前，基于利益相关方视角来分析投资项目的问题尚处于初始阶段。少数已开展的研究为国内重大项目如南水北调工程等，或者是国内学者从事与世界银行贷款项目、亚洲开发银行贷款项目等相关的社会评价研究。尽管国家曾发文推荐使用的《投资项目可行性研究指南（试用版）》，提出了投资项目利益相关方分析的内容，但这方面的研究仍为数不多。

3.公共产品理论

公共产品理论起源于19世纪80年代的奥意财政学派，其将边际效用理论运用到财政学时建立了公共产品理论（如前所述，公共产品的非排他性和非竞争性特征决定了成员使用公共产品的边际成本为零，也决定了提供者的边际收益为零）。该理论最早由潘塔莱奥尼（Panteleoni）、马佐拉（Mazzola）、马尔科（Marco）等提出，此后经过林达尔（Lindhl）、约翰森（Johansen）等众多学者从不同角度的研究和丰富，最终形成了完善的公共产品理论。从公共产品理论的发展历程来看，目前关于公共产品的概念主要有三个经典定义：①萨缪尔森（Samuelson）认为，纯粹的公共产品是指任何一个人对该产品消费都不会减少其他任何人对该种产品的消费；②阿特金森（Atkinson）和斯蒂格利茨（Stigliz）则认为萨缪尔森提出的公共产品是一种纯粹的公共产品，是一种比较极端的情况，在现实社会中这样一类产品被定义为增加某个人的消费并不会使其他人的消费以同量减少，它处于纯公共产品与私人产品之间；③布坎南（Buchana）认为萨缪尔森的公共产品理论是一种竞争不完全的纯公共产品，萨缪尔森只考虑了公共产品消费数量上的不变性而没有考虑到质量的变化。他认为从纯公共产品到私人产品有一个连续的变化过程，即俱乐部产品是一种集体共同消费产品，对于俱乐部内部成员来说，对产品的消费是非竞争性、非排他性的，但是对于俱乐部非成员而言则具有排他性；在没有产生拥挤的情况下，俱乐部产品对成员而言具有纯公共产品的性质，且公共性随着成员人数的增加不断加强，应当包括全部社会成员就成为真正意义上的纯公共产品。

根据上述公共产品的三个经典定义，可知公共产品区别于私人产品具有消费的非竞争性、受益的非排他性以及效用的不可分割性这三个典型特征：①消费的非竞争性，具体表现为增加一个消费者的边际生产成本和边际拥挤成本为零，即消费者对公共产品的消费都不会影响其他人对这种产品消费的数量和质量；②受益的非排他性，即在技术上无法实现将没有付款的组织或者个人排除在外，即使有些公共产品能够在技术上实现排他，但是排他成本很高，从经济的角度考虑是不可接受的；③效用的不可分割性，即公共产品是向整个社会成员提供，具有共同受益或联合消费的特点，其效用由整个社会成员所共享，不能像私人产品那样，能够根据谁受益、谁付费的原则对不同消费者进行效用分割。

根据公共产品理论，可以将社会的各种产品划分为纯公共产品、私人产品和准公共产品三大类型：①纯公共产品即当人们消费使用纯公共产品时，完全不需要承担任何的成本和费用，且一个人的消费使用不会影响到其他人的消费使用，具有非竞争性、非排他性及效用不可分割的特点；②私人产品则不同，人们在消费使用私人产品的时候需要承担一定的成本和费用，且这些产品一旦被消费就无法被其他人所使用，具有竞争性、排他性、效用分割的特点；③准公共产品介于纯公共产品与私人产品之间，具有不完全竞争性、不完全排他性、效果分割模糊的特点。

如前所述，公共产品具有“消费的非竞争性”“受益的非排他性”和“效用的不可分割性”三方面的典型特征，这决定了公共产品不可能像私人物品那样能够在市场上进行买卖。换而言之，公共产品不可能像私人物品那样带来巨大的经济效益，私人部门对其自然就敬而远之、不愿意提供。因此，公共产品的生产和提供只能靠政府方来承担。但是，有时政府提供的公共产品不足或质量低下，并不能满足社会公众的多样性需求和日益增长的对美好生活的需要。因此，这便产生了社会公众对政府投资项目的建设和运营过程的监督。于是，绩效评价便成为公众参与监督的有效手段，公众可借此积极参与对公共产品即政府投资项目的监督和评判，而这种适度的监督和评判有助于促进政府提升投资管理水平，也能够大大提高社会公众对公共产品项目的满意程度。

4. 项目管理理论

项目管理理论认为，项目管理是运用各种相关的知识、技能、方法与工具，为满足或者超越项目有关各方对项目的要求与期望，所开展的项目实施、计划、组织、控制和结束的管理活动。项目管理直接的含义是“对项目进行管理”。此外，它有两个方面的内涵：首先，项目管理属于管理的范畴，而管理的对象正是建设项目（包括政府投资项目），即：有意识地按照项目的特点和规律，对项目进行组织管理的活动。其次，随着各种项目管理模式（如平行发包的DBB模式、设计—施工总承包的DB模式、施工总承包模式、EPC模式和PMC模式等）在实践中的推广与应用，项目管理的内涵也得到了较大的充实和发展。目前，项目管理也已发展成为一门专门的学科，即以项目管理活动为对象的学科，它是探求科学组织管理项目活动的理论与方法。项目管理理论经历了产生、形成和发展三个阶段，它诞生于20世纪50年代，到20世纪80年代发展出成体系的理论，并在此后至今的40年间不断发展和完善。

1）项目管理理论的诞生阶段

在20世纪50年代，由于一些重大工程项目（如曼哈顿工程）的建设需求，管理和工程人员共同致力于研究并运用能够在预定的时间内用有限的资源和资金高效地完成预期工程目标的方法。这些工程项目顺利完成后，人们在总结经验时发现在建设和运行大型复杂工程时，限制时间、限定资源、严格控制进度和成本等的视角和方法有非常客观的效用。在此背景下，美国杜邦公司和兰德公司于1957年一起研制了一种系统的计划管理方法——关键路径法（Critical Path Method，CPM）。在此之后，美国海军于1958年在研制“北极星”导弹核潜艇时，提出另外一种系统的计划管理方法——计划评审技术（Program Evaluation and Review Technique，PERT）。上述两种方法都是基于网络模型技术，所以统称为网络计划技术，该技术被认为是项目管理的起点。自此，网络计划技术开始在工程、军事、生产等过程中得到普遍的应用并发挥较大的作用。

2）项目管理理论体系初步形成阶段

在20世纪80年代，项目管理相关尝试性的理论为项目管理实践工作提供了切实有效的方法和路径，使得许多重大项目获得成功，使得项目管理理论及其效益为理论界和管理者们所重视。研究和开发项目管理方法和技术的热潮在欧美各地蓬勃兴起。在学术界，一些国家和地区建立了自己的项目管理学术团体，并于1965年成立了第一个项目管理的国际学术团体——国际项目管理协会（International Project Management Association，IPMA）。以各地成立的学术性研究团体为基础，项目管理的理论研究进入了新的阶段，理论体系逐渐搭建起来。经过长期的研究和探讨，到20世纪80年代，项目管理领域的部分专著开始陆续出现，如美国学者和专业人员撰写的《项目管理手册》《系统工程管理指南》及项目管理协会（Project Management Institute，PMI）于1987年出版的《项目管理概览》等。自此，项目管理理论已初具体系。

3）项目管理理论体系逐渐成熟阶段

自项目管理理论体系初步形成之后，随着该理论的应用环境变化和项目操作实践的不断丰富，原有的项目管理理论体系已不能承载项目管理实践的需求，学者和实践人员开始结合实践中的经验和教训，着手开发一系列创新的项目管理方法和技术，项目管理理论再次开始迅速发展。该阶段，按照项目管理的内容把项目管理理论细分为项目评价、项目组织管理、项目范围管理、项目时间管理、项目成本控制、项目质量管理、项目优化管理、项目团队和沟通管理、项目风险管理和项目管理软件理论和方法。以上10项细分的项目管理理论和方法呈现出不断发展的态势，共同构造出逐渐完备的项目管理理论体系。

政府投资项目当然需要进行项目管理工作。一方面，政府投资项目的资金来源为财政拨款，而政府的财政收入取之于民、用之于民，使用过程受监督、使用结果也应运用绩效评价等方式来评判。项目管理理论为干预政府投资项目的进展和开展绩效评价工作提供了理论依据。此外，项目管理的“铁三角”目标（成本目标、质量目标和进度目标）与绩效评价对过程、产出和效果的侧重不谋而合，项目管理理论是指导政府投资项目绩效评价的关键。最后，项目管理理论体系更为复杂，不少理论工具与方法构成了绩效评价实践的重要内容。如挣值法（Earned Value Method，EVM）便是国际项目管理理论中对项目进度和成本进行集成控制的一种绩效评价方法，它在20世纪60年代最早起源于美国国防部，并且应用于美国国防部的项目取得了一定的成功。

5. 价值工程理论

价值工程又名价值分析，是由美国工程师麦尔斯提出的一种实现技术与经济紧密结合的管理思想体系，其定义可简要描述为致力于以最低的寿命周期成本实现产品必要功能的、有组织的创造性活动。其于1978 年被引入我国，并实现了与经济现状、当时国情的有机结合。由于经济体制、社会环境的差异和价值工程在各领域应用程度的不断深入，价值工程的定义层出不穷，但其作为在各行业得到普遍认可的管理工具，基本内涵却一以贯之，可概述如下：

（1）价值工程是从用户的功能需求出发，根据需求程度分析结果归纳为产品的必要功能和不必要功能，以必要功能的实现为主。

（2）价值工程追求以尽可能少的资源消耗实现产品的必要功能，在产品质量得到保证的情况下实现产品价值最优。

（3）价值工程是在产品的生产周期内开展的，需要多方配合，有组织、有计划地提升产品价值的创造性活动。

国家标准《价值工程　第1部分：基本术语》GB/T 8223.1—2009中，对价值工程进行了正式的定义：通过各相关领域的协作，对所研究对象的功能与费用系统进行系统分析，不断创新，旨在提高所研究对象价值的思想方法和管理技术。可见，价值工程管理方法主要是通过寻求产品的功能和成本两要素的平衡点，力图以最少的费用支出满足产品的必要功能需求，以获得最佳综合效益的一种管理技术。用公式可将价值、功能和成本的关系表示如下：

$$V（价值）=F（功能）/C（成本） \tag{2-1}$$

其中，价值（Value）是指研究对象的必备功能与实现该功能所消耗的全部资源之比；功能（Function）是指研究对象作为某一类产品存在的必备职能或属性；成本（Cost）是指研究对象在全生命周期内所花费的全部费用，一般由生产费用和使用费用两部分组成。价值系数代表了最终产品价值的高低，对其进行分析时，可分为三种情况，具体如表2-5所示。

价值系数变化范围及其情况分析　　表2-5

价值系数	情况分析	下一步计划
V<1	产品的支出成本与产出功能不匹配，现有功能消耗了过多资源，可能存在过剩功能	选为重点研究对象，观察是否存在过剩功能，并应探寻降低资源消耗的方法
V=1	产品的成本支出与功能产出大致匹配	不需要下一步的价值分析
V>1	产品的成本支出与功能产出不匹配，现有的成本支出偏低，可能并未完全实现必要功能	应探寻必要功能是否已全部实现，并相应追加成本，提高功能

产品的价值与其所具备的功能和生产成本投入具有一定的制约关系。因此，产品生产者可以通过调整产品的功能与成本两个因素的关系，来实现提高产品价值的目的，具体的五种实现途径如表2-6所示。

产品价值提升的途径　　表2-6

途径	C	F	$V=F/C$	着力点
1	成本不变	产品功能提升	$V\uparrow=\frac{F\uparrow}{C\rightarrow}$	提升功能
2	成本略有增加	产品功能大幅度提升	$V\uparrow=\frac{F\uparrow\uparrow}{C\uparrow}$	提升功能
3	成本降低	产品功能不变	$V\uparrow=\frac{F\rightarrow}{C\downarrow}$	降低成本
4	成本降低	产品功能提升	$V\uparrow\uparrow=\frac{F\uparrow}{C\downarrow}$	理想方式
5	成本大幅度降低	产品功能略有下降	$V\uparrow=\frac{F\downarrow}{C\downarrow\downarrow}$	降低成本

价值工程是通过发现问题、分析问题和解决问题实现对研究对象的管理，将其程序化可获得如表2-7所示的工作流程。

价值工程流程表　　表2-7

工作阶段	工作流程	工作内容	对应的问题
准备阶段	选择研究对象	根据项目的具体情况，对价值工程研究对象和适用范围进行明确	价值工程的研究对象是什么； 针对研究对象应开展哪些准备工作
	确定价值工程小组成员构成	根据研究对象的不同选择不同的研究参与人	
	制定工作计划	应包括项目参与人、项目建设目标、项目开展步骤等	
分析阶段	归纳汇总相关信息数据	将与研究对象相关的信息数据整理汇总	研究对象中的功能包括什么； 研究对象的成本消耗量有多大； 研究对象的价值系数是多少
	分析研究对象的功能构成	了解研究对象的功能特性，并能对各功能的制约关系了然于心	
	工程评价	对评价对象的原有功能进行提升，进而确定新的研究对象	
创新阶段	方案再创造	寻找实现功能的其他途径	想要达到现有功能是否可以另辟蹊径； 想要实现新方案中的功能需要投入的成本是多少； 新方案能否达到现有研究对象的要求
	方案评选	综合社会、经济和技术等多方面评价对各备选方案的未来发展进行预测，并选出可预期效益最优的方案	
	编写正式提案	根据已选方案和相关技术经济发展资料编写正式提案	

续表

工作阶段	工作流程	工作内容	对应的问题
实施阶段	审批提案	相关部门对已提交提案进行审查检阅	新方案的实施有哪些保障措施； 价值工程的实施是否取得较大成效
	方案实施与监管	根据项目实施和监督提案对项目实践流程进行监管	
	方案实践成效	根据项目完工后社会、生态和经济等各方面的变化对方案成效进行判定	

价值工程已应用于建设项目的绩效评价之中。如代伟在进行跟踪审计的绩效评价时便运用了价值工程原理，其运用跟踪审计绩效与审计成本的比值来计算跟踪审计的价值，即：跟踪审计价值=跟踪审计绩效/跟踪审计成本，即跟踪审计绩效为审计价值与审计成本的乘积，并选取了审计介入时点（X_1）、审计资源（X_2）、审计模式（X_3）、审计对象规模（X_4）四个影响因素展开分析。在施工阶段，则可以运用价值工程进行施工阶段的功能分析、施工阶段的功能评估、方案创新和评估等。崔武文和王洪梅则基于价值工程理论和标杆管理等理论，并借助文献研究、专家访谈与问卷调查的方式识别出高速公路PPP项目的绩效评价初步指标，进而运用TOPSIS方法对绩效指标进行优化，最终识别出6个一级指标与33个二级指标，建立了高速公路PPP项目绩效评价指标体系。可见，价值工程理论为建设项目的绩效评价工作提供了良好的思路与借鉴，可用于政府投资项目的绩效评价工作中。

二、国外政府投资项目绩效评价研究现状

实践方面，不同的国家体制及政府管理模式都影响着该国学者对政府投资项目绩效评价问题的研究。在西方的行政管理模式下，学者主要采用技术效率来对政府投资项目绩效评价的问题进行研究。自20世纪80年代以来，随着美国“政府再造运动”与英国“新公共管理运动”的深入开展，各国行政改革方案中已经把政府绩效管理和绩效评价放在重要的位置。政府投资项目绩效评价开始强调投资项目的全过程监控与评价，经济性、效率性和社会性评价已成为政府投资项目评价的目标。具体而言，英国从20世纪70年代开始推行一系列的行政管理体制变革运动。其中，政府绩效评价是该运动的核心内容之一。其政府绩效评价经过了两个重要阶段：第一阶段时间跨度为1979～1985年，此阶段的绩效评价重点是考察政府的公共支出在经济性和效率性两个方面的绩效；第二阶段时间是在1986年以后，此时期的绩效评价重点逐渐转移到顾客满意度上来。由此，公共服务的质量不断提高，绩效评价的过程和结果更加规范、透明和全面。

此外，美国在20世纪30年代推出了运用财政、货币和政府投资项目等政策措施来刺激经济增长的经济政策。同时，项目评价强化“费用—效益分析”与计量。自1966年开始，美国政府又发起了“项目—规划—预算制度”（Program-planning-budget System）改革，其目的在于提高联邦政府在竞争性资助项目上的资金分配和绩效能力，重点是开展项目的绩效评价工作。1979年，美国管理和预算办公室（OMB）制定并颁布了《关于行政部门管理的改革和绩效评价工作应用》（A-117号）文件，明确提出对每一个机关部门在进行绩效评价时，不仅要考虑政府投资项目的成本费用，更要考虑项目实施的结果和效益。1993年美国国会通过了《政府绩效与结果法》，该法案要求美国每个政府部门都必须根据所制定的绩效指标体系和标准来考察或评价每一个联邦公共项目的相关产出、服务水平和结果。

理论方面，国外学者对绩效评价的研究围绕下述方面展开：

1. 对绩效评价进行定义与辨析

Prewitt指出政府投资项目绩效评价是依据政府投资项目运作的能力、效率和效益等，进行客观地分析和评判活动，绩效评价意义包括为计划提供基准价值，为指标提供历史数据，为工作进展提供主要结果指标的数据。Hatry对政府投资项目绩效评价做出了概括，其认为政府投资项目的绩效评价是对政府投资项目的运作效果进行系统地、客观地分析与评价，这么做的目的在于进一步提高政府部门投资项目的运作效果。与之类似，Gook 等认为政府投资项目绩效评价是对政府投资项目的运作情况进行系统地测量与分析，以判断相应的运作理想程度如何，是否达到政府部门的预期等。因此，必须要建立一种新的管理制度，用以提升未来政府投资项目的运作效果。

2. 聚焦于构建绩效评价的指标体系

构建政府投资项目绩效评价的指标体系是国外相关研究的重点之一。在此方面，Liu设计出了一套以最终结果为导向的政府绩效评价指标体系，其以发展结果为导向，建立起了一整套的政府投资项目绩效管理的设计与监测框架。Rodriguez Carrion等以图形的方式简单直观地展示了政府部门业绩标准以及各种业绩指标之间的层级结构关系。后续研究中，Tzay An Shiau等运用层次指标体系衡量中国台湾的运输可持续性，采用粗糙集理论从89个初始指标中选择26个重点指标，然后应用层次主成分分析方法选择19个指标作为最终的评价指标。

3. 关注绩效评价的方法

国外常见的绩效评价方法包括层次分析法、模糊层次分析法、数据包络法和平衡记分卡法等。如Ellis等提出了层次分析法（Analytic Hierarchy Process，AHP），后续研究在此基础上融合了模糊数学方法，提出了模糊层次分析法（Fuzzy Analytic Hierarchy Process，FAHP）。该方法是将与决策总是有关的元素分解成目标、准则、方案等层次，然后进行定性和定量分析的决策方法。Gormley等提出了数据包络分析法（Data Envelopment Analysis，DEA），该方法是根据多项投入指标和多项产出指标，利用线性规划的方法，进行相对有效性评价的一种数量分析方法。Kaplan和Robert设计出了政府投资项目绩效评价的平衡记分卡法（Balanced Score Card，BSC）。该方法超越传统以财务量度为主的绩效评价模式，使组织的策略能够转变为行动。Bititci等探索了集成绩效测评系统IPMS，为组织在战略层、决策层、操作层提供结构化可度量的绩效管理系统。克兰菲尔德学院的Neely等提出了绩效棱柱方法模型，该模型用棱柱的五个方面分别代表利益相关方的满意度、贡献度、组织战略、业务流程和组织能力五个关键要素。Birkbeck等探索了关键绩效指标KPI方法模型，该模型是绩效计划的重要组成部分，是用于衡量工作人员工作绩效表现的量化指标。

总体而言，国外相关研究的主要特点在于突出定量化的实证研究方法，紧密联系实际中的具体问题，主要是通过构建系统化的、多元化的、定量化的绩效评价指标来衡量政府投资项目绩效。与此同时，将政府投资项目绩效评价全过程看作是政府绩效管理过程的有机组成部分并进行相关研究，利用政府投资项目绩效评价结果，分析政府运行中存在的问题，及时提出有效的改进意见与建议。

三、国内政府投资项目绩效评价研究现状

自20世纪80年代开始，国内陆续开展政府投资项目绩效评价方面的理论研究。总体而言，我国学者在借鉴国外绩效评价理论和实践经验的基础上，开始为我国的政府投资项目绩效评价工作理论方面做准备，由此展开了大量的研究工作。学者和实践人员在实践的基础上总结了各地的政府投资项目绩效评价工作中的经验与教训，也由此诞生了一批有重要指导意义的绩效评价理论。亦可从绩效评价的定义、绩效评价的指标体系和绩效评价的方法三个方面展开介绍：

1.对绩效评价进行定义与辨析

张如山认为政府投资项目绩效评价是运用现代科学、规范的评价方法，参照现行的准则，对政府投资过程以及最后投资项目达成的效果进行综合性比较、分析和评估。投资项目绩效评价存在于整个投资项目期内，从财政资金的调度到具体项目的实施以及项目结束后的效益评价。王姝借鉴了美国的PART理论，提出在构建政府投资项目的绩效评价体系时，首先要能够保证政府投资项目绩效评价体系的可操作性，其次就是要保障评价结果客观公正性，从而保证政府投资项目的顺利开展。王丽颖认为在政务信息化项目大举建设的同时，开展绩效评价是检验政府投资项目的关键途径，也是电子政务绩效管理的首要任务。与之类似，吴淑芹认为绩效评价工作可促进政府投资项目建设管理廉洁高效，切实提高财政资金的使用效益，及时总结经验教训，提高政府投资项目的管理水平。张晓庆等指出现阶段政府投资项目绩效评价重点应从投资决策、资金使用、项目管理和投资效益四个环节展开，对政府投资项目是否达到预期的资金使用效益及社会经济效益进行评价，揭露形象工程、政绩工程以及挥霍浪费财政性资金等问题，对政府投资建设领域存在的问题，通过调查评价，从各层面提出意见和建议。鲍良指出针对政府投资项目进行绩效评价时，

应当立足于过程、经济效益、社会影响、生态环境保护以及可持续性发展绩效五个方面。戴珊磊则认为进行政府投资项目绩效评价时，应立足于经济、管理、可持续以及影响评价四个方面。总体而言，此方面的研究已较为丰富。

2. 探讨绩效评价的指标体系

胡春萍等研究了用德尔菲法在构建政府投资项目绩效评价指标体系中的应用，并以乡镇政府为例，选取了50位专家进行三轮征询，获得由37个指标构建的政府投资项目绩效评价指标体系。岳颖研究了政府投资项目绩效评价指标体系设计中的主要特点及存在问题，在系统分析我国各地方政府绩效评价实践的基础上，提炼出各地方政府绩效评价指标体系设计中呈现的五大特点及存在的十大问题。吴建南等研究了地方政府绩效指标设计框架及其核心指标体系的构建，针对整体社会系统绩效，探索当前中国国情背景下的政府绩效维度，从人口、社会、经济与环境四个关键方面构建出一套适合战略性管理的省级政府绩效核心指标体系。金雪飞提出可以考虑将政府投资项目竣工财务决算纳入绩效评价体系，将代建单位的项目竣工财务决算管理绩效纳入其业绩考核范围，调动代建单位及相关人员的积极性，从制度设计上督促推进政府投资项目竣工财务决算工作。

3. 开创绩效评价的方法

政府投资项目绩效评价的最终目的是提高类似项目的绩效水平，为有关方提供有用的信息。由此，运用科学、有效的评价方法得到真实、可靠的绩效评价结果，就显得尤为重要。政府投资项目绩效评价沿用了一部分传统的方法，如观察法、审阅法、函证法、核对法、抽样法等，也有自身特有的方法，如文案调查法、实地调研法、访谈法、问卷调查法、案例分析法、利用被评价单位数据资料法、利用专家工作法等。财政部历次发文中都强调要注重绩效评价方法的选用，提出开展政府投资项目绩效评价工作要采用定量分析与定性分析相结合的方法进行，并尽量采取定量分析方法；对于定性分析方法，宜聘请权威机构和相关专家进行指标选取和分析评价。因此，定量的方法成为学者研究的重点。如杨锡春等的研究指出，在政府投资项目绩效评价中，应当采用价值工程方法。陈丽娜等利用层次分析法构建了政府投资项目绩效评价模型。安秀梅提出了政府投资项目绩效评价的基本理念，认为“3E”评价法是政府绩效评价在方法探索上的开端，其中3E是指Economy（经济）、Efficiency（效率）和Effectiveness（效果），标杆管理法预示着对政府绩效全面评价的开始，而平衡记分卡法则明确提出政府要以战略的眼光对社会的发展做出远景规划。

综合来看，我国学者对公共项目绩效评价体系做了大量研究，并对政府投资项目绩效评价进行初步探讨。近几年有学者对政府投资项目采用层次分析法、模糊层次分析法等进行绩效评价研究并取得了一些积极的成果。但这些评价体系与评估方法同样存在一定的局限性，虽然评价指标涉及影响因素由高到低分层次的维度，但依旧不够全面，且多需要注重项目前期评价及项目后评价。同时，国内对政府投资项目绩效评价的研究，从政府评价的角度较多，考虑利益相关方的研究较少，在我国还没有专门的政府投资项目监管机构，学术界正积极探讨关于建立政府投资项目绩效评价的标准和专门评价机构的问题。

第四节　政府投资项目绩效评价的主体、客体和类型

一、政府投资项目绩效评价的主体

政府投资项目通常具有投资大、周期长、政策性强以及影响面广等特点，资金使用往往涉及管理、经济、技术、社会、生态环境和可持续发展等多项内容，要准确、经济、高效地推行政府投资项目绩效评价工作，确定评价主体是关键。何谓评价主体？简单来说就是“谁来评价”。从广义上来说，政府服务的消费者（顾客），包括全体公众、企业和其他组织都是政府绩效评价的重要主体。西方多数国家的政府投资项目绩效评价主体包括预算部门（单位）、审计部门以及财政部门三类。在澳大利亚、马来西亚、韩国等国家，均设有由政府直接领导或管理的政府投资项目绩效评价机构，作为公共投资财政支出项目绩效评价执行主体。

在我国政府投资项目绩效评价工作开展中，比较有代表性的几个省份，如广东省、山西省和湖北省，政府投资项目绩效评价主要由政府部门组织，通过聘用和联合等方式，吸收一些专家、学者或中介机构专业人员协助进行某一具体项目的评价，或采取委托的方式将某些项目的评价工作交由中介机构完成。政府绩效评价具有吸收公众参与行政过程和监督的功能，完善政府责任实现机制的功能，以及加强政府部门与公众联系和沟通的功能，政府绩效评价的目的与功能决定它的主体构成。由此，我们认为政府投资项目绩效评价主体存在多维性的特点，归结起来，主要包括社会公众与立法机关、上级政府部门和领导、学术研究机构和非营利性的民间组织。

1. 社会公众与立法机关

在民主政治下，政府接受公众委托，按照社会公众的意志来行使管理国家和社会公共事务的权力。政府的权力归根结底都来自公众的授权，作为政府的委托人及其公共管理和公共服务的最终承接者，公众对政府绩效中体现出来的绩效水平具有评价的权力，应成为政府绩效评价的重要主体。因为，公民作为政府公共管理和公共服务的最终承接者，对政府绩效理应最具有发言权，所以公民参与原则是绩效评价的基本原则。立法机关作为公众利益的忠实代表，也应是政府绩效评价主体。由于立法机关的特定地位和作用，由其来对政府绩效进行评价，可以克服群众评价在信息占有、专业性、权威性（刚性）等方面的不足。在立法机关的政府绩效评价过程中，国家审计机关往往发挥着巨大的作用，尤其是在立法型审计管理体制之下。但是，立法机关代表民意，履行表达公众意志的功能，并不意

味着公众就放弃了对国家和社会公共事务的知情权，也不意味着公众放弃了自身对政府绩效进行评价的权力。公众作为政府的主要服务对象和施政行为的直接接受者，对政府的评价能直接反映政府行为的效果，因而该评价是衡量政府绩效的有力工具。公众参加政府绩效评价被认为是新公共管理运动的一个基本特征。因此，立法机关或政府自身，都应积极引导公众参与政府绩效评价，通过恰当的评价来促进政府提高绩效，这也是推动国家民主化进程的一个重要方向。

2. 上级政府部门和领导

下级政府与上级政府、职能部门与政府、公务员与部门领导、下级公务员与上级公务员之间存在着受托责任关系。因此，这些受托责任关系中的直属上级有权对下级在履行职能过程中所获得的成绩和效益进行评价。并且，与其他评价主体相比，上级政府往往是最了解被评价对象的工作环境和经营运作的组织或个人，在搜集评价所需的数据和相关信息评价的权威性等方面具有其他主体无法比拟的优势，在评价中采用较多的定量数据，提高了评价的客观性和准确性。这也是直属上级在传统的行政模式中经常作为唯一的政府绩效评价主体的一个重要原因。然而，即便是由上级政府或部门领导来进行绩效评价，也不能解决评价主体与评价对象之间信息不对称的问题。评价结果的客观性在很大程度上取决于主体所获得信息的充分性和适当性，建立相关的保障机制，以保证绩效评价的信息相关、可靠，就显得尤其重要。此外，上级对下级评价的客观性容易受到上级主观意志的影响。因此，建立一套科学、公允的评价程序，使绩效评价免受上级部门与官员的主观影响，也变得非常重要。

3. 学术研究机构和非营利性的民间组织

学术研究机构和非营利性民间组织，如公益性基金会设立的研究所、评价机构，也经常作为公众利益的代表来衡量政府的绩效水平。尽管这些主体与公众之间没有明确的委托受托关系，但其与公众之间实际上存在一种隐性的、间接的委托受托关系。并且，公众对其评价结果的依赖，也决定了这种隐性委托代理关系的存在。从这个意义上讲，学术研究机构和非营利性的民间组织对政府绩效的评价仍然源自政府对公众的公共受托责任。值得注意的是，由于政府的受托责任关系会随着民主政治的发展而不断变化，政府绩效评价主体的范围也应当处于不断变化之中。因此，新闻媒体等也可能参与政府绩效评价，但这些主体对政府评价的权力从根本上都来自政府的公共受托责任。

综上所述，依据政府的公共受托责任，政府绩效评价的主体应当包括社会公众、立法机关、上级政府（部门或者领导）、其他民意代表机构（如公共管理学术研究机构）等。这些评价主体的角色身份、知识经验和利益需求各异，其对政府绩效关注的角度、重点与评价所采用的方法、标准以及最终评价结果的客观公正性和准确性都存在较大差别。只有将这些主体的评价综合起来，才能得到关于政府绩效（也就是公共受托责任履行情况）相对全面、客观的评价。

二、政府投资项目绩效评价的客体

政府投资项目绩效评价的客体是指政府投资项目绩效评价的接受者，包括评价对象和范围、评价内容和评价指标体系等。由于政府投资项目的资金管理和使用涉及财政部门、各级政府投资项目管理部门、基层项目单位，不同单位在政府投资项目的资金管理和使用过程中的作用不同，且各政府投资项目的资金在具体实施时肩负不同的目标任务，因此对其绩效评价的层次不同，内容也不相同。政府投资项目绩效评价不仅应包括财政部门、涉及各政府投资项目管理部门和基层项目单位三个层次绩效评价，而且应对不同政府投资项目进行绩效评价。

1. 财政部门

财政部门是政府投资项目资金的分配管理部门，负责政府投资项目资金的审批与立项工作。对财政部门的绩效评价，应分析政府投资项目资金立项是否适应和推动国民经济或区域经济的发展，是否满足社会的文化、生活需要。具体来说，包括以下三个方面内容：①评价政府投资项目资金目标的实现程度，评价投资项目是否促进了项目区域内经济的发展，是否提高了社会公众的收入水平；②评价政府投资项目资金适应政策的程度，考评政府投资项目资金的相对增长及项目区域内社会公众收入水平的相对增长，是否符合产业政策、行业和地区发展规划，是否发挥了资源优势，与当地主导产业关系是否协调；③评价政府投资项目资金的社会效益，考评政府投资项目是否满足了社会公众对社会文化和生活的需求。

2. 各政府投资项目管理部门

涉及的政府投资项目管理职能部门包括资源规划局、生态环境局、住房和城乡建设局、交通局、水利局、农业农村局、应急局、气象局等有关部门，按各自职责对政府投资项目进行管理。它们也是监督政府投资项目资金使用的主管部门，负责政府投资项目资金的拨付和项目资金使用情况的监督。对涉及政府投资项目资金的职能管理部门进行绩效评价，应分析各个涉及的项目管理职能部门对项目资金的管理绩效和目标实现情况，具体包括以下内容：

（1）各政府投资项目管理职能部门对项目资金运行管理是否有健全的组织机构，人员配备是否完善，相关规章制度是否健全以及能否得到有效执行。

（2）各政府投资项目管理职能部门对项目资金及其配套资金的拨付是否到位，有无拨付不足或超额拨付、延期拨付的现象。

（3）项目资金的实际支出与计划规定的用途是否相符，是否符合国家和地方政府财政法规、财务管理制度以及专项资金管理规定。

（4）各政府投资项目管理职能部门对项目资金管理和使用的财务制度、资产管理制度、会计核算制度是否完整、合法，资金管理和使用是否严格执行财务制度，有无重大违规行为。

（5）项目资金的使用是否达到了预期目标，是否与项目区域内经济发展相适应。

3. 基层项目单位

基层项目单位是政府投资项目资金的具体使用单位，负责政府投资项目资金的设立申报、资金的日常运用和管理，实现项目的社会和经济目标。评价基层项目单位对项目资金使用情况，应从以下几个方面进行。

1）评价政府投资项目资金设立的目的和用途是否促进了项目区域内经济的发展，是否提高了社会公众的收入水平。具体包括：

（1）项目设立期限是否合理；

（2）资金的使用范围是否符合规定；

（3）项目资金与事业发展规划是否相符；

（4）预期目标是否恰当等。

2）项目资金的分配原则是否合理。资金的分配原则包括：

（1）资金设置原则；

（2）制定原则的依据；

（3）原则的合理性评价等。

3）项目资金的管理方式是否健全，管理体制是否合理。管理方式包括：

（1）项目管理方式（如组织机构设置、人员配备、制度建设等）；

（2）项目立项专家论证制度；

（3）财务制度建设；

（4）管理机制创新等。

4）项目资金的使用是否及时到位。资金的使用情况包括：

（1）资金实际拨付金额；

（2）资金到位率（实际拨付金额/计划使用金额）；

（3）资金到位时效性；

（4）资金使用率（实际使用金额/实际拨付金额）。

5）项目资金的使用是否有效，这是项目资金绩效评价的主要内容，需要按专门项目设置绩效指标，采用科学的方法进行评价。

6）在项目资金管理与执行中存在的问题。包括：

（1）资金的实际支出与计划规定的用途是否相符；

（2）项目管理是否有健全的组织机构；

（3）人员配备是否充足；

（4）资金管理和使用是否严格执行财务制度；

（5）财务信息是否真实和完整等。

三、政府投资项目绩效评价的类型

按绩效评价的时间不同，可将政府投资项目绩效评价分为项目的事前绩效评价、项目事中的绩效评价（包括日常评价、年度评价、中期评价、随机评价和移交前评价）以及项目的事后绩效评价。政府投资项目绩效评价时间涵盖政府投资项目全生命周期，即从政府投资项目立项开始，到实施方案设计，招标采购，签署合同（特许经营权授予），项目建设及交付使用，到运营维护管理，直至移交阶段。政府投资项目绩效评价的时点应始于政府投资项目实施方案设计阶段（实施方案设计阶段确定的绩效评价目标是项目建设、运营和移交阶段绩效评价的主要依据），终止于项目的移交阶段，同时应对立项、招标投标和合同签署（特许经营权授予）阶段中体现的项目投入、管理能力、风险分担等因素进行总结。政府投资项目事前、事中和事后绩效评价构成项目全生命周期的绩效评价与监管体系。

1. 项目的事前绩效评价

项目事前阶段可以分为前期决策阶段、项目设计与招标阶段和项目施工准备阶段（图2–4）。项目前期决策阶段的主要工作内容包括：投资机会研究、初步可行性研究、可行性研究、项目评估及决策，各步骤由粗到细，由浅入深，逐步深入。根据实践经验，决策阶段对项目总投资额的影响最大，其中，可行性研究报告对项目决策具有决定性的意义，政府进行项目审批的依据就是可行性研究报告的内容，采集的资料数据一定要准确且可靠，分析方法要科学合理，否则就会成为“可批性”报告。

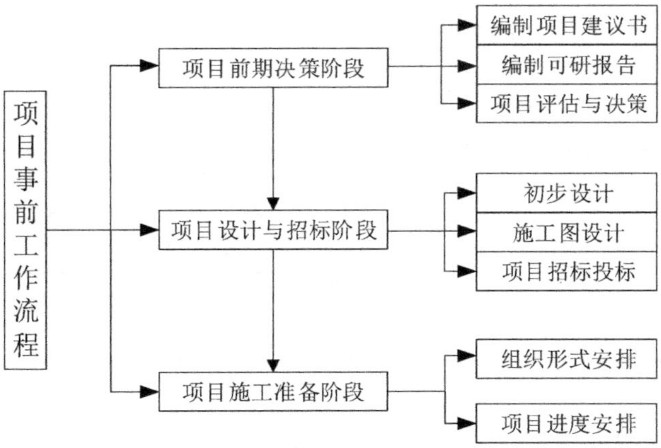

图2–4　项目事前工作流程图

项目设计与招标阶段可以分为初步设计、施工图设计以及项目招标投标阶段。项目施工准备阶段包括组织形式的确定以及工程进度安排。

此外，根据项目事前阶段的工作流程，可将项目的事前绩效评价分为可行性研究和决策过程指标、规划设计过程指标、招标投标过程指标和施工准备过程指标四个组成部分，构建政府投资项目绩效评价指标时，主要采用定性分析的方法，侧重合规性指标，如表2-8所示。

项目的事前绩效评价指标体系　　表2-8

目标层	一级指标层	二级指标层	指标内涵
项目的事前绩效评价	可行性研究和决策过程指标	目标的合理性	目标明确性；项目目标与各地区政府长期规划是否具有一致性
		程序的规范性	审批手续的完备性；决策过程中专家咨询和公众参与制度及信息公示制度
		内容的合理性	可行性研究报告内容真实完整性；项目评价报告的风险分析评价；决策内容的合理性
		方法的科学性	可行性研究报告方案选择的科学性；评价报告效益指标的科学性；决策方法的科学性
	规划设计过程指标	设计的规范性	结合可行性研究报告，初步设计是否全面；设计单位是否具有相应资质；编制预算是否正确使用定额
		重复设计情况	评价工程设计与现有工程是否重叠，是否存在重复投资问题
		设计的科学性	是否使用科学方法进行方案选择；从外部获得设计、施工专家的支持；设计单位是否重视项目的节能、安全和可持续发展
	招标投标过程指标	招标方式与组织形式	招标方式与组织形式选择是否合规
		运作规范性	招标投标各环节操作是否规范
		评标方法和合同	评标方法科学性；评标委员会构成的合理性；合同订立的规范性；中标后有无违规分包行为
	施工准备过程指标	进度安排的科学合理性	对施工方案、计划进行审查，主要评价进度安排是否采用了网络分析等技术；工期和成本分析是否完备；关键环节是否有两套应急方案等
		组织形式适用性	评价项目实施的组织形式能否满足项目管理的需求；监管人员数量安排是否合理，是否满足专业技能要求

2. 项目的事中绩效评价

在项目建设期，主要涉及第二层“委托—代理”关系。即：政府作为监管者，负责对承包商的资金使用情况、人员材料机械投入情况、工程质量、进度以及设计变更等情况进行监督。为了反映项目建设情况，这一阶段的评价指标主要分为：资金管理指标、内部控制指标、技术状况指标和资源利用指标，侧重于效率性指标。

资金管理指标是项目运行的重要因素，分为资金筹措指标和资金使用指标。

1）资金筹措指标用于评价筹资成本、资金结构及资金到位情况等。具体计算指标如下：

（1）评价筹集资金成本率：$资金成本率=\frac{项目融资成本}{项目投资总额}\times 100\%$

（2）评价资金结构：$资本金比例=\frac{项目资本金}{项目投资总额}\times 100\%$

（3）评价资金到位情况：$资金到位率=\frac{实际到位资金}{计划到位资金}\times 100\%$

2）资金使用指标用于评价资金实际支出情况以及资金利用效率等。具体指标如下：

（1）评价实际支出情况：$拖欠工程款率=\frac{已拖欠工程款金额}{应结算工程款金额}\times 100\%$

（2）$超付工程款率=\frac{实付工程款金额}{工程结算款}\times 100\%$

（3）评价超支或结余情况：$实际超支率=\frac{实际投资超出概算额度}{项目批准概算投资额}\times 100\%$

（4）$结余资金率=\frac{竣工后结余资金额度}{概算资金}\times 100\%$

（5）$评价资金利用效率=\frac{总资产报酬率}{资产负债率}\times 100\%$

（6）$资金挤占挪用率=\frac{挤占挪用金额}{到位资金}\times 100\%$

（7）$滞留闲置资金比率=\frac{滞留闲置金额}{到位资金}\times 100\%$

（8）$虚列成本率=\frac{虚列项目支出金额}{总成本}\times 100\%$

内部控制指标包括管理制度规范性、会计管理规范性、项目信息沟通与管理、设计变更控制、进度控制、质量控制、成本控制和安全管理八个方面。控制（Control）一词最早在技术工程系统中运用，主要通过检验事物发展的实际情况是否与预期相符合。内部控制不仅是指制度规范化（包括管理制度与财务会计制度），还包括信息沟通、设计变更以及质量、进度、安全和成本等方面的控制。既有定量指标也有定性指标，定性指标需要查阅相关资料获取所需信息，定量指标主要如下：

1）设计变更指标

合同变更率公式如下：

$$合同变更率=\frac{合同变更量（金额）}{合同工作量（金额）}\times 100\% \tag{2-2}$$

在计算合同变更率时，应剔除因不可抗力而产生的变更，并审核设计变更是否按规定进行报批。

2）进度控制指标

对于进度的控制，可采用进度偏差（SV）和进度偏差程度（SVI）来衡量，公式如下：

$$SV=BCWP-BCWS \tag{2-3}$$

$$SVI=BCWP/BCWS \tag{2-4}$$

当$SV<0$时，即实际进度延后于计划进度，表示进度推迟；当 $SV>0$ 时，即实际进度提前于计划进度，表示进度提前。

3）质量控制指标

单项工程从大到小划分为单位工程、分部工程、分项工程以及检验批。不同单位的优良标准有所不同，主要考评的内容有：是否发生过质量事故，子工程是否全部合格，其优良率是否到达70%以上，以及重要隐蔽部分和关键部位质量优良率。工程优良率、完工验收率、返工损失率公式如下：

$$\text{工程优良率}=\frac{\text{优良等级工程量}}{\text{已完工程总量}}\times 100\% \tag{2-5}$$

$$\text{完工验收率}=\frac{\text{验收完成工程量}}{\text{已完工程总量}}\times 100\% \tag{2-6}$$

$$\text{返工损失率}=\frac{\text{返工损失金额}}{\text{工程总成本}}\times 100\% \tag{2-7}$$

返工损失金额指因返工而造成材料费、人工费的损失和一定数额的管理费。

4）成本控制指标

对于成本的控制，可以采用成本偏差（CV）和成本偏差程度（CVI）来衡量，公式如下：

$$CV=BCWP-ACWP \tag{2-8}$$

$$CVI=BCWP/ACWP \tag{2-9}$$

其中，已完工程实际成本（$ACWP$）=已完成工作量×实际单价。当$CV<0$时，即预算支出低于实际支出，表示费用超支；当$CV>0$时，即实际支出低于预算额，表示费用结余。当 $CVI<1$，即实际支出超出预算值，表示费用超支；当 $CVI>1$，即实际支出低于预算值，表示费用结余。

工程成本降低（超支）率公式如下：

$$\text{工程成本降低（超支）率}=\frac{\text{工程完工实际成本}-\text{工程计划成本}}{\text{工程计划成本}} \tag{2-10}$$

5）安全管理指标

安全管理的定量指标主要有工伤死亡人数、重大事故次数等。按照伤亡人数和直接经济损失划分，重大事故是指造成死亡人数为10～30人，或伤亡人数为50～100人，或直接损失金额在5000万元至1亿元之间的事故。

此外，技术状况指标分为技术适用性与成熟度、技术创新指标以及可持续性指标。

最后，资源利用指标分为人力资源、物资设备的利用水平以及资源的可持续性指标。其中人力资源指标包括人员投入数量合理性与到位及时性、人员素质、人力经费占项目经费的比例等。物资设备指标包含材料设备投入数量准确性和投入的及时性、材料合格率、设备完好率；是否符合政府采购制度规定的采购方式与定价方式；采购合同是否严密；材料与设备的验收、保管、使用以及维护等阶段是否有效进行。可持续性指标包括可循环利用物质的利用、项目废物回收利用、资源再利用和绿色建材利用等。项目的事中绩效评价指标体系如表2-9所示。

项目的事中绩效评价指标体系　　表2-9

<table>
<tr><th>目标层</th><th>一级指标</th><th>二级指标</th><th>指标内涵</th></tr>
<tr><td rowspan="11">项目的事中绩效评价</td><td rowspan="2">资金管理指标</td><td>资金筹措指标</td><td>评价资金筹集的成本、资金计划投入情况及资金到位情况等</td></tr>
<tr><td>资金使用指标</td><td>评价资金实际支出情况以及资金利用效率等</td></tr>
<tr><td rowspan="9">内部控制指标</td><td>管理制度规范性</td><td>建设单位是否落实建设项目法人责任制；监理单位是否具有相关资质以及建立重要工程部位和隐蔽工程旁站监理制度等</td></tr>
<tr><td>会计管理规范性</td><td>主要评价财务管理状况与会计信息质量，其中财务管理状况包含制度健全性、管理有效性及执行状况等；会计信息质量方面考核会计信息资料的真实性、完整性和及时性等</td></tr>
<tr><td>项目信息沟通与管理</td><td>使用项目管理信息系统进行信息管理，形成项目各参与方工程界面管理机制；公共意见反馈渠道，人均合理化建议；是否建立完善的档案管理制度；是否建立项目内部检查和报告系统</td></tr>
<tr><td>设计变更控制指标</td><td>非正常合同变更率（剔除因不可抗力而产生的变更）；设计变更是否提高或降低工程标准；是否严格按照变更管理程序进行变更管理</td></tr>
<tr><td>进度控制指标</td><td>为了评价项目的进度与计划之间的偏差，具体指标有SV、SVI等</td></tr>
<tr><td>质量控制指标</td><td>评价项目质量管理体系与质量责任制落实情况；质量事故是否尽职处理，并查明原因；定量指标包含工程优良率、完工验收率、返工损失率等</td></tr>
<tr><td>成本控制指标</td><td>为了评价项目的实际成本与预算额相比较的偏差程度，主要有CV、CVI、工程成本降低（超支）率等定量指标</td></tr>
<tr><td>安全管理指标</td><td>安全内务、安全作业、作业现场安全控制和安全事项报告制度；工伤死亡人数、重大事故次数；风险控制能力的评价</td></tr>
</table>

续表

目标层	一级指标	二级指标	指标内涵
项目的事中绩效评价	技术状况指标	适用性与成熟度	工程建设实际使用的技术水平与设计要求是否有很大差异；技术成熟度
		技术创新指标	施工新技术和新材料的开发、管理技术的创新
		可持续性指标	清洁能源技术、节能技术、可再生资源利用技术等的利用情况
	资源利用指标	人力资源指标	人员投入数量合理性与到位及时性、人员素质（工程师人员比率，全员专业受训率）、人力经费占项目经费的比例
		物资设备指标	材料设备的数量、质量、价格；是否符合政府采购制度规定的采购方式与定价方式；采购合同是否严密；设备与材料的验收、保管、使用和维护情况
		可持续性指标	可循环利用物质的利用；项目废物回收利用；资源再利用；绿色建材利用等

3. 项目的事后绩效评价

项目事后阶段可以分为竣工验收过程阶段与后期运营过程阶段，并对整个项目进行经济效益评价，侧重项目本身的经济性，多采用比率指标。

其中，竣工验收过程指标包含对验收过程的合规性、及时性以及竣工档案完整性的评价。后期运营过程指标包含项目后期维护指标、项目运作效率指标、项目运作合理性、最终用户使用满意度。其中，使用率的计算公式为：

$$\text{使用率}=\frac{\text{每年实际提供公共服务数量（时间）}}{\text{每年计划提供公共服务数量（时间）}}\times 100\% \tag{2-11}$$

项目经济评价，需要区分纯公共项目和准公共项目。对于纯公共项目，即非营利项目，项目自身的经济评价主要考核其预算执行情况，通过编制预算执行情况分析报表以及预算决算，衡量预算偏差的程度。准公共项目可采用盈利能力指标和偿债能力指标进行经济性评价。

首先，盈利能力指标具体有：

（1）投资净现值（NPV），评价项目获利能力的动态评价指标，公式为：

$$NPV=\sum_{t=0}^{n}\frac{(CI_t-CO_t)}{(1+i)^t} \tag{2-12}$$

式中，CI、CO分别表示各年现金流入与流出，i是基准收益率。

（2）投资回收期（Payback Period），根据是否考虑货币的时间价值，可以分为静态与动态投资回收期。简化的计算公式为：

静态（动态）投资回收期={累计净现金流量（现值）大于0的年份数-1}+上一年累计净现金流量（现值）的绝对值/出现正值年份的净现金流量（现值）

（3）投资收益率是指正常年份（即达到设计产能时）的年息税前利润与项目总投资额的比例关系。计算公式为：

$$投资收益率=\frac{年息税前利润}{总投资}\times 100\% \tag{2-13}$$

（4）内部收益率（*IRR*）是使*NPV*=0时的折现率。常规项目建设期现金流出，运营期现金流入，因此 *IRR* 应该大于基准收益率*i*。

（5）资本金利润率。计算公式为：

$$资本金利润率=\frac{利润总额}{资本金}\times 100\% \tag{2-14}$$

其次，偿债能力指标具体有：

（1）借款偿还期（Loan Repayment Period）

如果按照最大能力偿还方式还本付息，借款偿还期的计算公式为：

$$LRP=（开始出现盈余年份-1）+\frac{盈余当年剩余还款总额}{盈余当年可用于还款的资金} \tag{2-15}$$

（2）偿债备付率（Debt Service Coverage Ratio）。计算公式为：

$$DSCR=\frac{EBITDA-Tax}{PD}\times 100\% \tag{2-16}$$

其中，*EBITDA*表示税前利润加上折旧和摊销；*Tax*表示应支付企业所得税；*PD*表示本期应当还本付息的金额，包括当期应当归还贷款本金额以及计入成本费用的利息。

（3）资产负债率。计算公式为：

$$资产负债率=\frac{负债总额}{项目总投资}\times 100\% \tag{2-17}$$

资产负债率越高，财务风险越大。在可接受的财务风险范围内，资产负债率越高，融资成本越低。

（4）流动比率与速动比率是用来衡量偿还短期债务的能力。计算公式为：

$$流动比率=\frac{流动资产}{流动负债}\times 100\% \tag{2-18}$$

$$速动比率=\frac{速动资产}{流动负债}\times 100\% \tag{2-19}$$

从上式中可看出，流动比率和速动比率越高，短期偿债能力越强。与之对应，流动比率和速动比率越低，短期偿债能力越弱。

项目的事后绩效评价指标体系如表2-10所示。

项目的事后绩效评价指标体系　　表2-10

目标层	一级指标	二级指标	指标说明
项目的事后绩效评价	竣工验收过程指标	验收工作合规性	竣工验收程序、验收参与人员等是否符合规定和标准；固定资产移交是否办理相关手续等
		验收工作及时性	及时并顺利完成工程验收工作；及时完成最终款项结算；按时完成项目的后评价工作
		竣工档案完整性	是否形成验收报告；清晰的缺陷责任表
	后期运营过程指标	项目后期维护指标	项目完成后实施工程维护工作，如工程保修工作
		项目运作效率指标	反映项目使用程度，如使用率、运行时间等
		项目运作合理性	运营期人员、资金安排得合理合规性
		最终用户使用满意度	反映使用者的满意度，须采用问卷调查的形式获取信息
	项目经济评价指标	预算执行情况	通过编制预算执行情况分析报表以及预算决算，衡量预算偏差的程度
		盈利能力指标	*NPV*、*IRR*、投资回收期（*PP*）、投资收益率等指标
		偿债能力指标	借款偿还期、*DSCR*、资产负债率、流动比率、速动比率等指标

| 第三章 |

政府投资项目绩效评价的内涵

第一节　政府投资项目绩效评价的原则、准则与特征

一、绩效评价原则

政府投资项目绩效评价不同于微观的经济效益评价，微观的经济组织的效益评价主要是以获取收益为评价目标，以直接的投入和产出为基本进行分析。而政府投资项目绩效评价不仅要分析计算直接的、有形的、现实的投入和产出，还要分析计算间接的、无形的、预期的投入与产出，因为政府投资追求的最终目标是社会福利最大化而不是经济效益最大化。政府投资项目绩效评价具备科学性和合理性，必须按照一定的标准、遵循一定的原则。开展政府投资项目绩效评价应遵循以下原则。

1. 科学、发展、系统原则

科学原则是指一方面要设计出科学、合理的政府投资项目绩效评价指标体系，重在解决实际问题，避免流于形式，造成人力、物力、财力的浪费；另一方面要建立一套科学、完备的政府投资项目绩效评价机制，将自我评价、财政评价、绩效审计、公众评价融合到一起，提高公共财政管理的公开性、科学性、民主性。发展原则是指对政府投资项目绩效评价的方法选择，要建立在适合本地区情况的基础之上，立足现实，着眼长远，不断改进完善。系统原则是指将政府投资项目绩效评价与政府投资规模、核算方式、当地政府的发展规划、财政管理的决策机制等众多因素联系起来，组成一个不可分割的整体。

2. 经济效益、社会效益和生态效益有机结合原则

政府投资项目要注重财政支出的经济性、效率性和有效性，这是为了最大限度地使用每一分财政资金。但政府投资项目往往涉及的是公共产品，必须要求社会福利最大化。这就需要在进行政府投资项目绩效评价时，不仅要考虑政府投资项目本身的直接效益和经济效益，更应该从社会经济活动总体出发，把财政资金的使用放在促进国民经济与社会发展的总体框架中统筹考虑。对于公共产品和公共服务，在同时要求经济效益、社会效益和生态效益的情况下，要更加注重社会效益和生态效益，特别是经济社会发展和城乡协调发展的项目。

3. 公开、透明、公正、客观原则

政府投资项目绩效评价过程必须是公开的，评价主体应当根据绩效评价的要求，制定详细的评价目标和程序及客观的评价标准，并形成绩效报告。虽然绩效评价最终结果是由相关评估主体和专家来评价的，但评价的过程必须是公开的。评价结果应当征求被评价人的意见，对于被评价人意见不同的，评价小组应通过召开听证会等方式，对被评价人意见的合理性进行评估。同时，评价结果也必须公开，通过书面报告等形式向当地政府、财政部门报告评价的最终结果，并通过媒体向社会公开。评价报告对外公开，一是有助于督促政府或各部门按照规定的程序进行决策，二是增强项目管理者的责任感，三是让公众了解项目情况。保证绩效评价结果的真实性；保证项目决策的科学性；保证概算、预算的准确

性及决算的真实性；保证项目资金使用的规范性、安全性和有效性，提高资金使用效率和项目投资效益。

4. 依法评估原则

政府投资项目绩效评价作为一种绩效评价制度，必须遵循一定的程序规则运行，即明确规定评价主体从事评价行为的顺序、方式和程序，这是实施绩效评价的重要环节，是绩效评价法治化的必然要求，同时也是制约权力、防止权力滥用的要求。从项目立项、可行性研究、概算、建设过程、竣工决算、环境保护、后续运营等方面依照基本建设程序和建设管理制度以及相关法律法规的有关规定进行评价。

5. 定性分析与定量分析相结合原则

政府投资项目具有多样性，涉及社会的各个方面，因此要从政治、经济、社会等多个方面对政府投资项目的绩效进行评价。量化评价是一种明确、客观的评价方式，但有的指标不能有效地量化，这就需要进行定性分析，对需要定性分析的指标要衡量和细化，便于反映政府投资项目绩效评价的真实情况。因此，在对政府投资项目进行绩效评价时，要在定量分析的基础上根据不同的情况进行一定的主观评价，在进行这种评价时，要在可能实施的条件下采取最大范围的调查反馈，最大限度获得客观公正的评价结果。

6. 时效性、适用性原则

管理的关键在于高效，绩效评价是一种管理机制，绩效评价的时效性直接影响着投资项目的进程。每一个环节的延误，都会产生连环效应，影响后续进程的进行，积极从评价中寻找项目的潜在问题，才可以达到资金的有效性和项目整体的时效性。在项目投资建设过程中，应当一直做到决策有用，不偏离整个项目投资的大方向。

7. 国家政策导向原则

绩效评价要充分考虑国家产业政策，具体实施中对政府鼓励和限制的产业、产品，要在评价指标体系的设立上加以区分。

二、绩效评价准则

绩效评价准则是指开展绩效评价的标准和依据，分为一般准则和具体标准。其中，一般准则是评价的基本标准和原则；具体标准，也可以称为评价标准，是评价的依据和衡量标准，是一般准则的具体化。

绩效评价一般准则是评价政府投资项目绩效应遵循的基本标准和原则。美国著名学者Terry Fenrick在1995年提出了公共项目的“3E”评价准则，即经济性（Economy）、效率性（Efficiency）和效果性（Effectiveness），该准则被西方国家广泛应用于传统公共项目的财政绩效评价。经济性是指资源的耗费情况，经济性好通常指耗费的资源少，其主要关注的是资源投入和使用过程中成本节约的水平和程度及资源使用的合理性。效率性是指投入资源与产出成果之间的对比关系。效果性是指实际取得成果与预期取得成果之间的对比关系，其主要关注的是既定目标的实现程度及其产生的影响。政府投资项目是长期在公共产品和服务领域为社会公众谋福利的项目，所以“3E”准则也适用于政府投资项目，但是，政府投资项目绩效评价是在项目确定实施政府投资模式之后，从项目利益相关方（包含项目社会资本方、承包商、施工方、供应商、政府部门、社会公众等）要求和关心的项目目标利益出发，对项目实施、运营相关的经济、社会、风险分担、环境和技术等各方面因素，从项目投入、过程控制、结果、影响等角度进行全面和客观的评价。因此，针对政府投资项目的特殊性，有学者提出了政府投资项目绩效评价的“4E”准则，在“3E”准则的基础上加上了公平性（Equitableness），如表3-1所示。公平性主要考虑利益相关方的满意度和项目的可持续发展，政府投资项目绩效评价具体标准可以参照政府投资项目选择计划标准、行业标准或类似项目的历史标准。

政府投资项目绩效评价的“4E”准则 表3-1

经济性（Economy）: 项目获取利润及花费成本的合理性	效率性（Efficiency）: 资源的有效利用，即项目实施过程中投入产出比
效果性（Effectiveness）: 项目产出带来的实际影响，即客观的成功	公平性（Equitableness）: 一方面考虑利益相关方的满意度，另一方面考虑社会效益和可持续发展

以“4E”准则为核心进行绩效目标设计，通常应当包括以下主要内容：

（1）项目产出（效果性），包括提供的产品、服务的数量和质量是否达到预期的目标。

（2）项目投入（经济性），指达到预期产出所需要的成本资源（经济性）。

（3）项目效益（效率性），包括经济效益、社会效益、环境效益（正效益，代表效率高；负效益，代表效率低）。

（4）项目影响（公平性），服务对象或项目受益人以及利益相关方的满意程度和可持续发展等。

另外，还需要根据政府投资项目的类型、特征和具体情况，确定其他应当列入绩效目标的相关内容。

三、绩效评价特征

1. 评价目的的明确性

一般项目绩效评价的主要目的是判断项目是否可行或者让项目的各级管理者和利益相关方了解和掌握项目执行的基本情况，以便找出问题，及时调控，总结经验，明确评价是为了达到什么样的目标。政府投资项目绩效评价不仅对项目是否可行做出判断，更需要通过分析论证明确指出项目是否适合采用政府投资模式，要不要采用政府投资模式；不仅要让项目的各级管理者和利益相关方了解和掌握项目执行的基本情况，以便找出问题，及时调控，总结经验，而且要为政府付费和价格调整提供基础和依据，是项目监管的重要组成部分。明确评价目的有助于提高社会公众对政府投资项目的需求满意度，政府投资项目在经济效益、社会效益和环境效益等方面有更加明确的工作方向和工作内容，使项目资金实现效益的最大化。

通过一般项目与政府投资项目绩效评价目的的对比，发现政府投资项目的评价目的具有明确性。明确评价目的可以从根本上解决政府资金使用低效率问题，提升财政资金的绩效水平，提高政府施政能力。引入新的绩效评价技术和手段，对于适应财政形势新要求、提高财政支出效益都具有重要的意义，可以进一步持续提升政府投资项目运行质量和政府财政支出绩效管理水平。

2. 评价范围的广泛性

一般项目的绩效评价主要是对项目的建设管理绩效作评价，包括对项目组织、进度控制、费用控制、质量管理等实施管理主要任务的评价和对资源限制、项目实施风险、项目范围变更、项目合同、环境条件等其他配合支撑条件进行的分析与评价。政府投资项目绩效评价范围更加广泛，除了和一般项目一样，需要针对项目建设管理绩效进行评价外，还必须对绩效目标设定合理性或实现程度、运营管理绩效、财政资金使用绩效、公共产品（或服务）质量与效率、公众满意度、社会绩效及可持续发展能力等进行评价。政府投资项目绩效评价重点关注该项目建设完成并投入使用之后，是否为社会提供更多、更好的公共产品和服务，对于政府投资的项目，项目开发和运营所使用的资金是否确实物有所值。

一般项目和政府投资项目的绩效评价范围对比，充分说明了政府投资项目的评价范围具有广泛性，在政府投资项目绩效评价过程中，不能只局限于项目所带来的经济效益，还需要考虑社会效益、环境效益、可持续发展和社会公众对项目的满意度等。综合评价项目整个生命周期的绩效和广泛性的绩效评价会为社会建设更优的公共产品和服务项目。

3. 评价程序的严密性

一般项目绩效评价的基本程序包括组织安排、收集资料、审查分析和编写报告四个环节，四个环节的工作一般均由受托的第三方机构完成。政府投资项目绩效评价工作程序通常包括前期准备、绩效评价实施、绩效评价管理三大步骤十一个环节。在评价程序上，政府投资项目绩效评价与其他项目绩效评价主要有五点不同：一是评价程序的各个环节当中，均有政府部门的参与，即使该项评价工作是委托第三方机构进行的，也有政府相关部门的人员参与其中；二是必须组建绩效评价工作小组，遴选的专家至少包括工程技术专家、项目管理专家、财务专家、资产评估专家、财政专家、法律专家和项目所属行业领域专家；三是必须开展公众满意度调查，更加真实地了解社会公众对政府投资项目的满意度；四是评价结果必须经过政府指定部门审核并报财政部门备案，作为政府付费和调价的依据；五是必须依法公开绩效评价信息，接受监督。以上政府投资项目与其他项目在绩效评价程序方面的五点不同之处，充分体现了政府投资项目绩效评价程序的严密性。

一般项目和政府投资项目的绩效评价程序对比，充分说明了政府投资项目的评价程序具有严密性，政府投资项目按照一定的程序进行绩效评价，不能疏忽某个程序就进行下一个程序的绩效评价，不然会导致最后的绩效评价结果不精准，应优化评价程序工作的严密性，促进政府投资的高效产出。

4. 评价结果的实用性

政府投资项目绩效评价加强了对项目实施过程中的监管和督促，使得项目顺利进行。评价结果分为单位自评结果和财政部门评价结果，单位自评结果主要以项目支出绩效自评表的形式反映，做到内容完整、权重合理、数据真实、结果客观；财政部门评价结果主要以绩效评价报告的形式体现，绩效评价报告应当依据充分、分析透彻、逻辑清晰、客观公正。绩效评价工作和结果应依法自觉接受审计监督。各部门应当按照要求随同部门决算向本级财政部门报送绩效自评结果。部门和单位应切实加强自评结果的整理、分析，将自评结果作为本部门、本单位完善政策和改进管理的重要依据。对预算执行率偏低、自评结果较差的项目，要单独说明原因，提出整改措施。财政部门和预算部门应在绩效评价工作完成后，及时将评价结果反馈给被评价部门（单位），并明确整改时间限制；被评价部门（单位）应当按要求向财政部门或主管部门报送整改落实情况。各部门应按要求将部门评价结果报送给本级财政部门，评价结果作为本部门安排预算、完善政策和改进管理的重要依据；财政评价结果作为安排政府预算、完善政策和改进管理的重要依据。原则上，对评价等级为优、良的，根据情况予以支持。对评价等级为中、差的，要完善政策、改进管理，根据情况核减预算。对不进行整改或整改不到位的，根据情况相应调减预算或整改到位后再予以安排。各级财政部门、预算部门应当按照要求将绩效评价结果分别编入政府决算和本部门决算，报送本级人民代表大会常务委员会，并依法予以公开。

以上内容充分说明了评价结果具有实用性，评价结果分为优、良、中和差四个等级，能为以后建设项目的拨款以及评判相关政府部门公职人员的工作能力等提供很好的依据，也能在政府投资项目全过程建设中起到很好的督促作用，使项目按照进度计划实施，建设资金实现效益最大化。

5. 评价内容的全面性

一般情况下单位自评的内容主要包括项目总体绩效目标、各项绩效指标完成情况以及预算执行情况。对未完成绩效目标或偏离绩效目标较大的项目要分析并说明原因，研究提出改进措施。财政部门评价的内容主要包括：①决策情况；②资金管理和使用情况；③相关管理制度办法的健全性及执行情况；④实现的产出情况；⑤取得的效益情况；⑥其他相关内容。

1）评价决策情况

包括项目立项和项目准备评价。项目立项又包括项目立项规范性、项目合规性、物有所值评价和财政承受能力论证；项目准备又包括绩效目标合理性、绩效指标明确性、资金方案和实施方案。项目立项规范性评价主要评价项目是否符合国家、地区和行业发展规划；是否按照规定的程序申请立项；所提交的文件、材料是否符合相关要求；事前是否已经过必要的可行性研究、专家论证、风险评估、集体决策等；项目实施调整是否履行相应手续。项目合规性评价主要评价项目是否符合政府投资领域要求；是否适合采用政府投资模式；是否通过合规性审核（包括主体合规、客体合规和程序合规）。财政承受能力论证主要评价项目是否通过。绩效目标合理性评价主要评价项目绩效目标是否符合国家相关法律法规、国民经济发展规划和当地政府决策；是否符合行业客观情况；是否为促进事业发展所必需；项目预期产出是否符合正常的业绩水平；是否明确考核主体和考核办法。绩效指标明确性评价主要评价项目是否将项目绩效目标细化分解为具体的绩效指标并按年度进行分解；是否通过清晰、可衡量的指标值予以体现；是否与项目全生命周期各阶段的任务数或计划数相对应；是否与预算确定的政府支出责任相匹配。资金方案评价主要评价项目是否根据需要制定相关资金筹措方案，并在资金筹措方案中明确政府、社会资本的股权比例及融资责任；资金筹措方案是否全面、合理；是否符合相关管理办法。实施方案评价主要评价实施方案内容是否完整，是否合理、可行。

2）评价资金管理和使用情况

包括资金到位情况、资金使用情况和资金管理评价。资金到位情况包括资金实际到位率及资金是否及时到位；若未及时到位，是否影响项目进度。资金使用情况包括资金是否存在支出依据不合规、虚列项目支出的情况；是否存在截留、挤占、挪用项目资金情况；是否存在超标准开支情况。资金管理包括资金管理、费用支出等制度是否健全，是否严格执行；会计核算是否规范等。

3）评价相关管理制度方法的健全性及执行情况

应做到两个方面：一方面，选取专业且经验丰富的第三方机构对绩效评价工作进行全过程监督和客观评审，这也需要确保第三方机构的专业性，国家政府需要加强对独立第三方机构的审核批准和定期考核机制，推荐更多的专业性机构开展独立监督评审，避免因不合格第三方机构而影响对绩效评价工作的监督，这也需要以法律法规为基础来形成一个监督评审体系；另一方面，做好相关监督管理，政府财政部门需要根据独立的第三方机构监督评价结果，客观评判每个政府投资项目的实际执行情况，并以此为依据对项目的完成度和存在的问题给出客观公正的分析评价，并对下一步工作提出建议。

以上内容充分说明了评价内容具有全面性，在项目的事前、事中和事后绩效评价中，都不能只局限于某个内容，要对政府投资项目绩效评价的内容进行科学、合理、全面地评价，能够让政府管理者充分认识到项目实施过程各个阶段中存在的问题和好的经验做法，在总结经验教训的基础上，不断完善政府投资和建设项目的管理水平，提高资金使用效率，以达到项目社会和环境效益最大化，促进社会可持续发展的目的。

6. 评价指标的准确性

政府投资项目绩效评价指标是指预算批复时确定的绩效指标，包括项目的产出数量、质量、时效、成本，以及经济效益、社会效益、生态效益、可持续影响和服务对象满意度等。政府投资项目绩效评价指标的权重由各单位根据项目实际情况确定。原则上预算执行率和一级指标权重统一设置为：预算执行率10%、产出指标50%、效益指标30%、服务对象满意度指标10%。如有特殊情况，一级指标权重可做适当调整。二、三级指标应当根据指标重要程度、项目实施阶段等因素综合确定，准确反映项目的产出和效益。确定政府投资项目绩效评价指标应当符合以下要求：与评价对象密切相关，全面反映项目决策、项目的资金管理、产出和效益；优先选取最具代表性、最能直接反映产出和效益的核心指标，精简实用；指标内涵应当明确、具体、可衡量，数据及佐证资料应当可采集、可获得；同类项目绩效评价指标和标准应具有一致性，便于评价结果相互比较。政府投资项目绩效评价指标的权重根据各项指标在评价体系中的重要程度确定，应当突出结果导向，原则上产出、效益指标权重不低于60%。同一评价对象处于不同实施阶段时，指标权重应体现差异性，其中，实施期间的评价更加注重决策、过程和产出，实施期结束后的评价更加注重产出和效益。

以上内容充分说明了评价指标具有准确性，评价指标准确有助于反映出项目整个建设过程的管理水平和最终取得的效益，更能为将来政府的决策和管理行为提供依据。通过进一步分析比较项目各阶段的绩效评价指标，找出影响项目绩效的短板，为项目管理者改进管理方式、提高项目管理和项目绩效水平提供参考。

第二节　政府投资项目绩效评价的内容

政府投资项目绩效评价因项目类型和评价目的的不同，绩效评价的内容也不相同，从项目全生命周期来看，绩效评价的内容主要包括投入的绩效评价、过程的绩效评价、产出的绩效评价和其他绩效评价等。

一、投入的绩效评价

财政部等部门颁布的众多绩效评价指导性文件均在投入阶段设置了“项目立项”和“资金落实”这两个绩效评价二级指标。除此之外，审批程序、项目勘察设计和招标投标组织等的实施准备情况也是在项目实施之前所投入的资源，亦被广泛应用于绩效评价当中。

1. 项目立项审批程序

此阶段包括审批程序绩效和勘察设计绩效，下面详细介绍了具体的评价标准。

1）审批程序绩效评价包含三个指标，分别为审批程序的合规性、合理性和科学性，从这三个方面来评价项目审批决策程序是否完整，是否做到前呼后应，是否符合项目建设要求，是否有先批准后论证、先建设后审批等不良行为的发生。

2）勘察设计绩效主要包含两个评定指标，分别为勘察设计的行政性绩效指标和勘察设计的技术性绩效指标。

（1）行政性审查主要涉及与勘察设计程序有关的项目是否符合政府或行业相关规定，主要包括：勘察设计单位是否在其相应的资质等级范围内承接业务；出具勘察报告与施工图文件的手续是否完整；是否经相关具备资质的人员编制或审核；勘察设计单位的确定是否经过完备的招标备案，流程是否完整可查；勘察设计合同的签订是否符合国家规定，是否符合本地区行业特性，有无明确危害财政资金的条款等。

（2）技术性审查主要包括建筑的主体基础是否能达到国家要求使用年限；设计勘察结果的安全性是否满足行业标准的规定；建筑物的消防、节能、环保是否满足省市相关规定和指标以及法律法规规定的其他内容。

2. 项目招标投标组织

招标投标阶段包括对项目招标范围绩效、招标准备工作绩效、招标过程绩效和项目合同签订绩效四个指标层进行评价。

（1）招标范围绩效应注重核查有无“应招标而未招标”的项目、有无肢解工程和有无规避招标的现象。用工程项目招标投标覆盖率来评价招标范围绩效，公式如下：

$$招标覆盖率=\frac{工程中所有招标项目数量之和}{工程子项目数量之和}\times 100\% \tag{3-1}$$

$$招标资金覆盖率=\frac{工程中所有招标项目资金之和}{工程估计总投资}\times 100\% \tag{3-2}$$

（2）招标准备工作绩效评价内容重点包括项目拆迁是否满足项目建设要求，项目是否经过有关部门审批，手续是否完整，招标资料内容是否真实全面，招标机构组建、招标代理机构选择是否合法等。

（3）招标过程绩效评价内容重点包括招标程序和方法是否符合相关法律规定，招标文件是否完整、有效，标底是否体现优质优价，投标、开标、评标、定标是否合法合规，选定评标委员会及评选工作是否公平公正，评标办法是否合理，评标报告是否真实有效，评标结果是否公开发布。

（4）项目合同签订绩效评价内容重点包括合同签订是否依照招标文件和中标通知书的内容，合同条款是否真实完整，项目合同的签订条款是否有利于保护财政资金的安全，是否有利于资金的高效利用。

3. 可行性研究报告

可行性研究报告的评价包含以下三个指标：

1）编制与审批单位的合规性

国家对可行性研究报告的编制、审批单位资质和级别有明确规定，尤其是政府工程项目。依据相关规定，建设单位委托编制的可行性研究报告必须报项目立项审批部门审批，且委托编制单位必须具备相应的资质证书和营业执照。同时项目审批单位，必须按照国家文件规定，当地政府不得跨越自身审批范围进行超范围审批。

2）报告的完整性与编制深度

可行性研究报告是编制单位通过对拟建项目周边的实地调查，从市场、技术、经济、管理、工艺等影响项目可操作性的方面进行研究分析提出的项目报告。完善的可行性研究报告，可以有效地分析建设项目与其所处地区的协调性，为建设单位全方位地了解建设项目的利弊提供重要依据，同时也为建设项目的良好发展制定长期规划。

3）编制报告的可行性、真实性与科学性

评价报告可行性、真实性和科学性的重点指标包括：市场预测是否准确；项目财务评价和国民经济评价基础数据是否正确可靠；项目是否按照预定内容规模进行；是否符合规模经济与当地特点；建设条件是否先进；认真核对各项经济指标，使建设项目最大可能实现其效益、质量目标。

4. 资金落实情况

资金落实情况包括资金到位情况、资金使用情况、资金管理情况等。

（1）资金到位情况主要考核资金实际到位率及资金是否及时到位，若未及时到位，是否影响项目进度，可设置资金到位率、到位及时率、融资结构合理性、政府补贴到位率等定量指标，公式为：

$$\text{资金到位率}=\frac{\text{财政资金实际到位总额}}{\text{财政资金计划投入总额}}\times 100\% \tag{3-3}$$

$$\text{到位及时率}=\frac{\text{及时到位财政资金}}{\text{应到位财政资金}}\times 100\% \tag{3-4}$$

资金到位率指标反映项目资金筹集的效率，该指标数值越大，其效率越高。到位及时率指标用以反映和考核项目资金落实的及时性程度。

（2）项目实际资金使用情况考核项目公司资金是否存在支出依据不合规、虚列项目支出的情况；是否存在截留、挤占、挪用项目资金情况；是否存在超标准开支情况。

（3）资金管理考核内容包括资金管理、费用支出等制度是否健全；是否严格执行；会计核算是否规范等。

二、过程的绩效评价

过程的绩效评价一般包含项目建设阶段、项目竣工阶段和项目运营阶段评价等，具体介绍如下。

1. 项目建设阶段

项目建设阶段评价主要围绕财务与项目建设阶段的评价指标，主要包括质量管理绩效指标和财务管理绩效指标。

1）质量管理绩效指标

质量管理绩效指标包括审查开工审批情况是否按照基本建设程序取得规划许可证、施工许可证；是否取得施工图和岩土工程勘察报告审查合格证书；审查设计变更洽商情况，包括变更洽商手续是否完整，是否符合相关法律规定；重点审查变更洽商的真实性与合理性，核实变更洽商增加预算的问题，变更洽商是否对构筑物结构安全产生影响；审查项目负责人的确立，项目负责人授权委托是否符合要求；采购的建筑物材料是否符合设计文件和合同要求；审查检查与检验行为，是否按照规定见证取样、委托检测；是否按照规定进行了监督抽查，以及组织过程中的质量验收。

2）财务管理绩效指标

资金的计划绩效主要审查项目财务部门是否根据建设项目的进度编制资金使用计划书，并报相关部门审批，同时要确保计划书编制的精细度，确保计划书满足财务实际使用的需要，在施工过程中要审核实际资金的使用是否按照计划书开展，遇到特殊情况，需要调整的计划书是否向相关主管部门报送审批。

资金使用绩效主要指项目资金使用是否按照资金使用计划实施，资金使用是否有偏差。这里引入投资偏差指标和进度偏差指标。其公式如下：

$$\text{投资偏差}=\text{现阶段实际投资}-\text{已完工程计算投资额} \tag{3-5}$$

其中，已完工程计算投资额=已完成工程量×投标清单单价。

计算结果为正值时，说明现阶段投资超支，须找出发生此问题的原因，针对问题落实整改；若计算结果为负值，说明投资控制很好，尚有节约，不过也要总结经验，便于应用到以后的项目建设中。

2. 项目竣工阶段

项目竣工阶段主要从建设管理绩效和建设经济绩效两个方面进行评价分析。

1）建设管理绩效

由于建设项目竣工验收的主要依据是阶段验收和分部工程验收，对已验收的分部分项工程一般不再检查，因此，竣工验收时主要是根据已有的资料和外观质量对工程质量进行评定。作为对工程质量的最后全面把关，竣工验收审计指标主要涉及以下五点：①竣工验收时建设单位、监理单位、设计单位、施工单位和法律规定的主管部门是否参加；②是否按照提前制定的一套合规的、完整的竣工验收流程和标准进行验收；③竣工验收时是否对分部分项验收资料进行核实，并对之前未验收部分按照技术标准和国家规范进行试验检测验收；④对于未通过验收的工程项目，施工单位是否按照要求整理修改，并达到了设计和使用要求，且满足行业标准；⑤整个项目的竣工验收资料是否按照规定进行整理归档。

2）建设经济绩效

竣工阶段经济绩效主要审查项目成本的控制情况，主要涉及超概算比例，变更洽商金额比例等参数。超概算比例公式如下：

$$\text{超概算比例}=\frac{\text{工程实际决算金额}-\text{项目概算金额}}{\text{项目概算金额}}\times 100\% \tag{3-6}$$

当超概算比例为负数时，说明投资控制良好，在预期的范围之内；当超概算比例为正值时，根据比例大小分析原因，制定措施，结合实际情况决定是否上报有关部门批复。变更洽商金额百分比公式如下：

$$\text{变更洽商金额百分比}=\frac{\text{实际变更洽商发生金额}}{\text{项目实际决算金额}}\times 100\% \tag{3-7}$$

3. 项目运营阶段

政府投资项目大多是关系大众的公共工程，项目建成后将对国民经济、社会和环境产生影响，因此项目运营阶段指标可分为经济效益、社会效益、环境效益与项目可持续效益。

1）经济效益

经济效益考核项目实施对经济发展所带来的直接或间接影响，包括财务效益和国民经济效益，其中财务效益包括融资成本、投资回收期、投资净现值、投资收益率等指标；国民经济效益包括生产总值增加值、税收、劳动生产率及贡献率、经济净现值等指标。

2）社会效益

社会效益考核项目实施对社会发展所带来的直接或间接影响，主要从项目所产生的社会影响、项目和社会的相互适应性、项目涉及的公平性及政府的表现四个方面进行评价，根据项目特点选择的评价指标有就业人数、就业效果、人均收入增长率变化、移民拆迁赔偿指数等。

3）环境效益

环境效益考核项目对生态环境所带来的直接或间接影响，可采用环境净效益指标来评价，环境净效益用环境效益与环境损失的差值表示，大于零时表明经济活动具有有利的环境影响，反之为不利的环境影响，评价方法包括一般技术经济计算和环境价值评价方法。

4）项目可持续效益

项目可持续效益考核项目后续运行及成效发挥的可持续影响，包括是否对人、自然、资源带来可持续影响，可以从运营可持续性、社会经济可持续性、技术可持续性、环境资源可持续性及管理体制与政策可持续性几个方面进行评价。

经济效益、社会效益、环境效益、项目可持续效益四项指标是设置项目绩效评价指标时必须考虑的共性要素，可根据项目实际情况并结合绩效目标设立情况有选择地进行设置，并将其细化为相应的个性化指标。

三、产出的绩效评价

产出的绩效评价指标一般包含项目实际完成率、完成及时率、质量达标率和成本节约率四个三级指标，可见，产出阶段主要是从产出数量、产出质量、产出时效和产出成本四个方面进行绩效评价。

1. 产出数量

产出数量考核的是项目产出数量是否达到绩效目标，具体可采用实际完成率指标进行评价，即项目的实际产出数与计划产出数的比率，用以反映和考核项目产出数量目标的实现程度。

2. 产出质量

产出质量考核的是项目产出质量是否达到绩效目标，有无发生质量不合格的现象和质量事故，有无严重质量缺陷等。可采用质量达标率来评价，即项目完成的质量达标产出数与实际产出数的比率，用以反映和考核项目产出质量目标的实现程度，也是对项目整体建设水平的评价。

3. 产出时效

产出时效考核的是项目产出时效是否达到绩效目标，即评价政府投资项目的进度控制程度，其决定了项目能否按时进入运营期。可采用完成及时率指标，即项目实际提前完成时间与计划完成时间的比率，来反映和考核项目产出时效目标的实现程度。

4. 产出成本

产出成本主要考核是否按绩效目标控制项目产出成本，项目实施过程中成本是否超出。可采用成本节约率指标，即完成项目计划工作目标的实际节约成本与计划成本的比率，来反映和考核项目的成本节约程度。

四、其他绩效评价

进入21世纪，我国政府投资管理领域的改革适逢信息技术发展的快速期，以数字化管理变革为代表的信息技术日益成为政府治理的基本手段。新时代背景下，政府部门正经历着“数字化变革”，数字化管理也越来越成为政府部门具体活动的直接驱动力。政府投资项目作为发挥政府社会治理职能的直接方式之一，也迎来了数字化应用的新时代。数字化管理不但能够提高政府投资项目在信息和数据方面的传输与共享效率，还能满足各类用户的不同需求，最终提升项目价值和政府服务水平。因此，对政府投资项目数字化管理水平进行绩效评价，既是实现国家治理体系和治理能力现代化的必然要求，也是提高政府主管部门财政管理效能的关键。随着数字化技术的持续推广，越来越多的研究将关注数字化管理绩效评价，其必将成为政府投资项目绩效评价体系中的一项重要内容。

第三节　政府投资项目绩效评价的方法、指标与评价结果的应用

一、政府投资项目绩效评价的方法

政府投资项目绩效评价主要采用成本—效益分析法、比较分析法、因素分析法、最低成本法、公众评判法、标杆管理法和其他评价方法，对政府投资项目的经济性、效率性和效果性进行科学、全面地分析。政府投资项目绩效评价是公共受托经济责任理论、和谐发展与可持续发展理论的实践，是解决公共责任问题、防止公有权力滥用、保护公共资金、维护社会公众合法权益的有力手段。

1. 成本—效益分析法

成本—效益分析法是指将一定时期内的支出与效益进行对比分析，以评价绩效目标的

实现程度。成本—效益分析法作为一种经济决策方法，常用于评估需要量化社会效益的公共事业项目的价值。运用于政府部门的计划决策之中，可寻求在投资决策上如何以最小的成本获得最大的收益，成本效益分析法的基本原理是：针对某项支出目标，提出若干实现该目标的方案，运用一定的技术方法，计算出每种方案的成本和收益，通过比较方法，并依据一定的原则，选择出最优的决策方案。

2. 比较分析法

比较分析法是指通过对绩效目标与实施效果、历史与当期情况、不同部门和地区同类支出的比较，综合分析绩效目标的实现程度。比较的标准有经验标准、行业标准、历史标准和目标标准；比较的形式可以是绝对数比较，也可以是相对数比较；比较分析法可采用水平分析法，也可采用垂直分析法。例如，通过资产规模与历史标准的比较，来反映企业经营规模的变化，从整体上评价企业的发展。

3. 因素分析法

因素分析法是指通过综合分析影响绩效目标实现、实施效果的内外因素，评价绩效目标的实现程度。因素分析法是对某一经济指标，在比较的基础上运用逐一替换影响该指标各因素的办法，确定各因素对该指标影响程度的一种分析方法。也就是说，在测定各个因素对综合经济指标的影响程度时，把其中一个因素当作可变因素，其他因素暂时不变，将各个因素按照一定顺序，依次逐个替换，直到全部因素替换完为止，然后分别比较计算结果，确定各个因素变动的影响程度。

4. 最低成本法

最低成本法是指对预期效益不易计量的项目，通过综合分析测算其最低实施成本，来评价其绩效目标的实现程度。该方法主要分析比较项目的投入，若费用或成本最低则为最优，如社会保障支出项目以成本最低为原则来确定最终的支出项目，该方法主要适用于项目支出的绩效考评。其基本特征是将为获得某项结果或功能所愿意支付的最低费用作为评价值，并以此作为功能量化的标准。

5. 公众评判法

公众评判法是指通过专家评价、公众问卷及抽样调查等对财政支出效果进行评判，评价绩效目标的实现程度。公众是民生财政最重要的利益相关者，采用公众评判法调查民意无疑最契合民生财政的基本宗旨，但公众评价所依赖的信息常常被高度垄断，公众缺乏科学理性评判的条件和基础，同时主体的分散性与背景的多元化也造成不同的评价者会基于不同的评价视角选择不同的参照体系，对同一行为的结果给予不同理解的状况，难以避免评价的主观臆断或随意性，因而公众评判法应当被慎用，至少不宜单独使用。

6. 标杆管理法

标杆管理法是指以国内外同行业中较高的绩效水平为标杆进行评判的方法。美国生产力与质量中心（American Productivity & Quality Center，APQC）对标杆管理的定义如下：标杆管理法是一项连续性的、有系统评估的过程，通过持续不断地将企业自身组织流程与全球领先企业相比较，以获得协助改善运营绩效的咨询。此定义揭示了标杆管理的本质特性是：采用正规的、体系化的流程组织学习是必要的，将外部企业作为参照物组织学习是有价值的，不断地与一流企业进行比较是很重要的，驱使企业改善绩效管理具有一定的实用性。

7. 其他评价方法

政府投资项目绩效评价的根本目的就是为了提高政府投资资金的利用率，改善政府投资项目绩效。运用科学的评价方法对项目实施结束后带来的成果和效益进行评价是一个复杂的、系统的过程。当前，西方发达国家在政府投资项目绩效的评价过程、手段和方法等方面已经发展得较为完善，但是任何方法和程序都不是万能的，其是否能够取得预期的效果都与现实情况有关，任何一种评价方法和程序都不是十全十美的，所以，在进行项目绩效评价时要根据实际情况选择适合的评价方法，以确保评价结果的有效性和真实性。在政府投资项目绩效评价方法研究方面，其他评价方法还有层次分析法、成功度评价法、熵权评价法和逻辑模型评价法。

1）层次分析法

如前所述，层次分析法（Analytic Hierarchy Process，AHP）最早是由美国的运筹学提出的，这种分析方法是站在人类思考问题的角度对研究对象进行分析和决策。层次分析法是一种系统评价方法，它把多种方案决策问题看作一个系统，将研究目标合理地分层，运用一定的方法将定性指标进行模糊量化，并采用一定的数学方法对量化后的指标进行计算。层次分析法的基本原理为：对研究对象和期望实现的目标进行分析，找出影响实现目标的主要因素，并对各因素进行划分，通过各因素的两两比较，对影响因素由高到低进行分层，结合实际情况对各层指标进行分析，然后计算各指标的权重值，最后对结果进行分析。层次分析法的具体工作流程如图3-1所示。

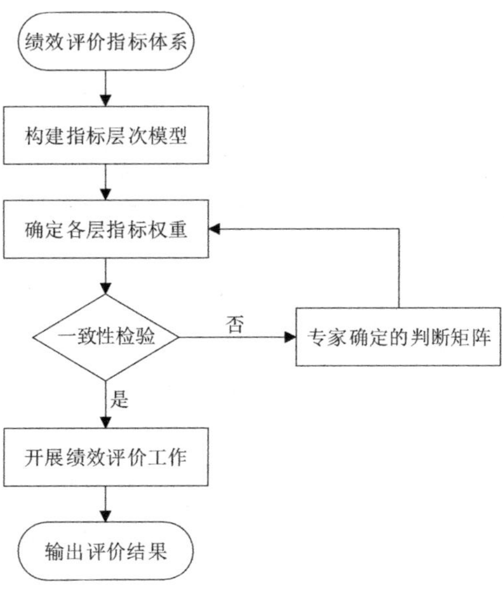

图3-1 层次分析法工作流程

层次分析法适合解决那些多目标、多方案综合评价和比选的问题，尤其是那些影响因素中既有定性因素又有定量因素的问题，它能够简单地对研究对象的影响指标进行评价和分析，给出各方案的优劣顺序，便于相关工作人员做出决策。这种方法比较简单和实用，但是，这种方法在评价过程中，对各指标进行两两比较确定指标权重时，人的主观性影响较大，导致评价指标权重具有一定的主观性和随机性，而指标权重值准确与否直接关系到评价结果的真实性；与此同时，层次分析法要求的定量数据较少，使得整个结果中较多定性分析因素不容易获得他人的认可。在政府投资项目越来越注重定量分析的今天，层次分析法常与其他方法一起综合使用。

2）成功度评价法

所谓成功度评价法，就是常见的专家打分法。该方法主要依靠有关专家根据自身相关的经验和学识，以打分的形式来对研究对象的各项指标进行评价，并对各项指标的重要度进行分析。通过将各项指标的分析结论进行综合，便可得到整个项目的成功度。在评价和打分的过程中，须有专门的工作人员对各位专家的打分进行分析、整理和综合，并进行必要的数据处理，最后得出一种较为定性的评价结果。一般而言，采用这种方法对项目绩效情况进行打分时，其成功的程度分为以下5个档次，如表3-2所示。

建设项目评价的成功度档次　　表3-2

档次	成功程度	具体含义
第一档	完全成功	项目的所有目标已经全部或超额完成，相对于项目实施过程中的成本支出而言，项目建成后带来的效益远远超过了预期效益
第二档	成功	项目的目标基本能够实现，相对于项目实施过程中的成本支出而言，项目建成后基本能够达到项目的预期效益
第三档	部分成功	项目的部分目标（项目主要目标）得到了实现，但有一部分目标（非主要目标）未能实现，相对于项目实施过程中的成本支出而言，项目建成后带来的效益只能达到预期效益的一部分
第四档	不成功	项目仅仅能够实现预期目标中的一小部分，大部分预期目标都未能实现，相对于项目实施过程中的成本支出而言，项目的预期效益基本没有达到
第五档	失败	项目在实施前，其设立的目标根本不现实，是不能够实现的目标，相对于项目实施过程中的成本支出而言，项目的成本支出远远高于项目带来的效益，项目被迫停止实施

可见，成功度评价法较多地用于项目整体的综合评价。而由于这种方法较大程度上依赖人的相关经验，因此主观性比较强，评价结果的变动性大；此外，这种方法要求在对指标的成功度进行分析时，必须有较为准确的对比数据。因此，该方法主观性较强，且对比较数据的完整性和真实性要求较高，故这种方法在适用范围方面受到一定的限制。

3）熵权评价法

1865年，克劳修斯首次提出熵的概念，其认为“熵”本质上就是一种对事物混乱程度的度量标准。1948年，熵的概念被美国数学家克劳德·香农首次引入信息论中，以作为度量信息混乱程度的尺度。截至目前，熵理论已经在社会经济和工程建设等多个领域得到了较为广泛的应用，并取得了较好的应用效果。熵权法作为一种较为客观的赋权方法，常常被运用于多指标评价问题中。由于熵自身的特点，可以将熵理论很好地与指标权重结合在一起。熵权法的基本工作步骤为：

（1）对原始数据进行标准化处理。数据标准化处理公式如下：

$$Y_{ij}=\frac{X_{ij}-\min\{X_i\}}{\max\{X_i\}-\min\{X_i\}} \tag{3-8}$$

其中：Y_{ij}表示标准化处理后得到的数据；X_{ij}表示原始数据；$\max\{X_i\}$和$\min\{X_i\}$表示第i项指标原始数据中的最大值和最小值。

假设初始数据构成的矩阵为：

$$\begin{pmatrix} X_{11} & X_{12} & \cdots & X_{1m} \\ X_{21} & X_{22} & \cdots & X_{2m} \\ \cdots & \cdots & \cdots & \cdots \\ X_{n1} & X_{n2} & \cdots & X_{nm} \end{pmatrix}$$

则标准化处理后的矩阵为：

$$\begin{pmatrix} Y_{11} & Y_{12} & \cdots & Y_{1m} \\ Y_{21} & Y_{22} & \cdots & Y_{2m} \\ \cdots & \cdots & \cdots & \cdots \\ Y_{n1} & Y_{n2} & \cdots & Y_{nm} \end{pmatrix}$$

（2）计算各评价指标的信息熵值。第j项评价指标的信息熵值为：

$$E_j = -[-\ln(n)]^{-1} \times \sum_{i=1}^{n} P_{ij}\ln P_{ij} \tag{3-9}$$

其中$P_{ij}=\dfrac{Y_{ij}}{\sum_{i=1}^{n} Y_{ij}}$，定义当$P_{ij}=0$时，$P_{ij}\ln P_{ij}=0$；$n$为对第$j$项评价指标做出评价的专家人数。

（3）计算各评价指标的权重。第j项评价指标的权重值计算公式为：

$$\omega_j=(1-E_j)/\left(m-\sum_{i=1}^{m} E_j\right)(j=1,2,3,\cdots,m) \tag{3-10}$$

其中，m为评价指标的数量。

（4）对研究对象进行评价。研究对象的最终评价得分计算公式为：

$$Z=\sum_{j=1}^{m}\overline{X_j}\times\omega_j \tag{3-11}$$

其中，$\overline{X_j}$表示第j项评价指标总得分的平均值。

熵权评价法利用评价矩阵获得信息熵值，再通过信息熵值来获得各指标的熵权，在一定程度上可以避免人为的主观性，以其信息本身为出发点进行分析，使指标的权重值更具有客观性。同时，熵权法的适用性较强，可以在任何一种评价问题中确定指标权重。

4）逻辑模型评价法

20世纪60年代，美国国际开发署（United States Agency for International Development，USAID）首次提出逻辑模型框架，该框架模型综合了项目研发设计、规划和计划、评价及评定等功能。目前现有的逻辑框架模型研究表明，该评价框架主要涵盖了成本支出、工作流程、成果及收获、效益或效用4个层次。其中，成本支出层次一般对项目消耗物力、人力等资源总量进行评价，如评价项目是否超概算，是否挤占挪用建设资金等；工作流程层次一般是对项目从起始到终结的管理程序、执行力等内容进行评价，如评价项目建设管理程序是否规范，施工、监理工作是否按照标准开展；成果及收获层次一般是对项目最终取得的物质、精神等方面的结果进行评价，如评价项目建设是否达到初步设计要求等；效益或效用层次一般是对活动、工作过程及结果是否有效进行评价，如评价项目建成后发生的效益、取得的成果等。逻辑模型框架评价体系通过分析项目过程中的关系，按照事物发展的过程，构成一个路线图，最终建立绩效评价体系，由于该框架体系符合大多数人对事物的理解及认知思维，因此容易被大众接受。目前，在政府部门以及基础设施投资项目中较多使用该评价方法。

遵守政府投资项目相关法律法规、按照合同办事是政府投资项目绩效评价的显著特征。因此，政府投资项目的绩效评价必须以政府投资项目合同约定的绩效目标实现程度作为核心的考量标准，通常将以绩效目标为标准的比较分析法作为主要评价方法，将其他评价方法作为辅助方法。

二、绩效评价指标体系概述

在开展建设项目和政府投资项目的绩效评价工作时，绩效评价指标体系的设置是绩效评价工作开展的重点和难点。国家层面已经出台政府投资项目绩效评价的指引性文件和相关办法，但这些文件和办法侧重于方向上的指引，实际操作过程中难度仍较大。此外，行业也缺乏针对政府投资项目全生命周期绩效评价指标体系的相关标准或规定，政府投资项目绩效评价指标体系尚未完全建立。近几年，我国学者虽然对绩效评价做了一些探讨研究，并构建了绩效评价指标体系，尽管有的已涉及三级指标，但总体而言还不够全面，关键维度把握不全，评价的科学性不够，仍存在一定的局限性。下面将对绩效评价指标体系作系统性概述，旨在厘清其作用与重要性。

1.评价指标体系的作用

如前所述，绩效评价工作具有重要的作用，其有利于项目利益相关者了解项目及资金的发展变化和趋势，有利于健全激励和约束机制，提高政府资金的使用效率和项目效益。在进行绩效评价过程中，绩效评价指标体系有判断、预测、导向和管理等方面的作用。随着国民经济不断增长和为了更好地满足社会公众对公共产品的需求，政府投资项目绩效评价起到了重要的作用。

（1）科学的绩效评价指标体系，可以为政府和社会公众等参与方行使经营者的选择权提供重要的依据。项目建设后的效果直接影响着社会公众的利益，政府和社会公众最关心的是项目建成后的实用性和适用性。政府投资项目绩效评价的任务就是保证社会公众效益的最大化，政府可以通过构建科学的绩效评价指标体系，开展绩效评价工作，并依据评价的结果及时了解项目建设的状况，行使其选择权。

（2）科学的绩效评价指标体系，可以有效地加强对项目管理者的监管和约束。政府部门和财政部门可依据构建的绩效评价指标体系开展绩效评价工作，并依据评价结果对项目管理者实施奖励和惩罚，从而实现政府和社会公众对项目管理者的有效控制。因此，从某种程度上说，绩效评价指标体系可以对项目管理者有监管和约束的作用。

（3）科学的绩效评价指标体系，有利于加强政府对财政资金的管理并提高资金利用价值。绩效评价指标体系有利于得到客观、公正、科学的绩效评价结果，在此基础上，对财政资金的效益进行复盘，有利于加强政府投资管理。

2. 绩效评价指标体系的构成要素

绩效评价指标体系包含评价主体、评价客体、评价内容及标准、评价方法、评价结果、评价指标、权重系数和评价指标标准八个构成要素。其中，指标体系的核心是评价内容、标准及方法。科学的绩效评价指标体系，能够充分发挥其导向、约束和激励作用。

1）评价主体

评价指标体系的主体是指谁需要对客体进行评价。独立性是审计机关和审计人员与其他评价主体的根本区别。政府投资项目绩效评价人员的特殊性主要集中在专业能力强和有工作经验背景两个方面。

政府投资项目绩效评价需要多个专业人员的参与。一般而言，参与政府投资项目绩效评价的人员来自财务会计、工程技术、建设管理、造价管理和法律等多个行业，基本能满足政府投资项目绩效评价的需要，但是也会有一定的特殊要求：①要求以技术经济分析比较强的评价人员为主；②要求评价人员对项目所在专业领域的理解能力较强；③要求配备社会评价、环境保护方面的专业人员。同时，绩效评价工作团队的领导，应当由项目所在专业领域方面有经验的人员担任。

2）评价客体

绩效评价体系的客体是指对什么进行评价，是与评价主体相对应的另一方。总体来讲，评价客体就是政府投资的项目。具体而言，可以依据行业特征、项目类型等对项目进行细分，确定具体的评价客体。不同的评价客体有不同的特性，会影响评价指标体系的具体评价指标，从而直接影响指标体系的确立。

3）评价内容及标准

绩效评价体系的评价内容主要包括对评价客体的属性进行定性或定量地评价。一般来讲，政府投资项目绩效评价的内容涉及面广、专业性强且操作难度大，在确定评价内容和评价标准时，尤其是指标构建，应尽量使评价内容与目标吻合，同时，考虑到政府投资的特殊性，应将财务评价指标（如净现值指标）与非财务评价指标（如地区经济发展）结合在一起，将定量指标（如资金到位率）与定性指标（工程质量）结合起来，尽可能地使评价更加科学客观、符合实际。

4）评价方法

目前，我国常用的绩效评价方法主要有成本—效益分析法、比较分析法、因素分析法、最低成本法、公众评判法、标杆管理法和其他方法，其他方法包括：层次分析评价法、成功度评价法、熵权评价法和逻辑模型评价法。

5）评价结果

科学的绩效评价指标体系能够保证政府投资项目绩效评价结果的客观、公正，为绩效评价结果的应用创造良好的条件。绩效评价结果的应用是开展政府投资项目绩效评价工作的基本前提，也是督促被评价单位加强管理的重要手段。从一定程度上讲，评价结果利用得充分与否，利用的方式是否合理，能否促进后续项目提高绩效水平，直接决定了开展绩效评价的必要性和发展方向。

6）评价指标

绩效评价指标是绩效评价体系的载体，可以理解为评价内容的分解和细化。政府投资项目面对特定的评价对象，有着特定的目标，而绩效评价指标都是围绕着这一目标而设定和选择的。因此，在绩效评价体系中关键的是如何设定指标，以便准确地反映和支撑绩效评价目标。

7）权重系数

绩效评价指标的权重是各绩效评价指标在评价体系中的相对重要程度，权重系数大小要根据绩效评价和项目工作的重点确定。权重是在评价过程中，对评价对象不同层面重要程度的定量分配，以区别对待各级评价指标在总体评价中的作用。各个评价指标相对于不同的评价对象来说会有不同的地位和作用，因此，要根据不同的评价目的、对象、时间，以及各评价指标对评价对象反映的不同程度而恰当地分配与确定不同权重。确定指标权重的方法通常包括问卷调查法、专家判断法、层次分析法、主成分分析法等。

8）评价指标标准

绩效评价指标标准包含两层含义：一是明确绩效评价指标标准内涵和标准。绩效评价指标标准是指衡量政府投资项目绩效目标完成程度的尺度，绩效评价指标标准的选用应坚持客观公正、规范有效的原则。根据评价对象的特点，可以选用不同的评价指标标准。绩效评价指标标准主要包括行业标准、计划标准、历史标准或其他标准（如参照物标准）。二是明确绩效评价得分的计算要求和方法。主要是规定在实际评价中对于完成不同的指标值或实现不同的目标程度如何给予相应的绩效评价分数，并明确计算绩效评价分数所需采用的计算公式和基础参数等。

三、政府投资项目绩效评价体系的构建思路

1.遵循建立绩效评价指标体系的原则和指标分类

建立指标体系是开展绩效评价工作的重要内容，科学、系统、规范的指标体系是开展评价工作的基础和手段，也是确保评价结果客观、真实、有效的前提条件。政府投资项目绩效评价指标体系是反映政府投资项目管理水平和财政资金使用效果的综合评价系统，它由若干能表达预算执行情况和效果的多层次指标集合、指标评价标准和指标权重等构成。

绩效评价指标是衡量绩效目标实现程度的考核工具。政府投资项目绩效评价指标为评价内容服务，体现出指标分类的规范性、科学性、实用性和完整性。绩效评价指标的确定应当遵循的原则为：①相关性原则。所选择的评价指标应与绩效目标有直接联系，能够恰当地反映目标的实现程度。②重要性原则。所选择的评价指标应具有核心性和代表性，并根据重要性赋予不同的权重。③可比性原则。对同类评价对象要设定共性的绩效评价指标，以便于评价结果无论横向还是纵向都具有可比性。④系统性原则。所选择的评价指标应有定量指标与定性指标，系统地反映政府投资项目的社会效益、经济效益、技术效益、环境效益和可持续影响等情况。

绩效评价指标一般由初始指标和终极指标两个层次指标组成。初始指标主要包括投入类指标、过程类指标、产出类指标和效果类指标。终极指标主要包括经济性指标、效率性指标、有效性指标、公平性指标和生态性指标。投入类指标与过程类指标的对比反映经济性，投入类指标与产出类指标的对比反映效率性，效果类指标与投入类指标、产出类指标的对比反映有效性、公平性和生态性等。

2.科学地设计合理的绩效评价指标体系

绩效评价指标体系是衡量绩效目标实现的重要工具。绩效指标从不同的角度有不同的分类：按照范围可分为共性指标和个性指标，其中共性指标适用于所有评价对象，个性指标是针对预算部门和具体项目的特点设计的；按照性质可分为定量指标和定性指标，其中定量指标可以通过数据进行计算分析，并有具体的数值来反映评价结果，定性指标无法通过数量计算来分析评价结果，通常用客观描述和定性分析的方式来分析评价结果。设计政府投资项目绩效评价指标体系一般从以下三个方面来进行：

（1）按照资金、管理流程来设定。即财政资金从财政部门投入预算部门，继而分解到具体支出项目，生产出社会所需要的公共产品和服务，这一过程包含着投入-过程-产出-结果，因此在设计指标时可分为投入类指标、过程类指标、产出类指标和结果类指标。

（2）按照“4E准则”来确定绩效评价指标的关键因素。在投入环节，绩效评价指标要体现支出的经济性；在过程环节，评价指标要体现支出的效率性；在产出环节，评价指标要体现支出的效益性；在效果环节，评价指标要体现支出的公平性。

（3）按照“SMART标准”来设计具体的可操作性指标。“S”代表“Specific”，即评价

指标应该是具体的、明确的；“M”代表“Measurable”，即评价指标是可衡量的、可评价的；“A”代表“Achievable”，即评价指标是能够实现的；“R”代表“Realistic”，即评价指标是现实的；“T”代表“Time Bound”，即评价指标是具有时限性的。

绩效评价指标的选取在政府投资项目绩效评价中至关重要，评价指标的选取是否合适，直接影响到综合评价的结论是否准确。指标太多，事实上是重复性的指标，会有干扰；指标太少，可能所选取的指标缺乏足够的代表性，会产生片面性。每一项指标都必须正确、科学地反映评价对象某一方面的信息，指标的选取要全面，同时指标之间要尽量避免重复。

已有学者采用了下述的流程来设计绩效评价指标体系：①采用归纳演绎法，在大量查阅有关参考文献的基础上识别出政府投资项目绩效评价的关键问题，并通过政府投资项目调研进一步地深入了解政府投资项目的执行流程，从执行流程的主要环节识别政府投资项目绩效评价过程中的关键因素，初步建立起一个全面的政府投资项目绩效评价指标体系；②在此基础上，深入分析指标体系，根据政府投资项目绩效评价的特点进一步筛选指标，合并同类指标，删除重复和不重要的指标；③采用改进后的灰色关联度分析法对指标体系进行优化，该方法是一种定性与定量分析相结合的方法，使指标体系更加科学和合理，从而建立起一套政府投资项目绩效评价的指标体系。灰色关联度分析是灰色系统理论的主要研究内容之一，同时也是客观建立指标体系的方法之一，其主要思想是通过建立基于灰色关联度的模型，采用某些几何知识，分析其中的相关性，达到选取指标的目的，根据关键因素的关联度大小确定其影响程度，并以此建立指标体系。

3. 合理地设置绩效评价指标体系的权重系数

一般而言，在设定好政府投资项目的绩效指标后，便要开始对各项评价指标进行权重的赋值工作。在多指标的绩效评价体系中，各指标的重要程度一般是不一样的。因此，为了体现不同因素有着不同的重要程度，就要对各个因素或各个指标的相对重要性进行评估，赋予各因素不同的权数。在设置政府投资项目绩效评价指标的权重系数时，若仅仅参考以往的数据库和管理经验，而不经领域专家和学者的研究论证，也没有文献数据支持等，就对各项指标进行权重分配，这样的权重系数势必存在主观性。此外，若随意更改政府投资项目绩效评价指标的权重系数，更是会导致绩效评价指标体系的效用不能很好地发挥。因此，必须要做好权重的合理规划工作，这是量化绩效的关键。具体而言，要结合各个绩效评价指标的重要程度，合理地设置各个指标的权重占比，建立完善的绩效评价体系。此外，合理地设置指标权重，亦需要借助科学化的方法，方能做好全面的分析以及评估工作。科学地确定指标的权重，可以体现绩效评价的价值取向，对绩效评价结果的有效性产生重要影响。为了保证权重设置的科学性、合理性和有效性，一般采用层次分析法和德尔菲法。

如前所述，层次分析法是一种定量与定性分析相结合的多目标决策分析方法，基本原理是按照层次性，将复杂的问题分解成一个个较小的、简单的组成因素，并将这些因素按照一定关系形成递阶层次结构。再通过因素之间的两两比较，判断其对系统关联度的重要性，从而确定层次中各因素的相对重要性，然后根据相关数据和分析，进行综合评估，确定各因素相对重要性的排序和相关权重。层次分析法是目前确定指标权重的主要方法之一，但该方法要求内部有一个独立的递阶层次结构，每个层次中的两个元素相互独立，而事实上政府投资项目绩效评价指标体系中，不同元素往往相互影响、相互联系、相互支配，不存在独立的递阶层次结构，从而此时利用该方法进行指标权重确定就会受到一定限制。此外，德尔菲法也称专家意见法，用德尔菲法确定指标权数，主要是根据指标对评价结果的影响程度，由专家们结合自身经验和分析判断来确定指标权数。德尔菲法由于采取匿名性和“背对背”的形式，可以有效地避免个人因素对决策的重大影响，以及屈从于权威或盲目服从多数的缺陷，能够集思广益，提高指标权重确定中的科学性。

4. 测验绩效评价指标体系的可行性和正确性

科学的指标体系是获得正确的统计分析结论的前提条件。而初选后的指标体系未必是科学的，故必须对初选的指标体系进行科学性测验，即对初始指标进行完善化处理。指标体系的测验包括两个方面的内容：单体测验和整体测验。单体测验是指测验每个指标的可行性和正确性。可行性是指该指标的数值能否获得，那些无法或很难取得准确资料的指标，或者即使能取得但费用很高的指标，都是不可行的。正确性指的是指标的计算方法、计算范围及计算内容是否正确。

绩效评价指标体系的可行性和正确性可以从信度和效度这两个方面来综合考量。信度是指绩效衡量系统的一致性程度，一般需借助统计软件（如SPSS 21.0等）来对评价指标体系的各指标进行信度分析与多重共线性检验。检验通过则说明绩效评价指标存在较好的内部一致性，该指标体系可用于后续绩效评价工作。效度是指绩效考核结果能正确地反映项目真实绩效的程度。绩效评价指标体系若要有效，其各级指标也必须是没有缺陷和“真实的”，即利用该绩效评价指标体系得出的评价结果能够真实地反映项目绩效达成程度。

5. 运用绩效评价指标开展绩效评价

在得到有效且具有可行性和正确性的绩效评价指标后，便可运用该指标来开展政府投资项目的绩效评价工作。对于政府部门的绩效考核负责人来说，应当结合评价指标的考核范围和各个层级的工作，做好全面把控与调整，使得社会效益、经济效益和环境效益都可以归纳到绩效考核指标范围中。以做好风险防控工作为基础，对绩效评价工作进行把控，并且梳理整个操作流程。

四、绩效评价结果的应用

绩效评价结果是安排财政预算、完善投资政策和改进投资管理的重要依据。目前对政府投资项目绩效评价结果的应用主要集中在预算决策和绩效评价结果信息披露两方面。

（1）用于预算决策。绩效评价结果应用作为政府投资项目绩效管理工作的重要部分，可以降低预算决策的不确定程度以及增强预算和投资管理工作的科学性。《财政部关于印发〈项目支出绩效评价管理办法〉的通知》（财预〔2020〕10号）指出，对绩效评价结果等级为优、良的项目，应根据情况予以支持；对评价等级为中、差的项目，要完善政策、改进管理，根据情况核减预算。对不进行整改或整改不到位的，根据情况相应调减预算或整改到位后再予以安排。

（2）进行信息披露。媒体和公众对于绩效评价结果的监督和反馈能使政府部门更清晰地掌握政策执行效果并针对问题进行督促整改。有学者提出为提高绩效管理工作的有效性，绩效评价结果的信息披露内容应拓宽到政府内部机构、部门、单位，在提供公共服务中应明确职责、财政收支基础、财政收入预测以及财政支出预测。《财政部关于印发〈项目支出绩效评价管理办法〉的通知》（财预〔2020〕10号）指出，各级财政部门和预算部门应当按照要求将绩效评价结果分别编入政府决算和本部门决算，报送本级人民代表大会常务委员会，并依法予以公开。

此外，亦有学者指出可以通过建立宏观制度、制定配套实施办法以及建立监督惩戒机制来使绩效评价结果的公开、反馈、问责、报告更好地与预算安排结合，从而丰富政府投资项目绩效评价结果的应用范围与领域。

| 第四章 |

“新时代”背景下政府投资项目绩效评价

第一节　政府投资项目的数字化管理绩效评价

一、开展政府投资项目数字化管理绩效评价的必要性

1. 开展政府投资项目数字化管理绩效评价是提高财政管理效能的关键

进入21世纪，我国政府投资管理领域的改革适逢信息技术发展的快速期，以数字化管理变革为代表的信息技术日益成为政府治理的基本手段。新时代背景下，政府部门正经历着“数字化变革”，表现为其日益借助现代化的信息技术与手段、数字化管理方式和流程等实现政府服务系统的整合与管理，实现技术、数据和资源的开放与共享，最终不断提升政府部门的数字化管理能力与综合服务水平。数字化管理是新时代的特征之一，是数字技术驱动下的社会与生活方式的巨大变革。数字化管理不但能够提高信息和数据的利用效率、提升政府部门的服务效率和服务质量，还能满足各类用户的不同需求。

在政府投资管理领域，政府越来越趋向于利用新时代的数字化管理手段，统筹各部门的合作模式，改变传统“各自为政”的低效工作模式，以优化资源配置水平和提高部门间的协作效率，这是从政府部门间的协作关系来谈。而从政府部门内的业务链条来看，在信息化、数字化管理的新时代，必须充分运用新一代信息技术来提高财政管理等方面的效能，按照推进国家治理体系和治理能力现代化的要求，以深入推进预算管理、绩效评价等为抓手，全面梳理财政业务流、数据流和资金流，利用信息技术加强财政资金支付、运行风险监控和大数据分析，实现财政管理的数字化和智能化。因此，对政府投资项目数字化管理水平进行绩效评价，既是实现国家治理体系和治理能力现代化的必然要求，也是提高政府主管部门财政管理效能的关键。

2. 开展政府投资项目数字化管理绩效评价是优化投资评价体系的关键

政府投资项目绩效评价体系侧重从财政资金的政策目标、管理过程、政策效果等方面对项目进行全过程绩效评价，以全面评价和反映财政资金的落实情况和应用效果。在评价过程中，绩效评价指标对绩效评价体系的构建及整个绩效评价工作的成效至关重要，也是完善政府投资评价体系的重点工作。传统的政府投资绩效评价体系在构建时常基于投入的绩效评价、过程的绩效评价、产出的绩效评价和其他绩效评价等几个方面展开。其中，其他绩效评价通常适合有一定合作期限的特殊项目，在相关法律制度框架下，可对此类项目在移交前和移交后都进行项目的绩效评价。如《关于印发〈政府和社会资本合作（PPP）项目绩效管理操作指引〉的通知》（财金〔2020〕13号）规定，项目实施机构应根据项目合同约定，在执行阶段结合年度绩效目标和指标体系开展PPP项目绩效评价。财政部门应会同相关主管部门、项目实施机构等在项目移交完成后开展PPP项目后评价。

进入新时代，以人力、手动器械为主的传统建筑施工方式逐渐向以数字化和智能化为内涵的信息化施工方式转型。2020年7月，《住房和城乡建设部等部门关于推动智能建造与建筑工业化协同发展的指导意见》（建市〔2020〕60号）提出，以大发展建筑工业化为载

体，以数字化、智能化升级为动力，形成建筑全产业链的智能建造体系。当前，以BIM技术、数字孪生技术、数字化加工技术、数字化测绘技术、数字新技术（大数据技术、云计算技术、区块链技术、人工智能技术）等为代表的数字技术在政府投资项目中的应用越来越广泛。以BIM技术为例，近年来，已有广东省、上海市、福建省、河南省、湖北省等省市推行了BIM图审，并在招标投标中规范BIM技术的应用范围，规定了BIM成果的交付方式。作为使用财政资金的政府投资项目，其在数字化方面的支出势必要受到投资管理体制与机制的约束，评价的重点在项目相关方的数字化管理绩效方面，具体包括数字化管理的管理水平、管理效能和管理效益等内容。可见，数字化管理绩效评价可以优化政府投资项目绩效评价指标体系。

3. 开展数字化管理绩效评价是提高政府投资项目数字化管理水平的关键

随着数字经济和实体经济的深度融合，数字化管理是政府投资项目管理的创新和重要实践。数字化管理越来越成为政府投资项目投资管理过程中不可忽视的重要内容，对其开展绩效评价亦越来越迫切。国家相关部门已发布《建筑施工企业信息化评价标准》JGJ/T 272—2012、《数字化城市管理信息系统 第4部分：绩效评价》GB/T 30428.4—2016等标准和文件，为开展政府投资项目数字化管理绩效评价提供了依据和准绳。开展政府投资项目数字化管理绩效评价，能够帮助政府投资管理部门全面掌握政府投资项目的数字化建设水平和应用效果，及时发现政府投资项目在数字化管理方面存在的问题与缺陷，从而有效管控数字化应用效果，促进数字化技术与政府投资项目的深度融合，引导和促进政府投资项目不断提高数字化管理水平。

二、政府投资项目数字化管理绩效评价现状

1. 我国政府投资项目数字化管理绩效评价在实操方面已经取得一定的成果

现代投资管理制度是在国家的政治、经济、社会发展的基础上确定的，并须随社会经济、生产力和技术水平的发展而进行动态的调整和完善。如前所述，我国的投资管理体制历经计划经济投资管理阶段、投资管理体制初步改革阶段，目前已经进入投资管理体制深度改革阶段。为使绩效评价在中国适应新时代的发展要求、落实新时代的发展理念，并构建新发展格局，实践界已逐渐将数字化技术与工具应用于相应的项目管理之中，并对数字化管理的项目绩效评价展开了初步探讨。如张少锦等提出了数字化管理绩效评价应遵循系统性、重点性、可测性和实用性等原则，并以公路项目为例构建了公路专业数字化管理绩效评价指标体系，包含3个一级指标，6个二级指标，22个三级指标，分别从公路专业数字化管理水平、公路专业数字化管理效能和公路专业数字化管理效益三个方面进行评价，每一项三级指标的设置都涉及一定的功能指向。

2. 我国政府投资项目数字化管理绩效评价在基础建设方面尚不到位

我国在政府投资项目绩效评价的立法领域和制度化建设方面取得了一定成效，如《中华人民共和国预算法》《中华人民共和国预算法实施条例》《项目支出绩效评价管理办法》

等，为开展政府投资项目绩效评价工作提供了指引与思路。然而，数字化毕竟是新时代背景下的新兴产物，我国政府投资项目在此方面的应用也处于初步时期，故作为检验数字化应用成效的数字化管理绩效，亦面临着基础建设不到位和实施困难的问题。

近年来，国家开始尝试自上而下地推进数字化管理的绩效管理工作，如制定了《中共中央 国务院关于全面实施预算绩效管理的意见》（中发〔2018〕34号）、《信息化项目综合绩效评估规范》T/IQA 006—2018、《数字化项目综合绩效评价指标体系（征求意见稿）》（浙江省温州市地方标准）等政策文件和行业标准，强调从建设质量、运维水平、应用效果和经济与社会效益等方面开展信息化项目的绩效评价工作。这些政策文件、行业标准与各地的工作规划相结合，对数字化绩效评价工作发挥了重要的指导作用。然而，没有专门的数字化管理绩效评价法规或制度性文件作为政府投资项目数字化管理绩效评价体系建设最直接的有力支撑与保障，管理制度体系和相关措施办法不够健全、具体和细化，在开展政府投资项目数字化管理绩效评价的实操时，难度较大。

3.我国政府投资项目数字化管理绩效评价的工作规范和评价标准亟待完善

预算绩效管理政策文件规定，目前以预算部门和单位自评价为主体，财政再评价为重点，第三方评价为补充。《财政部关于印发〈项目支出绩效评价管理办法〉的通知》（财预〔2020〕10号）对政府投资基金、主权财富基金、政府和社会资本合作（PPP）项目、政府购买服务、政府债务项目等给出了共性评价指标。但由于一系列主客观条件限制，具体到政府投资项目的数字化管理方面的评价指标体系，尚未出台，相关规范性文件与操作规范，还迟迟没有形成由管理部门认定的、相关利益主体接受的细化和标准化形态，这就使数字化管理绩效评价结果的合法性、合理性和可比性、公信力，都还受到明显制约。

三、政府投资项目数字化管理绩效评价要点

1.构建完善的政府投资项目数字化管理绩效评价指标体系

政府投资项目的绩效评价具有重要意义。一方面，通过绩效评价的结果反馈，政府部门可以向社会公众提供关于特定项目的信息，使社会公众更好地参与和监督政府部门的投资管理工作。另一方面，绩效评价也可帮助政府部门更为合理、有效地进行资源的配置，合理分配有限的财政资源，为今后的发展规划提供指导意见和参考依据。而绩效评价的核心和关键环节就是建立绩效评价的指标体系，绩效评价指标体系的科学合理与否决定了绩效评价的成败与评价结果是否公正可信。可见，绩效评价指标体系是实施绩效评价的重要基础。在构建政府投资项目数字化管理绩效评价指标体系时，应结合政府部门绩效评价政策的具体要求，并结合数字化管理的特点开展。目前，《财政部关于印发〈项目支出绩效评价管理办法〉的通知》（财预〔2020〕10号）从决策、过程、产出、效益等方面给出了指引性指标，但并未推荐数字化管理的专项指标。根据数字化管理特点，结合《数字化项目综合绩效评价指标体系（征求意见稿）》（浙江省温州市地方标准），在构建政府投资项

目数字化管理绩效评价指标体系时，可从数字化管理水平、数字化管理效能和数字化管理效益三个维度构建数字化管理绩效评价指标体系，如表4-1所示。

政府投资项目数字化管理绩效评价指标体系　　表4-1

一级指标	二级指标	三级指标	指标解释
数字化管理水平	数字化基础条件	数字化建设投入比例	描述政府投资项目数字化管理的当前实现程度，反映项目数字化的应用程度与情况
		数字化组织健全度	
		数字化安全保障	
		数字化制度建设、执行情况	
	业务数字化程度	管理数字化实现程度	
		运营数字化实现程度	
		绩效考核数字化实现程度	
	数字化安全程度	数字化系统设计安全程度	
		数字化系统运行安全程度	
数字化管理效能	业务效率提升程度	业务平均响应时间	描述数字化管理对政府投资项目管理所起到的效果和潜力
		业务平均处理时间	
	业务目标达成程度	系统支持度	
		用户活跃度	
		用户满意度	
数字化管理效益	经济效益	项目成本节约程度	描述数字化对政府投资项目管理绩效带来的改善效果和对社会发展的贡献与影响
		项目进度超前比率	
		项目质量提升程度	
	社会效益	项目数字化程度提升比率	
		数字化系统推广数量	

2. 确定合理的政府投资项目数字化管理绩效评价体系指标的权重

确定政府投资项目数字化管理绩效评价体系指标的权重是开展政府投资项目数字化管理绩效评价的重要前序步骤。《财政部关于印发〈项目支出绩效评价管理办法〉的通知》（财预〔2020〕10号）指出，财政和部门绩效评价指标的权重应根据各项指标在评价体系中的重要程度来确定，突出结果导向；单位自评结果主要以项目支出绩效自评表的形式反映，做到内容完整、权重合理、数据真实、结果客观。目前，对于政府投资项目的四类一级指标——立项、过程、产出和效益，财政和部门的绩效评价指标中，产出、效益指标权重不低于60%。同一评价对象处于不同实施阶段时，指标权重应体现差异性，其中，实施期间的评价更加注重决策、过程和产出，实施期结束后的评价更加注重产出和效益。单位自评时，预算执行率和一级指标权重统一设置为：预算执行率为10%、产出指标为50%、效益指标为30%、服务对象满意度指标为10%。

然而，对于政府投资项目数字化管理绩效评价体系指标的各权重，目前学界尚无定论。在实际操作中，应根据不同评价指标的特点和同一评价指标所处的评价周期与阶段等进行合理确定。

3. 选取有效的政府投资项目数字化管理绩效评价方法

绩效评价方法直接影响着政府投资项目数字化管理绩效评价的最终结果。《财政部关于印发〈项目支出绩效评价管理办法〉的通知》（财预〔2020〕10号）规定，单位自评时，应采用定量与定性评价相结合的比较法，总分由各项指标得分汇总形成。财政和部门评价的方法主要包括成本效益分析法、比较法、因素分析法、最低成本法、公众评判法、标杆管理法等。根据评价对象的具体情况，可采用一种或多种方法。

在企业绩效管理领域，平衡计分卡法、经济增加值（EVA）方法和数据包络分析法（DEA）也是常见的绩效评价方法。平衡计分卡法克服了传统的以财务指标为主的绩效评价方法，弥补了非财务指标方面对业绩评价的重要作用；EVA方法的目的在于“行动”，该方法下，公司经营者以股东价值最大化作为其行为准则，积极谋求将企业的目标和战略转变为可衡量的业绩指标，以追求企业战略目标的实现和评价企业的业绩。DEA法是以相对效率概念为基础，用于评价具有相同类型的多投入、多产出的决策单元是否技术有效的一种统计方法，是评价具有多投入和多产出决策单元资源配置效率最常用的一种方法。因此，在开展政府投资项目数字化管理绩效评价时，应结合项目特点、评价内容等合理确定和吸纳合适的评价方法，保证评价结果的效度。

第二节　数字化技术辅助政府投资项目绩效评价

一、数字化技术辅助政府投资项目绩效评价的可行性

1. 数字化技术的发展现状与特点

近年来，以云计算、大数据、物联网、区块链、人工智能等为代表的数字化技术日益兴起，并融入社会发展的各个领域，不仅给人类的生活方式、思维方式带来了重大变革，在诸如建筑业等众多传统行业的发展中也起到了颠覆性影响。以雄安站为例，整个项目以“智慧工地大数据中心”为数据集成枢纽开展数字化建设，通过数据集成和信息交互实现图纸文档的协同管理、施工进度协同管理和质量安全协同管理。综合利用BIM、物联网、

大数据、区块链、人工智能、云计算及虚拟现实等数字化技术，实现建造全过程的数据采集、智能分析及预警、数据共享和信息协同。借助人机交互，感知、决策、执行和反馈，将信息技术、人工智能技术与工程施工技术深度融合与集成，实现了建造过程的环境、数据、行为的三个透明。

此外，在开展施工管理时，建筑业已基于物联网技术对施工现场场地预装监测信息模块，实现对现场环境的实时监测，如地基位移沉降实时监测情况、地下水位监测及自动降水控制、混凝土浇筑温度实时监测等。在传统工程项目中，现场基坑支撑以及建筑物或已有构筑物的位移、沉降、变形等数据监测通常由第三方公司测得，并以书面的形式汇报给监理。物联网技术介入后，项目管理人员可将施工数据自动上传至云端平台，生成相应表格，报送给相关责任人，做到第一时间规避安全风险、第一时间进行台账整理、第一时间进行现场留底，让质量问题有迹可循、质量风险超前规避、质量情况了然于心。可见，运用数字化技术，可有效提升项目的管理效率，帮助政府部门和其他利益相关方实时跟踪项目建设过程中所出现的问题，追踪项目整改情况，并通过其建立起资产台账和财政支出责任台账等，从而有助于后续评价工作的开展。

2.数字化技术用于政府投资项目绩效评价的适配性

政府投资项目普遍具有投资额大、项目参与主体众多、沟通协调困难、建设周期长等特点和难点，需要高效的项目管理确保项目建设的高质量水平及项目的顺利完工和交付使用。绩效评价作为评判政府投资项目最终成效的有效手段和有力措施，对此类项目的建设效率提高和项目效益提升发挥着不可替代的重要作用。因此，有效的绩效评价工作能够帮助项目各参与方及时了解项目在进度、投资等方面的进展和实施情况，进而采取有效措施提升项目管理绩效和项目管理水平。因此，如何对政府投资项目开展准确的绩效评价，是项目各参与主体都应关注的内容。

在政府投资项目建设和运营的过程中，利用数字化技术的优势，政府部门等评价主体需跟踪项目建设过程中所出现的问题的整改情况，建立项目的资产台账和财政支出责任台账等，并借助数字化监管云平台准确把握项目实施过程中的相关信息，以实现高效的绩效管理。目前，蒋慧杰等基于BIM技术构建起了PPP项目全生命周期绩效评价模型。该模型将PPP项目实施各阶段的绩效评价内容相串联，并以保障房项目为例，从项目识别与准备、项目采购以及项目执行等三个环节对基于BIM技术的PPP绩效评价模型的应用情况进行了介绍。杨中保等基于BIM技术构建起综合管廊项目的监管云平台，以集成全生命周期内的项目全参与方、全生产要素的信息数据，满足了综合管廊项目绩效评价对项目信息数据的准确、及时、系统性的需求。可见，政府投资项目绩效评价可与BIM、互联网、云计算、大数据、人工智能等新技术深度融合，提高数据资源的获取能力、配置能力和使用效率，为今后的系统对接和升级等占据先机，进而使工程项目管理绩效评价更加可视化、精细化、数字化和智能化。

二、基于数字化技术的政府投资项目绩效评价要点

1. 应坚持系统性、重点性、可测性和实用性等原则

应用于建设项目和政府投资项目中的数字化技术具有全局性、系统性等特点，在不同的项目阶段均有其应用范围。因此，基于数字化技术开展政府投资项目的绩效评价工作时，应遵循系统性的原则，分析数字化在项目不同阶段的绩效评价应用点，做好事前设计。此外，应坚持重点性、可测性和实用性等原则，有侧重、有效地应用数字化技术来辅助政府投资项目绩效评价。以BIM技术为例，其在政府投资项目全生命周期中可应用的范围包括视觉漫游（Visual Walkthroughs）、空间计算（Space Calculations）、空间库存（Space Inventory）、各参与方的信件/文件管理（File Management）、碰撞检测（Clash Detection）、合规性检测（Compliance Checking）、采购进度/成本监控（360TM Field/Glue软件）、信息的完整性审查、进度/成本监控（Real-time/cost Progress Monitoring）、物资管理（Material Handling）、运维跟踪（Maintenance Tracking）、用后评价（Post-occupancy Evaluation）、空间利用率检测等。基于BIM技术开展政府投资项目绩效评价时，应综合考虑项目的特点及BIM技术的应用范围，以结果为导向，重点选取合适的应用点和应用范围，使数字化技术能够高效、有力地辅助政府投资项目的绩效评价工作。

2. 明确数字化技术在项目不同阶段的绩效评价应用点

随着计算机软件、物联网、大数据、云计算、人工智能、区块链等数字新技术的集成与创新应用以及机器人、3D打印、数字化加工等智能制造技术的发展，现代建筑正经历着数字化变革，越来越多的建设项目和政府投资项目引入前沿的数字化技术，以实现建设过程的高效、智能和可控。尽管这些技术的运用会给政府投资项目的绩效评价工作带来方便。但是，如果不设定数字化技术的应用范围和应用点，势必会增加政府投资项目的绩效评价工作负荷。因此，在应用数字化技术辅助政府投资项目的绩效评价工作时，应明确数字化技术在项目不同阶段的绩效评价应用点，以实现绩效评价过程的有效性和高效性。具体而言，应根据政府投资项目在不同的项目阶段及项目本身特点等因素来综合确定数字化技术的应用点。比如，在开展政府投资项目的事前绩效评价时，鉴于此阶段的主要目标包括宏观环境分析、定义服务需求和输出、风险识别与分配、可行性研究等，故此时数字化技术辅助的绩效评价应用点包括空间计算、空间库存和基于5D模型的项目功能分析等。而在开展政府投资项目的事中绩效评价时，数字化技术辅助的绩效评价应用点则包括文件管理、碰撞检测（Clash Detection）、合规性检测（Compliance Checking）、采购进度/成本监控、信息的完整性审查、进度/成本监控、物资管理、空间利用率检测等。因此，必须明确数字化技术在项目不同阶段的绩效评价应用点。

三、基于数字化技术的政府投资项目绩效评价模型

以数字化技术和工具的工作流为基础构建，并对应政府投资项目全生命周期的各个阶

段开展工作。数字化技术的工作流程和整个程序开始于政府投资项目事前绩效评价的识别和准备阶段，并“以目标为出发点”统领整个绩效评价模型的构建。这包括执行和维护项目/资产所需的信息定义，以及提供这些信息的责任要求。基于数字化技术的政府投资项目绩效评价模型构建主要包括以下步骤，如图4-1所示。

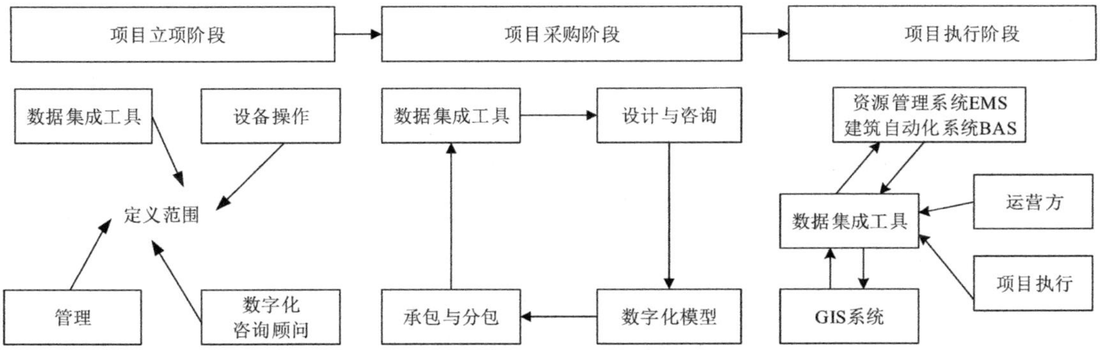

图4-1　基于数字化技术的政府投资项目绩效评价模型

1）项目的立项阶段，委托独立BIM咨询顾问，通过数据集成工具向设计、施工及运营团队收集数据。这些数据会在项目管理与各项设备中进行传递，并完成项目的范围定义等工作。

2）项目的采购阶段，采用BIM等数字化技术实施绩效评价的参与者将涉及设计、咨询、承包与分包等。这些数据会在数据集成工具与BIM模型之间交换。BIM咨询顾问根据项目业主方的需求创建BIM执行计划。持续收集和检查输入的数据和文件的质量，并移交给操作员。

3）项目的执行阶段，参与者将包括项目的运营方。BIM咨询通过EMS、ERP、BAS以及GIS等数字化工具为项目的实施提供依据，并协助完成政府投资项目的绩效评价。同时，设施管理计划的持续改进，还可用于为未来的项目需求提供反馈。

第三节　“新基建”背景下地方政府专项债券资金项目绩效评价

一、开展地方政府专项债券资金项目绩效评价的必要性及意义

2018年年底，中央经济工作会议提出“加快5G商用步伐，加强人工智能、工业互联网、物联网等新型基础设施建设”，新基建的概念由此诞生，并被列入2019年政府工作报告。2020年3月，中共中央政治局常务委员会召开会议提出，加快5G网络、数据中心等新型基础设施建设进度。与传统基建相比，新基建的内涵更丰富、涵盖范围更广，主要包括

七大领域：5G基建、特高压、城际高速铁路和城际轨道交通、新能源汽车充电桩、大数据中心、人工智能、工业互联网。后疫情时代，经济亟待复苏，新基建作为一个在疫情之下释放经济增长新亮点的信号，成为稳经济、促增长的重要抓手。在新基建浪潮的推动下，基础设施建设领域将迈入高投入、高质量、技术创新型发展的重要阶段。经济学家任泽平指出，“新基建”短期有助于稳增长、稳就业，长期有助于培育新经济、新技术、新产业，打造中国经济新引擎，是兼顾短期扩大有效需求和长期扩大有效供给的重要抓手，是应对疫情、经济下行和高质量发展的有效办法，具有稳增长、稳就业、调结构、促创新、惠民生的综合性意义。

此外，随着中国经济进入新常态，经济增速下滑，加上大规模减税降费，新冠疫情冲击，当前和今后很长时期财政处于紧平衡状态，收支矛盾突出，对财政资金使用进行监管的需求愈发凸显。2021年4月14日，国务院印发的《国务院关于进一步深化预算管理制度改革的意见》(以下简称《意见》)，充分展示了党中央、国务院对预算管理制度改革的重视。《意见》在绩效评价改革方面提出：加强绩效评价结果的应用，加大绩效信息的公开度，加快推进项目要素、项目文本绩效评价的标准化、规范化，推进运用成本效益分析等方法开展绩效评价。地方政府债务绩效管理是预算绩效管理的重要环节，包括一般债券绩效管理和专项债券绩效管理。其中，一般债券以一般公共预算收入为还本付息的资金来源，专项债券是以公益性项目对应的政府性基金收入或专项收入作为还本付息资金来源的政府债券。相比于一般债券，专项债券收支纳入政府性基金预算管理，还本付息的资金来源是项目收益，绩效管理的关键在于评价投资的公益项目能否产生稳定的收益，以确保专项债发行、流通、偿还过程的连续进行，实现项目收益与融资自平衡。地方政府专项债券自2015年开始发行以来，其发行规模逐年扩大。尤其是2020年，为对冲新冠疫情影响，专项债券限额增加75%，在实践中拓宽了地方政府的融资渠道，提高了地方政府项目的融资能力，也在规范地方政府债务中发挥了重要作用。Wind数据显示，截至2020年2月末，我国共发行了9498亿元流向基建领域的专项债券，其中用途为广义新基建的专项债券资金共2319亿元，占全部专项债券资金比例约为24%，且此比例在近年有上升趋势。

持续扩张的专项债券规模增速，超过政府性基金年收入的增速，为区域债务风险和项目债务风险防范带来一定的压力。因此，项目收益的真实状况和提高债务资金使用绩效，成为地方政府专项债券管理关注的焦点之一。专项债券的投资方向由财政部出台具体管理办法的土地储备专项债券、收费公路专项债券、棚户区改造专项债券三个种类组成，发展到财政部2020年7月27日印发的《关于加快地方政府专项债券发行使用有关工作的通知》中的支持交通基础设施、能源项目、农林水利、生态环保项目、民生服务、冷链物流设施、市政和产业园区基础设施七大领域，强调用于支持“两新一重”、公共卫生设施建设中符合条件的项目，并根据需要及时用于加强防灾减灾建设。然而，专项债券的实际投资方向远远不止这些。根据中国债券信息网公开的专项债券信息统计，已发行的专项债券涉及30多个种类，其中扶贫专项债券、乡村振兴专项债券、大运河文化建设专项债券等种类的专项债券的现金流，用以支付债券还本付息面临较大压力；还有一些类别的专项债券，发行范围比较广泛，如社会事业专项债券、民政事业专项债券等，给绩效评价带来了很大困难。可见，专项债券种类的蔓延，加重了还本付息的压力，使得专项债券项目绩效管理改革迫在眉睫。

因此，必须以绩效为导向，对地方政府的债务管理情况进行绩效评价与监督，以优化我国政府财务管理体系。通过对地方政府专项债券进行绩效评价，完善地方政府专项债券项目绩效评价指标体系，是促进项目绩效管理水平、保证按期还本付息、防范和化解地方政府债务风险的重要措施，有利于加强地方政府专项债券资金管理，提升专项债券资金使用绩效，提高地方公共产品和服务的质量。还可规范和优化地方政府“重发债、轻监管”“重资金使用轻资金绩效”“重成果数量、轻成果质量”等问题，切实提升地方政府债务资源配置效率和使用效益。

二、地方政府专项债券资金项目绩效评价指标体系建设的现状

我国从2015年开始发行地方政府专项债券，近年来，地方政府专项债券规模快速扩张，尤其是2020年，为应对新冠疫情的冲击，实行更加积极的财政政策，专项债券发行额较2019年大幅增加。新增专项债券规模的快速扩张导致项目跟不上，面临着债券资金沉淀的问题。构建地方政府专项债券项目绩效评价指标体系，全面客观评价地方政府专项债券项目绩效，成为相关部门和学者们关注的热点。财政部和国家发展改革委等主管部门出台了一些和专项债券项目评价指标相关的制度、办法，一些省份也已启动地方政府债务管理绩效评价工作，为我国地方债务绩效评价工作开辟道路、提供经验。在财政部项目绩效评价共性指标的建设方面，根据财政部2021年6月发布的《财政部关于印发〈地方政府专项债券项目资金绩效管理办法〉的通知》（财预〔2021〕61号），考虑到专项债券项目收益与融资自平衡的特征，现阶段专项债券项目绩效评价适用财政部2020年2月25日印发的《财政部关于印发〈项目支出绩效评价管理办法〉的通知》（财预〔2020〕10号）中的项目支出绩效评价共性指标体系框架。该指标体系框架包括决策、过程、产出和效益四大类一级指标，并相应设置了二级指标和三级指标。在国家发展改革委对中央预算内投资项目绩效评价的探索方面，专项债券项目属于政府投资项目，其论证、审批由国家和发展改革委员会主管。可以参照的规范主要有国家发展和改革委员会发布的《国家发展改革委关于进一步加强中央预算内投资管理有关工作的通知》。该通知中的绩效考核指标包括产出指标、效益指标、满意度指标、过程管理指标四类一级指标，并细分为若干二级指标、三级指标，结合专项债券项目实际情况可分别设定具体的指标值，指标值的设置尽量细化、可量化，合理可行。同时，由于专项债券在各地区发行情况不同，专项债券项目种类不同、绩效目标存在差异等，随着专项债券规模的扩张和适用范围的扩大，专项债券余额增加速度已经超过政府性基金的增长速度，提高专项债券资金使用效率，建立专项债券项目绩效评

价办法迫在眉睫。

基于此，各地方政府积极实践，开展专项债券项目绩效评价的实践探索。2016年以来，北京市、安徽省、河北省、陕西省等地区相继出台地方政府债务管理绩效评价办法，以约束地方政府债务“借、用、管、还”行为。2020年下半年，长沙市财政局将绩效评价范围扩展到专项债券领域，评价范围涵盖2018~2019年以来市本级政府专项债券项目，评价金额超80亿元。2020年末，山东省印发了全国首个由地方政府出台的有关专项债券绩效管理的政策文件《山东省财政厅关于印发山东省政府专项债券项目绩效管理暂行办法的通知》，丰富了我国专项债券绩效管理政策体系。该办法根据“资金跟着项目走”的原则，明确了专项债券全过程预算绩效管理中各部门的具体职责和行为规范；该办法中关于绩效评价指标的设计，紧扣专项债券项目“公益性、资本性、收益性”三个基本属性；重视专项债券项目绩效评价结果的应用，发挥激励约束作用。随后，合肥市研究制定了《合肥市地方政府专项债券管理暂行办法》，以期实现专项债券项目谋划储备、申报发行、项目调度及资金使用的全流程监管。2023年1月，河南省财政厅发布了第十二批通过发行资料评审的专项债券项目，此次通过项目473个，计划发债总额771.24亿元，涉及产业园及基础设施建设项目、综合保税区智慧冷链物流基地建设项目等类型。

三、地方政府专项债券资金项目绩效评价指标体系建设的要点

参考财政部项目绩效评价共性指标体系框架、国家发展改革委对中央预算内投资项目绩效评价的指标设计和各地区对专项债券项目绩效评价的探索，地方政府专项债券项目绩效评价指标体系应包含项目决策类指标、过程类指标、产出类指标、效益类指标、公众满意度类指标、项目的可持续类指标六大类。在构建地方政府专项债券资金项目绩效评价指标体系时，应注意下述要点：

1. 决策类指标的设置要点

在设置决策类绩效评价指标时，要注重突出项目的重要性、紧迫性和合规性。具体而言，绩效指标要体现地方政府专项债券项目的重要性和紧迫性，即该项目是否有必要使用地方政府专项债券资金，是否有可替代的其他融资方式，专项债券资金支持该项目是否为最优的方式。此外，要考察该项目的必要性，即考察该项目是否为地方政府确需建设的、不得不建设的，该项目是否能够较大程度地促进地方经济社会发展等。最后，必须注意绩效指标要能够体现项目的合规性，即项目要具有一定的收益性和公益性，能够满足项目融资与项目收益相匹配，同时产生一定的社会效益。

2. 过程类指标的设置要点

在设置过程类绩效评价指标时，要关注专项债券资金的使用规范性与合理性的问题，在最大程度上避免甚至杜绝专项债券资金的浪费和闲置等问题。目前，财政部门根据当年计划安排，能够实现专项债券资金的完整拨付。因此，专项债券资金的使用规范性与合理性的问题主要存在于项目建设单位。基于此，可考虑设置预算执行率和预算调整率两个指

标，以分别评价专项债券资金是否存在浪费和闲置的问题，并根据专项督查的结果来动态地调整专项债券的限额。此外，可考虑设置制度建设指标，用于考察该地方政府专项债券项目及其所在地区是否建立了专门的专项债券资金管理制度，是否规范地进行了专项债券资金管理工作。

3. 产出类指标的设置要点

在设置产出类绩效评价指标时，要注重体现项目的特色，避免评价的普适性有余而专用性不足的问题。地方政府专项债券项目的种类繁多，其本质是地方政府为筹集资金建设某专项具体工程而发行的债券。这些工程一般包含重大区域发展以及乡村振兴项目、生态环保项目、保障性住房项目、公立医院项目、公立高校项目、交通项目、水利项目、市政基础设施项目等。不同种类的地方政府专项债券项目的产出比例不尽相同。因此，应根据具体的项目类型来设置产出指标，提高绩效评价的有效性。

4. 效益类指标的设置要点

在设置效益类绩效评价指标时，要考虑到地方政府专项债券与地方政府一般债券的区别。众所周知，地方政府债券可以分为一般债券（即普通债券）和专项债券（有收益的债券）。地方政府一般债券是指地方政府为了缓解资金紧张或解决临时经费不足而发行的债券，地方政府专项债券则是地方政府为筹集资金建设某专项具体工程而发行的债券。没有收益的公益性事业发展确需政府举借一般债务的，由地方政府发行一般债券来融资，主要由一般公共预算收入偿还；而有一定收益的公益性事业发展确需政府举借专项债务的，由地方政府通过发行专项债券来融资，以对应的政府性基金或专项收入偿还。可见，地方政府专项债券项目尽管具有公益性，但其还能够产生一定的社会效益，以保证覆盖融资及建设带来的本息，实现项目收益自平衡。因此，在设置地方政府专项债券资金绩效评价的效益类指标时，要充分考虑专项债券区别于一般债券的特点，设置经济效益指标、生态效益指标和社会效益指标。

| 第五章 |

某养老院项目绩效评价指标体系构建及评价结果

第一节 项目背景

1. 项目名称及建设单位

1）项目名称：某养老院项目。

2）建设单位：某市养老院。

2. 某市养老院概况

某市养老院是该市政府投资兴办的全额拨款事业单位，始建于1953年，隶属于该市民政局，是该市一级社会福利院。该养老院坐落于该市市区内，占地40亩，总建筑面积为16085m²，是一所集养老、医疗、护理、营养、康复、教育、培训、娱乐和临终关怀为一体的综合性养老福利机构，收养和收住社会孤老、企业孤老及患有老年疾病的老年病人和临终关怀老人。该院现有职工210人，设有床位500张，在院老人享受医护人员24小时服务。1988年经市卫生局批准成立该市民政局老年病医院，医院设有内外科、针灸按摩、B超、微循环等医技科室，为住院老人及外来就医老人提供医疗护理服务。1999年在市慈善协会支持下，共同开办了老年慈善医疗服务，帮助经济困难的患者及时得到治疗。

3. 项目简介

1）项目性质：改扩建项目。

2）主要建设内容和建设规模

（1）拆除原有简易南楼1600m²。

（2）改扩建护理楼11500m²，设置床位400张。

3）建设资金

（1）该项目预计总投资3200万元。

（2）资金来源：市财政专项资金1700万元，市民政局自筹1500万元。

4. 项目建设必要性

1）该项目建设是适应我国人口老龄化快速发展趋势、贯彻落实中国老龄化事业发展相关规划、发展我国老龄化事业的需要。国家卫生健康委、全国老龄办发布的《2021年度国家老龄事业发展公报》显示，截至2021年末，全国60周岁及以上老年人口为2.6736亿，占总人口的18.9%；全国65周岁及以上老年人口为2.0056亿人，占总人口的14.2%。据预测，“十四五”期间，60岁及以上老年人口的规模年均增长约为1000万，远高于“十三五”期间年均700万的增幅。中国社科院副研究员杨舸认为：60后群体将于“十四五”期间逐步进入老年期，推动老龄化进程的突然加速。老龄化进度的加快带来劳动力结构的迅速变化，将引起医疗保险、养老金等公共支出的快速增长，给社会运行机制的及时调整带来挑战。据民政部公布的数据，截至2020年底，全国共有养老机构3.8万个，养老机构床位483.1万张。尽管如此，仍不能满足人口老龄化形势的发展要求。

2）该项目建设是贯彻落实该市老龄事业发展规划、构建社会主义和谐社会的需要。该市是全国最早进入老龄化的城市之一，按照国际通行标准，1988年全市60岁以上老年人占总人口的比例超过10%，开始进入老龄化社会，比全国早了11年。这些年，全市老年人口年平均增长率一直在3%以上，大大快于总人口增长速度。截至2016年底，全市户籍人口中，60岁及以上老年人口达243.90万人，占总人口的23.35%，比全国平均水平高6.7个百分点。此外，该市65岁以上达156.75万人，80岁以上达35.93万人。由此可见，该市面临老龄化的严峻挑战。该项目建设，就是紧密结合该市老年福利服务设施的实际情况，将该市养老院建成本市设施齐全、功能完备、服务到位的综合性老年福利服务中心，进一步营造养老、敬老、助老的良好社会氛围，为实现“老有所养、老有所医、老有所为、老有所学、老有所乐”的老龄化事业发展目标、构建社会主义和谐社会创造更为有利的社会条件。

3）该项目建设是改善该市养老院的养老护理条件、提高该市养老院医护水平的需要。该市养老院由市政府投资兴办，始建于1953年，履行政府职责承担全市社会孤老的供养任务，是集养老、医疗、护理、营养、康复、教育、培训、娱乐和临终关怀等为一体的综合性养老服务机构，也是该市精神文明建设示范窗口单位。2005年，该市养老院被民政部评为“全国养老服务社会化示范单位”；2006年，先后被中国老年基金会评为“全国老年爱心护理工程试点单位”和“爱心护理院”。

然而，该市养老院陈旧的硬件设备已经不能满足其作为一级社会福利事业窗口单位的需要。该市养老院原有设施主要由三幢建筑物组成，分别为主楼、公寓楼和南楼。主楼为办公和收养孤老区域，北楼为自费托养区域，南楼为医疗和临终关怀区域。原有床位500张，床位使用率超过100%，一直处于饱和状态，但仍然远远不能满足社会需求。整体权衡之下，改造南楼的工程项目迫切，南楼始建于1975年，建筑面积为1600m^2，为二层砖混结构简易楼，设置老年养护床位50张。通过对南楼进行拆除后新建，不仅使该市养老院的床位数量有所增加，养老护理和医疗条件得到明显改善，而且有利于该院养老护理服务的社会化工作得到深入开展和延伸发展，大大促进该市养老护理和养老医疗水平的整体提高。

5. 项目特点

1）建设规模

将原来养老院院内南楼拆除，在其原址上扩建为养老、医疗综合楼。新建综合楼计划建筑面积为11500m^2，框架结构，主体7层，局部8层，东西条形，南北向与先期扩建的北楼相呼应，床位为350张，分设一人间、二人间、三人间、四人间和多人间等多种房型（均带卫生间），封闭通台。双电梯、综合布线、电视监控、消防设施等一应俱全；老人房间内配每户一电表、水表，淋浴、电话预留线、有线电视预留线、计算机网络预留线、呼叫系统、冷热水系统、氧气管道等满足各种患者及老人的需要。

2）院内附属设施情况

（1）电量使用：目前该市养老院总电容量为630kW，能满足南楼扩建后（12000m^2）的电量使用，可不再增容。

（2）煤气使用：现有煤气容量能满足千余人使用，不需增容。

（3）供热条件：目前该市养老院院内已实现集中供热。

（4）用水指标：目前用水是按现有人数核定，增加床位后按实际人数再次核定。

（5）食堂情况：现食堂总面积为1500m^2，能供千余人用餐，新楼建成后无需再建食堂。

3）功能服务

南楼改造后主要服务对象为全护理及特护老人，其功能设置为爱心护理院、慈善医疗、康复中心、临终关怀；整合医疗护理资源，承担院内“三无”老人、自费老人的医疗服务，以及社区老年人和困难老年人的医疗服务。创建服务社区的多元化短期养老照料模式；面向全市开展护理培训工作和养老护理实践活动，弥补该市养老院现有养老功能设施的缺陷。新楼改扩建后，该市养老院的收养床位规模将达850张，暂时缓解目前社会需求的紧张状态，较好地承担该市相关养老机构及家庭难以解决的特殊老人的养老护理问题，构成明确规模的机构养老服务体系，并协调发展成为该市服务设施齐全、环境优良的多功能老年人社会福利服务中心和对外开放窗口。

第二节　项目绩效评价指标体系的构建

一、评价的依据

根据财政部财政支出绩效评价管理相关规定和某市财政局财政支出绩效评价管理办法，政府投资项目绩效评价报告的内容如下：

1）基本情况；

2）绩效评价的组织实施情况；

3）绩效评价指标体系、评价标准和评价方法；

4）绩效目标的实现程度；

5）存在问题及原因分析；

6）评价结论及建议；

7）其他需要说明的问题。

根据前述章节的分析，绩效评价指标体系构建及评价结果分析是绩效评价工作的重点。基于此，本书侧重于对项目绩效评价指标体系的构建及评价结果的分析等内容。根据上述规定的内容并结合项目的具体情况，制定了编制绩效评价报告所需的材料清单，如表5-1所示。

绩效评价材料清单　　表5-1

序号	资料类别	资料名称
1	建设单位相关文件及批文	项目建议书
		可行性研究报告
		工程立项的批复
	建设单位相关文件及批文	工程初步设计的批复
2	收集相关资料	初步设计说明书
		总概算书
		有关设计变更的相关合同、协议或说明
3	招标投标相关资料	招标公告
		投标文件
		评标报告
		中标通知书
4	各类相关合同	勘察合同
		设计合同
		监理合同
		施工合同
5	建设单位相关资料	建设前的工程情况：地位、作用、存在的不能满足需要的相关方面的情况（立项背景）
		建设目标：具体要达到的功能、效益目标
		建设单位的管理方式，建设单位参与合同管理、采购管理、支付控制、质量管理、进度管理方面的相关情况
		相关行业建设标准规范
		同行业的相关数据：规模、假设相关数据
		建设单位对已完工程项目的评价
6	施工单位相关资料	施工方案（施工组织）
		项目管理实施细则
7	监理单位相关资料	监理规划
		监理细则
		监理方案
		监理会议纪要
		竣工验收监理评估报告
8	项目后期相关资料	工程结算审核报告
		决算报告（或决算书）
		施工单位竣工报告
		工程竣工验收报告
9	图片资料	项目建设前、中、后的工程相关图片及领导视察相关资料

根据评价的内容，最终确定绩效评价的依据：

1）国家相关法律、法规和规章制度；

2）党中央、国务院重大决策部署，经济社会发展目标，地方各级党委和政府重点任务要求；

3）部门职责相关规定；

4）相关行业政策、行业标准及专业技术规范；

5）预算管理制度及办法，项目及资金管理办法，财务和会计资料；

6）项目设立的政策依据和目标，预算执行情况，年度决算报告，项目决算或验收报告等相关材料；

7）本级人大审查结果报告、审计报告及决定，财政监督稽核报告等；

8）其他相关资料。

二、评价指标体系及评价方法

1. 绩效评价指标

绩效评价指标是指衡量绩效目标实现程度的考核工具，绩效评价指标主要类型如表5-2所示。

绩效评价指标主要类型　　表5-2

指标类型	定义	内容	
产出指标	根据既定绩效目标完成公共产品、服务情况	数量指标	根据既定绩效目标完成的公共产品和服务产量
		质量指标	提供公共产品或服务达到的标准、水平和效果
		时效指标	提供公共产品或服务的及时程度和效率情况
效果指标	与既定绩效目标相关联，反映财政支出预期效果的实现程度		
服务对象满意度指标	反映服务对象对财政支出效果的满意程度		

2. 评价指标体系的设置原则

1）相关性原则。应当与绩效目标有直接的联系，能够恰当反映目标的实现程度。

2）重要性原则。应当优先使用最具评价对象代表性、最能反映评价要求的核心指标。

3）可比性原则。对同类评价对象要设定共性的绩效评价指标，以便于评价结果可以相互比较。

4）系统性原则。应当将定量指标与定性指标相结合，系统反映财政支出所产生的社会效益、经济效益、环境效益和可持续影响等。

5）经济性原则。应当简便易行，数据的获得应当考虑现实条件和可操作性，符合成本效益原则。

根据该项目的特点，结合财政部的参考指标体系，某养老院项目的绩效评价指标体系如表5-3所示。

某养老院项目绩效评价指标体系　　表5-3

一级指标	二级指标	三级指标	评价标准	四级指标
项目决策（20）	项目目标（4）	目标内容（4）	目标明确（1分），目标细化（1分），目标量化（2分）	项目建设目标（2）
				项目运行目标（2）
	决策过程（8）	决策依据（3）	符合经济社会发展和部门年度工作计划（2分） 根据需要制定中长期规划（1分）	政策相关性（2）
				可行性研究（1）
		决策程序（5）	项目符合申报条件（2分） 申报、批复程序符合相关管理办法（2分） 项目实施调整履行相应手续（1分）	申报条件合规性（2）
				申报、批复程序合法性（2）
				项目调整合规性（1）
	资金分配（8）	分配办法（2）	办法健全、规范（1分） 因素选择全面、合理（1分）	资金管理办法和分配（1）
				资金分配合理性（1）
		分配结果（6）	项目符合相关分配办法（2分） 资金分配合理（4分）	分配结果合理性（3）
				是否按分配方案实施（3）
项目管理（25）	资金到位（5）	到位率（3）	根据项目实际到位资金占计划的比重计算得分（3分）	配套资金到位率（2）
				专项资金到位率（1）
		到位时效（2）	及时到位（1分），未及时到位但未影响项目进度（0.5分），未及时到位并影响项目进度（0~1分）	配套资金到位时效性（1）
				专项资金到位时效性（1）
	资金管理（20）	资金使用（7）	虚列（套取）扣4~7分，支出依据不合规扣1分，截留、挤占、挪用扣3~6分，超标准开支扣2~5分	资金支付合规性（2）
				资金使用合规性（5）
		财务管理（4）	财务制度健全（2分），严格执行制度（1分），会计核算规范（1分）	会计核算规范性（1）
				财务制度建立、执行情况（2）
				机构设置及分工（1）
		管理制度（8）	建立健全项目管理制度（2分），严格执行相关项目管理制度（6分）	基本建设制度执行情况（4）
				建设过程管理制度情况（2）
				工程变更规范性（2）
		组织机构（1）	机构健全、分工明确（1分）	机构设置及分工（1）

续表

<table>
<tr><th>一级指标</th><th>二级指标</th><th>三级指标</th><th>评价标准</th><th>四级指标</th></tr>
<tr><td rowspan="21">项目绩效（55）</td><td rowspan="6">项目产出（15）</td><td rowspan="2">产出数量（5）</td><td rowspan="2">对照绩效目标评价产出数量（5分）</td><td>建设目标完成情况（3）</td></tr>
<tr><td>运行目标完成情况（2）</td></tr>
<tr><td>产出质量（4）</td><td>对照绩效目标评价产出质量（4分）</td><td>工程质量情况（4）</td></tr>
<tr><td>产出时效（3）</td><td>对照绩效目标评价产出时效（3分）</td><td>工程建设进度（3）</td></tr>
<tr><td rowspan="2">产出成本（3）</td><td rowspan="2">对照绩效目标评价产出成本（3分）</td><td>工程变更金额（1）</td></tr>
<tr><td>单位面积建设成本（2）</td></tr>
<tr><td rowspan="15">项目效果（40）</td><td>经济效益（8）</td><td>对照绩效目标评价经济效益（8分）</td><td>无</td></tr>
<tr><td rowspan="4">社会效益（15）</td><td rowspan="4">对照绩效目标评价社会效益（15分）</td><td>与法律法规要求指标的符合度（3）</td></tr>
<tr><td>对养老水平的影响程度（5）</td></tr>
<tr><td>对养老院形象的影响程度（4）</td></tr>
<tr><td>对地区规划的符合程度（3）</td></tr>
<tr><td rowspan="5">环境效益（5）</td><td rowspan="5">对照绩效目标评价环境效益（5分）</td><td>废气的排放量（1）</td></tr>
<tr><td>废水的排放量（1）</td></tr>
<tr><td>产生的噪声（1）</td></tr>
<tr><td>固体废物排放量（1）</td></tr>
<tr><td>绿化率（1）</td></tr>
<tr><td rowspan="3">可持续影响（7）</td><td rowspan="3">对照绩效目标评价可持续影响（7分）</td><td>设备使用的持续性（3）</td></tr>
<tr><td>运营管理方式的持续性（2）</td></tr>
<tr><td>未来需求的满足程度（2）</td></tr>
<tr><td>服务对象满意度（5）</td><td>对照绩效目标评价服务对象满意度（5分）</td><td>服务对象对项目的满意度（5分）</td></tr>
</table>

3. 项目评价标准

项目评价标准是衡量绩效目标实现程度的尺度，绩效评价标准具体包括以下内容（表5-4）。

绩效评价标准具体内容　　表5-4

评价标准类型	内容
计划标准	以预先制定的目标、计划、预算、定额等数据作为评价标准
行业标准	参照国家公布的行业指标数据制定的评价标准
历史标准	参照同类指标的历史数据制定的评价标准

4.绩效评价方法

结合该项目特点，绩效评价指标具体评价方法主要包括四种：

1）成本—效益分析法：把一定时间段内的财政支出与各项效益进行比较分析，评价绩效目标的实现程度。

2）比较法：通过对绩效目标与实施效果、历史与当期情况、不同部门和地区同类支出的比较，综合分析绩效目标实现程度。

3）因素分析法：对影响绩效目标实现、实施效果的内外因素进行综合分析，评价绩效目标实现程度。

4）公众评判法：通过专家评估、公众问卷及抽样调查等方法对财政支出效果进行评判，评价绩效目标实现程度。

三、绩效评价指标分析情况

1.项目实施情况分析

1）项目决策情况分析

（1）指标体系构建

在构建绩效评价指标体系时，需要充分依据建设项目决策的特点，分别对可行性研究、决策依据、决策程序、决策实际所用时间等四方面内容进行评价，具体的评价指标体系构建及评价方法详见表5-5。

评价指标体系的构建及评价方法　　表5-5

一级指标	二级指标	三级指标	四级指标	指标说明	评价方法
项目决策	决策过程	决策依据	与经济社会发展规划和部门年度工作计划符合度	项目是否符合经济社会发展规划和部门年度工作计划；是否根据需要制定中长期实施规划	因素分析法
			与制定中长期实施规划符合度		
		决策程序	申报条件符合度；相关管理办法符合度	项目是否符合申报条件；申报、批复程序是否符合相关管理办法；项目调整是否履行相应手续	因素分析法
			项目调整与履行相关手续的符合度		

（2）实际执行情况分析

①决策依据

某养老院项目，其决策依据不仅符合国家关于养老工作的发展规划，还考虑到项目中长期的实施规划，更在很大程度上改善了该市养老院床位紧缺的状况，暂时缓解目前养老院床位需求紧张的状态，较好地承担该市相关养老机构及家庭难以解决的特殊老人的养老护理问题，该市养老院成为该市服务设施齐全、环境优良的多功能老年人社会福利服务中心和对外开放窗口。因此，该项目的决策依据正确。

②决策程序

在该市发展和改革委员会的正确领导和各有关部门的大力支持下，某养老院项目的建设由该市发展和改革委员会办理立项批复、可行性研究报告批复及初步设计批复；由该市公安局某分局消防处办理建筑工程消防设计审核意见书。某养老院项目立项决策工作报批手续完备，而且批复及时，符合国家相关部门关于基本建设程序审批的规定。

（3）评价结论

总之，某养老院项目决策时间短，依据充分，决策过程做到了又快又好，如表5-6所示。

评价结论简表　　表5-6

<table>
<tr><th>一级指标</th><th>二级指标</th><th>三级指标</th><th>四级指标</th><th>评价结论</th></tr>
<tr><td rowspan="5">项目决策</td><td rowspan="5">决策过程</td><td rowspan="2">决策依据</td><td>与经济社会发展规划符合度</td><td>符合</td></tr>
<tr><td>与制定中长期实施规划符合度</td><td>符合</td></tr>
<tr><td rowspan="3">决策程序</td><td>申报条件符合度</td><td>符合</td></tr>
<tr><td>相关管理办法符合度</td><td>符合</td></tr>
<tr><td>项目调整与履行相关手续的符合度</td><td>符合</td></tr>
</table>

2）项目资金分配情况分析

（1）指标体系的建立

在项目建设过程中，根据该项目建设的特点，对项目资金进行分配，以保证项目高效高质量地完成，在项目资金分配情况分析中，分别评价项目的资金分配办法及最终的资金分配结果，具体的资金分配指标体系详见表5-7。

项目资金分配指标体系　表5-7

一级指标	二级指标	三级指标	指标说明	评价方法
项目决策	资金分配	分配办法	是否需要制定相关资金管理办法，并在管理办法中明确资金分配办法；资金分配因素是否全面、合理	比较法
		分配结果	资金分配是否符合相关管理办法；分配结果是否合理	比较法

（2）具体实施情况分析

①资金分配办法

在项目建设过程中，对资金采取严格的管理措施。某养老院项目在工程款支付上，由施工单位根据合同进度向建设单位提出进度款支付申请，经监理单位、造价咨询单位、建设单位审查签字后，由甲方报请财政部门拨款，财政部门根据实际情况给予批复，经财政部门直接拨款到施工单位账户。

②资金分配结果

该市养老院在建设过程中采取合理的资金分配与管理办法，在建成后某市养老院护理楼项目以其“花钱少，效果好”的项目特点，赢得了该市相关部门的一致好评。同时，某养老院项目作为标杆项目向该市乃至全国养老场所展示。

③评价结论

总之，某养老院项目决策中资金的分配严格按照项目情况进行，且资金分配有效合理，资金执行得较好，如表5-8所示。

项目资金分配评价结论　表5-8

一级指标	二级指标	三级指标	评价标准	项目实际情况	评价结论
项目决策	资金分配	分配办法	是否需要制定相关资金管理办法，并在管理办法中明确资金分配办法；资金分配因素是否全面、合理	严格按照项目情况进行资金分配	优
		分配结果	资金分配是否符合相关管理办法；分配结果是否合理	资金分配有效合理	优

2. 项目管理情况分析

项目管理的绩效评价指标体系的设计是从资金流的角度入手，按照项目资金使用与管理的流程，分析各评价指标之间的逻辑关系，结合调查问卷法，综合各方对财政资金管理重要性进行调查，进而综合设计的结果，具体指标如表5-9所示。

某养老院项目项目管理情况分析具体指标　　　　表5-9

一级指标	二级指标	三级指标	四级指标	指标说明	评价标准
项目管理	资金到位	到位率	财政资金到位率	$\text{财政资金到位率}=\frac{\text{财政资金实际到位总额}}{\text{财政资金计划到位金额}}\times100\%$	该指标越高，说明该项资金的到位情况越好
			配套资金到位率	$\text{配套资金到位率}=\frac{\text{配套资金实际到位总额}}{\text{配套资金计划到位金额}}\times100\%$	该指标越高，说明该项资金的到位情况越好
			自有资金到位率	$\text{自有资金到位率}=\frac{\text{自有资金实际到位总额}}{\text{自有资金计划到位金额}}\times100\%$	该指标越高，说明该项资金的到位情况越好
		到位时效	资金到位情况	资金是否能够按时按需到位	资金到位越快越好
	资金管理	资金使用	资金利用率	$\text{资金利用率}=\frac{\text{实际用于项目的支出额}}{\text{实际到位金额}}\times100\%$	资金利用率越高，说明其使用效果可能越好
			资金有效率	$\text{资金有效率}=\frac{\text{实际用于项目的支出金额}}{\text{按批复应到的金额}}\times100\%$	资金有效率越高，说明其使用效果可能越好
			资金违纪率	$\text{资金违纪率}=\frac{\text{项目的违纪金额}}{\text{实际到位的金额}}\times100\%$	该指标值越低，说明资金利用率越高
		财务管理	资金管理安全性	对于资金管理是否采取措施，采取何种措施，效果如何	采用因素分析法进行分析，体现指标的优劣
			管理制度健全性	资金管理制度的健全情况	
			管理制度有效性	资金管理制度对本项目实施所起的作用大小	

在项目的各个阶段分别进行资金情况分析。立项阶段：主要是对项目资金申请的准确性进行评价。同时，也对财政部门对项目资金审核的合理性、拨付资金的及时性进行评价。其中，除资金到位率为定量指标外，其余为定性指标。实施与验收阶段：该阶段主要侧重于资金运行和过程控制两个方面。结果评价阶段：为项目实施的反映阶段，主要侧重于项目进行以后的经济效益评价与分析。

1）具体指标划分

（1）资金到位情况分析，分为资金到位率和资金到位时效分析，其中资金到位率为定量分析指标，资金到位时效为定性分析指标。

（2）资金使用情况分析，分为资金的利用率、有效率和违纪率，为定量指标，主要反映项目在建设过程中能否合理有效地分配及利用资金。

（3）财务管理情况分析，分为资金管理安全性、管理制度健全性及管理制度有效性分析。

2）项目资金到位情况分析

（1）该市发展和改革委员会向该市民政局下达了《关于某市养老院护理楼改扩建工程项目建议书的批复》，同意该项目立项。批准该项目规划占地面积1900m^2，改扩建工程护理床位400张，总床位达到850张，拆除原有南楼，建筑面积为1600m^2，新建一栋集养老护理和医疗于一体的综合护理楼，建筑面积为11500m^2。项目预期总投资为3200万元，所需资金由该市财政局预算资金和该市民政局自筹解决。

（2）该市发展和改革委员会向该市民政局下达了《关于某市养老院护理楼改扩建工程项目可行性研究报告的批复》，批准的项目建筑面积为11500m^2。其中，老年病医院4800m^2，养老护理院6400m^2，附属设施用房300m^2。项目总投资为3790万元，所需资金由该市发展和改革委员会安排市财政预算资金1700万元，其余2090万元全部由该市民政局自筹解决。

（3）目前某养老院项目已经竣工投入使用，在工程建设过程中，由于工程设计变更、软硬件设备更换及旧食堂改造等，导致项目的最终投资额增加，经过费用汇总，调整后的概算为3926万元，调整后概算比原设计概算增加了136万元。其中，一类费用为3253万元，二类费用为559万元，不可预见费为114万元。

（4）该市发展和改革委员会下达了《关于某养老院项目投资计划的通知》，该项目计划投资3226万元，建设资金由该市发展和改革委员会安排市财政预算内投资1000万元，其余2226万元由该市民政局自筹解决。根据工程进度，施工第一年投资计划为700万元，该市发展和改革委员会安排市财政预算内投资700万元。主要建设内容为内外檐装修。在项目建设期间，中央预算内投资和配套资金两部分都能够按时按需到位。

3）项目资金使用情况分析

某养老院项目在工程款支付上，由施工单位根据合同进度向建设单位提出进度款支付申请，经监理单位、造价咨询单位、建设单位审查签字后，由建设单位报请财政部门拨款，财政部门根据实际情况给予批复，经财政部门直接拨款到施工单位账户。

4）项目财务管理情况分析

对于某养老院项目的财务管理，该市民政局和该市养老院相关人员组成的具有资金保障功能的相关组织主要做到：

（1）实行三公开，即“接收公开、分配公开、发放公开”。

（2）各有关部门把“管好用好项目资金，确保不出问题”当作一项重大政治任务，严格执行《中华人民共和国招标投标法》和《中华人民共和国政府采购法》，进一步完善监督机制，严格按规划设计包干使用资金物资，接受社会公众的监督，确保专项资金物资的规范、有效、安全运行。

（3）加强项目招标投标管理，严格按照项目资金管理办法，加强监督，要求所有项目必须严格按程序进行招标投标，充分体现了公开、公正、公平和诚实信用的原则。

（4）严格资金审查。该市财政预算项目前期费用，标的、施工变更预审，工程完工结算及竣工财务决算必须经财政部门严格审查、审核、批准，有效防止了资金的浪费流失。

（5）对项目的日常监督检查工作需要加强，在配合省市检查、巡察组对某养老院项目资金检查、巡查的同时，也需要加强对日常工作的监督检查。

5）养老院项目资金情况分析汇总

某养老院项目具体资金情况分析详见表5-10。

某养老院项目资金情况分析　　表5-10

<table>
<tr><th>一级指标</th><th>二级指标</th><th>三级指标</th><th>四级指标</th><th>指标说明</th><th>评价结论</th></tr>
<tr><td rowspan="9">项目管理</td><td rowspan="3">资金到位</td><td rowspan="2">到位率</td><td>财政资金到位率</td><td>$财政资金到位率=\frac{1700万元}{1700万元}\times100\%=100\%$</td><td>该项资金的到位情况好</td></tr>
<tr><td>配套资金到位率</td><td>$配套资金到位率=\frac{2353.3万元}{2353.3万元}\times100\%=100\%$</td><td>该项资金的到位情况好</td></tr>
<tr><td>到位时效</td><td>资金到位情况</td><td>资金是否能够按时按需到位</td><td>该项资金的到位情况好</td></tr>
<tr><td rowspan="6">资金管理</td><td rowspan="3">资金使用</td><td>资金利用率</td><td>$资金利用率=\frac{4053.3万元}{4053.3万元}\times100\%=100\%$</td><td>资金使用效果好</td></tr>
<tr><td>资金有效率</td><td>$资金有效率=\frac{4053.3万元}{4053.3万元}\times100\%=100\%$</td><td>资金使用充分，使用效果好</td></tr>
<tr><td>资金违纪率</td><td>$资金违纪率=\frac{0万元}{3926万元}\times100\%=0$</td><td>资金使用充分，使用效果好</td></tr>
<tr><td rowspan="3">财务管理</td><td>资金管理安全性</td><td>对于资金管理是否采取措施，采取何种措施，效果如何</td><td rowspan="3">该项目资金管理情况良好</td></tr>
<tr><td>管理制度健全性</td><td>资金管理制度的健全情况</td></tr>
<tr><td>管理制度有效性</td><td>资金管理制度对本项目实施所起的作用大小</td></tr>
</table>

每一笔款项到位，建设单位根据不同分项工程承包金额所占总投资比例进行进度款发放，保证了资金分配的公平性，有效避免了施工单位与建设单位的纠纷。

3. 项目绩效情况分析

1）项目经济性分析

（1）指标体系构建

项目经济性分析原则如下。

①评价指标与评价目标相结合

项目资金是财政预算安排的或者有关部门、单位依法自行组织的具有专门用途的财政支出。“项目”是资金使用的载体，实现预算中设定的目标是项目实施的目的。在进行项目资金绩效评价时，从经济性、效率性、效果性入手，设定评价的具体指标，并将其作为项目资金使用与管理的最终“目标”。只有指标与目标相结合，才能体现项目资金绩效评价的意义。

②定性评价与定量评价相结合

财政部门在进行项目资金核拨时，会全面、综合地考虑社会经济活动的各个部门及各个单位的情况。项目涉及文化教育、科研卫生、社会福利等事业单位，也包括政府部门等行政单位，范围广泛。同时，项目设立包含社会、政治、经济等多重目标，内容复杂。因此，有些目标很难用量化的方式进行描述与评价，只能用定性的方式进行描述与评价。客观地讲，定量评价只是评价的一种方式，有时使用量化指标可以使问题得到更好的表达，但使用量化指标也只是取得了更好的项目资金绩效评价与表达的效果，它并不是绩效评价的唯一方法。应将客观、直观的可量化指标用定量方式表达出来，而将不便、不能量化的结果以定性的方式描述清楚，这才是实事求是、客观公正地进行项目资金绩效评价的方式。

③一般性评价指标与特殊性评价指标相结合

项目的实施和项目资金的使用与管理通常具有可遵循的一般规律和管理规则，具有一定的共性，在这些方面可以用统一的指标来进行评价，我们可以将这些指标视为具有共性的一般性评价指标。而将项目设立时就具有的体现项目本身特定目标的属性视为项目的特性，采用特殊性评价指标来进行评价。一般性评价指标与特殊性评价指标相结合，综合评价项目的绩效。

④经济效益与社会效益相结合

在进行项目资金的绩效评价时，既要考虑项目资金投入后产生的直接经济效益，也要考虑间接的社会效益，将两者有机结合，才能客观地反映项目资金的绩效水平。项目经济性分析的具体指标详见表5-11。

项目经济性分析指标　　表5-11

一级指标	二级指标	三级指标	四级指标	指标说明	评价标准
项目管理	资金管理	资金使用	项目决算节约数额	决算节约数额=决算数额－概算数额	该指标为负说明项目实现节约，负数绝对值越大说明项目资金绩效越好
			项目决算较概算节约率	$节约率=\frac{决算金额-概算金额}{概算金额}\times100\%$	

（2）实际执行情况分析

①项目成本控制情况

某养老院项目最终决算金额为4053.3083万元，其中包括一类费用4004.7352万元，二类费用48.5731万元。相比于概算数额3926万元，增加了127.3083万元，增加部分主要为一类费用，主要用于养老院内食堂的重新装修及维护；二类费用有所减少，说明某养老院项目在资金运用方面实现了相对合理的成本控制。

②项目成本节约情况

某养老院项目的决算总投资金额与概算金额相差127.3083万元。总决算数额有所增加，增加部分主要用于食堂的修缮，改善了该市养老院的就餐环境，扩大了就餐规模，更有利于该市养老院的发展。

建筑工程一类费用是指在机械台班预算价格中，不因施工地点和条件的不同而发生变化的那部分费用，它是一项比较固定的费用，亦称为不变费用。包括：折旧费、大修理费、经常修理费和安拆费及场外运费。建筑工程二类费用是指在机械台班预算价格中，随着施工地点和条件不同而发生较大变化的那部分费用。它只有在机械运转工作时才会发生，属于支出性质的费用，亦称为可变费用。包括：人工费、动力燃料费、养路费及车船使用税。建筑工程不可预见费又称为预备费，是指考虑建设期可能发生的风险因素而导致的建设费用增加的这部分内容。按照风险因素的性质划分，预备费又包括基本预备费和价差预备费两大类型。该市养老院护理楼改扩建项目总投资概算与项目决算对比详见表5-12。

项目经济性分析投资总额概算、决算对比表　　　表5-12

工程 和费用	概算投资金额 （万元）	概算投资比例 （%）	决算投资金额 （万元）	决算投资比例 （%）	决算与概算差额 （万元）
一类费用	3253	82.86	4004.7352	98.8	751.7352
二类费用	559	14.24	48.5731	1.2	-510.4269
不可预见费	114	2.9	0	0	-114
合计	3926	100	4053.3083	100	127.3083

某养老院项目最终决算方面，一类费用有所增加，增加金额为751.7352万元，主要用于食堂的修建。该市养老院院内原有新、老两个食堂，可提供700名老人和职工就餐，护理楼建成以后新增床位400张，届时院内每日就餐人数将达到1100人。另外，根据该项目楼间距要求，院内老食堂必须拆除。因此，甲方决定拆除老食堂并改造新食堂，使其不仅具备可供千人就餐的条件，还要根据医院防疫和营养配膳的科学流程设置区域，增添多元化功能服务，满足老年人的餐饮需求。因此，该市养老院食堂改造工程按照增项列入养老院项目工程。

项目二类费用有所减少，说明在项目建设过程中，可变费用未增加，项目实现了合理有效的资金控制。

（3）评价结论

项目具体评价结论见表5-13。

项目经济性分析指标 表5-13

一级指标	二级指标	三级指标	四级指标	项目实际情况	评价结论
项目管理	资金管理	资金使用	项目决算节约数额	决算节约数额=127.3083万元	指标为正，项目未实现节约
			项目决算较概算节约率	节约率= $\frac{4053.3083\text{万元}-3926\text{万元}}{3926}\times100\%=3.24\%$	

从决算数额上看某养老院项目未实现节约，但是由于变更增项，使得该市养老院功能更加完善，更能满足住院老人及在院工作人员需求，因此项目有较大的变更增项。增加的资金主要用于项目的变更增项，并在项目建设过程中有完整的变更增项申请及协议，项目变更合理有效。所以，从整体来看，某养老院项目虽然资金有部分增加，但是在建设过程中，资金的运用相对比较合理，并未出现资金的浪费。总体评价结论为：该市养老院资金使用情况良好，资金管理制度合理有效。

2）项目的效率性分析

（1）项目的实施进度

①指标体系构建

在构建评价体系时，要分别评价工期管理结果、管理体系的完备性和控制措施的正确性三方面内容，具体的评价指标详见表5-14。

产出时效评价指标 表5-14

一级指标	二级指标	三级指标	四级指标	指标说明	评价标准	评价方法
项目绩效	项目产出	产出时效	进度管理体系的完备性	各责任单位责任分工清晰、明确	进度管理体系完备并有效保证程序的可操作性，则进度管理体系评价为明确	因素分析法
			工程延期率 B	$B=\frac{\text{工期拖延量}}{\text{全部项目量}}\times100\%$	优：$B<60\%$ 良：$60\%\leqslant B<80\%$ 不合格：$B\geqslant80\%$	
			工期控制措施	控制措施完善有效，操作性强，效果明显	若采取的工期控制措施使实际工期控制在计划工期之内，则工期控制措施评价为有效	

②实际执行情况分析

某建筑工程有限公司提出的工期目标为保证按照施工计划开工且按照进度计划竣工，并做到为安装调试保驾护航，使该工程顺利交付给甲方使用。为此，某建筑工程有限公司制定了施工工期保证措施，包括建立施工计划保证体系、进度管理保证措施、技术保证措施、资源保证措施、施工进度控制管理以及总承包管理保障，从各方面保证了项目建设进度。

A.进度管理体系的建立

建立建设单位—监理单位—承包商的三级进度管理体系，实施统一领导、分级负责，详见图5-1。

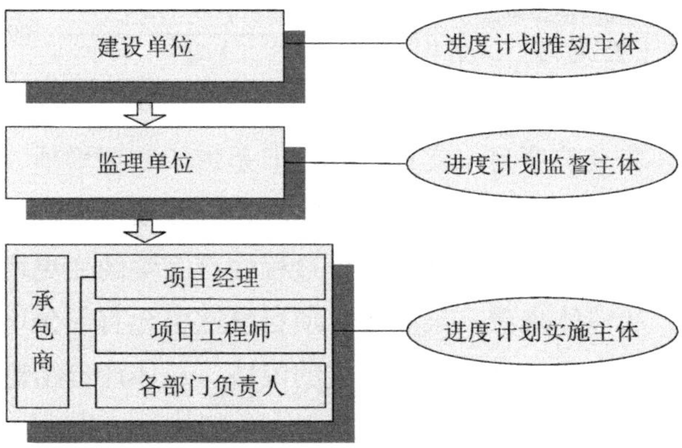

图5-1　施工计划保证体系

落实分包责任。由于该工程建设规模不大、施工单位少，因此将控制点主要集中到总承包工程中，保证控制点落实的时效性。通过合同条款将工程项目的进度要求落实到总承包商，使进度保证体系实现全面覆盖，不留死角。

建立项目进度责任制。加强对项目经理、副经理、项目工程师和部门负责人的进度考核，签订责任状，定期按计划目标进行考核，奖优罚劣。

编制三级网络计划，如图5-2所示。

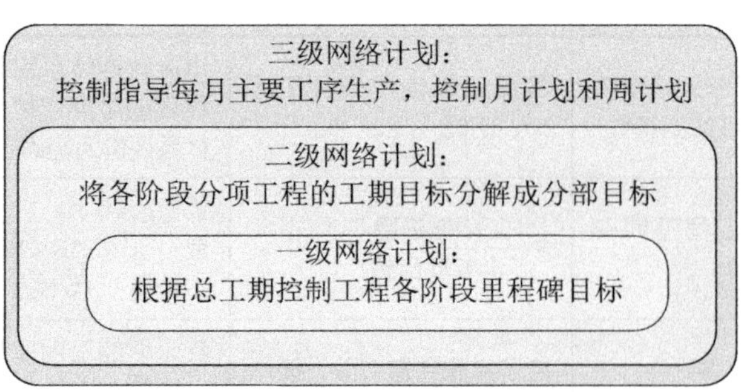

图5-2　三级网络计划

B.进度控制措施

科学合理地安排施工工序和施工进度，并在实施过程中及时调整进度计划，加强组织管理及协调，积极推广“四新”技术和建立竞争机制，保证技术、人、材、物、机的供给。施工单位编制施工进度计划表，监理工程师和建设单位每周定期在施工现场主持召开现场会，严格核对工程实际进度与计划进度，在施工过程中为保证进度采取的措施和达到的效果详见表5-15。

施工过程中采取的措施和作用效果 表5-15

措施种类	实施方法	作用和效果
进度管理	缩短施工准备期，尽早施工	缩短了施工过程中不必要的时间，并且从人员、技术、财力方面保证了进度的控制
	运用ISO9000系列管理程序，统筹安排管理计划	
	坚持“两会制度”，紧抓“七个关键环节”	
	配备数量充足、经验丰富的技术人员和施工队伍	
	根据建设的不同时期，绘制不同阶段的现场平面图	
	缩短搭接工序的时间	
技术保证	广泛采用新技术、新工艺、新材料和先进的施工工艺	维护实施性施工组织设计方案的严肃性，确保按计划实施；确保工程优质、快速地竣工
	在保证安全和质量的基础上，提高插入度、展开平行作业与平行施工是保证工期的关键	
	组织有关人员学习招标文件、技术规范与施工监理程序	
	依靠科技进步，缩短工期	
资源保证	人力资源保证	从人力、物力、财力方面保证施工进展，确保工程按时完成
	优选劳动队伍和管理人员	
	物资保证、机械保证、资金保证	

③评价结论

由于建立了强有力的后勤保障体系，保证了各种物资、设备按时足额到位，做好工作和生活环境建设，全方位保障施工生产，实现施工计划“日保旬、旬保月、月保年”的高效完成。同时，在保证质量和安全的前提下，尽可能地开展多工序同步施工、平行作业，加强调度工作，减少各道工序间的衔接时间，充分利用各个工作面的搭接，最终实现工期目标，进度管理指标评价结果详见表5-16。

进度管理指标评价结果　　表5-16

一级指标	二级指标	三级指标	四级指标	评价标准	项目实际情况	评价结论
项目绩效	项目产出	产出时效	进度管理体系的完备性	如进度管理体系完备并有效保证程序的可操作性，则进度管理体系的评价为明确	建立了施工计划保证体系；制定了详细的施工阶段进度控制程序，并有效保证程序的可操作性以及形成了良好的效果	明确
			工程延期率B	优：B<60% 良：60%≤B<80% 不合格：B≥80%	各分项工程均按合同约定的工期开工和竣工，工期延期率B=0	优
			工期控制措施	若采取的工期控制措施能使实际工期控制在计划工期之内，则工期控制措施评价为有效	监理单位制定了详细的工期控制规划，并严格按此规划执行，施工单位采取了各种工期控制措施	有效

根据招标文件要求，结合项目实际情况，由于有效的控制措施，计划工期和实际工期一致，没有发生工期延误的情况，相邻两项工作的时间间隔LAG（某项工作与其紧后工作之间的时间间隔）均为0，保证了项目的顺利完成。工程延期率为0，竣工项目计划工期率为100%，工期控制措施科学合理，完善有效，达到了预期的工期控制目标，有效地保证了工程的按时完成。故进度管理整体评价结果为优。

（2）项目完成质量

该市养老院履行政府职责，承担全市社会孤老的供养任务，是集养老、医疗、护理、营养、康复、教育、培训、娱乐和临终关怀等于一体的综合型养老机构。养老院护理楼建成以后，更有助于该市养老院发挥其社会职能，也更能发挥其作为该市精神文明建设示范单位的作用。

①某养老院项目主要建设内容

某养老院项目主要建设内容分为三部分：一是养老院护理建筑设施；二是医疗建筑设施；三是与建筑设施相配套的保障系统及辅助设施。

养老护理建筑设施：基本房型为双人标准间、三人间、四人间及多人间，每个房间均设有卫生间及配餐间，每楼层各设置一个护理站。医疗建筑设施：包括门诊科室、化验室、X光检察室、B超检查室、中药房、西药房、治疗室、急重症观察室、抢救室、功能康复室等。与该建筑设施相配套的保障系统及辅助设施：包括电梯、电视监控系统、呼叫系统、有线电视、电话、计算机网络、氧气管道及其他室内外公用工程等。

②指标体系构建

在构建评价体系时，要充分根据建设项目的质量管理特点，结合质量管理体系框架，分别评价质量管理结果、质量管理规范化、质量管理组织、质量管理方法工具四方面内容，具体的评价指标详见表5-17。

质量管理绩效评价指标 表5-17

一级指标	二级指标	三级指标	四级指标	指标说明	评价标准	评价方法
项目绩效	项目产出	产出质量	工程合格率A	实际工程质量达到国家（或合同）规定的质量标准的建筑面积占验收的建筑面积百分比。计算公式为：实际工程合格率=实际符合标准的建筑面积÷验收鉴定的建筑面积×100%	优：$A\geqslant 80\%$ 良：$60\%\leqslant A<80\%$ 不合格：$A<60\%$	因素分析法
			项目操作规范性	项目立项、项目招标投标、项目监理等的合规性	项目操作流程符合相关法律法规，则评价为合规	

③实际执行情况分析

该市养老院护理楼以其优良的硬件设施满足了该市养老院作为市一级社会福利事业窗口单位的需要。该院现有设施主要由主楼、公寓楼和南楼（护理楼）组成。护理楼为医疗和临终关怀区域，新南楼建成以后，床位增加400张，现在床位已经全部饱和，仍不能满足社会需求。

某养老院项目建成后受到社会的一致好评，多次被作为标杆向其他单位展示，该市养老院护理楼在建设完成以后，由于结构布局合理获得该市工程建设奖项。该市养老院在其占地面积有限、政府投资一定的情况下，在建设新护理楼时做到了“花钱少，质量好”，为后期该市养老院的建设提供了示范。

该项目建立的管理方式对建设单位在专业知识、施工现场管理等方面提出了很高的要求。项目管理人员积极配合协调各方，强调以人为本，从而保证了质量、进度、投资三大建设目标的顺利实现。主要体现在以下几个方面：

一是严格执行国家建设工程法律法规，严格按照基本建设程序，各项手续齐全，确保了工程的顺利进行。

二是概算上量入为出，开源节流；预决算委托有资质的中介进行审核，为工程节约了大量的资金。

三是狠抓设计、监理、施工各个环节，最大限度地协调全局，使各方相互制约、相互配合、各司其职。

四是根据形象进度及时拨付款项，确保施工单位不因工程款不到位而推迟工期。

五是为了保证安全施工，积极做好安全保障工作。对于高空作业、隐蔽作业委派专人负责，层层把关，严格执行各项规章制度。

由于工程项目“一次性”“单件性”等特点，工程项目在建设过程中面临很多风险。在工程施工过程中，影响其质量的主要因素有“人、材料、机具、方法、环境”五个方面。在该项目中，监理工程师针对可能发生的问题和风险，制定出相应的对策和预控措施，加强了防范。通过竣工验收的检验，证明了这些措施是卓有成效的。

在整个项目实际施工过程中，项目的质量管理工作是重要方面之一，为此建设单位、施工单位以及监理单位均给予了高度重视，根据该项目的特点，结合施工现场的情况，项目部制定了该项目的质量管理体系框架。

④评价结论

某建筑工程有限公司提出了本工程将严格按照ISO9000国际惯用标准进行管理和施工，并实现“主体坚固，安装精确，装修精致，充分体现设计意图”，确保工程符合设计要求，质量达到国家施工验收规范的合格标准。

由于建立了科学合理的质量管理组织结构，采用了完善的质量管理控制措施，在整个施工周期内严格按照施工规范要求进行施工，合作良好。施工单位质量体系满足工程要求，各项质量措施和检测手段到位，工程所使用的各种材料和构配件，按要求进行检测后全部合格。竣工时，经验收整体工程达到了设计和规范要求的质量合格标准，工程合格率达到100%。故质量管理整体评价结果为优，质量管理评价结果详见表5–18。

质量管理评价结果　　表5–18

一级指标	二级指标	三级指标	四级指标	评价标准	项目实际情况	评价结论
项目绩效	项目产出	产出质量	工程合格率A	优：$A \geqslant 80\%$ 良：$60\% \leqslant A < 80\%$ 不合格：$A < 60\%$	工程质量达到国家标准的建筑面积为8893m^2； 总建筑面积为8893 m^2；A=100%	优
			项目操作规范性	项目操作流程符合相关法律法规为合规	项目招标投标程序合规；项目监理工作合规	规范

3）项目的效益性分析

（1）项目目标完成情况分析

①项目预期目标完成程度

该市养老院护理楼主要收住的老人为接护老人，对建筑及护理等方面要求较高。考虑到老年人的特点，护理楼建设护理单元以不超过35张为宜，每层楼为2个护理单元，即不超过70张床位。

根据《老年人照料设施建筑设计标准》JGJ 450–2018的要求，该市养老院护理楼建设应符合以下标准：

A.福利院、敬老院每床建筑面积指标应符合以下规定：一级≥40m^2；二级≥30m^2；三级≥25m^2，老年护理院每床建筑面积可略低于上述指标。

B.养老院要求环境优美，远离噪声和污染，交通方便。

C.主要建筑应有良好的朝向和景象，处于公用服务用房的上风方向，每两幢主要建筑之间宜设长廊联系。

D.规划结构完整，功能分区明确。

E.绿地与基地面积之比，新区不应小于45%，中心旧城区不应小于30%，且均应有集中绿地。

F.养老设施的容积率，新区不应大于0.3，中心旧城区不应大于0.6。

G.老年居住用房，每间卧室床位数目不应大于4床：全护理老人每间卧室的床位数不得大于6床。一级设施应以单人卧室、双人卧室为主，三人及三人以上卧室的比例不宜大于40%；二级设施应以双人卧室、三人卧室为主，四人卧室的比例不宜大于50%；三级设施可以三人卧室、四人卧室为主。

H.卧室每床位的净面积指标不得低于规定值，但单人卧室的净面积不得低于8m^2。每床位净面积指标（m^2）为：一级7.0；二级6.0；三级5.0。

I.养老设施医疗用房总使用面积甲类不应小于25m^2，乙类不应小于15m^2，观察室应按总床位数的1% ~2%设置，但不应少于两张床位。

在进行目标合理性评价的过程中已对项目的目标指标进行了充分识别，此处在进行目标实现程度评价时，将按照已确定的目标逐一对比分析，目标实现程度评价指标详见表5-19。

目标实现程度评价指标　　表5-19

指标层	指标说明	评价标准	评价方法
设计的质量标准	设计项目规模、抗震等级、人均建筑面积和设计寿命是否符合国家规定的质量标准	符合《老年人照料设施建筑设计标准》JGJ 450-2018	比较法
		不符合《老年人照料设施建筑设计标准》JGJ 450-2018	
工程施工实际质量	项目建成验收后是否达到国家规定的质量标准	国家评判的合格标准	比较法
项目整体使用功能	项目是否能够满足使用者实际需求	某养老院护理楼包含：一人间、二人间、三人间、四人间和多人间多种房型（均带卫生间），双电梯	比较法
项目设备的先进性	项目所配备的设备是否满足正常运营所需，且在未来一段时间内不落后	综合布线，电视监控，消防设施，电话及网络预留线，呼叫系统，冷热水，氧气管道	因素分析法
建设期总投资	项目建设投资额是否在控制范围内	将投资控制在预算合理范围（5%以内）	比较法
建设工程工期延期率	延期率=有工期拖延的数量÷全部项目数量×100%	延期率控制在业主方可接受的范围内	比较法
预期使用年限	项目的预期经济使用寿命是否符合规定	设计寿命：50年	比较法
安全管理规定的完备性	安全管理规定是否完备	符合建设项目基本的安全管理规定标准	因素分析法

续表

指标层	指标说明	评价标准	评价方法
重大事故量	重大事故量是否在规定的数量之内	要符合国家或省市规定的事故标准	比较法
消防标准	项目对自身消防等级所设定的目标是否实现	耐火等级二级；结构安全等级二级	比较法
室内环境美观	项目使用期间的室内整洁、空气清新等综合目标是否实现	符合项目使用者舒适性标准要求	定性分析法
在院老年人的要求	内部空间的设计是否有序、功能是否齐全	满足在院老年人的基本生活需求	定性分析法
民众的需求	是否按照《老年人照料设施建筑设计标准》JGJ 450-2018设计有卫生间、医疗室等公共设施	民众使用应方便，满足其人性化需求	因素分析法
特殊群体的需求	是否设置了残疾人专用通道	要满足特殊群体的基本使用需求	因素分析法

②项目目标实现度分析

某养老院项目完成以后总体布局实现：

项目总平面布置按照该市养老院院内现有条件布置，与院区整体布局相协调。养老院现主入口至主楼为东西轴线，护理楼坐落在院内南侧（即原南楼位置），呈东西向布置，与坐落在北侧已建成的老年公寓相对称，三幢建筑环抱花坛绿地，形成了较好的老人居住空间。

该市养老院现址交通极为方便，北、西、南三个方向连接三条道路。根据养老院的规模设置了三个出入口。南侧作为医院与护理楼单独设置的出入口，设在护理楼面向汾水道的一侧。南楼建成以后，一至三层为医疗建筑，面向社会，对外开放，南侧出入口的设置，有利于周围家庭及老人就医。

在养老院东侧主入口前形成了院前广场，开阔明朗。在南侧老年病医院的出入口前形成了比较开阔的空间，便于缓冲。院区内设置环形道路，环形道路与消防道路相结合，综合组织车流、人流、消防等各类交通流线。

该市养老院护理楼的建设使老年病人得到诊断、治疗、护理及更好的生活服务，老人病房设计完善，整个护理楼能够达到很好的医疗效果。并且房间的设置及布局达到了安静、清洁、日照和通风条件良好、室内装修和色调适宜老人居住等要求。该市养老院护理楼每层楼设置2个护理单元，护理区占6层，共12个护理单元，总共设置400张床位，满足每个护理单元不超过35张床位的要求。

某养老院项目总建筑面积为11500m^2，地上七层。建筑高度控制在24m以下，具体布局如下：

首层为老年病医院。建筑面积为1643m^2，层高为4.2m。老年病医院设有门诊、功能科室、检查室、检验室（化验、X光、B超等）、中西医药房等辅助科室以及急重症观察室、治疗室和抢救室等。老年病由于病种复杂，人流量大，医疗流程、功能配合、防止交叉感染、卫生条件等都有着严格的要求。该市养老院护理楼门诊位于一层中央位置，从大楼入口处至大厅，设置有开阔的空间。

护理楼二至七层是标准层，均为老人护理房间，每层建筑面积为1643m^2，层高大于3m。选择7.2m×7.2m柱网，标准间为25.92m^2（3.2m×7.2m）。除去护士站、医生值班室及集中饮水间面积，每层楼设有38个标准间。并且，考虑出道担架车、送货车、配餐车及医疗、查房和护理等的需要，每层楼的中间走廊按加宽建造。

改扩建后的护理楼老人房间面积较大、舒适，每间房间均设独立卫生间。医疗室老年人病房家庭化，病床有车轮可以移动，房间设有壁橱和床头柜。在病床背部墙壁上安装电灯和收放在墙壁内的电话及与护士的对话系统、呼叫系统、氧气管道和负压管道等。房间内设置空调、有线电视和计算机网络预留口。

建筑物顶部设有电梯设备间和二次供水水箱。建筑内竖向通道设有两部电梯（其中一部兼作医用电梯）和两部跨步楼梯。

某养老院项目采用的是全现浇钢筋混凝土框剪结构，达到的抗震等级为七级。楼内照明设施标准详见表5-20。

某市养老院护理楼内照明设施标准　　表5-20

序号	用房名称	照度（lx）
1	老人房间、护理病房	15~20
2	候诊、病人活动区、理疗室	50~100
3	诊查、化验、配方、医护值班室	75~150
4	X光检查治疗室	100~200
5	夜间守护照明	5

某市养老院护理楼改扩建工程达到了三级防雷标准，在护理楼屋顶设有明装防雷网。利用建筑物基础内钢筋做地基。采用了TN-S接地保护系统，各建筑的电力系统重复接地、总等电位保护接地和防雷接地等共用接地网，综合接地电阻小于1Ω。在用水方面，该市养老院每床每日最高日用水定额为110L，为节约能源，该工程装设太阳能热水器，提供饮用水以外的热水。饮用水采用电加热热水器，按需要在各层布设。

某养老院项目各项建设均达到或高于养老院建设标准，在建设过程中建设单位、承包商及监理单位密切配合，实现了高水平的建设。在项目建成以后，该市养老院护理楼以其良好的结构设计、合理的资金控制及完善的功能分区，获得该市工程建设奖项。

根据某养老院项目目标合理性评价的指标，此处在进行目标实现程度评价时，主要对预期目标与实际结果进行对比分析。具体对比情况详见表5-21。

目标实现程度评价结论　　表5-21

指标层	指标说明	项目预期的目标	项目的实际结果	评价结论
设计的质量标准	设计项目规模、抗震等级、人均建筑面积和设计寿命是否符合国家规定的质量标准	符合《老年人照料设施建筑设计标准》JGJ 450-2018	某养老院项目符合《老年人照料设施建筑设计标准》JGJ 450-2018	达到预期目标
工程施工实际质量	项目建成验收后是否达到国家规定的质量标准	项目建成验收后符合国家质量标准	合格	达到预期目标
项目整体使用功能	项目是否能够满足使用者实际需求	项目要满足使用者实际需求	某养老院项目完成以后，该市养老院实际增加床位400个，各项指标均达到实际要求	达到预期目标
项目设备的先进性	项目所配备设备是否满足正常运营所需，且在未来一段时间内不落后	项目所配设备满足正常运营所需	集“信息网、养老院护理管理系统、护理监控系统”于一体的现代网络化管理模式	很好地达到预期目标
建设期总投资	项目建设投资额是否在控制范围内	项目概算为3926万元	项目实际完成投资4053.3万元	资金的运用相对比较合理
建设工程工期延期率	延期率=有工期拖延的数量÷全部项目数量×100%	工程延期率=0	工程延期率=0	达到预期目标
预期使用年限	项目的预期经济使用寿命是否符合规定	设计使用年限为50年	该市老年人建筑设计使用年限为50年	达到预期目标
安全管理规定的完备性	安全管理规定是否完备	安全管理规定完备	安全管理规定完备且有效	达到预期目标
重大事故量	重大事故量是否在规定的数量之内	发生重大安全事故的次数为0	实际未发生重大安全事故	达到预期目标
消防标准	项目对自身消防等级所设定目标是否实现	耐火等级为二级，结构安全等级为二级	耐火等级为二级，结构安全等级为二级	实现预期目标
室内环境美观	项目使用期间室内整洁、空气清新等综合目标是否实现	项目使用期间室内整洁、空气清新	配备了完善的给水排水系统、供暖通风系统等设备	达到预期目标
在院老年人的要求	内部空间的设计是否有序、功能是否齐全	改善该市养老院的住宿条件，实现护理现代化，以人为本	建设了多间不同规格的房间，满足了养老人员的多样化需求	达到预期目标
民众的需求	是否按照《老年人照料设施建筑设计标准》JGJ 450-2018设计有卫生间、医疗室等公共设施	设置卫生间、医疗室等公共设施	设置了卫生间、医疗室等公共设施；为老年人解决难题，体现了“以人为本”	达到预期目标
特殊群体的需求	是否设置了残疾人专用通道	设置残疾人专用通道	实际设置了残疾人专用通道	达到预期目标

③评价结论

通过将项目的预期目标与实际结果进行对比，得出项目的实现程度良好，有些评价指标的实现已经超出了预期的目标值。针对以下几项重点指标进行详细分析。

A.某养老院项目实际建筑面积为11500m^2，很好地实现了预期建筑面积的目标。

B.项目的预计工期为10个月，经济使用寿命为50年，在结合项目的建筑规模及当前合理的施工组织设计情况下，工期设定的目标科学、合理。在该目标工期内，施工单位合理地组织施工就能够保证项目的顺利完成。

C.项目的预期资金节约率要求控制在合理范围内，通过实际计算得出项目的实际投资节约率为3.24%，项目虽未实现节约，但建设过程中资金运用相对比较合理，未出现资金的浪费。

D.项目建设过程中未发生重大安全事故，实现了项目的预期目标。这主要是施工单位积极主动管理的结果，在项目建设初期，施工单位制定了项目的安全管理章程，并在实际施工过程中，施工单位严格按照已定的章程计划来进行安全施工管理。

综上所述，某养老院项目在实施过程中，项目各参建方始终坚持做好自己的本职工作，积极认真地管理项目，保证了项目目标的顺利实现。

（2）项目实施对经济和社会的影响

某养老院项目建成以后对该市养老事业的发展起到很好的促进作用，其具体影响表现为以下几方面。

①项目建设对社会和经济发展产生影响

随着人口结构老龄化趋势的加快，做好老年人服务工作是坚持以人为本的应有之义，是全面建成小康社会的客观需要，是构建社会主义和谐社会的重要内容。该项目在充分利用现有资源的基础上，通过各级政府的资金投入，进一步完善基础设施，并通过吸纳一批具有爱心和奉献精神的护理人员，建立稳定的服务支撑体系，为进一步营造敬老、养老、助老的良好社会风气，促进经济发展和社会稳定搭建了良好的平台。

②项目对所在地区老人生活质量的影响

入住该市养老院能够弥补空巢、独居老人养老功能的不足，解决子女照料老人生活的困难，从而对家庭养老为主的模式起到支撑作用。通过配置适合老年人特点和需要的老年文化体育活动，引入具备新思想、新观念的社区人群活跃老年人的生活，在一定程度上从文化导入的角度上全面提升我市老人特别是孤寡老人的生活质量。

③项目对所在地区弱势群体的影响

该建设项目将带动所在地区逐步发展多种形式的服务，也同样为当地居民提供了可供选择的就业机会，特别是对当地的妇女来说，提供了更适合的岗位（护工）进行就业。项目建成后，将形成配套的教育基础设施，给当地学龄儿童提供更多的素质教育机会，在一定程度上影响当地和周边儿童的成长和发展。

④采取一定措施规避社会风险

该市养老院采用以下措施规避社会风险的发生：

一是加快建设相应的文化娱乐服务体系，加强服务人员与老人沟通交流等各项服务能力的培训；

二是建立相应的管理机制，加强社会团体和组织的配合。

⑤社会效益

从整体上讲，由于该项目是一个为老服务项目，它不像工业项目那样会给该市带来类似环境污染等涉及面较大的负面影响。因而它是一个社会风险较低的社会福利事业项目。

事实上，该项目产生的正面影响远远大于其负面影响，特别是在加快促进“老有所养、老有所医、老有所为、老有所学、老有所乐”的老龄事业发展进程、促进该市经济和社会快速发展方面具有非常重大的意义。

综上所述，某养老院项目具有较好的社会效益。

4）项目财务分析

（1）基本数据的确定

①床位类别及其规模

该项目编制床位400张，其中，120张为医院病床床位（28张为具有社会慈善性质的普通床位，92张为面向社会服务的床位）；100张为面向该市“三无”老人的护理床位；180张为面向社会有偿服务的护理床位。

②门诊人次

该项目正式运营后，日门诊人次约为100人次。

（2）财务测算

①财务收入测算

该项目正式运营后，年收入总计1103万元，主要包括工资经费收入、医疗收入、护理收入和伙食收入。

A.工资经费收入

工资经费收入是指新建护理楼内在编工作人员的工资经费，每年为120万元。

B.医疗收入

医疗收入包括住院病床收入和门诊收入两项，年收入合计为625万元。

住院病床收入：该项目建成后提供120张住院病床，包括社会慈善性质的普通病床和社会有偿服务病床，每年可增加收入约254万元。其中：普通病床收入（含慈善性质的床位）为28床×17元/（天·床）×365天=17.374万元（床位费、护理费、诊查费等）；社会有偿服务床位收入为92床×23.5元/（天·床）×365天=78.913万元；医院病床药品费、医用材料费等收入为120张×36元/（天·床）×365天=157.68万元。

门诊收入：该项目建成后日门诊量约为100人次，按每人次支出102元计算，门诊年收入约为372万元。

C.护理收入

护理收入为每年272万元，包括“三无”老人护理收入和社会有偿服务护理收入。

“三无”老人护理收入:“三无”老人护理经费由该市财政资金解决，每年大约81万元。

社会有偿服务护理收入：社会有偿服务护理收入指按市场价格标准计算。该护理楼建成后共有180张（54个双人间，126个多人间）社会有偿服务护理床位，每年收入为191万元。双人间收费标准为990元/（月·床）；多人间收费标准为840元/（月·床）。

D.伙食收入

伙食收入主要包括医院住院人员（120人）和社会有偿服务护理人员（180人）的伙食费，每年收入为86万元。

该养老院年收入构成具体见表5-22。

某养老院年收入构成表（单位：万元）　　表5-22

收入类别	收入构成	金额
工资经费	工资经费	120
医疗收入	其中：1.住院收入	253
	（1）普通住院病房床位	17
	（2）社会有偿服务床位	79
	（3）药品收入	157
	2.门诊收入	372
护理收入	护理收入	272
	1.“三无”老人护理收入	81
	2.社会有偿服务护理收入	191
伙食费收入	伙食费收入	86
	合计	1628

②财务支出测算

该项目已经开始正式运行，年支出合计为1060万元。主要支出构成如下：

工资福利费，主要指新建护理楼的工作人员和增加外聘人员的工资福利支出，每年约为307万元。

公用支出，包括办公费、水电费、取暖费、培训费等，年公用支出为130万元，公用支出参照养老院现有支出水平及该项目具体情况进行计算。

药品、医用材料支出，包括住院和门诊的药品、医用材料、化验等支出费用，每年支出约300万元。

维护与维修费，该项目建成后，年提取维护与维修费为117万元。

其他费用，主要指每年给予的补贴支出不足以支撑养老院每年发生的经费，每年需弥补经费206万元。

该养老院年支出构成表具体见表5-23。

该市养老院年支出构成表　　表5-23

序号	项目名称	金额（万元）
1	工资福利费	307
2	公用支出	130
3	药品、医用材料支出	300
4	维护与维修费	117
5	其他费用	206
合计		1060

③项目年收支结余

本项目正常运营以后年收支结余约为43万元。

（3）财务分析结论

通过以上财务测算结果得出，该项目建成后，实现了财务收支基本平衡，从而为养老院新建护理楼的正常运行提供了可靠的财务保证。1～10年的收入支出汇总、财务收入汇总及财务支出汇总分别见表5-24~表5-26。其中1～3年的数据为项目投入使用以来的数据统计，4～10年为预测数据，实际情况将随着社会发展情况有所变化。

收入支出汇总表　　表5-24

序号	年份	1	2	3	4	5	6	7	8	9	10
	年负荷比例（%）	90	95	100	100	100	100	100	100	100	100
1	总收入（万元）	993	1048	1103	1103	1103	1103	1103	1103	1103	1103
2	总支出（万元）	953	1007	1060	1060	1060	1060	1060	1060	1060	1060
3	收入结余（万元）	40	41	43	43	43	43	43	43	43	43

财务收入汇总表　　表5-25

序号	年份	1	2	3	4	5	6	7	8	9	10
	年负荷比例（%）	90	95	100	100	100	100	100	100	100	100
1	工资经费（万元）	108	114	120	120	120	120	120	120	120	120
2	医疗收入（万元）	563	594	625	625	625	625	625	625	625	625
3	护理收入（万元）	245	258	272	272	272	272	272	272	272	272
4	伙食费收入（万元）	77	82	86	86	86	86	86	86	86	86
合计（万元）		993	1048	1103	1103	1103	1103	1103	1103	1103	1103

财务支出汇总表 表5-26

序号	年份	1	2	3	4	5	6	7	8	9	10
	年负荷比例（%）	90	95	100	100	100	100	100	100	100	100
1	工资福利费（万元）	276	292	307	307	307	307	307	307	307	307
2	公用支出（万元）	117	124	130	130	130	130	130	130	130	130
3	药品等支出（万元）	270	285	300	300	300	300	300	300	300	300
4	维护、维修费（万元）	105	111	117	117	117	117	117	117	117	117
5	其他费用（万元）	185	196	206	206	206	206	206	206	206	206
合计（万元）		953	1008	1060	1060	1060	1060	1060	1060	1060	1060

第三节　综合评价情况及评价结论

绩效评价方法的选用应当坚持简便有效的原则。根据评价对象的具体情况，可采用一种或多种方法进行绩效评价。采用多种方法评价，目的在于提高结果的可信度。本次评价参照财政支出绩效评价管理的相关规定，并结合项目特征建立该项目的指标体系及指标分值，对本项目的前期策划准备、建设、后期运营进行全过程的整体评价，通过专家小组的讨论对所有指标进行评分，将所有指标的加权得分视为项目的最终得分。最终得分可以用来综合判断本项目的绩效情况，即评价得分在[90，100]则为“优秀”；[75，90）则为“良好”；[60，75）则为“一般”；[0，60）则为“较差”。

本次绩效评价还将采用成功度法、逻辑框架法以及模糊综合评价法对项目进行总体评价。对本项目再进行两次定量分析（即成功度法和模糊综合评价法）和一次定性分析（即逻辑框架法）来验证绩效评价分值法的准确性。此外，也可通过这三次评价更加全面细致地对本项目进行绩效评价，使评价结果更为全面、准确和可靠。若四种方法评价结果一致，则评价结果合理有效，若其他三种方法与绩效评价分值法得分不一致，则专家工作小组在分析原因后对整个项目进行重新评价。

一、运用绩效评价分值法的评价分析

根据某养老院项目的特点，运用绩效评价分值法对该项目进行评价分析，主要从项目决策、项目管理和项目绩效三个方面进行打分。

在项目决策方面，某市养老院根据实际需求，迎合社会发展趋势，对旧南楼进行改造，工程目标明确。利用因素分析法，对项目的目标进行分析。项目决策依据充分，项目决策程序遵循该市公共项目建设审批的相关程序，严格按照财政部及相关部门的要求，进

行项目申报并等待审批。在项目建设过程中，按照项目的实际需求，对项目各部分资金进行分配，在建设过程中还采取“以料抵工”的方式，节约资金，将旧楼拆除的部分合理利用。专家组根据以上分析对项目决策进行打分。

在项目管理方面，资金到位情况良好，在项目建设过程中未出现因资金不到位而产生纠纷的情况，资金能够按时按需到位。项目资金管理有效，未出现资金浪费、虚列等现象，在项目管理中制定了合理的财务管理制度，使得资金得到充分利用，专家组根据以上分析对项目管理进行打分。

在项目绩效方面，某养老院项目在建设过程中，项目产出符合项目的总体目标，实现了项目的建设目的。项目建成以后得到了社会各界的一致好评，并且获得某市建筑奖项。

根据本项目特点，结合财政部的参考指标体系，建立了该项目的指标体系并给出了各指标的分值。专家工作小组依据上文的指标分析情况及评价结论，对各个指标进行评分，各评价方法的评分标准详见表5-27。

绩效评价分值法评分标准及示例　　表5-27

评价方法	评价标准	示例
比较法	与国家标准或行业规范进行对比分析，若评价结论为符合，则为满分；不符合则为0分	例如，某养老院项目不产生污染性气体，完全符合国家相应规范
	实施效果与绩效目标进行对比分析，若在控制范围内，则为满分；超出范围，每超出1%，扣0.1分，扣完为止	例如，某养老院项目原合同工期为306天，实际工期未超出合同工期，因此此项评分为1分
因素分析法	通过对该指标进行综合分析，由专家对该指标的实现程度进行打分，分值为0～1分，代表该指标的完成程度，该指标的得分为满分与专家给出的完成程度的乘积	例如，养老院项目“养老水平影响程度”这个指标（3分），项目实际情况是，项目建设完成后，该市养老水平有了很大程度的提升，很好地实现了其“鼓励、指导、示范、辐射”作用，但是由于占地面积有限，财政资金有限，某市养老院不能完全带动某市的养老事业发展，专家小组经过探讨，一致认为该指标完成程度为0.9，因此，此项评分为3×0.9=2.7分
调查问卷法	通过发放问卷，调查服务对象对某市养老院护理楼建设情况的满意度，并回收问卷统计数据，专家认为问卷设置合理，数据整理结果有效，得到的满意度高达95.4%	例如，某市养老院服务对象满意度调查，分为三个等级：满意、较满意和不满意，问卷回收数据显示，服务对象的满意度为95.4%

根据项目的特点，按照已建立的指标体系，建立评价标准，并对每个指标采用适宜的绩效评价方法，由专家小组进行打分，得到评价结论，如表5-28所示。

绩效评价评判结果　　表5-28

一级指标	二级指标	三级指标	评价标准	四级指标	评价方法	专家评分	得分
项目决策（20）	项目目标（4）	目标内容（4）	目标明确（1分），目标细化（1分），目标量化（2分）	项目建设目标（2）	因素分析法	1	2
				项目运行目标（2）	因素分析法	1	2
	决策过程（8）	决策依据（3）	符合经济社会发展和部门年度工作计划（2分），根据需要制定中长期规划（1分）	政策相关性（2）	因素分析法	1	2
				可行性研究（1）	比较法	1	1
		决策程序（5）	项目符合申报条件（2分），申报、批复程序符合相关管理办法（2分），项目实施调整履行相应手续（1分）	申报条件合规性（2）	因素分析法	1	2
				申报、批复程序合法性（2）	因素分析法	1	2
				项目调整合规性（1）	因素分析法	1	1
	资金分配（8）	分配办法（2）	办法健全、规范（1分），因素选择全面、合理（1分）	资金管理和分配办法（1）	因素分析法	1	1
				资金分配合理性（1）	因素分析法	1	1
		分配结果（6）	项目符合相关分配办法（2分），资金分配合理（4分）	分配结果合理性（4）	因素分析法	1	4
				是否按分配方案实施（2）	因素分析法	1	2
项目管理（25）	资金到位（5）	到位率（3）	根据项目实际到位资金占计划的比重计算得分（3分）	配套资金到位率（2）	因素分析法	1	2
				专项资金到位率（1）	因素分析法	1	1
		到位时效（2）	及时到位（2分），未及时到位但未影响项目进度（1.5分），未及时到位并影响项目进度（0~1分）	配套资金到位时效性（1）	因素分析法	1	1
				专项资金到位时效性（1）	因素分析法	1	1
	资金管理（20）	资金使用（7）	虚列（套取）扣4~7分，支出依据不合规扣1分，截留、挤占、挪用扣3~6分，超标准开支扣2~5分	资金支付合规性（2）	因素分析法	0.9	1.8
				资金使用合规性（5）	因素分析法	1	5
		财务管理（4）	财务制度健全（2分），严格执行制度（1分），会计核算规范（1分）	会计核算规范性（2）	因素分析法	1	1
				财务制度建立执行情况（1）	因素分析法	1	3
				机构设置及分工（1）	因素分析法	0.9	0.9
		管理制度（9）	建立健全项目管理制度（2分），严格执行相关项目管理制度（7分）	基本建设制度执行情况（5）	因素分析法	0.9	4.5
				建设过程管理制度情况（2）	因素分析法	0.9	1.8
				工程变更规范性（2）	因素分析法	1	2

续表

一级指标	二级指标	三级指标	评价标准	四级指标	评价方法	专家评分	得分
项目绩效（55）	项目产出（15）	产出数量（5）	对照绩效目标评价产出数量（5分）	建设目标完成情况（3）	因素分析法	1	3
				运行目标完成情况（2）	因素分析法	1	2
		产出质量（4）	对照绩效目标评价产出质量（4分）	工程质量情况（4）	因素分析法	1	4
		产出时效（3）	对照绩效目标评价产出时效（3分）	工程建设进度（3）	因素分析法	1	3
		产出成本（3）	对照绩效目标评价产出成本（3分）	工程变更金额（1）	因素分析法	0.7	0.7
				单位面积建设成本（2）	因素分析法	1	2
	项目效果（40）	社会效益（15）	对照绩效目标评价社会效益（15分）	与法律法规要求指标的符合度（3）	因素分析法	0.9	2.7
				对养老水平的影响程度（3）	因素分析法	0.9	2.7
				对养老院形象的影响程度（3）	因素分析法	0.9	2.7
				对地区规划的符合程度（3）	因素分析法	1	3
				政策的符合性（3）	比较法	1	3
		环境效益（10）	对照绩效目标评价环境效益（10分）	废气的排放量（2）	比较法	1	2
				废水的排放量（2）	比较法	1	2
				产生的噪声（2）	比较法	1	2
				固体废物排放量（2）	比较法	1	2
				绿化率（2）	比较法	1	2
		可持续影响（8）	对照绩效目标评价可持续影响（8分）	设备使用的持续性（3）	因素分析法	1	3
				运营管理方式的持续性（3）	因素分析法	1	3
				未来需求的满足程度（2）	因素分析法	1	2
		服务对象满意度（7）	对照绩效目标评价服务对象满意度（7分）	服务对象对项目的满意度（7分）	问卷调查法	0.954	6.678
合计（对所有得分求和）							98.48

根据上述评价方法得出结论，某养老院项目综合得分为98.48分，达到优秀级别。

二、运用成功度法的评价分析

运用成功度法对项目实现预期目标的成败程度给出一个量化的结论。成功度是项目成败程度的衡量标准，它通常由专家组凭经验评价各项指标后综合得出。成功度法是以项目目标和效益为核心进行的全面系统的评价分析。此方法首先要确定成功度的等级及标准（表5-29），再选择与项目相关的评价指标并确定其对应的重要性权重，通过各项指标重要性和成功度的综合，即可得到整个项目的成功度指标。表5-30为某养老院项目成功度评价表。

项目成功度的标准　　表5-29

评定等级	成功度	分值（满分为10分）	标准
A	成功	[9，10]	项目的各项目标均已实现；相对项目投资而言，取得了较大的资金效益
B	基本成功	[7，9）	项目的大部分目标已经实现；相对成本而言，达到了预期的效益和影响
C	部分成功	[5，7）	项目实现了原定的部分目标；相对成本而言，只取得了一定的效益和影响
D	不成功	[3，5）	项目实现的目标非常有限；相对成本而言，几乎没有产生任何效益和影响
E	失败	[0，3）	项目的目标是不现实的，无法实现；相对成本而言，项目不得不终止

根据项目实际情况对每项评价指标进行分析，得出各项指标的评价结果，利用加权求和的办法，得出项目的评价结论。权重大于0.05的为重要指标，权重小于等于0.05的为次重要指标。

某养老院项目成功度评价表　　表5-30

序号	项目实施评价指标	相关重要性	权重	评定等级	得分
1	目标内容	次重要	0.03007	A	9.5
2	决策依据	次重要	0.04615	A	9.8
3	决策程序	次重要	0.02298	A	9.2
4	分配办法	次重要	0.03471	A	9.5
5	分配结果	次重要	0.02952	A	9.4

续表

序号	项目实施评价指标	相关重要性	权重	评定等级	得分
6	资金到位	次重要	0.04989	A	9
7	资金使用	重要	0.09532	A	9.5
8	财务管理	次重要	0.02148	A	9
9	组织机构	次重要	0.01128	A	9.5
10	管理制度	重要	0.10869	A	9.2
11	产出时效	次重要	0.04827	A	9.2
12	产出质量	重要	0.05827	A	9.7
13	产出成本	次重要	0.00117	A	8.4
14	产出数量	次重要	0.00132	A	8.8
15	经济效益	次重要	0.00112	A	8.2
16	社会效益	重要	0.17897	A	9.8
17	环境效益	重要	0.05198	A	9
18	可持续影响	重要	0.08198	A	9.2
19	服务对象满意度	重要	0.13014	A	9.4
项目总评			100%	A	9.45

从表5-29、表5-30可以看出，针对某养老院项目的特点，在大量分析理论研究成果的基础上，综合评价该市养老院护理楼改扩建项目，该项目总体评价为A，加权项目总评价为9.45（满分为10分），说明项目目标全面实现；相对成本而言，项目达到了预期的效益和影响。因此，该项目是成功的。

三、运用逻辑框架法（LFA）的评价分析

1. 逻辑框架法的目标层次

逻辑框架法汇总了项目实施活动的全部要素，并按宏观目标、具体目标、产出成果和投入的层次归纳了投资项目的目标及其因果关系。

1）宏观目标

项目的宏观目标即宏观计划、规划、政策和方针等所指向的目标，该目标可通过几个方面的因素来实现。宏观目标一般超越了项目的范畴，是指国家、地区、部门或投资组织的整体目标。这个层次目标的确定和指标的选择一般由国家或行业部门选定，一般要与国家发展目标相联系，并符合国家产业政策、行业规划等的要求。

2）具体目标

具体目标也叫直接目标，是指项目的直接效果，是项目立项的重要依据，一般应考虑项目为受益目标群体带来的效果。目标的实现由项目本身的因素来确定。

3）产出

这里的“产出”是指项目“干了些什么”，即项目的建设内容或投入的产出物。一般要提供可计量的直接结果，要直截了当地指出项目所完成的实际工程（如港口、铁路、输变电设施、气井、城市服务设施等），或改善机构制度、政策法规等。在分析中应注意，在产出中，项目可能会提供的一些服务和就业机会，往往不是产出而是项目的目的或目标。

4）投入和活动

该层次是指项目的实施过程及内容，主要包括资源和时间等的投入。其主要形式如表5–31所示。

项目绩效评价逻辑框架表　　表5–31

项目描述	可客观验证的指标			验证方法	重要的外部条件
	原定指标	实现指标	差别		
项目宏观目标					
项目直接目的					
产出/建设内容					
投入／活动					

项目绩效评价可作为今后投资决策同类项目的依据。项目绩效评价主要解决三个问题：一是项目的原定目标即目的是否已达到；二是项目的原定效益是否已实现，以及实现度程度，有哪些经验教训；三是项目今后还会有什么风险，有多大的风险，是否具有可持续性。

某养老院项目的逻辑框架法分析如表5–32所示。

某养老院项目的逻辑框架法分析　　表5–32

项目描述	可客观验证的指标			验证方法	重要的外部条件
	原定指标	实现指标	差别		
项目的宏观目标	适应人口结构老龄化，满足老年人日益增长的物质与精神文明需求，确保老龄设施在城镇建设中得到规划和实施	缓解该市养老失业压力，带动养老失业的发展，作为该市文明建设窗口	基本实现	国家的整体规划，该市的整体规划，统计资料，实地调查	国家政策的持续性，养老事业认知不断提高，对国家养老事业建设要求的不断增加

续表

项目描述	可客观验证的指标			验证方法	重要的外部条件
	原定指标	实现指标	差别		
项目的直接目的	提高该市养老院服务功能，发挥其养老示范作用	该市养老院护理楼条件大幅度提高，作为该市示范单位向其他单位展示	全部实现	项目设计报告，项目验收报告	财政资金能否准时到位，项目设计能否满足需求，建设过程中能否实现预期目标
产出/建设内容	拆除原有简易南楼及附属设施2003m²，改建护理楼11500m²，设置床位400张	全部完成	全部实现	项目进度报告，项目验收报告	该市养老院护理楼设计合理，施工组织设计完善，最终达到项目预期目标
投入/活动	项目预计投资3790万元	基本实现	基本实现	项目决算报告	修建食堂

2. 逻辑框架法的优点

1）能确保提出主要的问题，分析主要的缺陷，为决策者提供更为客观的信息；

2）能系统而又符合逻辑地全面分析事物的各个方面，形成良好的项目策略；

3）通过推理技巧，强调环境作用，提高规划设计水平；

4）它是沟通项目决策、管理和其他方面的重要联络手段，可增加各方面的相互理解，改善项目管理；

5）方便政府与项目多个投资方的联络；

6）有利于行业部门的对比和研究，进行高层次和全方位的总结。

四、运用模糊综合评价法的评价分析

模糊综合评价法是将模糊评判法和层次分析法有效地结合起来，反映客观事物因素间的不同层次，同时也避免由于因素过多而难以分配权重的弊端，是对多种属性、多个相关因素进行综合考虑做出评价的有效方法。该方法最大的特点是将定性指标数量化及各项指标的无量纲化，使定性指标和定量指标有机地结合起来，从而反映项目在政治、社会、经济、环境和资源等各方面的综合效果。

1. 综合绩效评价指标体系

前文已构建起某养老院项目综合绩效评价指标体系，可用于本部分内容的计算工作。

2. 模糊计算过程

1）层次分析法计算指标权重，建立*B*–*C*判断矩阵，项目决策、项目管理、项目绩效的矩阵分别如表5–33~表5–35所示。

项目决策 表5-33

B_1	C_{11}	C_{12}	C_{13}	C_{14}	C_{15}	W_i
C_{11}	1	0.5	2	0.5	2	0.183
C_{12}	2	1	2	0.5	2	0.241
C_{13}	0.5	0.5	1	0.5	1	0.120
C_{14}	2	2	2	1	3	0.345
C_{15}	0.5	0.5	1	0.33	1	0.111
λ_{max}=5.110 CI=0.028 RI= 1.12 CR=0.024						

项目管理 表5-34

B_3	C_{21}	C_{22}	C_{23}	C_{24}	C_{25}	C_{26}	W_i
C_{21}	1.00	0.50	3.00	1.00	0.33	3.00	0.137
C_{22}	2.00	1.00	4.00	2.00	0.50	5.00	0.237
C_{23}	0.33	0.25	1.00	0.50	0.20	2.00	0.065
C_{24}	1.00	0.50	2.00	1.00	0.33	3.00	0.128
C_{25}	3.00	2.00	5.00	3.00	1.00	9.00	0.391
C_{26}	0.33	0.20	0.50	0.33	0.11	1.00	0.042
λ_{max}=6.055 CI=0.011 RI=1.26 CR=0.005 CR=0.008							

项目绩效 表5-35

B_3	C_{31}	C_{32}	C_{33}	C_{34}	C_{35}	C_{36}	C_{37}	C_{38}	W_i
C_{31}	1.00	1.00	0.50	0.50	3.00	2.00	2.00	2.00	0.133
C_{32}	1.00	1.00	0.50	0.50	4.00	3.00	2.00	2.00	0.145
C_{33}	2.00	2.00	1.00	1.00	5.00	3.00	3.00	3.00	0.233
C_{34}	2.00	2.00	1.00	1.00	5.00	3.00	3.00	3.00	0.233
C_{35}	0.33	0.25	0.20	0.20	1.00	0.50	0.50	0.50	0.040
C_{36}	0.50	0.33	0.33	0.33	2.00	1.00	1.00	1.00	0.070
C_{37}	0.50	0.50	0.33	0.33	2.00	1.00	1.00	1.00	0.074
C_{38}	0.50	0.50	0.33	0.33	2.00	1.00	1.00	1.00	0.074
λ_{max}=8.055 CI=0.008 RI= 1.41 CR=0.005									

2）对项目的二级指标进行模糊综合评价，其评价过程如下所示。

（1）对某市养老院项目决策进行评价

具体结果见表5-36和图5-3。

项目决策综合评价　　表5-36

二级评价指标		模糊关系			
三级评价指标		优	良	中	差
项目决策	目标内容	0.8	0.2	0	0
	决策依据	0.8	0.1	0.1	0
	决策程序	0.9	0.1	0	0
	分配办法	0.8	0.1	0.1	0
	分配结果	0.9	0.1	0	0

$$B_1=（0.183、0.241、0.120、0.345、0.111）\times \begin{pmatrix} 0.8 & 0.1 & 0.1 & 0 \\ 0.8 & 0.2 & 0 & 0 \\ 0.8 & 0.1 & 0.1 & 0 \\ 0.8 & 0.1 & 0.1 & 0 \\ 0.9 & 0.1 & 0 & 0 \\ 0.7 & 0.2 & 0 & 0 \end{pmatrix}$$

$$=（0.8323，0.1183，0.0586，0）$$

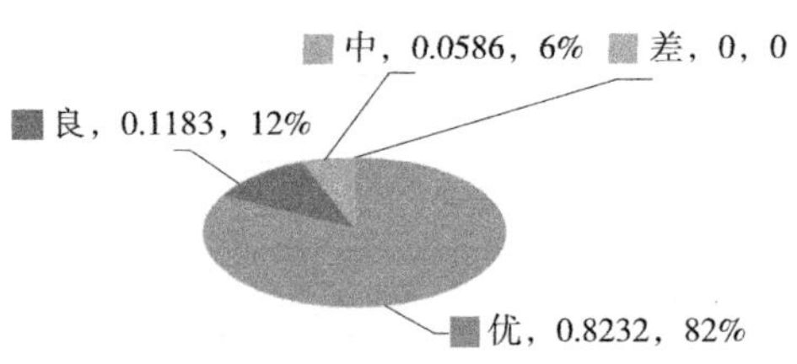

图5-3　某养老院项目决策评价结果

（2）对某市养老院项目管理进行评价

具体结果见表5-37和图5-4。

项目管理综合评价 表5-37

二级评价指标		模糊关系			
三级评价指标		优	良	中	差
项目管理	资金到位率	0.8	0.1	0.1	0
	资金到位时效	0.8	0.2	0	0
	资金使用	0.8	0.1	0.1	0
	财务管理	0.8	0.1	0.1	0
	组织机构	0.9	0.1	0	0
	管理制度	0.7	0.2	0.1	0

B_2=（0.137、0.237、0.065、0.128、0.391、0.042）×

$$\begin{pmatrix} 0.7 & 0.2 & 0.1 & 0 \\ 0.9 & 0.1 & 0 & 0 \\ 0.8 & 0.1 & 0.1 & 0 \\ 0.7 & 0.2 & 0.1 & 0 \\ 0.8 & 0.2 & 0 & 0 \\ 0.5 & 0.3 & 0.1 & 0.1 \\ 0.8 & 0.1 & 0.1 & 0 \\ 0.9 & 0.1 & 0 & 0 \end{pmatrix}$$

=（0.8349，0.1279，0.00372，0）

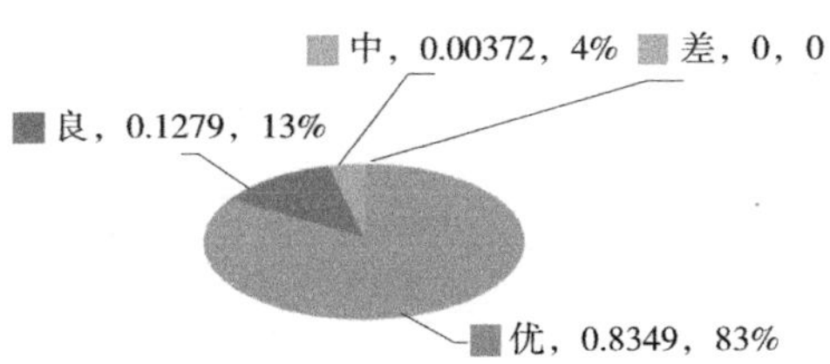

图5-4 某养老院项目管理评价结果

（3）对某市养老院项目绩效进行评价

具体结果见表5-38和图5-5。

项目绩效综合评价 表5-38

二级评价指标		模糊关系			
三级评价指标		优	良	中	差
项目绩效	产出数量	0.7	0.2	0.1	0
	产出质量	0.9	0.1	0	0
	产出时效	0.8	0.1	0.1	0
	产出成本	0.7	0.2	0.1	0
	项目社会效益	0.8	0.2	0	0
	项目环境效益	0.5	0.3	0.1	0.1
	项目可持续影响	0.8	0.1	0.1	0
	服务对象满意度	0.9	0.1	0	0

$$B_3=(0.133、0.145、0.233、0.233、0.040、0.070、0.074、0.074)\times\begin{pmatrix}0.7 & 0.2 & 0.1 & 0\\0.9 & 0.1 & 0 & 0\\0.8 & 0.1 & 0.1 & 0\\0.7 & 0.2 & 0.1 & 0\\0.8 & 0.2 & 0 & 0\\0.5 & 0.3 & 0.1 & 0.1\\0.8 & 0.1 & 0.1 & 0\\0.9 & 0.1 & 0 & 0\end{pmatrix}$$

$$=(0.7642,\ 0.1545,\ 0.0742,\ 0.007)$$

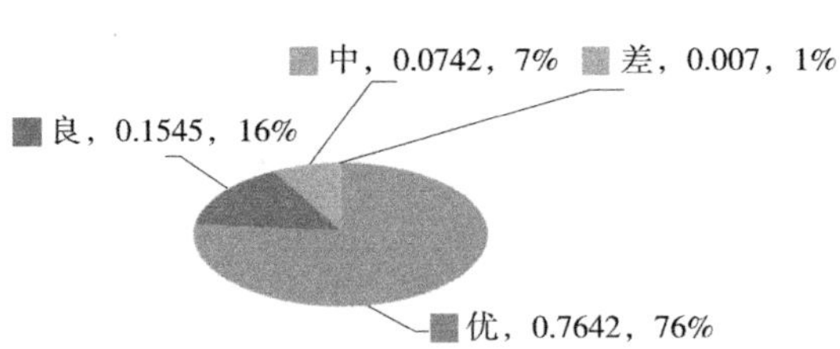

图5-5 某养老院项目绩效评价结果

3）对某市养老院项目一级指标进行模糊综合评价

建立A–B的判断矩阵，如表5-39、表5-40和图5-6所示。

综合评价 表5-39

A	B_1	B_2	B_3	W_i
B_1	1.00	1.00	0.33	0.169
B_2	1.00	1.00	0.50	0.387
B_3	3.00	2.00	1.00	0.443
λ_{max}=3.018 CI=0.009 RI=0.52 CR=0.017				

综合评价 表5-40

一级评价指标		模糊关系			
二级评价指标		优	良	中	差
综合评价	项目决策	0.8232	0.1183	0.0586	0
	项目管理	0.8349	0.1279	0.0372	0
	项目绩效	0.7642	0.1545	0.0742	0.0070

$$A=(0.169,\ 0.387,\ 0.443)\times\begin{pmatrix}0.8232 & 0.1183 & 0.0586 & 0\\0.8349 & 0.1279 & 0.0372 & 0\\0.7642 & 0.1545 & 0.0742 & 0.0070\end{pmatrix}$$
$$=(0.7948,\ 0.1407,\ 0.0607,\ 0.0038)$$

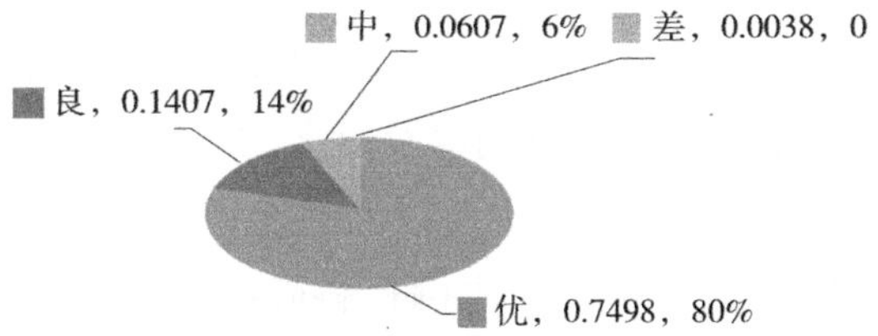

图5-6 某养老院项目综合评价结果

3. 模糊综合评价结论

为使综合绩效评价具有可比性和直观性，将评价集“优”“良”“中”“差”分别赋值100、90、75、60。划分评价区间：[90，100]为“优”；[75，90）为“良”；[60，75）为“中”；[0，60）为“差”。结合上述评价方法，可以使综合绩效评价指标量化，经计算综合绩效评价得分为100×79.5%+90×14.1%+75×6.1%+60×0.4%=97，因此，某市养老院项目综合水平属于优。

五、评价结论

针对某养老院项目的特点，在大量分析理论研究成果的基础上，通过系统分析的思想和决策技术，建立了某养老院项目绩效评价指标体系。其次，结合对项目决策、项目管理以及项目绩效的分析，利用层次分析法和模糊评价法对指标进行量化计算，得出了评价结论：该项目建设的综合评价为优。

本次绩效评价采用的三种定量方法结果一致，均为优秀，定性分析法表明本项目较好地完成了预期目标，因此证明绩效评价分值法的结论是正确可信的。

第四节　项目绩效评价结果分析

一、绩效评价结果应用建议

1. 以后年度预算安排建议

某养老院项目在建设过程中，设计合理，项目组织实施有效，实现了合理的资金利用。在项目建成以后，该市养老院新增床位400张，一定程度上缓解了该市的养老压力。

多年来，该市养老院一直以优良的服务在该市养老服务体系中占据龙头位置，在各类养老机构和居家养老护理工作中发挥着指导、示范、辐射作用，赢得了良好的社会声誉。该市市长在视察该市养老院时指出："要把养老院办成全国一流的养老院，要超过上海，成为代表该市的窗口单位。"因此，该市养老院硬件设施的进一步完善，既顺应了要求，又体现了政府的良好形象。

我国从1999年进入老龄化社会。截至2021年末，全国60周岁及以上的老年人口为2.6736亿人，占总人口的18.9%；全国65周岁及以上的老年人口为2.0056亿人，占总人口的14.2%。据预测，"十四五"期间，60岁及以上的老年人口年均增长约1000万人，远高于"十三五"期间年均700万人的增幅。中国社科院副研究员杨舸认为，60后群体将于"十四五"期间逐步进入老年期，推动老龄化进程的突然加速。而根据近期统计，该市户籍人口中，60周岁及以上的老年人口达243.9万人，占总人口的23.35%，比全国平均水平高6.7个百分点。此外，该市65周岁以上的老年人口达156.75万人，80岁以上的老年人口达35.93万人。由此可见，该市面临老龄化的严峻挑战。随着社会老龄化进程的加剧和社会养老需求量的与日俱增，该市养老院在改扩建护理楼以后，仍不能满足养老需求。

鉴于项目绩效良好，并考虑到未来几年内该市老龄化将会达到最高峰，该市目前仍面临养老服务机构缺乏的情况。因此，在政府规划或者预算安排中，应适当考虑养老服务机构的建设，财政部门和预算部门可予以表扬或继续支持。

某市养老院护理楼建成以后，由于护理人员不足，年轻护理人员流动性较大等原因，该市养老院的护理人员一直处于短缺状态。政府可以考虑，在培训专业的养老服务人员方面增加力度。

2. 评价结果公开

某养老院项目在建设过程中，各项指标均达到优秀，总体评价结果为优秀。

某养老院项目，立项依据充分，工程设计合理，在后期建设过程中充分实现了资金的有效利用和合理分配，达到了“花钱少，效果好”的目标。该市养老院护理楼规模合适，面对普通百姓，现该市养老院护理楼标准相对较高，护理水平全国第一，成为全国福利机构的样板。在项目建设完成以后，作为该市“精神文明建设窗口”向外界开放，很好地发挥了其“鼓励、指导、示范、辐射”的作用。

某养老院项目属于公共服务类项目，评价结果为优秀，根据《中华人民共和国政府信息公开条例》第三十三条规定，项目应在征询该市养老院同意后予以公开。根据该市财政局地方税务局政府信息公开指南，可通过该市财政地税政务网的政府信息公开栏目予以公开。

二、主要经验、存在的问题和建议

从项目整体完成情况来看，达到了预期目标，同时也提供了一些好的经验和做法，但在项目建设过程及后期使用过程中仍存在一些不足。

1. 主要经验

1）立项阶段经验总结

该市养老院是该市民政部门所属的非营利性、社会福利性的养老服务机构，主要收养对象是城镇无劳动能力、无生活来源、无赡养人的“三无”老人和生活自理困难且家庭难以照料的老人。

（1）需求分析科学合理，及时缓解了社会养老压力

目前全国的老龄化趋势愈发严峻，该市是中国较早进入老龄化的城市之一，全社会对于养老服务的需求增加，该市养老院作为该市示范养老机构面临床位不足但等待入院老人持续增加等现状。

由于护理用房严重不足，无法满足全市入院老人养老护理的需要。该市养老院原有床位300张，市财政局和市民政局共同出资兴建了老年公寓楼，床位增至500张。随着社会老龄化进程的加剧，扩建后的床位始终处于满员状态。

（2）改善养老环境，强化标杆作用

该市养老院旧南楼是1975年建设的简易楼，条件较差，已经难以满足综合性养老服务事业的发展要求，特别是由于人口老龄化发展迅猛，该市养老院基础设施相对落后，严重制约了该市养老院的发展，主要表现为建筑年久失修，老化破损严重。原南楼为砖混二层简易楼，建筑面积为1600m^2。经过1976年大地震，房屋建筑受损严重，加上常年超负荷使用，电线老化，管道锈蚀，多次出现跑水现象。原南楼严重制约了该市养老院养老服务水

平和整体功能的提高。

总之，该市养老院硬件建设严重滞后，已无法满足老龄化社会的发展需要。根据以上情况，该市财政局和该市民政局决定对该市养老院南楼进行改扩建，以满足该市养老院的发展需求，使该市养老院能够更好地发挥其“鼓励、指导、示范、辐射”作用。

（3）缓解床位紧张，解决社会难题

该市养老院护理楼建成以后，床位增加350张，但是截至2010年，六层以下房间床位已经全部满员，仍有需入院老人在院外排队，七层暂未开放，原因是该市养老院护理人员缺乏，年轻护理人员流动性强。

该市养老院在立项阶段的主要依据为：该市老龄化人口结构、养老机构服务设施现状及发展规划；国家现行的建筑标准、规范。

2）选址阶段经验总结

某养老院项目选址较为简单，主要有以下优点。

（1）旧址新建，节约投资

某市养老院位于该市市区，该项目建设拟在该市养老院院内南侧，建设地块为拟拆除的原简易南楼位置，由于近邻东部需规划退线20m，因此，建设地块整体向西平移约20m，本工程总占地约1900m^2。

该建设地块南北长约20m，东西长约95m，呈长方形，南北向与先期建设的公寓楼相呼应。项目于旧址新建，节约资金，减少购地费用和土地使用费用。

（2）周边环境相对安静

选址坐落于市内中心区，院区周边主要是民宅和学校，无工矿企业，相对闹中取静，环境较好，有利于老年人休养。

3）招标投标阶段经验总结

（1）委托专业机构进行招标投标

由于建设单位在工程方面的非专业性，为了保证养老院项目的招标投标管理工作快速、有效、合理地完成，该市养老院引入了专业招标代理机构进行招标投标管理，保证了招标投标管理工作的顺利进行。受该市养老院的委托，某工程造价咨询有限公司为某养老院项目整体工程（土建、装饰、给水排水、采暖、电气照明、消防喷淋报警等）进行招标代理。同时，该项目在招标之前，招标代理公司对潜在投标人进行了资格预审，而且严格按照《中华人民共和国政府采购法》及《中华人民共和国招标投标法》等相关法律法规的规定，在选定投标人之后，选定了开标的时间和地点，制订了出席开标会议的一系列规定，并对开标的顺序以及废标、评标原则，评标程序和方法，定标的条件与做法作出了规定，同时还组建了项目的评标委员会。

（2）根据项目特点选择招标方式

某养老院项目根据实际情况确定了工程勘察、设计、施工和监理单位。其中，勘察、设计、监理和施工招标均采取了公开招标的方式，即公开招标、投标过程中，招标代理机构实行了招标、评标、定标三阶段分离，即招标代理公司负责发布招标公告并组织招标，组织评标委员会专家组进行评标，评标结果报该市养老院招标投标领导小组定标。在该过程中，按照《工程建设项目施工招标投标办法》执行，招标过程严格，操作规范，体现了“公开、公平、公正和诚实信用”的原则，在最大限度内选择投标商，竞争性更强，择优率更高，符合《中华人民共和国招标投标法》的要求。

（3）正确实施合同管理和专业的工程监理管理，采取合适的发包方式

建设单位健全的工程管理制度，保证了施工安全和工程质量。工程管理制度的成功经验主要包括实行合同管理制和竣工验收制。

该市养老院为合同管理实施单位，依照《中华人民共和国合同法》《中华人民共和国建筑法》及其他有关法律、行政法规，遵循平等、自愿、公平和诚实信用的原则，与设计单位、监理单位等签订了合同，并与施工单位签订了施工总承包合同，从而对项目实施过程中勘察、设计、施工、监理等行为能够进行行之有效的合同管理，双方严格履行合同中明确规定的权利和义务。

该市养老院采取合理的发包方式，缩短工期，提高效率。对建设单位而言，选择合适的发包方式是实现项目预定目标的重要保障。对于投资大、工期紧、质量要求高的建设项目，采用平行承包合同方式可以充分发挥承包商的专业优势，保证质量，缩短工期。但是这种合同方式的缺点是建设项目业主的协调工作量和协调工作难度较大，合同之间可能产生相互干扰，如果建设项目业主的管理能力不够，采用这种合同方式，可能造成工期延误，管理成本增加。

选择信誉卓著、经验丰富的设计单位、施工单位和监理单位，是项目按期保质完成的关键。设计单位、施工单位和监理单位是项目实体的具体承担者，其水平的高低直接影响着项目的完成情况，仔细考察相关单位的资质和以往业绩，优中取优。

选择专业的监理公司进行管理和协调。工程施工中，由专业化的建设工程监理公司对工程施工全过程进行管理和协调，在工程质量、进度和资金支付控制等方面可以取得良好的效果。而且专业化的监理公司可以为建设单位提供技术及管理支持，协助建设单位进行建设管理。

在监理单位资质满足要求的基础上，监理人员对该项目进行专业性的监督管理。在监理过程中，监理单位建立了合规合理的流程和程序，依据合法监理制度，控制监理工作达到了合同条件，项目监理部已全面履行了监理委托合同赋予的责任和义务，并接受建设单位的请求，圆满地完成了本工程施工阶段的监理任务。

4）设计阶段经验总结

（1）设计理念

设计理念先进合理，项目建成后获得该市工程建设奖项。

①合理布局，集中统一，医护一体

该市养老院护理楼作为专业性养老护理建筑，设计应满足功能的要求，既实现楼内布

局合理又联系方便。根据本项目特点，该市养老院护理楼采用了相对集中的布局方式，以满足老年人医疗和护理的需求。

②物流合理，清污分离，防止感染

该市养老院护理楼建设充分考虑了老年人的特点，以老年人为中心，充分体现了人文关怀。楼内除了设置无障碍体系外，做到清、污严格分区与分流，互不交叉影响，尽可能降低交叉感染，保证安全卫生。

③方案的可实施性强

该工程不同于新建项目，是在原址进行改扩建，既要保证养老院正常运行，同时又要进行建设，故要充分考虑本工程方案的可实施性。

（2）总体布局

①功能分区明确，三区协调统一

养老院的总平面布置分为三大块，分别为老年公寓（社会自费托养老人）、主楼（收养社会孤老兼办公）、南楼即护理楼（老年病医院及爱心护理院）。该项目总平面按照该市养老院院区现有条件布置，与院区整体布局相协调。养老院主入口至主楼为东西轴线，新建的护理楼坐落在院区南侧（即原南楼位置）呈东西向布置，与坐落在北侧已建成的老年公寓相对称，三栋建筑环抱花坛绿地，形成了较好的老人居住环境。

②出入口设置方便合理，便于物流运输

该市养老院的地理位置交通极为方便，北、东、南三个方向能连接三条道路，根据养老院的规模设置了三个出入口。

③道路布置开阔，合理组织流通

在养老院东侧主入口前形成院前广场，开阔明朗，结合存车、绿化、合理组织车流与人流。在南侧老年病医院的出入口前形成较为开阔的空间，便于缓冲。院区内设置环形道路，消防通道与环形道路相结合，综合组织车流、人流、消防等各类交通流线。

（3）建筑设计

①全面考虑老年人建筑特点，合理分布房间

护理楼是老年病人得到诊断、治疗、护理及生活服务的场所，老人房间设计的完善与否，直接关系到医疗效果，所以对房间的安静、清洁、日照和通风条件、室内装修和色调等都进行了认真考虑。考虑到老年人的特点，护理楼中每个护理单元以不超过35张床为宜，每层楼为2个护理单元，即不超过70张床位，护理区占6层，共12个护理单元。

②建筑功能布局合理全面

该工程总建筑面积为11500m^2，地上七层。建筑高度控制在24m以下，具体布局如下：

首层为老年病医院。老年病医院设有门诊、功能科室、检查室、检验室（化验、X光、B超等）、中西医药房等辅助科室以及急重症监护室、治疗室和抢救室等。老年病由于病种复杂，人流量大，对医疗流程、功能配合、交叉感染及卫生条件等都有严格的要求。门诊位于一层中央位置，从大楼入口至大厅，都有开阔空间。

二至七层是标准层，均为老人护理房间。除去护士站、医生值班室及集中饮水间面积，每层楼设有38个标准间。考虑到担架车、送货车、配餐车以及医疗、查房和护理等需求，每层楼的中间走廊按加宽设计。

该工程老人房间面积较大、舒适，每间房间设有独立卫生间。老年人病房要尽量使之家庭化，病床有车轮可以移动，设有壁橱和床头柜。在病床背部墙壁上安装了电灯、收放在墙壁内部的电话和与护士的对话、呼叫系统，以及氧气管道和负压管道等。设置空调、有线电视和计算机网络预留口。

建筑物顶部设有电梯设备间和二次供水水箱。建筑内竖向通道设置两部电梯（其中一部兼作医用电梯）和两部跨步楼梯。

5）施工阶段经验总结

某养老院项目施工组织合理、高效，在项目建成以后荣获该市工程建设奖项。由于该项目是拆除重建项目，故采用旧楼拆除“以料抵工”的方式减少开支，实现了资金的有效利用。

（1）具有完善、健全的组织体系及有效的管理措施

前期准备工作非常重要，包括项目的可行性研究、立项审批、资金的筹措，同时具体负责项目的相关人员具有高度的责任心和敬业精神，树立了与时俱进、拼搏开拓的创新精神，本着争创一流的工作态度，全过程地参与到项目建设当中，而且制定了科学有效的管理制度。

①严格立项审批制度

项目在立项阶段，编制了合理的初步设计及项目的可行性研究报告向该市财政局提出立项申请，在申请中明确项目建设的必要性和项目建设实施的初步设计方案，给出了合理的概算数额，以期通过财政局及有关部门的审批。

②严格采购制度

在项目建设过程中，项目所需物资的采购严格遵循国家有关政府采购的相关法律法规，做到合理合法，不浪费。

③严格项目审批程序和项目调查程序

在某养老院项目审批过程中，该市养老院积极配合该市财政局、改革与发展委员会等有关单位做好项目的调查工作，在综合考虑各方面因素以后，项目通过审批。项目审批过程完整合理。

④发挥组织协调作用，保证工程质量

完善、健全的组织体系及有效的管理措施是项目施工质量和进度目标顺利实现的重要保障。对建设单位而言，对项目的质量、进度和安全进行科学管理是工程顺利实施的保障。

（2）施工阶段资金的有效管理

合理的项目概算能保证资金的高效利用，该项目采用“以料抵工”的建筑模式减少开

支。经初步投资概算，本项目总投资为3926万元，其中工程费用为3253万元，工程建设其他费用为559万元，基本预备费为114万元。

①建安工程

建安工程包括护理楼土建工程（含装饰装修工程）、楼内给水排水、消防、暖通、强弱电、医用氧气管道和电梯等工程。其中可用电梯两部。各项工程费用均以目前该市相关工程造价水平为参考。

②公用设施配套工程

公用设施配套工程包括室外给水排水工程、供配电设备及工程和室外采暖管网工程等项目。

③工程建设其他费用

工程建设其他费用包括勘察费、设计费、项目管理代建费、招标代理费、工程监理费、市政大配套费等各项费用，这些费用的计算均依据国家现行相关规定或市场价格。

④基本预备费按照工程费用和工程建设其他费用之和的3.8%计算，合计为114万元。

⑤本投资估算未考虑旧楼拆除费用，该项费用采取"以料抵工"的方式解决。

某养老院项目完成以后荣获该市工程建设奖项。项目实际投资为4053.3万元，增加金额主要用于该市养老院内食堂的拆除与修建，以满足新建护理楼后院内老人的用餐需求。

6）使用阶段经验总结

（1）社会效益总结

该市养老院护理楼的建立缓解了该市老龄化的压力，改善了养老环境，促进了周边地区经济的发展。该市养老院护理楼的新建旨在改善养老服务设施，增强该市养老服务能力，有效推动养老服务体系建设，是实现经济可持续发展、人民幸福安康与社会和谐的重要措施。该市养老院新建护理楼大大缓解了该市养老院需住院老人数量越来越多的压力，本项目严格按照国家关于老年人建筑的相关标准规范建设。项目建成后，养老院规模和设施水平得到全面提升。充分发挥了资源优势，继续在该市养老服务体系中保持领先地位。

项目建成后缓解了老人房间用房紧张、设施落后的困局，有效地改善了养老院因基础设施不足，难以发挥其服务功能和整体优势的状况，为老年人提供了宽敞、舒适、温馨的环境，充分体现了全社会对老年人的关爱。

（2）服务对象满意度总结

新建护理楼得到了在院老人的普遍认可。针对护理楼入住老人，编制了生活满意度的调查问卷，分别对服务人员态度、院内整体环境、病房的舒适性进行调查。回收的问卷数据显示，参与调查人员为196人，187人对各项问题都满意，综合满意度为95.4%。

2. 存在问题及建议

1）床位仍不能满足需求

某养老院项目在建成投入使用以后一年内全部满员，由于护理人员不足，护理楼七层暂未开放，在院外等待入院的老人持续增加。床位紧缺状况虽然得到一定的缓解，但目前仍有较大压力。

2）院内绿化设施相对较少

由于该市养老院位于中心城区，建筑面积有限，土地资源少，院内绿化设施相对较少。

3）专业护理人员供不应求

该市养老院护理楼现有部分房间未对外开放，其主要原因是，该市养老院护理楼为专业性护理楼，入住老人大多生活不能自理，因此需要专业的护理人员进行照料。但是目前，养老服务人员专业性差，或者专业的服务人员流动性高，该市养老院面临着专业人员短缺的状况，致使部分房间不能开放，造成了一定程度上的资源浪费。

| 第六章 |

某市乡镇兽医站基础设施扩建项目绩效评价指标体系构建及评价结果

第一节 项目背景

一、项目简介

1）项目名称：某市乡镇兽医站续建项目。

2）建设单位：A县、B区等6个生猪奶牛大县（区）的111个乡镇兽医站。

3）项目性质：扩建项目。

4）建设内容：

根据该市畜牧兽医局发布的《关于对生猪调出大县和奶牛养殖大县乡镇兽医站续建项目初步设计的批复》文件，项目中各区县增加建设内容的批复文件及调整E县、C区建设内容的批复文件，该项目建设内容为购置仪器设备共3790台（套），其中A县26个乡镇兽医站购置冰箱、冰柜、电脑等仪器设备1327台（套）；B区29个乡镇兽医站购置仪器设备947台（套）；C区24个畜牧兽医站购置仪器设备611台（套）；D县10个乡镇兽医站购置仪器设备275台（套）；E县18个乡镇兽医站购置仪器设备398台（套）；F区4个乡镇兽医站购置仪器设备232台（套）。

5）总投资及资金来源：

某市乡镇兽医站扩建项目总投资为555万元，资金来源全部为中央预算内投资。

二、项目立项审批程序

1）国家发展和改革委员会农业经济司、农业农村部发展计划司同有关省（区、市）、新疆生产建设兵团发展改革委、农业（畜牧兽医、渔业、农垦）厅（局、委）下达了关于申报动物防疫体系建设项目投资计划的通知，决定安排中央预算内投资10亿元，用于动物防疫体系建设。其中对乡镇兽医站扩建项目投资计划申报有关事项作了如下规定：

为加强生猪和奶牛养殖大县动物防疫体系设施建设，今年优先安排国家确定的生猪调出大县，以及奶产量1万t以上奶牛养殖大县的乡镇兽医站基础设施扩建项目。主要建设内容包括配备疫苗贮存及畜牧良种技术推广设备等，不得安排车辆（摩托车除外）购置和建房。乡镇兽医站基础设施扩建项目个数要按照本县实际乡镇兽医站个数核定，每个乡镇兽医站中央定额补助投资5万元。

2）该市发展和改革委员会联合市畜牧兽医局向国家发展和改革委员会、农业部报送《关于某市乡镇兽医站扩建项目投资计划的请示》，拟申报该市A县等6个区县乡镇兽医站扩建项目列入全国动物防疫体系建设项目投资计划。上述项目实施方案经该市相关区县发展改革部门审批，批复总投资555.53万元，其中申请中央预算内资金555万元，地方自筹资金0.53万元。

3）国家发展和改革委员会、农业农村部发布《关于下达动物防疫体系建筑项目第一批中央预算内投资计划的通知》，决定从中央预算内投资中安排91027万元用于动物防疫体系建设，动物防疫体系建设项目第一批中央预算内投资计划表中明确，某市乡镇兽医站续建项目总投资555万元，全部为中央预算内投资。

4）该市发展和改革委员会、该市畜牧兽医局向各有关单位发布《关于转发动物防疫体系建设项目第一批中央预算内投资计划的通知》，该市动物防疫体系建设项目第一批中央预算内投资计划分解表中明确，某市乡镇兽医站续建项目总投资555万元，全部为中央预算内投资。

5）该市畜牧兽医局向有此项目的区县畜牧兽医管理部门发布《关于对生猪调出大县和奶牛养殖大县乡镇兽医站续建项目初步设计的批复》，批复该项目建设单位为111个乡镇兽医站，共计购置仪器设备2698台（套），总投资概算555.5284万元，其中：申请中央预算内资金555万元，相关区县畜牧兽医管理部门配套资金0.5284万元。

另外规定，为节省项目建设时间和降低采购成本，按期完成国家下达的投资计划，市财政局将统一进行政府招标采购，并将购置的仪器设备调拨到各项目单位，项目区县畜牧兽医管理部门不再单独进行仪器设备的招标采购工作。

6）各县区增加建设内容的请示与批复

（1）A县

该市A县畜牧业发展服务中心向该市畜牧兽医局报送了关于某市乡镇兽医站续建项目增加建设内容的说明，说明了A县发展和改革委员会认为项目剩余资金低于项目总投资的10%，不必对请示进行批复，项目建设单位可直接利用剩余资金增加购置仪器设备14台（套）。

（2）B区

请示如下：

该市B区畜牧水产业发展服务中心向B区发展和改革委员会报送关于某市乡镇兽医站续建项目增加建设内容的请示，至请示前，项目建设资金全部到位，通过公开招标采购已完成了计划下达的404台（套）仪器设备购置工作，共计完成项目投资87.81万元，目前，尚有57.68万元资金可利用。现申请使用现有资金57.68万元继续增加购置仪器设备543台（套）。建设内容增加后，项目总投资仍然维持投资计划145万元不变。

批复如下：

该市B区发展和改革委员会向B区畜牧水产业发展服务中心发布关于某市乡镇兽医站续建项目增加建设内容的批复，批复增加购置仪器设备543台（套），并维持总投资145万元不变，此次购置设备投资57.68万元。

（3）C区

请示如下：

该市畜牧水产业发展服务中心、该市C区畜牧兽医局向C区发展和改革委员会报送关于某市乡镇兽医站续建项目增加建设内容的请示。至请示前，项目建设资金全部到位，通过公开招标采购已完成了计划下达的517台（套）仪器设备购置工作，共计完成项目投资87.84万元，目前，尚有32.16万元资金可利用。现申请使用现有资金32.16万元且继续增加购置仪器设备85台（套）。建设内容增加后，项目总投资仍然维持投资计划120万元不变。

批复如下：

该市C区发展和改革委员会向C区畜牧水产业发展服务中心下达C区发展和改革委员会关于乡镇兽医站扩建项目增加建设内容实施方案的批复，批复增加购置仪器设备85台（套），新增内容概算总投资为32.16万元，全部由中央财政补助剩余资金解决。

（4）D县

请示如下：

该市D县畜牧水产局向D县发展和改革委员会报送关于某市乡镇兽医站续建项目增加建设内容的请示。至请示前，项目建设资金全部到位，通过公开招标采购已完成了计划下达的254台（套）仪器设备购置工作，共计完成项目投资43.6384万元，目前，尚有6.4万元资金可利用。申请使用现有资金6.4万元且继续增加购置仪器设备21台（套）。建设内容增加后，项目总投资仍然维持投资计划50万元不变。

批复如下：

该市D县发展和改革委员会向D县畜牧水产局下达关于某市乡镇兽医站续建项目增加建设内容的批复，批复增加购置仪器设备21台（套），项目投资6.4万元，资金来源为中央预算内投资。

（5）E县

请示如下：

该市E县畜牧水产业发展服务中心向E县发展和改革委员会报送关于某兽医站续建项目增加建设内容的请示。至请示前，项目建设资金全部到位，通过公开招标采购已完成了计划下达的154台（套）仪器设备购置工作，共计完成项目投资62.88万元，目前，尚有27.12万元资金可利用。现申请使用现有资金27.12万元继续增加购置仪器设备220台（套）。建设内容增加后，项目总投资仍然维持投资计划90万元不变。

批复如下：

E县发展和改革委员会向E县畜牧水产业发展服务中心下达县发展和改革委员会关于某市乡镇兽医站续建项目实施方案的批复，批复增加购置动物防疫等设备220台（套），项目总投资27.12万元，资金来源为中央预算内补助资金。

（6）F区

请示如下：

该市F区畜牧兽医局向F区发展和改革委员会报送关于某市乡镇兽医站续建项目增加建设内容的请示。至请示前，项目建设资金全部到位，通过公开招标采购已完成了计划下达的56台（套）仪器设备购置工作，共计完成项目投资11.5733万元，目前，尚有8.4267万元资金可利用。申请使用现有资金8.4267万元且继续增加购置仪器设备176台（套）。建设内容增加后，项目总投资仍然维持投资计划20万元不变。

批复如下：

该市F区发展和改革委员会向F区畜牧兽医局下达关于某市乡镇兽医站续建项目立项的批复，批复增加购置检疫检测设备176台（套），总投资为8.4267万元，资金来源为申请中央财政补助资金。

7）调整C区和E县建设内容的请示与批复

（1）C区

请示如下：

该市C区畜牧水产业发展服务中心、该市C区畜牧兽医局向该市畜牧兽医局报送关于C区乡镇兽医站续建项目增加建设内容的请示。至请示前，项目建设资金120万元已全部到位投入使用，通过公开招标采购已完成了批复下达的517台（套）仪器设备购置工作，完成项目投资87.844万元。此后，根据C区发展和改革委员会关于乡镇兽医站扩建项目增加建设内容实施方案的批复，增加购置了仪器设备85台（套），投资30.414万元。至此，C区共计完成项目投资118.258万元，购置仪器设备602台（套）。现申请增加购置台式电脑9台，所需资金4.5万元，恳请市畜牧兽医局帮助解决。

批复如下：

该市畜牧兽医局向C区畜牧水产业发展服务中心发布关于调整C区生猪奶牛大县乡镇兽医站续建项目建设内容的批复，同意调整C区的部分建设内容，增加购置台式电脑9台，所需资金4.5万元，由某市乡镇兽医站续建项目安排解决。

（2）E县

请示如下：

该市E县畜牧水产业发展服务中心向该市畜牧兽医局报送关于E县乡镇兽医站续建项目增加建设内容的请示。至请示前，项目建设资金90万元已全部到位投入使用，通过公开招标采购已完成了计划下达的154台（套）仪器设备购置工作，完成项目投资62.88万元。此后，根据E县发展和改革委员会对县发展和改革委员会关于生猪奶牛大县乡镇兽医站续建项目实施方案的批复，增加购置了仪器设备220台（套），投资22.984万元。至此，我县共计完成项目投资85.864万元，购置仪器设备374台（套）。现申请增加购置电动自行车20辆、挂式空调4台，所需资金5.48万元，恳请市畜牧兽医局帮助解决。

批复如下：

该市畜牧兽医局向E县畜牧水产业发展服务中心下达该市畜牧兽医局关于调整E县生猪奶牛大县乡镇兽医站续建项目建设内容的批复，同意调整E县的部分建设内容，增加购置电动自行车20辆、挂式空调4台，所需资金5.48万元，由某市乡镇兽医站续建项目安排解决。

上述文件最终批复该项目购置仪器设备3790台（套）。

三、项目建设的必要性

基层畜牧兽医站作为国家设立在最基层的事业单位，是畜牧兽医部门履行动物防疫和畜禽产品质量安全监管职能的主体力量，是动物防疫和畜禽产品质量安全监管措施得到有效落实的关键，是政府为农民提供畜牧兽医技术公共服务的桥梁和纽带，因此加强乡镇兽医站建设十分必要。

1.项目的建设是提高预防和控制疫情能力的需要

近年来，我国重大动物疫情呈整体上升趋势，给我国禽类养殖造成了较大损失，疫情形势非常严峻，而加大乡镇兽医站基础设施建设投入，建立和完善疫情应急反应技术支持体系，通过改善监测条件，提高动物安全水平，提高快速诊断及监测能力，是做好动物防疫工作的基础。所以本项目建设有利于疫情的预防及控制，将疫情造成的损失降到最低限度。

2.项目的建设是提高该市动物防疫及动物产品质量安全监管平台（以下简称“平台”）运行效率和病死猪无害化处理补贴认证能力的需要

平台是该市畜牧兽医信息化、智能化管理的重要工具，是发展健康畜禽养殖业和建设都市型农业的重要标志和必然要求，是推进畜牧兽医行业走向现代化的必由之路。病死猪无害化处理补贴认证工作是促进生猪生产持续健康发展，有效防控重大动物疫病，是动物产品质量安全的有力保障。

3.项目的建设是切断人畜共患病传播途径和消灭传染源的需要

人类的许多传染病是由染疫动物直接或间接传播引起的，做好动物传染病的检测和控制工作，是人类疫病防治的重要组成部分。动物炭疽、结核病、流行性乙型脑炎、布鲁氏菌病、狂犬病等人畜共患病时有发生。人类卫生和动物卫生相互联系、相互依存，做好动物疫病防治工作对人类自身的发展具有非常重要的意义，尤其是与人类健康直接相关的动物疫病的防治。

4.项目的建设是提高畜类食品质量安全水平的需要

经历了口蹄疫、禽流感等疫病传播事件，人类对动物产品安全更加关注，动物产品质量安全与人类健康密切相关。加强防疫体系建设，可以对重大动物疫情突发做到早发现、早决策、早扑杀。只有建立科学完善的防疫体系，做到有备无患，才能全面提升畜禽食品安全水平，降低动物疫病造成的损失，保证畜牧业的持续健康发展。

四、项目建设的可行性

1.动物防疫体系日趋完善，为项目开展奠定了坚实基础

该建设项目涉及该市的6个县区共111个乡镇兽医站，其中大多数乡镇兽医站建有分站。形成了县（区）动物疫病防控中心、县（区）动物卫生监督所、县（区）兽医站、乡镇兽医站为核心的较完善的动物疫病防治网络体系，为项目的开展奠定了坚实基础。

2. 技术条件优越，为项目实施提供了强有力的技术支持

在该6个县区中，已建成了一支业务精良、专业过硬的高素质动物防疫技术队伍，目前C区全区乡镇兽医站共有技术人员131人，其中具有中高级专业技术职称的有46人，这为项目的顺利实施提供了可靠保障。

3. 各级政府高度重视，为项目的进行提供了多方面有利条件

当前国内外重大动物疫情复杂多变，发展畜牧业生产，提高经济效益，关系到农民的切身利益。因此，国家已把动物疫病防治作为畜牧业发展的一项重点工作，该市及各县区政府也已将此项工作提上重要议事日程，各级政府和有关部门在政策、财力和项目实施等方面提供了有利条件。

第二节　项目绩效评价指标体系的构建

一、评价的依据

根据财政部财政支出绩效评价管理相关规定和某市财政局财政支出绩效评价管理办法，政府投资项目绩效评价报告的内容如下：

1）基本情况；

2）绩效评价的组织实施情况；

3）绩效评价指标体系、评价标准和评价方法；

4）绩效目标的实现程度；

5）存在问题及原因分析；

6）评价结论及建议；

7）其他需要说明的问题。

依据上述规定的内容并结合项目的具体情况，制定了编制绩效评价报告所需的材料清单，详见表6-1。

绩效评价材料清单　　表6-1

序号	资料类别	资料名称
1	建设单位相关文件及批文	项目建议书
		可行性研究报告
		工程立项的批复
		工程初步设计的批复

续表

序号	资料类别	资料名称
2	收集相关资料	初步设计说明书
		总概算书
		有关设计变更的相关合同、协议或说明
3	招标投标相关资料	招标公告、资格预审公告
		招标文件
		评标报告
		中标通知书
		质疑答复
		投诉处理决定书
		政府采购合同
4	建设单位相关资料	采购前项目的情况：地位、作用、存在的不能满足需要的相关方面的情况（立项背景）
		采购目标：具体要达到的功能、效益目标
		采购过程中：建设单位的采购管理方式，建设单位参与合同管理、采购管理、支付控制、质量管理、进度管理方面的相关情况
		相关行业采购标准规范
		同行业的相关数据：规模等相关数据
		建设单位对已购设备的评价
5	供应商单位相关资料	供货方案
		设备管理实施细则
		企业业绩情况表
		企业产品合格证明
		依法缴纳税金和社会保障金记录情况表
6	项目后期相关资料	采购结算审核报告
		决算报告（或决算书）
		设备验收报告
7	图片资料	项目采购前、中、后兽医站的相关设备图片及领导视察等相关资料

根据评价的内容，最终确定绩效评价的依据：

1）国家相关法律、法规和规章制度；

2）党中央、国务院重大决策部署，经济社会发展目标，地方各级党委和政府重点任务要求；

3）部门职责相关规定；

4）相关行业政策、行业标准及专业技术规范；

5）预算管理制度及办法，项目及资金管理办法、财务和会计资料；

6）项目设立的政策依据和目标，预算执行情况，年度决算报告，项目决算或验收报告等相关材料；

7）本级人大审查结果报告、审计报告及决定，财政监督稽核报告等；

8）其他相关资料。

二、评价指标体系及评价方法

1. 绩效评价指标

绩效评价指标是指衡量绩效目标实现程度的考核工具，绩效评价指标主要类型详见表6–2。

某市乡镇兽医站续建项目绩效评价指标主要类型　　表6–2

序号	指标类型	定义	评价内容	
1	项目投入指标	按照建设项目的性质不同、项目准备及采购阶段工作内容和实现固定资产的方式不同，从直接计入固定资产的项目投入和分摊计入固定资产的费用两方面设置的绩效评价指标	项目立项	1.主要评价项目是否按照规定的程序设立并申请，评价项目立项过程是否符合相关要求； 2.主要评价项目建设及规划是否符合国家相关法律法规、国民经济发展规划，是否与项目实施单位或委托单位职责密切相关，并为项目预期产出效益和效果符合正常业绩水平打好基础
			项目资金落实	1.对项目建设过程中的资金到位情况、资金使用情况进行分析； 2.评价检查项目资金拨付及使用的合理性和有效性，是监督项目资金使用的手段
2	项目过程指标	对项目的管理体制进行评价，检查项目是否设立严格的审批、核准及备案制度，是对项目各阶段工作进行监督的法律基础	项目业务管理	1.评价项目是否制定或具有相应的业务管理制度及各项业务管理制度是否合法、合规和完整； 2.对项目调整及支出调整的手续是否齐全，项目合同管理，质量检查及鉴定、验收等工作的实施及管理进行评价
			项目财务管理	1.评价项目编制的采购预算是否符合国家和该市相关规定； 2.评价项目资金使用是否符合国家财政法规和财务管理制度，以及有关专项资金管理办法的规定； 3.评价项目是否制定或具有相应的监控机制，并采取了相应的财务检查等必要的监控措施或手段

续表

序号	指标类型	定义	评价内容	
3	项目产出指标	反映根据既定绩效目标，项目产出的各项产品及服务情况，并做出评价	数量指标	反映根据既定绩效目标完成的公共产品和服务产量
			质量指标	反映提供公共产品或服务达到的标准、水平和效果
			时效指标	反映提供公共产品或服务的及时程度和效率情况
4	项目效益指标	与绩效目标相关联的效益，反映财政支出预期效果实现的程度	社会效益	项目实施对社会发展所带来的直接或间接影响情况
			生态效益	项目实施对生态环境所带来的直接或间接影响情况
			可持续影响	项目设备运行及成效发挥的可持续影响情况
			服务对象满意度	社会公众或服务对象对项目实施效果的满意程度

2. 评价指标体系的设置原则

财政支出绩效评价的指标体系是指为实现评价目的，由一系列反映财政支出各个侧面目标的相关指标集合的系统结构。财政支出绩效评价指标必须充分反映评价对象的性质和特征，体现评价的基本内容，围绕评价的各项基本目标，建立逻辑严密、相互联系、互为补充的体系结构。因此，构建科学规范的财政支出绩效评价指标体系需要遵循以下原则。

1）全面性与精简性相结合的原则

财政支出的范围广、内容复杂，支出的效益涉及多个方面，在设计指标体系时不仅要考虑支出对象的层次性，还要考虑支出内容的多样性；不仅反映支出的直接效益，还要反映间接效益；不仅反映支出的短期效益，还要反映支出的长期效益。因此，指标的设计应尽可能地从不同侧面反映事物的全貌。但由于评价工作是一项复杂的工程，指标越多，收集数据的难度越大，成本也越高，因此考虑指标全面性的同时要注重指标体系的精简性，尽可能地删除重复的指标，对于意义相似的指标只选择一个主要指标作为类指标反映评价内容，在设置指标时考虑数据收集的难易和成本的高低，用尽量少的指标或收集成本低的指标反映尽量多的信息量。

2）科学性与可操作性相结合的原则

由于财政支出管理工作是一个长期渐进的完善过程，因此评价指标的设计既要有一定的前瞻性和科学性，要体现财政管理改革的方向，同时又要符合目前的实际工作情况，通用易懂，简便易行，要具有较强的现实意义和可操作性。

3）目的性与系统性相结合的原则

任何指标体系的设计都要为一定的目的和需要服务，在筛选确定每一个单项指标时需要考虑该项指标在整个指标体系中的地位和作用，根据它所反映的特定研究主体和研究对象的性质和特征，确定指标的口径、范围和含义。同时，要注意指标体系内部的逻辑关系，不要对指标进行杂乱无章的罗列，而应在指标体系中尽量考虑研究对象之间的有机联系，从而综合全面地反映社会现象之间的数量关系和内在规律。

4）完整性与导向性相结合的原则

完整性是指评价指标的设置应与财政改革的战略目标一致，并能从不同角度反映公共财政支出的内涵和特征，要考虑财政支出的外在性特点，即财政支出活动对社会发展产生的积极的或消极的影响。同时，要注重指标体系的导向作用和激励作用，所谓导向作用指评价指标的设立和运用可以引导评价主客体重视评价内容，并努力向评价标准的方向发展。所谓激励作用，是指评价的结果会对评估客体产生巨大的影响，从而产生激励作用，使财政支出工作朝设定的目标发展。

5）定量分析与定性分析相结合的原则

在进行财政支出绩效评价的过程中必须坚持定量分析与定性分析相结合的原则，定量分析可以具体地反映财政支出效益的大小，定性分析可以反映财政支出与产出在因果关系以及同其他因素的相关性。定性分析是定量分析的前提和基础，财政支出在进行绩效评价时首先要做定性分析，以确定财政支出的性质、特点及与各种因素之间的相关性，在此基础上设置变量、建立模型、处理数据，进行定量分析。定量分析是定性分析的深化，它将定性的内容数量化，二者存在密切的联系。因此，在对财政支出效益进行评价时，必须将定量分析与定性分析相结合，才能准确地反映财政支出效益状况。

6）规范性与公正性相结合的原则

规范性主要评价贯穿始终，并反映财政资金运作的全过程是否符合规定，强化和规范财政支出项目的立项、审批、监管和审核功能，强化财政资金分配和使用的责任制，使绩效评价对财政支出和预算管理起到激励和约束作用。公正性是对评价成员的要求，以确保评价工作的相对独立性。

依据某市乡镇兽医站续建项目的特点，结合财政部颁布的预算绩效评价共性指标体系框架和相关文件的参考指标体系，建立该项目的指标体系（包括具体评价指标及其对应分值），如表6–3所示。

某市乡镇兽医站续建项目绩效评价指标体系　　表6-3

一级指标	二级指标	三级指标	四级指标	五级指标	结果指标	指标说明
投入（25）	项目立项（21）	项目立项规范性（0）	项目申报合规性（0）	申报资料完整性	“降档评级”式指标	所提交的文件、资料是否完整
				申报程序合规性	“降档评级”式指标	项目是否按照规定的程序申请设立
			项目决策规范性（0）	是否经过立项、可行性研究、初步设计概算	“降档评级”式指标	项目是否已经过立项、可行性研究、初步设计概算及提交项目实施方案
		绩效目标合理性（2）	绩效目标依据充分性（1）	是否符合地区畜牧业发展规划	“降档评级”式指标	是否响应国家和该市的发展规划
				与兽医站实际需求的符合度	建设规模、建设标准达标率	达标的设备数量/交验设备数量×100%
			绩效目标可行性（1）	预期收益	预期收益偏差率	1-（当年实际收益率/当年预期收益率）
		绩效目标明确性（17）	质量目标（6）	兽医站设备的质量标准、采购质量、整体使用功能、项目设备的先进性	设备优良偏差率	预期设备优良率与实际设备优良率的偏差
					交验合格偏差率	预期采购包交验合格率与实际采购包交验合格率的偏差
			投资目标（3）	建设期总投资	投资收益偏差率	预期投资收益率与实际投资收益率的偏差
			劳动安全卫生目标（2）	劳动安全和卫生防护目标	重大事故发生偏差率	预期重大事故发生率与实际重大事故发生率的偏差
					卫生防护达标偏差率	卫生防护预期达标率与实际达标率的偏差
			环境目标（2）	畜牧污染物排放量及对周围环境的影响	畜牧废水排放达标偏差率	废水预期排放率与实际排放率的偏差
					畜牧固体废物污染偏差率	固体污染预期控制率与实际控制率的偏差
			节能目标（2）	资源消耗量	资源节约偏差率	（实际资源消耗量-计划资源消耗量）/计划资源消耗量×100%
			社会服务对象满意度（2）	工作人员满意度	工作人员好评率	问卷调查得出的数据
				农户满意度	农户好评率	问卷调查得出的数据
		实施准备情况（2）	市场调研（1）	市场调研工作充分性	调研资料充分性	因素分析法
			实地考察（1）	实地考察程度	采购计划变更率	采购计划变更引起的价款调整/合同总价款×100%

续表

一级指标	二级指标	三级指标	四级指标	五级指标	结果指标	指标说明
投入（25）	资金投入（4）	资金筹集（0）	资金审核合规性（0）	资金审查合规性	“降档评级”式指标	是否符合《政府投资项目审计规定》
		资金落实（4）	资金到位率（2）	财政资金到位率	财政资金到位率	资金实际到位总额/资金计划投入总额×100%
			到位及时率（2）	财政资金到位及时率	财政资金到位及时率	及时到位资金/应到位资金×100%
过程（15）	业务管理（10）	制度执行的有效性（2）	招标方案的合法性（0）	招标内容的明确性	“一票否定”式指标	是否符合《农业基本建设项目招标投标管理规定》的相关规定
				招标组织形式的合规性	“一票否定”式指标	
				招标方式的合法性	“一票否定”式指标	
			招标公告与资格预审公告的公平透明度（0）	采购信息发布的平台及范围合规性	“一票否定”式指标	是否符合《中华人民共和国招标投标法》和《中华人民共和国招标投标法实施条例》的相关规定
				采购信息发布的时效性	“一票否定”式指标	
				投标限制条件的合理性	“一票否定”式指标	
			招标文件的发售地合理性（0）	招标文件发售期及费用收取的合理性	“降档评级”式指标	是否符合《中华人民共和国招标投标法实施条例》的相关规定
			开标、评标、中标程序的合法性（2）	开标程序的合规性	“降档评级”式指标	是否符合《中华人民共和国招标投标法》和《中华人民共和国政府采购法》的相关规定
				评标委员会组建的合规性（0）	“一票否定”式指标	
				评标方法的合理性（0）	“降档评级”式指标	评标因素权重的确定是否合理
				废标发生率（1）	废标发生率	废标数量/投标总数×100%
				投诉发生率（1）	投诉发生率	投诉数量/投标数量×100%
				合同签订的时效性（0）	“降档评级”式指标	是否符合《中华人民共和国招标投标法》的相关规定
		合同管理可控性（1）	合同变更情况（1）	项目变更处理能力	合同价款调整比率	调整的合同价款/合同总价款×100%

续表

一级指标	二级指标	三级指标	四级指标	五级指标	结果指标	指标说明
过程（15）	业务管理（10）	项目质量可控性（6）	项目质量标准健全性（0）	无	“降档评级”式指标	是否制定项目质量要求及标准
			质量控制措施（6）	质量管理组织机构、质量监控程序	货物质量合格率	合格货物数/货物总数×100%
		项目安全可控性（1）	安全安装措施（1）	安全安装责任分工、安全检查措施	安全措施达标合格率	采取的安全措施最终达标合格情况
	财务管理（5）	采购预算编制合规性（1）	采购预算编制合规性（1）	采购预算编制合规性	采购预算编制合规性	是否符合该市政府集中采购目录和采购限额标准的规定
		资金使用合规性（2）	实际投资超概率（1）、资金利用率（1）	实际投资超概率、资金利用率	实际投资超概率	实际投资超概算金额/工程概算金额×100%
					资金利用率	实际用于项目支出额/实际到位资金×100%
		财务监控有效性（2）	财务监控措施有效性（2）	资金审查频率、资金违纪率	资金审查频率	定期进行必要的资金审查
					资金违纪率	资金违纪金额/项目实际总投资×100%
产出（20）	项目产出（20）	质量目标实现程度（6）	设备作业实际质量评价（6）	设备质量等级、质量达标率	设备优良率	优良设备数量/验收设备数量×100%
					交验合格率	合格设备数量/交验设备数量×100%
		时间目标实现程度（4）	项目完成及时率（4）	项目完成及时率	项目完成及时率	（工程计划完成时间-工程实际完成时间）/工程计划完成时间×100%
				竣工决算审计核减率、固定资产转化率	竣工决算审计核减率	（审定金额-报审金额）/报审金额×100%
					固定资产转化率	固定资产价值总额/审定总投资额×100%
		项目完成程度（3）	项目实际完成率（3）	项目实际完成率	项目实际完成率	实际产出数/计划产出数×100%
		投资目标实现程度（3）	实际投资与投资概算的偏差（3）	项目实际投资偏差率	项目实际投资偏差率	（实际投资-投资概算总额）/投资概算总额×100%

续表

<table>
<tr><th>一级指标</th><th>二级指标</th><th>三级指标</th><th>四级指标</th><th>五级指标</th><th>结果指标</th><th>指标说明</th></tr>
<tr><td rowspan="2">产出（20）</td><td rowspan="2">项目产出（20）</td><td rowspan="2">劳动安全卫生目标实现程度（4）</td><td>劳动安全目标评价（2）</td><td>重大事故量</td><td>重大事故发生率</td><td>重大事故发生数量/全部事故发生数量×100%</td></tr>
<tr><td>卫生目标评价（2）</td><td>卫生达标率</td><td>卫生达标率</td><td>卫生指标达标数/全部卫生指标数×100%</td></tr>
<tr><td rowspan="12">效果（40）</td><td rowspan="12">项目效益（40）</td><td>经济效益（4）</td><td>国民经济效益（4）</td><td>国民经济效益</td><td>该项目取得了较好的国民经济效益</td><td>“有无对比”</td></tr>
<tr><td rowspan="4">社会效益（20）</td><td>对该地区畜牧业有较大影响（5）</td><td>对该地区畜牧业有较大影响</td><td>对该地区畜牧业有较大影响</td><td>综合比较</td></tr>
<tr><td>对该地区兽医站整体形象具有较大提升作用（5）</td><td>对该地区兽医站整体形象具有较大提升作用</td><td>对该地区兽医站整体形象具有较大提升作用</td><td>“有无对比”</td></tr>
<tr><td>对该市食品安全有较大影响（5）</td><td>动物和动物产品质量安全事故减少量</td><td>食品安全事故降低率</td><td>（设备购置前食品安全事故发生次数-设备购置后食品安全事故发生次数）/设备购置前食品安全事故发生次数×100%</td></tr>
<tr><td>提高我市动物产品全国竞争力程度（5）</td><td>提高我市动物产品全国竞争力程度</td><td>提高我市动物产品全国竞争力程度</td><td>综合比较</td></tr>
<tr><td rowspan="2">生态效益（8）</td><td>污染物的排放程度（6）</td><td>废气、废液和固体废弃物排放量</td><td>废气、废液和固体废弃物排放达标率</td><td>废气（液）排放达标率=废气（液）排放达标量/废气（液）总排放量×100%；固体废弃物排放达标率=固体废弃物/总废物量×100%</td></tr>
<tr><td>节能效果（2）</td><td>废物再利用率</td><td>废物再利用率</td><td>废物再利用量/产生的总废物量×100%</td></tr>
<tr><td rowspan="2">可持续影响（4）</td><td rowspan="2">对该地区周边影响的可持续性（4）</td><td>促进养殖业持续健康发展程度</td><td>促进养殖业持续健康发展程度</td><td>综合评价</td></tr>
<tr><td>维护当地环境生态平衡程度</td><td>维护当地环境生态平衡程度</td><td>综合评价</td></tr>
<tr><td rowspan="2">社会服务对象满意度（4）</td><td rowspan="2">社会服务满意度（4）</td><td>兽医站工作人员满意度</td><td>工作人员好评率</td><td>问卷调查得出的数据</td></tr>
<tr><td>农户满意度</td><td>农户好评率</td><td>问卷调查得出的数据</td></tr>
</table>

3. 项目绩效评价标准

某市乡镇兽医站续建项目绩效评价标准是指衡量绩效目标实现程度的尺度。绩效评价标准具体包括内容详见表6-4。

某市乡镇兽医站续建项目绩效评价标准　　表6-4

序号	评价标准类型	评价内容
1	计划标准	以预先制定的目标、计划、预算、定额等数据作为评价财政支出绩效的标准
2	行业标准	参照国家公布的行业指标数据制定的评价标准
3	历史标准	参照同类指标的历史数据制定的评价标准
4	经验标准	根据长期的财政经济活动发展规律和管理实践，由专家经过严密分析研究后得出的有关指标标准
5	标杆标准	把本行业曾经达到的最高水平作为标准，将当年实际达到的水平与本行业最先进的水平进行比较
6	平均标准	把本地区或全社会的平均绩效水平作为标准，将实际达到的水平与之进行比较

4. 绩效指标评价方法

结合某市乡镇兽医站续建项目的绩效评价指标特点，选用的绩效指标评价方法主要包括三种。

1）比较法：通过对绩效目标与实施效果、历史与当期情况、不同部门和地区同类支出的比较，综合分析绩效目标实现程度。

2）因素分析法：对影响绩效目标实现和实施效果的内外因素进行综合分析，评价绩效目标实现程度。

3）公众评判法：通过专家评估、公众问卷及抽样调查等对财政支出效果进行评判，评价绩效目标的实现程度。

三、绩效评价指标分析情况

1. 项目投入绩效评价

项目投入绩效评价指标体系设计主要根据评价指标体系的设置原则对项目各阶段的投入进行分析并进行客观评价。

投入阶段：主要是对项目立项调研是否充分，是否符合区域发展规划，是否符合法律程序进行评价；对项目初步设计是否符合标准兽医站设计标准及要求进行评价；对项目绩效指标细化程度、可执行程度进行评价；对财政部门对项目资金审核的合理性和拨付资金的及时性进行评价，其中，绩效指标及资金到位情况评价多为定量指标，其余为定性指标。设备采购与调拨阶段：该阶段主要侧重于采购招标投标流程和过程控制两个方面。结果评价阶段：是项目实施的反映阶段，主要侧重于对设备运行后的社会效益进行评价与分析。将项目各阶段投入进行指标划分，具体指标设置情况详见表6-5。

某市乡镇兽医站续建项目投入阶段情况指标体系的构建　　表6-5

一级指标	二级指标	三级指标	四级指标	五级指标	结果指标	指标说明
投入（25）	项目立项（21）	项目立项规范性（0）	项目申报合规性（0）	申报资料完整性	“降档评级”式指标	所提交的文件、资料是否完整
				申报程序合规性	“降档评级”式指标	项目是否按照规定的程序申请设立
			项目决策规范性（0）	是否经过立项、可行性研究、初步设计概算	“降档评级”式指标	项目是否已经过立项、可行性研究、初步设计概算及提交项目实施方案
		绩效目标合理性（2）	绩效目标依据充分性（1）	是否符合地区畜牧业发展规划	“降档评级”式指标	是否响应国家和该市的发展规划
				与兽医站实际需求的符合度	建设规模、建设标准达标率	达标的设备数量/交验设备数量×100%
			绩效目标可行性（1）	预期收益	预期收益偏差率	1-（当年实际收益率/当年预期收益率）
		绩效目标明确性（17）	质量目标（6）	兽医站设备设计的质量标准、采购质量、整体使用功能、项目设备的先进性	设备优良偏差率	预期设备优良率与实际设备优良率的偏差
					交验合格偏差率	预期采购包交验合格率与实际采购包交验合格率的偏差
			投资目标（3）	建设期总投资	投资收益偏差率	预期投资收益率与实际投资收益率的偏差
			劳动安全卫生目标（2）	劳动安全和卫生防护目标	重大事故发生偏差率	预期重大事故发生率与实际重大事故发生率的偏差
					卫生防护达标偏差率	卫生防护预期达标率与实际达标率的偏差
			环境目标（2）	畜牧污染物排放量及对周围环境的影响	畜牧废水排放达标偏差率	废水预期排放率与实际排放率的偏差
					畜牧固体废物污染偏差率	固体污染预期控制率与实际控制率偏差
			节能目标（2）	资源消耗量	资源节约偏差率	（实际资源消耗量-计划资源消耗量）/计划资源消耗量×100%
			社会服务对象满意度（2）	工作人员满意度	工作人员好评率	问卷调查得出的数据
				农户满意度	农户好评率	问卷调查得出的数据
		实施准备情况（2）	市场调研（1）	市场调研工作充分性	调研资料充分性	因素分析法
			实地考察（1）	实地考察程度	采购计划变更率	采购计划变更引起的价款调整/合同总价款×100%
	资金投入（4）	资金筹集（0）	资金审核合规性（0）	资金审查合规性	“降档评级”式指标	是否符合《政府投资项目审计规定》
		资金落实（4）	资金到位率（2）	财政资金到位率	财政资金到位率	资金实际到位总额/资金计划投入总额×100%
			到位及时率（2）	财政资金到位及时率	财政资金到位及时率	资金实际到位总额/资金计划投入总额×100%

1）项目立项情况分析与评价

项目立项情况分析与评价是通过三个指标的分析与评价来实现的，分别为项目立项规范性、绩效目标合理性和绩效目标明确性。

（1）项目立项规范性分析与评价

目前，在220多种动物传染病中，70%可以传染给人，已引起各级领导高度重视。国家领导人强调“加强动植物疫病防控，提高农产品质量安全水平”，对动物防疫工作提出了很高要求。为适应动物防疫工作的新形势，实施本项目，对切实提高该市动物疫病防控水平与应对突发疫情的能力，保证动物产品质量与卫生安全，保护人民群众身体健康，维护社会稳定具有极其重要的意义。

某市乡镇兽医站续建项目通过实地调研和分析归纳出项目立项决策评价包括的内容：项目可行性研究、项目立项依据、决策程序、项目评估、项目目标、决策审批及决策水平等内容。其中，最主要的是项目可行性研究、项目立项依据和项目评估。

①项目立项分析

该项目在建设过程中是否严格遵照建设管理程序将作为立项决策评价的重点内容。因此，将某市乡镇兽医站续建项目立项决策评价的内容确定为：项目可行性研究、项目立项依据和项目评估以及决策程序，项目立项程序规范性和项目可行性研究评价依据及评价方法见表6-6。

项目立项程序规范性及可行性研究评价依据及评价方法　　表6-6

五级指标	五级指标评价依据	指标说明	评价方法
项目立项程序规范性	可行性研究的水平	可行性研究是否深入、全面和完整	比较法
	决策依据的符合性	项目是否符合经济社会发展规划和部门年度工作计划；是否根据需要制定中长期实施规划	因素分析法
	可行性研究文件批准的及时性	从提出项目建议书到项目可行性研究批准是否及时	因素分析法
	可行性研究文件批准是否满足项目开工时间	从项目立项到项目开工是否及时	因素分析法
可行性研究	申报条件合规性	项目是否符合申报条件	比较法
	申报、批复程序合法性	申报、批复程序是否符合相关管理办法	
	项目调整合规性	项目调整是否履行相应手续	

②项目决策程序分析

某市乡镇兽医站续建项目的立项批复、可行性研究报告批复及初步设计批复等，根据相关批准文件可知，某市乡镇兽医站续建项目立项决策工作报批手续完备，而且批复及时，符合《关于重申严格执行基本建设程序和审批规定的通知》（计设资〔1999〕693号）的规定，具有良好的项目立项规范性，综合评价结果为优。

（2）项目绩效目标合理性分析与评价

1998年以来，国家启动实施《全国动物保护工程规划》和《全国动物防疫体系建设规划（2004–2008年）》，先后投资建设了无规定动物疫病区、县级动物防疫、县级检疫监督、测试动物疫情报告站等动物防疫基础设施建设项目。目前，《全国动物防疫体系建设规划（2004–2008年）》的实施已近尾声。随着国家新一轮规划启动，在现有基础上，适应动物疫病防控新形势需要，为实现动物防疫基础设施的完善、配套、规范，有效控制动物疫病、降低发病率和死亡率，提高动物疫病预防、控制和扑灭的技术水平和综合管理能力，提高对重大动物疫病的快速反应能力，全面提高动物防疫工作水平，构建了动物疫病防控长效机制目标。该项目符合国家和该市兽医站的规划要求，绩效目标依据充分，项目绩效目标合理且完全实现，得分为2分。

（3）项目绩效目标明确性分析与评价

项目绩效目标分析如下：

①质量目标

某市乡镇兽医站续建项目建设质量标准目标为采购产品质量优良，满足各个兽医站的使用要求。该项目在相关质量监督部门的监督下，完成了项目仪器设备的质量检查和验收，并且在项目采购和调拨过程中未发生重大安全和纠纷事件，标志着该兽医站扩建项目达到国家相应标准，功能得以完善。

②投资目标

根据某会计师事务所出具的竣工财务决算审核报告可知，某市乡镇兽医站续建项目截至审核时间点实际完成投资额555万元，与批准概算数555万元相同，较好地完成了投资目标。

③环境目标

该项目建成后，将对畜牧污染物排放量实施控制，减少环境污染源。通过该项目实施，可有效减少病死畜禽、病害畜禽产品对土壤、水源、空气所造成的污染，净化人和动物的生存环境，对生态环境的保护和可持续发展具有十分重要的作用。

④节能目标

项目在实施过程中不仅要实现项目的质量目标，还要注重其节能目标。在招标过程中优先考虑节能产品，推行政府绿色采购，提高节能环保产品在采购中的相对密度。

⑤社会公众或服务对象满意度目标

项目建成后立即投入使用。在使用期间，提高了兽医站的工作效率，改善了工作人员的工作环境，为周边居民在牲畜养殖过程中提供了便利，工作人员和周围居民满意度高，为社会的安定有序做出重大贡献，社会满意度较高，项目绩效目标明确性分析与评价详见表6–7。

项目绩效目标明确性分析与评价　　表6-7

三级指标	四级指标	五级指标	分析与评价	评价结论	得分
绩效目标明确性（17）	质量目标（6）	兽医站设备设计的质量标准、采购质量、整体使用功能、项目设备的先进性	该项目设计单位资质合格、项目建设达到预定目标质量，设备功能得到很大提升	完全符合项目立项的有关要求	6分
	投资目标（3）	建设期总投资	设计概算投资为555万元，实际建设投资为555万元	量化指标比为100%	3分
	劳动安全卫生目标（2）	劳动安全和卫生防护目标	项目未发生重大安全事故且未出现卫生安全事故	两项指标符合要求	2分
	环境目标（2）	畜牧污染物排放量及对周围环境的影响	兽医站设有专门的污染物处理室，满足处理要求；兽医站与周围环境比较协调	环境目标达标	2分
	节能目标（2）	资源消耗量	资源消耗在控制范围之内	资源消耗量符合相关消耗指标要求	2分
	社会服务对象满意度（2）	工作人员满意度	经实际的问卷调查，兽医站工作人员对环境的满意度高达95%	满意度达95%	0.95分
		农户满意度	农户满意度较高	满意度达90%	0.9分
合计					16.85分

根据项目实施各阶段的目标要求设置项目绩效指标的数量及指标构建的完整性，具有良好的项目管理约束性，项目绩效目标明确性评价结论为良好，得分为16.85分。

（4）项目实施准备情况分析与评价

①市场调研工作评价

做好项目的前期市场调研工作能帮助采购部门在行业情况、产品类别、价格走势等几个方面获取重要信息，让其在提供需求和编制招标文件时更有针对性，更能采购到物美价廉、符合政策规定的产品。为此，该市畜牧兽医局专门成立了市场调研小组了解市场行情，学习产品的有关知识，为随后的采购工作打下基础。

②实地考察工作评价

某市乡镇兽医站续建项目位于该市6个农业区县的111个乡镇兽医站内，项目建设地点分散。因此做好实地考察工作能够有效地提高资金利用率，防止贪污浪费的现象发生。该市畜牧兽医局分别对6个农业区县的111个乡镇兽医站进行了实地考察，了解各个兽医站基础设施情况，有针对性地对其编制的扩建方案进行审核批复，保证每个兽医站扩建后能够物尽其用。项目实施准备情况分析与评价详见表6-8。

项目实施准备情况分析与评价　　表6-8

三级指标	四级指标	五级指标	分析与评价	评价结论	得分
实施准备情况（2）	市场调研（1）	市场调研充分性	该项目市场调研小组调研充分，为后续工作的开展提供了数据支持	市场调研达标	1分
	实地考察（1）	实地考察程度	该项目实地考察充分，为设备采购数量制定标准提供了参考	实地考察达标	1分
合计					2分

由以上评价可知，某市乡镇兽医站续建项目实施准备工作准备充分，符合国家相关部门的规定，最终得分为2分。

2）项目资金投入情况分析与评价

项目资金投入情况分析与评价分为资金筹集和资金落实，其中资金筹集主要考察资金审查合规性，资金落实考察资金到位率和资金到位及时率。

（1）项目资金筹集情况分析与评价

根据《关于转发动物防疫体系建设项目第一批中央预算内投资计划的通知》，某市乡镇兽医站续建项目投资计划资金为555万元，资金来源全部为中央预算内投资，即该项目筹集资金得到国家发展和改革委员会的审查认可，具有很强的可实施性，符合《政府投资项目审计规定》中对项目审查的有关规定，并且该工程预决算机构资质符合要求，计算依据可靠，结果真实可查，整项工作符合国家有关规定，项目资金筹集情况分析与评价详见表6-9。

项目资金筹集情况分析与评价　　表6-9

三级指标	四级指标	五级指标	分析与评价	评价结论
资金筹集（0）	资金审核合规性（0）	资金审查合规性	判断项目资金筹集是否符合《政府投资项目审计规定》中的有关规定	项目资金筹集符合国家规定

综上所得，某市乡镇兽医站续建项目资金筹集工作符合国家相关规定，得分为0分。

（2）项目资金落实情况分析与评价

①项目资金到位率分析

某市乡镇兽医站续建项目资金到位率分析与评价详见表6-10。

项目资金到位率分析与评价　　表6-10

三级指标	四级指标	五级指标	分析与评价	评价结论	得分
资金落实（4）	资金到位率（2）	财政资金到位率（2）	中央预算内投资到位率$=\frac{555万元}{555万元}=100\%$	中央资金到位率较高	2分

从项目实际情况得知，中央预算内投资能够按时按额到位，项目资金到位率指标分数权重为2分，其评价得分为2分。

②项目资金到位及时率分析与评价

某市乡镇兽医站续建项目计划到位资金555万元，资金来源全部为中央预算内投资，经审核，该工程实际到位资金555万元，资金来源全部为中央预算内资金，该项目实际完成投资额为555万元，项目资金到位及时率分析与评价详见表6-11。

项目资金到位及时率分析与评价　　表6-11

三级指标	四级指标	五级指标	分析与评价	评价结论	得分
资金落实（4）	到位及时率（2）	财政资金到位及时率（2）	中央预算内投资到位及时率=$\frac{555万元}{555万元}$=100%	中央预算资金到位及时	2分

由以上评价可知，项目资金到位及时率指标分数权重为2分，该项评价得分为2分。

综合评价项目投入得分为24.85分，综合达标率为99.4%，因此评价结果为优。

2. 项目过程绩效评价

1）项目业务管理分析与评价

项目管理制度是否健全，在业务管理过程中是否能够有效执行，能否有效地控制合同变更情况，以及能否真正做到对项目质量的有效控制，项目实施的安全措施是否得当等都是综合反映项目业务管理水平的重要方面。因此，在进行分析与评价项目业务管理中，主要考察业务管理制度执行的有效性、合同管理的可控性、项目质量的可控性以及项目安全的可控性，项目业务管理分析与评价指标体系详见表6-12。

某市乡镇兽医站续建项目业务管理分析与评价指标体系　　表6-12

一级指标	二级指标	三级指标	四级指标	五级指标	结果指标	指标说明
过程（15）	业务管理（10）	制度执行的有效性（2）	招标方案的合法性（0）	招标内容的明确性	“一票否定”式指标	是否符合《农业基本建设项目招标投标管理规定》的相关规定
				招标组织形式的合规性	“一票否定”式指标	
				招标方式合法性	“一票否定”式指标	
			招标公告与资格预审公告的公平透明度（0）	采购信息发布的平台及范围合规性	“一票否定”式指标	是否符合《中华人民共和国招标投标法》和《中华人民共和国招标投标法实施条例》的相关规定
				采购信息发布的时效性	“一票否定”式指标	
				投标限制条件的合理性	“一票否定”式指标	

续表

一级指标	二级指标	三级指标	四级指标	五级指标	结果指标	指标说明
过程（15）	业务管理（10）	制度执行的有效性（2）	招标文件的发售地合理性（0）	招标文件发售期及费用收取的合理性	“降档评级”式指标	是否符合《中华人民共和国招标投标法实施条例》的相关规定
			开标、评标、中标程序的合法性（2）	开标程序的合规性	“降档评级”式指标	是否符合《中华人民共和国招标投标法》和《中华人民共和国政府采购法》的相关规定
				评标委员会组建的合规性（0）	“一票否定”式指标	
				评标方法的合理性（0）	“降档评级”式指标	评标因素权重的确定是否合理
				废标发生率（1）	废标发生率	废标数量/投标总数×100%
				投诉发生率（1）	投诉发生率	投诉数量/投标数量×100%
				合同签订的时效性（0）	“降档评级”式指标	是否符合《中华人民共和国招标投标法》的相关规定
		合同管理可控性（1）	合同变更情况（1）	项目变更处理能力	合同价款调整比率	调整的合同价款/合同总价款×100%
		项目质量可控性（6）	项目质量标准健全性（0）	无	“降档评级”式指标	是否制定项目质量要求及标准
			质量控制措施（6）	质量管理组织机构、质量监控程序	货物质量合格率	合格货物数/货物总数×100%
		项目安全可控性（1）	安全安装措施（1）	安全安装责任分工、安全检查措施	安全措施达标合格率	采取的安全措施最终达标合格情况
	财务管理（5）	采购预算编制合规性（1）	采购预算编制合规性（1）	采购预算编制合规性	采购预算编制合规性	是否符合该市政府集中采购目录和采购限额标准的规定
		资金使用合规性（2）	实际投资超概率（1）、资金利用率（1）	实际投资超概率、资金利用率	实际投资超概率	实际投资超概算金额/工程概算金额×100%
					资金利用率	实际用于项目支出额/实际到位资金×100%
		财务监控有效性（2）	财务监控措施有效性（2）	资金审查频率、资金违纪率	资金审查频率	定期进行必要的资金审查
					资金违纪率	资金违纪金额/项目实际总投资×100%

（1）制度执行有效性分析

①招标方案的合法性

为了确保项目采购仪器设备的质量，缩短采购期限，防范和化解项目采购过程中的违规行为，保护国家利益，该市畜牧兽医局依据《农业基本建设项目招标投标管理规定》和《中华人民共和国招标投标法》制定了招标方案。本项目的招标范围为仪器设备采购招标，招标组织形式采用委托招标，招标方式采用公开招标，经农业农村部批准，符合《农业基本建设项目招标投标管理规定》。

②招标公告与资格预审公告的公开透明度

公开招标是一种公开竞争的招标方式，对所有具备资格的投标单位一视同仁最大限度地激起竞争，形成买方市场，全过程透明度高，要打破垄断及不正当竞争，有效防止腐败现象的滋生。该项目在指定媒介发布招标公告和资格预审公告，未出现不同媒介发布的招标信息不一致等违法行为，保证了招标公告与资格预审公告的公开透明度。

③招标文件发售的合理性

《中华人民共和国招标投标法实施条例》规定：招标人应当按照资格预审公告、招标公告或者投标邀请书规定的时间、地点发售资格预审文件或者招标文件。资格预审文件或者招标文件的发售期不得少于5日。招标人发售资格预审文件、招标文件收取的费用应当限于补偿印刷费用和邮寄成本，不得以营利为目的。

某市乡镇兽医站续建项目招标文件的发售时间大于5日，收取的费用合理。

④开标、评标、中标程序的合法性

该市畜牧兽医局于招标文件约定时间举行开标大会。为了确保政府采购公开、公平、公正，使政府采购的开标、评标工作依法进行，该市畜牧兽医局结合近几年工作实际，制定了详细的开标、评标工作纪律。

在评标过程中，该市畜牧兽医局按照《中华人民共和国招标投标法》的规定和程序进行。特别是评标委员会由项目承办单位的代表和有关技术、经济等方面的专家组成。专家成员在开标当天从项目专家库随机抽取，评标委员会主任由专家临时推选；评标委员会采用单数制，但最低不少于5人，并且技术、经济等方面的专家不得少于成员总数的三分之二。某市乡镇兽医站续建项目在建设之前就制定了详细的项目采购计划，从发布招标公告到签订合同，整个招标采购流程符合《中华人民共和国招标投标法》各项规定，期间没有出现投诉事件。在评标过程中，废标发生率小，各项评标工作顺利进行。

该市畜牧兽医局坚持合理低价中标，中标人确定后，招标人向中标人发出中标通知书，该通知书具有法律效力，若中标人放弃中标项目，应当承担法律责任。自中标通知书发出30日之内，按照招标文件，项目承办单位和中标人签订书面合同，中标人不得向他人转让中标项目，不得将中标项目肢解后分别向他人转让。

该项目无论在建设之前，还是建设过程中，该市畜牧兽医局都能够严格按照制度执行，为工程建设的有效运行起到了很大的推动和保障作用，总体而言制度执行严格有效。

（2）合同管理可控性分析

在进行合同管理的可控性分析时，评价专家小组主要从合同的模式、合同价款控制、合同进度控制以及合同变更情况来考察，而其中最能体现合同的综合管理水平与技术的则是合同变更。通过考察和比较项目在实施过程中工作内容的增减、变动和处理该变动的能力，来综合考察项目前期工作准备的充分性，以及合同管理人员的管理能力和水平，因此该指标重点采取综合考察且重点内容重点分析的方式进行。

该市畜牧兽医局作为合同管理的实施单位，依照《中华人民共和国合同法》《中华人民共和国政府采购法》及其他有关法律、行政法规，遵循平等、自愿、公平和诚实信用的原则，与某贸易发展有限公司、某科技有限公司、某设备有限公司等签订合同，使业主对项目实施过程中的货物质量、安装过程、调试过程等行为能够进行有效的合同管理，双方严格履行合同中明确规定的权利和义务。通过后期调查研究了解到，在项目建设过程中，未出现较大的纠纷事件。在采购过程中该市畜牧兽医局严格按照该市财政局的指示与投资资金批复进行合同价款控制。

该工程在前期准备阶段，准备工作做得十分充分，且后期合同管理严格有效，保证了工程的顺利进行。

（3）项目质量可控性分析与评价

①项目质量标准健全性分析

该项目通过招标所选择的供应商已有多年设备生产经验，有完善的质量检测与管理部门，并且制定了详细的质量监管标准。保证了采购过程中采购人员、技术人员和管理人员都能够按照相应的标准完成工作，整体来说符合国家对建设单位质量标准制定与管理的要求。也正是因为这样，工程完工时，项目设备整体验收达到了设计和规范要求的质量合格标准，设备合格率达到100%。

②项目质量控制措施

在整个项目的实际采购过程中，质量管理工作是重中之重，为此该市畜牧兽医局、建设单位及供应商给予了高度重视，根据该项目的特点并结合各地区兽医站的实际情况，该市畜牧兽医局制定了该项目仪器设备的质量控制流程图，如图6–1所示。

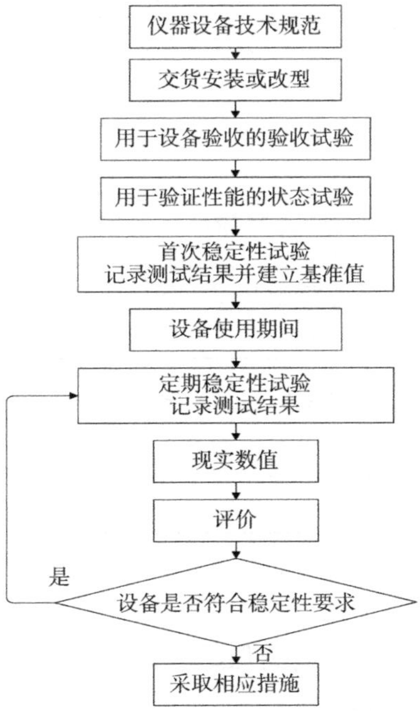

图6–1　仪器设备的质量控制流程图

该市畜牧兽医局为保证设备质量，通过与供应商协调，要求其组织一支经验丰富的队伍，一切以验收规范为准，严格按照招标文件要求完成与合同有关的设备到货、安装、调试等工作。某市乡镇兽医站续建项目业务管理分析与评价结论详见表6-13。

某市乡镇兽医站续建项目业务管理分析与评价结论　　表6-13

<table>
<tr><th>三级指标</th><th>四级指标（权重）</th><th>五级指标</th><th>指标说明及评价</th><th>评分</th></tr>
<tr><td rowspan="13">制度执行的有效性（2）</td><td rowspan="3">招标方案的合法性（0）</td><td>招标内容的明确性</td><td rowspan="3">是否符合《农业基本建设项目招标投标管理规定》的相关规定</td><td rowspan="3">0</td></tr>
<tr><td>招标组织形式的合规性</td></tr>
<tr><td>招标方式的合法性</td></tr>
<tr><td rowspan="3">招标公告与资格预审公告的公平透明度（0）</td><td>采购信息发布的平台及范围合规性</td><td rowspan="3">是否符合《中华人民共和国招标投标法》和《中华人民共和国招标投标法实施条例》的相关规定</td><td rowspan="3">0</td></tr>
<tr><td>采购信息发布的时效性</td></tr>
<tr><td>投标限制条件的合理性</td></tr>
<tr><td>招标文件发售的合理性（0）</td><td>招标文件发售期及费用收取的合理性</td><td>是否符合《中华人民共和国招标投标法实施条例》的相关规定</td><td>0</td></tr>
<tr><td rowspan="6">开标、评标、中标程序的合法性（2）</td><td>开标程序的合规性</td><td rowspan="2">是否符合《中华人民共和国招标投标法》和《中华人民共和国政府采购法》的相关规定</td><td rowspan="2">0</td></tr>
<tr><td>评标委员会组建的合规性</td></tr>
<tr><td>评标方法的合理性</td><td>评标因素权重的确定是否合理</td><td>0</td></tr>
<tr><td>废标发生率</td><td>废标数量/投标总数×100%</td><td>0.92</td></tr>
<tr><td>投诉发生率</td><td>投诉数量/投标总数×100%</td><td>1</td></tr>
<tr><td>合同签订的时效性</td><td>是否符合《中华人民共和国招标投标法》的相关规定</td><td>0</td></tr>
<tr><td>合同管理可控性（1）</td><td>合同变更情况（1）</td><td>项目变更处理能力</td><td>调整的合同价款/合同总价款×100%</td><td>1</td></tr>
<tr><td rowspan="2">项目质量可控性（6）</td><td>项目质量标准健全性（0）</td><td>“降档评级”式指标</td><td>是否制定项目质量要求及标准</td><td>0</td></tr>
<tr><td>质量控制措施（6）</td><td>质量管理组织机构、质量监控程序</td><td>合格货物数/货物总数×100%</td><td>5.95</td></tr>
<tr><td>项目安全可控性（1）</td><td>安全安装措施（1）</td><td>安全安装责任分工、安全检查措施</td><td>采取的安全措施最终达标合格情况</td><td>1</td></tr>
<tr><td colspan="4">合计</td><td>9.87</td></tr>
</table>

2）项目财务管理分析与评价

科学的财务管理是项目持续性的有力保障。某市乡镇兽医站续建项目财务管理分析与评价指标体系建立情况详见表6-14。

某市乡镇兽医站续建项目财务管理分析与评价指标体系　　表6-14

<table>
<tr><th>一级指标</th><th>二级指标</th><th>三级指标</th><th>四级指标</th><th>五级指标</th><th>结果指示</th><th>指示说明</th></tr>
<tr><td rowspan="5">过程（15）</td><td rowspan="5">财务管理（5）</td><td>采购预算编制合规性（1）</td><td>采购预算编制合规性（1）</td><td>采购预算编制合规性（1）</td><td>采购预算编制合规性</td><td>是否符合该市政府集中采购目录和采购限额标准规定</td></tr>
<tr><td rowspan="2">资金使用合规性（2）</td><td rowspan="2">资金使用合规性（2）</td><td rowspan="2">实际投资超概率（1）、资金利用率（1）</td><td>实际投资超概率</td><td>实际投资超概算金额/工程概算金额×100%</td></tr>
<tr><td>资金利用率</td><td>实际用于项目支出额/实际到位资金×100%</td></tr>
<tr><td rowspan="2">财务监控有效性（2）</td><td rowspan="2">财务监控措施有效性（2）</td><td rowspan="2">财务监控措施有效性（2）</td><td>资金审查频率</td><td>定期进行必要的资金审查</td></tr>
<tr><td>资金违纪率</td><td>资金违纪金额/项目实际总投资×100%</td></tr>
</table>

某市乡镇兽医站续建项目主要对项目采购预算编制及执行工作的合规性、价款及核算的规范性等指标进行定性分析，对资金利用率、资金有效率、资金违纪率等进行定量评价，反映项目在建设过程中能否合理有效地分配及利用资金。

（1）项目预算编制及执行工作分析与评价

为进一步规范某市乡镇兽医站续建项目采购预算编制和执行，切实加强项目采购资金管理，提高项目采购资金的使用效益，该市畜牧兽医局严格按照市财政局印发的该市政府集中采购目录和采购限额标准，全面、准确地编制采购预算，详细说明采购仪器设备的规格、型号、数量、单价和资金构成等，确保各区县乡镇兽医站编制的采购预算符合政策文件的相关规定。

（2）项目资金使用合规性分析与评价

绩效评价针对某市乡镇兽医站续建项目资金使用的实际情况对实际投资超概率、资金利用率、资金违纪率进行着重分析。

某市乡镇兽医站续建项目在采购款项支付上，由该市畜牧兽医局根据与中标供应商签订的合同价款向市财政局提交采购款项支付申请，财政部门根据实际情况审查批复，并直接拨款到供货单位账户。

该项目实际投资为555万元，与国家批准的概算金额相符，且全部投资资金合理使用，无浪费现象。该市畜牧兽医局成功地编制了采购预算，有效地引导了资金使用方向及使用流量，节约了采购成本，提高了资金的使用效率。该项目资金使用情况详见表6-15。

某市乡镇兽医站续建项目资金使用情况评价结论　　表6-15

三级指标	四级指标	五级指标计算	指标说明	评价得分
资金使用合规性（2）	实际投资超概率（1）	实际投资超概率$=\frac{0}{555万元}\times100\%=0$	实际投资超概算金额/工程概算金额×100%	1分
	资金利用率（1）	资金利用率$=\frac{555万元}{555万元}\times100\%=100\%$	实际用于项目支出额/实际到位资金×100%	1分
合计				2分

（3）项目财务监控有效性

某市乡镇兽医站续建项目的财务监督主要有以下两项措施：一是建立政府采购资金专户，将属于该项目集中采购范围的采购资金集中存放，在采购活动结束后根据该市畜牧兽医局的申请由市财政局直接划拨给供应商，从而确保“钱随事走”。这样有效地保证了大额的采购资金有序落实到各自的使用环节中，切实保障了纳入预算的采购项目的经费需求。二是财务部门在审核付款时做到了将财务凭证与采购计划进行核对，防止无计划采购、超计划采购、不按计划采购，并对财务凭证的真实性进行审核，从源头上控制自行采购、超标采购等项目执行突破预算的行为。

因此，该项目的财务监督措施从根本上解决了财政资金多环节拨付、多头管理、多户头存放的弊端，提高了财政资金使用效益，降低了财政资金运行成本，真实反映了财政资金的实际支出数，使财政部门对经济形势做出及时、准确的判断，有效地防止了对财政资金的挤占、挪用和截留，实现了财务监控的有效性目标。

某市乡镇兽医站续建项目具体采购预算编制、资金合理使用及财务监控情况分析与评价详见表6-16。

某市乡镇兽医站续建项目财务管理分析与评价结论　　表6-16

三级指标	四级指标	五级指标	指标说明及评价	评价得分
采购预算编制合规性（1）	采购预算编制合规性（1）	采购预算编制合规性	该指标为定性指标，该项目采购预算编制符合相关规定	1分
资金使用合规性（2）	实际投资超概率（1）、资金利用率（1）	实际投资超概率	实际投资超概率$=\frac{0}{555万元}\times100\%=0$	1分
		资金利用率	资金利用率$=\frac{555万元}{555万元}\times100\%=100\%$	1分
财务监控有效性（2）	财务监控措施有效性（2）	资金审查频率、资金违纪率	项目财务监控有效	2分
合计				5分

综上所述，项目过程计算总得分为14.87分，达到99.1%的达标率，因此评价结果为优。

3. 项目产出绩效评价

某市乡镇兽医站续建项目建设地点为该市6个生猪奶牛大县的111个乡镇兽医站。项目的建设要考虑兽医站建设的标准，所以某市乡镇兽医站续建项目建设水平要与该市今后发展水平相适应，并适应该市动物防疫工作的新形势。项目建成后，必然会提高该市动物疫病防控水平与应对突发疫情能力，保证动物产品质量与卫生安全，保护人民群众身体健康，促进该市社会治安秩序水平的提升。

因此，对某市乡镇兽医站续建项目的产出进行评价，就必须结合该项目建设的背景、项目建设功能及服务，考虑项目的产出是否符合兽医站和周围居民的动物养殖需要，是否符合该市的区域发展规划需要。

本项目绩效评价结合项目建设的实际情况从项目质量目标实现程度、时间目标实现程度、项目完成程度、投资目标实现程度、劳动安全卫生目标实现程度五个方面对项目的产出进行评价，项目产出评价指标体系的建立详见表6–17。

某市乡镇兽医站续建项目产出评价指标体系　　表6–17

一级指标	二级指标	三级指标（权重）	四级指标（权重）	五级指标	结果指示	指示说明
产出（20）	项目产出（20）	质量目标实现程度（6）	设备作业实际质量评价（6）	设备质量等级、质量达标率	设备优良率	优良设备数量/验收设备数量×100%
					交验合格率	合格设备数量/交验设备数量×100%
		时间目标实现程度（4）	完成及时率（4）	项目完成及时率	项目完成及时率	（工程计划完成时间–工程实际完成时间）/工程计划完成时间×100%
				竣工决算审计核减率、固定资产转化率	竣工决算审计核减率	（审定金额–报审金额）/报审金额×100%
					固定资产转化率	固定资产价值总额/审定总投资额×100%
		项目完成程度（3）	项目实际完成率（3）	项目实际完成率	项目实际完成率	实际产出数/计划产出数×100%
		投资目标实现程度（3）	实际投资与投资概算的偏差（3）	项目实际投资偏差率	项目实际投资偏差率	（实际投资–投资概算总额）/投资概算总额×100%
		劳动安全卫生目标实现程度（4）	劳动安全目标评价（2）	重大事故量	重大事故发生率	重大事故发生数量/全部事故发生数量×100%
			卫生目标评价（2）	卫生达标率	卫生达标率	卫生指标达标数/全部卫生指标数×100%

1）质量、时间及投资目标实现情况分析与评价

（1）项目质量目标实现程度

某市乡镇兽医站续建项目在项目实施过程中，该市畜牧兽医局、建设单位及供应商高度重视质量管理工作，根据项目的特点并结合各兽医站的实际情况，主要采取了以下措施：

①针对项目特点和专业特点，编制质量保证计划，制定相应的质量保证措施，在采购过程中严格落实，通过过程控制创造精品采购项目；

②负责项目仪器设备质量统计报表工作，及时上报有关部门，及时进行质量问题处理；

③负责设备专检质量资料的填写、签字及归档工作。

正是因为各单位的积极负责，并严格有序地执行相关制度，该项目中各仪器设备质量能够真正达到要求。通过对实际情况的分析，了解到该项目中仪器设备基本符合项目质量要求，并未发生重大的质量不合格事件，换货金额得到有效控制。

（2）项目时间目标实现程度

在项目建设中，该市畜牧兽医局为了尽快完成工程采购任务，使其早日投入使用，以满足兽医站的需求，在保证招标投标工作有序合规进行的条件下，结合供应商具体情况，合理确定了合同的结构和招标方案，制定了周密的项目采购进度计划。为加快采购进度，主要采取了以下两项措施：

①制定招标采购时间进度表

采购部门在接到采购任务后，根据项目特点制定了招标采购时间进度表，在遵守《中华人民共和国招标投标法》和《中华人民共和国政府采购法》等相关法律法规的前提下，对招标过程全盘统筹、合理安排。

②注重招标文件编制的质量

作为投标的重要依据，招标文件的编制质量对招标成败起着关键作用，而招标文件的编制质量主要体现在其商务条款和技术条款的设置上。为了做好招标文件的编制工作，该市畜牧兽医局做了以下努力：根据招标项目的实际情况和特点，对投标人设置了合理的资格条件，尽可能多地选择几个供应商进行综合比较，全面了解其技术能力、售后服务和设备的配置、性能等情况；充分了解设备性质和类型，借鉴以往招标实践中类似项目的成功经验，对拟招标设备合理划分标包。

实际实施中，某市乡镇兽医站续建项目顺利、如期地完成，各项设备采购完成后立即投入使用。符合当初项目时间安排，项目完成及时率为100%。

（3）项目投资目标实现程度

根据某会计师事务所对某市乡镇兽医站续建项目进行的竣工决算审核，截至决算当天，项目实际投资额为555.5万元，资金来源全部为中央预算内投资。其中，设备投资548.1833万元，待摊投资6.8167万元。竣工财务决算反映的交付使用资产为555.5万元，全部为固定资产，实现了固定资产100%的转化率。截至审核日尚有6.8167万元尾款未支付。该项目实际完成投资额为555.5万元，与批准的概算一致。

2）项目劳动安全卫生目标实现程度分析与评价

（1）项目劳动安全目标分析与评价

为保证设备的运行安全，经该市畜牧兽医局和供货商协调，不定期对各基层兽医局的安全状况进行检查、指导和督促。各基层兽医局在使用设备过程中严格贯彻“安全第一”的方针，在紧抓工作质量和效率的同时，绝不忽视安全工作。在项目设备投入使用前，兽医站工作人员都要接受安全教育，及时制定统一的安全管理制度，以保证设备的正常有序进行。确保工作人员的人身安全和健康，实现“安全为了生产、生产必须安全”的目的。由此可见，在设备运行过程中，做到了“无伤亡、无火灾、无中毒”等，最终达到了重大事故量为0的目标。

（2）项目卫生目标分析与评价

卫生防护工作是项目得以顺利建设的重要保证，某市乡镇兽医站续建项目在建设过程中专门设立了卫生防护专职人员，负责项目设备使用过程中的卫生指导与监督工作，相比其他建设项目，作为专门为动物防疫服务的项目，该项目更加注重卫生状况的控制，除了对办公区、实验区、生活区进行严格的分区治理，该项目还十分注重不同卫生标准检查制度的制定与执行，并注意配备不同的卫生标准指示牌，从而很好地净化了环境，保证了卫生效果。通过该市畜牧兽医局和各基层兽医站的共同努力，该项目在历次卫生防护建设过程中均取得了不错的成绩。

综合来讲，某市乡镇兽医站续建项目严格按照相关国家规范的要求，做好了安全卫生工作，达到了国家设备设置的标准与要求，在安全卫生达标检查工作中也取得了较好的成绩，得到了相关监督检查工作小组和卫生局的一致认可，某市乡镇兽医站续建项目产出情况分析评价结论详见表6-18。

某市乡镇兽医站续建项目产出情况分析评价结论　　表6-18

三级指标	四级指标	五级指标	指标说明及评价	评价得分
质量目标实现程度（6）	设备作业实际质量评价（6）	设备质量等级、质量达标率	设备优良率=优良设备数量/验收设备数量×100%； 交验合格率=合格设备数量/交验设备数量×100%； 质量达标率为100%	6分
时间目标实现程度（3）	项目完成及时率（4）	项目完成及时率	完成及时率=$\frac{\text{计划完成时间}-\text{实际完成时间}}{\text{计划完成时间}}\times 100\%=0$	4分
项目完成程度（3）	项目实际完成率（3）	项目实际完成率	项目实际完成率=$\frac{\text{实际完成量}}{\text{计划完成量}}\times 100\%=100\%$	3分
投资目标实现程度（3）	实际投资与投资概算的偏差（3）	项目实际投资偏差率	实际投资偏差率=$\frac{\text{投资概算总额}-\text{实际投资额}}{\text{投资概算总额}}\times 100\%=0$	3分
劳动安全卫生目标实现程度（5）	劳动安全目标评价（2）	重大事故量	重大事故发生率=0/1×100%=0	2分
	卫生目标评价（2）	卫生达标率	卫生防护达标率=10/10×100%=100%	2分
合计				20分

综上所述，对某市乡镇兽医站续建项目的产出过程进行评价分析，项目各参与方始终坚持做好自己的本职工作，积极认真地管理项目，保证了项目目标的顺利实现，该部分总得分为20分，评价结果为优。

4. 项目效果评价

效果即由于某种动因或原因收到的良好结果。在工程项目建设过程中，工程建设效果重点指项目建设效益，即劳动占用、劳动消耗与获得的劳动成果之间的比较。在此阶段对项目进行效果评价时，主要评价项目的经济效益、社会效益、生态效益、可持续影响以及社会服务对象满意度。通过评价相应的指标，可以全面地比较和衡量项目所带来的综合效益，项目的效果评价指标体系构建详见表6–19。

某市乡镇兽医站续建项目效果评价指标体系　　表6–19

<table>
<tr><th>一级指标</th><th>二级指标</th><th>三级指标</th><th>四级指标</th><th>五级指标</th><th>结果指标</th><th>指标说明</th></tr>
<tr><td rowspan="11">效果（40）</td><td rowspan="11">项目效益（40）</td><td>经济效益（4）</td><td>国民经济效益（4）</td><td>国民经济效益</td><td>该项目取得了较好的国民经济效益</td><td>“有无对比”</td></tr>
<tr><td rowspan="4">社会效益（20）</td><td>对该地区畜牧业有较大影响（5）</td><td>对该地区畜牧业有较大影响</td><td>对该地区畜牧业有较大影响</td><td>综合比较</td></tr>
<tr><td>对该地区兽医站整体形象具有较大提升作用（5）</td><td>对该地区兽医站整体形象具有较大提升作用</td><td>对该地区兽医站整体形象具有较大提升作用</td><td>“有无对比”</td></tr>
<tr><td>对该市食品安全有较大影响（5）</td><td>动物和动物产品质量安全事故减少量</td><td>食品安全事故降低率</td><td>（设备购置前食品安全事故发生次数–设备购置后食品安全事故发生次数）/设备购置前食品安全事故发生次数×100%</td></tr>
<tr><td>提高我市动物产品全国竞争力程度（5）</td><td>提高我市动物产品全国竞争力程度</td><td>提高我市动物产品全国竞争力程度</td><td>综合比较</td></tr>
<tr><td rowspan="2">生态效益（8）</td><td>污染物的排放程度（6）</td><td>废气、废液和固体废弃物排放量</td><td>废气、废液和固体废弃物排放达标率</td><td>废气（液）排放达标率=废气（液）排放达标量/废气（液）总排放量×100%；固体废物排放达标率=固体废弃物/总废物量×100%</td></tr>
<tr><td>节能效果（2）</td><td>废物再利用率</td><td>废物再利用率</td><td>废物再利用量/产生的总废物量×100%</td></tr>
<tr><td rowspan="2">可持续影响（4）</td><td rowspan="2">对该地区周边影响的可持续性（4）</td><td>促进养殖业持续健康发展程度</td><td>促进养殖业持续健康发展程度</td><td>综合评价</td></tr>
<tr><td>维护当地环境生态平衡程度</td><td>维护当地环境生态平衡程度</td><td>综合评价</td></tr>
<tr><td rowspan="2">社会服务对象满意度（4）</td><td rowspan="2">社会服务对象满意度（4）</td><td>兽医站工作人员满意度</td><td>工作人员好评率</td><td>问卷调查得出的数据</td></tr>
<tr><td>农户满意度</td><td>农户好评率</td><td>问卷调查得出的数据</td></tr>
</table>

1）项目经济效益分析与评价

国民经济效益分析是在合理配置社会资源的前提下，从国家经济整体利益的角度出发，计算项目对国民经济的贡献，分析项目的经济效益和社会影响，评价项目在宏观经济上的合理性。在进行国民经济效益分析时要遵循的基本原则如下：

（1）“有无”对比原则；

（2）效益与费用计算口径对应一致的原则；

（3）收益和风险权衡的原则；

（4）定量分析与定性分析相结合，以定量分析为主；

（5）动态分析与静态分析相结合，以动态分析为主。

该市基层畜牧兽医站是畜牧兽医部门履行动物疫病防控和动物产品质量安全监管职能的主体力量，是动物疫病防控和动物产品质量安全监管措施得到有效落实的关键，是政府为农民提供畜牧兽医技术公共服务的桥梁和纽带。虽然该市畜牧业规模正在不断扩大，但从该市乡镇兽医站总体情况来看，普遍存在设备落后、不齐全的现象，现有的基础条件和设备已经不能满足畜牧业发展的需要，急需引进先进的配套设备。项目建设前，乡镇兽医站主要存在以下问题：一是基层动物防疫工作基础薄弱。有部分乡镇畜牧兽医站缺少必要的基础设备，如隔离、消毒、扑杀、无害化处理等快速处理动物疫情的设施设备明显不足，且设备基础标准低，导致相当部分工作不能正常有效地开展。二是缺乏必要的预防、诊断、检疫和监测手段，疫情报告统计周期长、时效性差，不能及时反映动物疫情动态，难以对重大动物疫病做出早期预警和预报。三是部门和地区间缺乏有效的信息交换和组织协调机制，联防联控难以落实。

通过该项目的建设，给该市6个县区的111个乡镇兽医站购置和配备了先进的仪器设备，加强了防疫队伍建设，完善了县（区）、乡镇、养殖场户三级动物防疫网络，强化了动物防疫、检疫职能，全面提高了该市重大动物疫病防控的技术水平和动物产品质量安全的监管能力，有效地增加了农民的收入，带动了项目区及周边地区畜牧产业的快速发展。

通过乡镇兽医站“有无对比”能够看出，该项目的建设对改善乡镇兽医站的基础设备设施发挥了很大作用，综合提高了该地区动物疫病防控和监测能力，提升了病死动物无害化处理和动物产品质量安全监管的能力水平，得到了该地区人民和周边群众的一致认可，为该地区的和谐社会建设贡献了巨大力量，整体上取得了较好的国民经济效益。

综合以上分析可以得出，该项目取得了较好的国民经济效益，其各项指标均能够达到国家和该市的建设标准，其总得分为4分，因此综合评价结果为优。

2）项目的社会效益及生态效益分析与评价

（1）项目的社会效益分析与评价

①项目社会效益的实际影响效果

A.项目的实施促进了该地区畜牧业的持续、稳定、健康发展

通过本项目的实施，进一步加强了基层畜牧兽医站的动物防疫水平，大大提高了动物疫病的预防、控制、扑灭的技术水平，提高了动物疫病的诊断能力和综合管理能力，以及对重大疫病、外来疫病的快速反应能力，有效地控制和消灭危害严重的动物疫病，为该地区畜牧业的生产起到了保驾护航的作用。进而提高了群众的养殖积极性，有利于该地区畜牧业的持续、稳定、健康发展。

B.项目的实施改善了兽医站的整体站容站貌

项目建设前，大多数兽医站都存在设备落后、不齐全和站内功能分区混乱等现象。目前，各基层兽医站通过这次仪器设备的配备，实现了站容站貌外檐色调、功能分区、标志标牌“三统一”和诊疗检测、应急值班、办公接待、经营服务、食宿生活“五功能分区”的目标。同时，改善和提高了畜牧兽医站部门的办公和工作条件，受到了兽医和其他服务人员的一致好评，提高了他们工作的积极性。

C.项目的实施提高了该市畜禽类食品质量安全水平

经历了口蹄疫、禽流感等疫病传播事件，人类对动物产品安全更加关注，动物产品质量安全与人类健康密切相关。加强防疫体系建设，可以对突发的重大动物疫情做到早发现、早决策、早扑杀。只有建立科学完善的防疫体系，做到有备无患，才能全面提升畜禽食品安全水平，保障人类身体健康。

D.项目的实施提升了该市畜产品在全国的竞争力

近年来，随着动物产品供求的基本平衡，人民生活水平的日益提高，动物产品贸易的快速发展，动物产品质量安全问题日益突出，已成为畜牧业发展新阶段亟待解决的主要矛盾之一。通过加强动物防疫体系建设，对乡镇兽医站配备相应的必要仪器设备，全面提高了病死动物无害化处理工作监管能力和畜禽养殖业信息化水平，从而保障了畜产品的质量安全，进一步提升了该市畜产品在全国的竞争力和影响力。

②调查问卷实践

在此次项目社会效益评价过程中，对促进该地区畜牧业健康发展、改善兽医站整体形象这两个评价指标实行公众评判法，对52名群众发放调查问卷，收回50份有效问卷，调查问卷结果汇总详见表6-20。

社会效益评价调查问卷结果统计与分析　　表6-20

<table>
<tr><th>标准</th><th>促进地区畜牧业健康发展</th><th>改善兽医站整体形象</th></tr>
<tr><td>很好</td><td>15票</td><td>14票</td></tr>
<tr><td>比较好</td><td>26票</td><td>29票</td></tr>
<tr><td>一般</td><td>9票</td><td>7票</td></tr>
<tr><td>比较差</td><td>0票</td><td>0票</td></tr>
<tr><td>很差</td><td>0票</td><td>0票</td></tr>
<tr><td>结果分析图</td><td>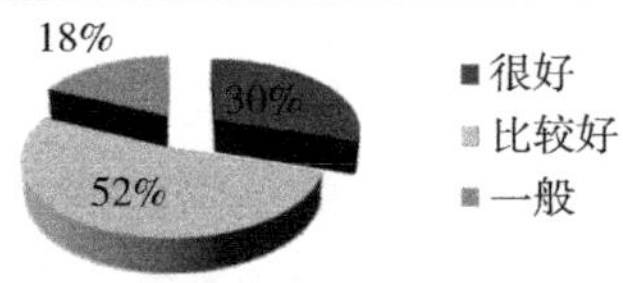
</td><td>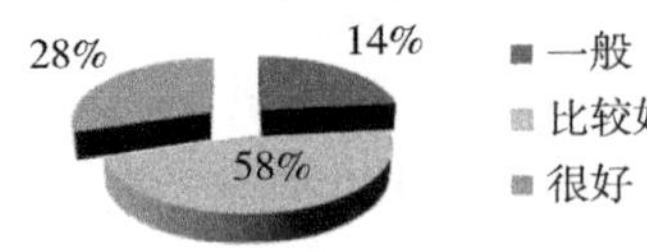
</td></tr>
<tr><td>总体分析</td><td>对以上数据结果进行加权平均，结果为4.12分，该项目很好地促进了该地区畜牧业的健康发展</td><td>对以上数据结果进行加权平均，得出结果为4.14分，所以该项目的建设较好地改善了兽医站的整体形象</td></tr>
</table>

注：“很好”评分为5分；“比较好”评分为4分；“一般”评分为3分；“比较差”评分为2分；“很差”评分为1分。

从取得的实际效果来看，该项目在提高该地区兽医站防控疫情能力、促进地区畜牧业持续稳定健康发展、改善兽医站整体站容站貌、保障畜产品的质量安全和提升其在全国的竞争力和影响力等方面取得了较大成就，基本达到了预期的目标，并且该项目严格按照国家和该市的政策以及国家法律法规进行项目建设和设备的招标采购，对该市社会产生了积极的影响，具体的社会效益评价结果详见表6-21。

社会效益评价结果表　　表6-21

三级指标	四级指标	五级指标	指标指示	评价得分
社会效益（20）	对该地区畜牧业有较大影响（5）	对该地区畜牧业有较大影响	对该地区畜牧业有较大影响	4.12分
	对该地区兽医站整体形象具有较大提升作用（5）	对该地区兽医站整体形象具有较大提升作用	对该地区兽医站整体形象具有较大提升作用	4.14分
	对该市食品安全有较大影响（5）	动物和动物产品质量安全事故减少量	食品安全事故降低率	4.46分
	提高我市动物产品全国竞争力程度（5）	提高我市动物产品全国竞争力程度	提高我市动物产品全国竞争力程度	4.74分
合计				17.46分

由以上调查分析可知，某市乡镇兽医站续建项目整体上达到了预期的社会效益目标。

（2）项目的生态效益影响

①项目生态效益分析

A.废气的排放

项目中某些仪器设备在运行时会产生少量的有害废气，通过回收套用等方式，尽量减少有害气体排放。对于无法避免排放的气体，通过在室内安装排气装置、风道、通风橱等，保证气体及时排放。因此对空气造成的污染较小，空气质量可以达到规范要求。

B.废液的排放

仪器设备在运行期会产生一定量的有机试剂。根据《污水综合排放标准》GB 8978-1996规定的标准及要求，本项目已设立单独的废液处理设施，定期进行废液处理，经蒸馏回收，酸碱等废液经充分稀释后倒入专用储液缸中，定期在环保部门的监督下妥善处理。同时建设灭菌槽，将实验室半污染区和污染区的废水收集至特种灭菌槽，经添加有效消毒剂灭菌达标后排入室外排水管网。因此，该项目减少了对地表环境的污染。

C.固体废物的排放

项目运行期产生的废弃物有动物粪便、动物尸体和生活垃圾，这些有害废物对周围环境将造成一定的影响，本项目中动物粪便经无害化处理后，集中装入塑料袋交予环保部门处理，动物尸体用焚化炉焚烧。同时将动物饲养区全封闭，采取消毒、隔离等措施，将污染减少到最低限度，项目生活垃圾年产生量少，这些废弃物可综合利用，生活垃圾交由环卫部门处理，对周围环境影响甚小。

项目在建成后，严格按制度执行，保证了固体污染物的安全。废水、废气及固体废弃物监测结果详见表6-22。

废水、废气及固体废弃物监测结果　　表6-22

污染物	分析项目	分析结果	结论
废水、废气	pH值	6.96	合格
	悬浮物	114mg/L	合格
	化学需氧量	122mg/L	合格
	生化需氧量	5.4mg/L	合格
固体废弃物	抽查	小于国家标准	合格

D.废物再利用分析

为强化医疗设备的合理利用，乡镇兽医站重点建设了废物处理回收站，对生活区可回收物品进行严格的分类和处理，保证了废弃物的合理处理。

②评价结论

对某市乡镇兽医站扩建项目进行生态效益分析过程中，对废水处理满意度、医疗固体废弃物处理满意度和废物再利用满意度这三个评价指标实行评判法，对52名农户和兽医站工作人员发放调查问卷，收回50份有效问卷。具体的调查问卷结果汇总详见表6-23。

生态效益评价调查问卷结果统计与分析一览表　　表6-23

标准	废气、废液处理满意度	固体废弃物处理满意度	废物再利用满意度
很好	13票	11票	14票
比较好	27票	29票	27票
一般	10票	10票	9票
比较差	0票	0票	0票
很差	0票	0票	0票
结果分析图	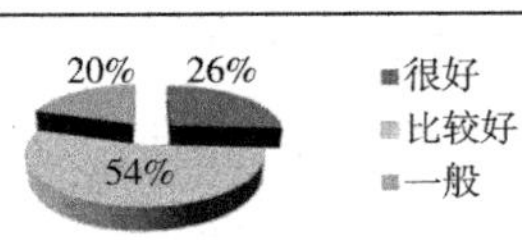	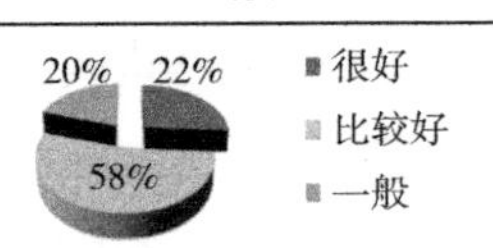	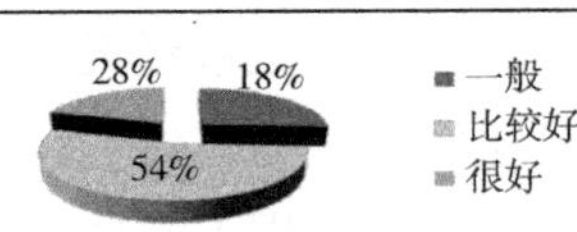
总体分析	对以上数据结果进行加权平均，得出结果为4.06分，属于比较好的程度，所以该项目废水处理满意度情况比较好	对以上数据结果进行加权平均，得出结果为4.02分，属于比较好的程度，所以该项目固体废弃物处理满意度情况较好	对以上调查结果进行加权平均，得出结果为4.1分，属于比较好的程度，所以该项目比较好地进行了废物再利用

注：“很好”评分为5分；“比较好”评分为4分；“一般”评分为3分；“比较差”评分为2分。

某市乡镇兽医站对生态效益十分重视，采取各种处理措施净化了兽医站周边环境，降低了污染物对周围环境和工作人员的影响。总体来说，该项目的建设生态效益是可接受的，具体评价结果如表6-24所示。

生态效益评价结论　　　　表6-24

三级指标	四级指标	五级指标	指标说明	评价得分
生态效益（8）	污染物的排放程度（6）	废气、废液和固体废弃物排放量	废气（液）排放达标率=废气（液）排放达标量/废气（液）总排放量×100%；固体废弃物排放达标率=固体废弃物/总废物量×100%	6分
	节能效果（2）	废物再利用率	废物再利用量/产生的总废物量×100%	1.78分
合计				7.78分

综合了解可知，该项目对主要污染物的排放和处置符合国家标准要求。资源得到了有效利用，项目设置的处理机构、设备和专职人员能够有效地保证处理质量。因此，项目社会效益和生态效益综合评价结果为优。

3）项目的可持续影响分析与评价

建设项目的可持续性是指建设项目在其生命周期内维持各种效应和影响之间的动态均衡，使发展速度和发展质量相互适应。可持续性评价是在建设项目投入生产或运营一段时间以后，在分析社会、经济和环境等效益的基础上进行的，目的在于为项目管理者提供依据和反馈信息，提高项目的全生命周期管理水平。在建设项目可持续性绩效评价指标体系的构建中，整个指标体系主要分析建设项目对其所处区域影响的可持续性，主要从两方面考虑：一是项目促进该地区养殖业持续稳定健康发展的程度；二是项目维护当地环境生态平衡的程度。

（1）对地区养殖业可持续发展影响的评价

某市乡镇兽医站扩建项目通过对基层兽医站仪器设备的配备，改善了兽医站的工作条件，满足了其工作的需要，并考虑到了养殖户和其他人民群众对兽医站提出的新要求。这对同类项目的建设起到了很强的示范作用，具有重要的指导及标杆意义。项目完成后，加强了配套设备的维护及管理，充分发挥其各项功能，提高了兽医站自身的工作效率。同时，也改善和提高了畜牧兽医站各部门的办公条件，受到了兽医和其他服务人员的一致好评，增加了他们工作的积极性，激励其对工作的责任感，为充分发挥兽医站各项职能提供了强有力的保障。

某市乡镇兽医站扩建项目与同类项目相比，其仪器设备在技术上具有显著的先进性，贯彻执行了国家对动物防疫体系建设的规划，积极完善兽医站防疫检测设备和疫情控制程序，较好做到了集“强制免疫、产地检疫、疫情报告、监督病死动物无害化处理和产地畜产品质量安全监管”五项公益性职能于一体，有效地减少了动物疫情的发生，使畜牧养殖业具有更广阔的前景。

（2）对当地环境生态平衡的影响评价

动物是地球生态系统的重要组成部分，对于保护生物多样性、维护生态平衡具有重要的作用。近年来，人类的许多传染病是由染疫动物传播引起的，做好动物传染病的检测和控制工作，是人类疫病防治的重要组成部分。动物炭疽、结核病、流行性乙型脑炎、布鲁氏菌病、狂犬病等人畜共患病时有发生。人类卫生和动物卫生相互联系、相互依存，做好动物疫病防治工作对人类自身的发展具有非常重要的意义，尤其是与人类健康直接相关的动物疫病的防治。该项目的建设，提高了对动物疫病、疫情的防控和检测能力，有效地降低了动物的发病率，从而保障了人类的健康。此外，通过以上对项目生态效益的分析，发现该项目的建设注重对环境的保护力度，各项指标均符合环境保护的标准，从而维护了环境的生态平衡。

（3）评价结论

通过以上的综合分析与评价，得到该项目的可持续性评价结论，详见表6-25。

可持续性评价结论　　表6-25

三级指标	四级指标	五级指标	指标说明	评价得分
可持续影响（4）	项目对该地区周边影响的可持续性（4）	项目促进养殖业持续健康发展程度	项目促进养殖业持续健康发展程度	2分
		项目维护当地环境生态平衡程度	项目维护当地环境生态平衡程度	2分
合计				4分

通过以上分析得出，某市乡镇兽医站项目的建设对当地养殖业的持续健康发展和环境生态平衡影响程度很大，且该项目新配置的设备技术较先进，形成了许多新功能的防控和检测体系。某市乡镇兽医站项目的完成改善了基层兽医站的动物防疫、检测和诊治条件，对该地区后期发展具有很强的推动作用，且从总体情况来看，该评价指标得分为4分，整体达到优良状态。因此该项目的整体可持续性评价结果为优。

4）服务对象满意度分析与评价

（1）项目服务对象满意度分析

该项目服务对象包括6个区县111个乡镇兽医站工作人员和该地区农户。该乡镇兽医站仪器设备配置后，无论是办公条件还是环境都有了很大的改善。解决了技术推广、监测等设备不齐全、标准低的问题，切实提升了该地区动物防疫的能力和水平，提高了服务质量，加强了疫病监测和监控能力。另外，该项目还为基层兽医站配备了相应的交通工具，以解决服务范围广、交通不方便等问题，从而真正做好养殖户的服务工作，保证了地区畜牧业的顺利发展，最终赢得了兽医站工作人员、农户和其他社会群众的满意与赞赏。

（2）问卷调查

对该扩建项目进行服务对象满意度分析，此次评价采用公众判别法进行分析，共发放52份调查问卷，其中收回50份有效问卷。收回的问卷当中，兽医站工作人员有22份，当地农户有28份，基本保证了结果的均衡性，问卷调查的结果汇总详见表6–26。

满意度调查问卷结果统计与分析　　表6–26

标准	服务对象满意度	
	兽医站工作人员	当地农户
很好	6票	9票
比较好	14票	16票
一般	2票	3票
比较差	0票	0票
很差	0票	0票
结果分析图	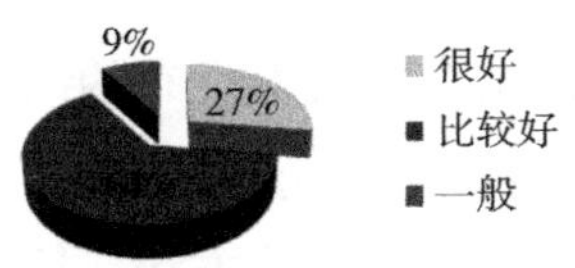	
总体分析	对以上数据结果进行加权平均，得出结果为4.18分，属于比较好，兽医站工作人员对于该项目建设的满意程度比较好	对以上数据结果进行加权平均，得出结果为4.21分，属于比较好，农户对于该项目建设满意程度良好

注：“很好”评分为5分；“比较好”评分为4分；“一般”评分为3分；“比较差”评分为2分；“很差”评分为1分。

由以上调查数据可以了解到，某市乡镇兽医站扩建项目得到了工作人员和农户的一致认可，具体的服务对象满意度评价结论详见表6–27。

服务对象满意度评价结论　　表6–27

三级指标	四级指标	五级指标	指标说明	评价结果
社会服务对象满意度（4）	社会服务对象满意度（4）	工作人员满意度	工作人员好评率	1.67分
		农户满意度	农户好评率	1.68分
合计				3.35分

综合以上评价结果，某市乡镇兽医站扩建项目在项目效果评价中总共得分为35.78分，达到92.48%达标率，因此综合评价结果为良。

第三节　综合评价情况及评价结论

本次项目绩效评价工作参照的文件有财政部颁布的财政支出绩效评价管理的相关规定和项目所在市的预算绩效管理相关规定。在实施评价工作的过程中，评价小组结合具体的项目特征，通过建立项目评价指标体系，对项目投入、过程、产出、效果等方面以专家打分和调查问卷等形式进行了全过程的评价分析，并以最后得出的权重总分作为项目的最终得分。在以项目最终得分作为项目整体绩效目标实现量度指数时，评价得分在[90，100]，评价结论为优；评价得分在[75，90），评价结论为良；评价得分在[60，75），评价结论为一般；评价得分在[0，60），评价结论为较差。在评价方法上，我们另外采用了2次定量分析（成功度法和多层次灰色评价法）和1次定性分析（逻辑框架法）。通过定量分析与定性分析相结合，综合验证绩效评价分值法的准确性。此外通过这3次评价我们能够更加全面细致地了解项目建设过程中出现的问题以及后期运营产生的基本效益，从而使评价内容更为全面、评价结论更加准确、问题建议更具建设性。

一、绩效评价分值法评价

根据某市乡镇兽医站续建项目的特点，结合财政部发布的绩效评价指标参考体系，专家小组建立了该项目的评价指标体系，并给出了各指标的权重值（表6–3）。根据前述指标结果指示与指示说明，专家小组成员采用不同的评价方法，依次对项目涉及的各个指标进行比较打分，其中各评价方法中评分标准见表6–28。

绩效评价分值法评价标准及示例　　表6–28

评价方法	评价标准	示例
比较法	与国家标准或行业规范进行对比分析，若评价结论为符合，则为满分；不符合则为0分	例如，对于废气的排放量指标，要与《环境空气质量标准》GB 3095-2012进行对比，若SO_2、PM10等排放量均在标准之内，则为满分，否则为0分
	实施效果与绩效目标进行对比分析，若在控制范围内，为满分；超出范围，每超出1%，扣0.1分，扣完为止	例如，对于工程建设进度指标，若合同工期为328天，而实际工期为328天，则超出百分比为：（328-328）÷350=0，则该指标应扣0分，最后得分为3分
因素分析法	专家对该指标的实现程度进行打分，给出0～1的值代表该指标的完成程度，该指标的得分计算方法为： 满分×专家给出的完成程度	以本项目“成本节约率”指标为例，某市乡镇兽医站扩建项目的建设过程中进行了3次批复，最终才使决算总投资金额与国家批准的概算金额相符。专家小组经过探讨，一致认为该指标完成程度为100%，又因为本指标在表中分值为1分，此项评分为满分1分
公众评判法	通过发放问卷，以及回收后的数据处理已经得到了该指标的分数，专家认为指标设置合理，数据整理结果有效，但是采用5点Likert量表，因此满分为5分，换算成该指标的分数即可	例如，服务对象满意度中兽医站工作人员的满意度指标，经过数据处理，得分为4.54分（满分为5分），而该指标在表6–3中的分值为1分，则该指标得分为：4.54×（1÷5）=0.91

经过以上分析和比较，所有指标的专家评分汇总如表6–29所示。

某市乡镇兽医站续建项目绩效评价结果　　表6–29

一级指标	二级指标	三级指标	四级指标	五级指标	结果指标	评价方法	专家打分	最终得分
投入（25）	项目立项（21）	项目立项规范性（0）	项目申报合规性（0）	申报资料完整性	“降档评级”式指标（0）	因素分析法	1	0
				申报程序合规性	“降档评级”式指标（0）	因素分析法	1	0
			项目决策规范性（0）	是否经过立项、可行性研究、初步设计概算	“降档评级”式指标（0）	因素分析法	1	0
		绩效目标合理性（2）	绩效目标依据充分性（1）	是否符合地区畜牧业发展规划	“降档评级”式指标（0）	因素分析法	1	0
				与兽医站实际需求的符合度	建设规模、建设标准达标率（1）	比较法	1	1
			绩效目标可行性（1）	预期收益	预期收益偏差率（1）	比较法	1	1
		绩效目标明确性（17）	质量目标（6）	兽医站设备的质量标准、采购质量、整体使用功能、项目设备的先进性	设备优良偏差率（3）	比较法	1	3
					交验合格偏差率（3）	比较法	1	3
			投资目标（3）	建设期总投资	投资收益偏差率（3）	比较法	1	3
			劳动安全卫生目标（2）	劳动安全和卫生防护目标	重大事故发生偏差率（1）	比较法	1	1
					卫生防护达标偏差率（1）	比较法	1	1
			环境目标（2）	畜牧污染物排放量及对周围环境的影响	畜牧废水排放达标偏差率（1）	比较法	1	1
					畜牧固体废物污染偏差率（1）	比较法	1	1
			节能目标（2）	资源消耗量	资源节约偏差率（2）	比较法	1	2
			社会服务对象满意度（2）	工作人员满意度	工作人员好评率（1）	公众评判法	0.95	0.95
				农户满意度	农户好评率（1）	公众评判法	0.90	0.90
		实施准备情况（2）	市场调研（1）	市场调研工作充分性	调研资料充分性（1）	因素分析法	1	1
			实地考察（1）	实地考察程度	采购计划变更率（1）	比较法	1	1
	资金投入（4）	资金筹集（0）	资金审查合规性（0）	资金审查合规性	“降档评级”式指标（0）	因素分析法	1	0
		资金落实（4）	资金到位率（2）	财政资金到位率	财政资金到位率（2）	比较法	1	2
			到位及时率（2）	财政资金到位及时率	财政资金到位及时率（2）	比较法	1	2

续表

一级指标	二级指标	三级指标	四级指标	五级指标	结果指标	评价方法	专家打分	最终得分
过程（15）	业务管理（10）	制度执行的有效性（0）	招标方案的合法性（0）	招标内容的明确性	“一票否定”式指标（0）	因素分析法	1	0
				招标组织形式的合规性	“一票否定”式指标（0）			
				招标方式合法性	“一票否定”式指标（0）			
			招标公告与资格预审公告的公平透明度（0）	采购信息发布的平台及范围合规性	“一票否定”式指标（0）	因素分析法	1	0
				采购信息发布的时效性	“一票否定”式指标（0）			
				投标限制条件的合理性	“一票否定”式指标（0）			
			招标文件发售的合理性（0）	招标文件发售期及费用收取的合理性	“降档评级”式指标（0）	因素分析法	1	0
		制度执行的有效性（2）	开标、评标、中标程序的合法性（2）	开标程序的合规性（0）	“降档评级”式指标（0）	因素分析法	1	0
				评标委员会组建的合规性（0）	“一票否定”指标（0）			
				评标方法的合理性（0）	“降档评级”式指标（0）	因素分析法	1	0
				废标发生率（1）	废标发生率（1）	比较法	0.92	0.92
				投诉发生率（1）	投诉发生率（1）	比较法	1	1
				合同签订的时效性（0）	“降档评级”式指标（0）	比较法	1	0
		合同管理可控性（1）	合同变更情况（1）	项目变更处理能力	合同价款调整比率（1）	比较法	1	1
		项目质量可控性（6）	项目质量标准健全性（0）	无	“降档评级”式指标（0）	因素分析法	1	0
			质量控制措施（6）	质量管理组织机构、质量监控程序	货物质量合格率（6）	比较法	0.99	5.94
		项目安全可控性（1）	安全安装措施（1）	安全安装责任分工、安全检查措施	安全措施达标合格率（1）	比较法	1	1
	财务管理（5）	采购预算编制合规性（1）	采购预算编制合规性（1）	采购预算编制合规性	采购预算编制合规性（1）	比较法	1	1
		资金使用合规性（2）	实际投资超概率（1）、资金利用率（1）	实际投资超概率、资金利用率	实际投资超概率（1）	比较法	1	1
					资金利用率（1）	因素分析法	1	1
		财务监控有效性（2）	财务监控措施有效性（2）	资金审查频率、资金违纪率	资金审查频率（1）	因素分析法	1	1
					资金违纪率（1）	因素分析法	1	1
产出（20）	项目产出（20）	质量目标实现程度（6）	设备作业实际质量评价（6）	设备质量等级、质量达标率	设备优良率（3）	因素分析法	1	3
					交验合格率（3）	因素分析法	1	3

续表

一级指标	二级指标	三级指标	四级指标	五级指标	结果指标	评价方法	专家打分	最终得分
产出（20）	项目产出（20）	时间目标实现程度（4）	项目完成及时率（4）	项目完成及时率	项目完成及时率（2）	因素分析法	1	2
				竣工决算审计核减率、固定资产转化率	竣工决算审计核减率（1）	因素分析法	1	1
					固定资产转化率（1）	因素分析法	1	1
		项目完成程度（3）	项目实际完成率（3）	项目实际完成率	项目实际完成率（3）	因素分析法	1	3
		投资目标实现程度（3）	实际投资与资概算的偏差（3）	项目实际投资偏差率	项目实际投资偏差率（3）	因素分析法	1	3
		劳动安全卫生目标实现程度（4）	劳动安全目标评价（2）	重大事故量	重大事故发生率（2）	因素分析法	1	2
			卫生目标评价（2）	卫生达标率	卫生达标率（2）	因素分析法	1	2
效果（40）	项目效益（40）	经济效益（4）	国民经济效益（4）	国民经济效益	经济内部收益率（4）	因素分析法	1	4
		社会效益（20）	对该地区畜牧业有较大影响（5）	对该地区畜牧业有较大影响	对该地区畜牧业有较大影响（5）	综合比较	0.824	4.12
			对该地区兽医站整体形象具有较大提升作用（5）	对该地区兽医站整体形象具有较大提升作用	对该地区兽医站整体形象具有较大提升作用（5）	比较法	0.828	4.14
			对该市食品安全有较大影响（5）	动物和动物产品质量安全事故减少量	食品安全事故降低率（5）	比较法	0.82	4.10
			提高我市动物产品全国竞争力程度（5）	提高我市动物产品全国竞争力程度	提高我市动物产品全国竞争力程度（5）	比较法	0.87	4.35
		生态效益（8）	污染物排放程度（6）	废气、废液和固体废物排放量	废气、废液和固体废物排放达标率（6）	比较法	1	6
			节能效果（2）	废物再利用率	废物再利用率（2）	因素分析法	1	2
		可持续影响（4）	对该地区周边影响的可持续性（4）	促进养殖业持续健康发展程度	促进养殖业持续健康发展程度（2）	因素分析法	1	2
				维护当地环境生态平衡程度	维护当地环境生态平衡程度（2）	因素分析法	1	2
		社会服务对象满意度（4）	社会服务满意度（4）	兽医站工作人员满意度	工作人员好评率（2）	公众评判法	0.91	1.67
				农户满意度	农户好评率（2）	公众评判法	0.84	1.68

从表6–29可以看出，运用绩效评价分值法评价某市乡镇兽医站续建项目，项目总体得分为95.93分。根据该市财政局发布的绩效评价相关标准，参考类似建设项目绩效评价工作开展情况，并结合相关参与部门领导的意见，绩效评价专家小组经过认真讨论，一致认定本项目绩效评价结论为优。

二、逻辑框架法（LFA）评价分析

1. 逻辑框架法目标层次分析

在评价工作中，通过逻辑框架法的逻辑框架汇总项目实施活动的全部要素，并按宏观目标、具体目标、产出成果和投入的层次归纳投资项目的目标及其因果关系。

1）宏观目标

项目的宏观目标即宏观计划、规划、政策和方针等所指向的目标，该目标可通过几个方面的因素来实现。宏观目标一般超越了项目涵盖的基本范围，其更多的是指国家、地区、部门或投资组织的整体目标。该层次的目标确定和指标选择一般由国家或行业部门来完成，其要与国家发展规划、国家产业政策、行业发展方向相适应。

2）具体目标

具体目标也叫直接目标，是指项目的直接效果，是项目立项的重要依据。在确定此种类型目标时，一般应考虑项目为服务对象带来的主要影响，该影响主要涵盖社会和经济两个方面，并由项目实施机构和独立的评价机构自己确定，目标最终实现程度由实施机构或独立的评价机构自己评定。

3）产出

这里的“产出”是指项目成果性收获，即项目的建设成果。该部分评价更多的是可计量的直接结果，例如项目建设带来的机构调整、兽医站功能的水平提升、周围环境的改善情况以及其他相关指标。在进行项目产出分析时应注意，项目的建设会提供一些服务和就业机会，但这些结果并不是项目的产出，而是项目的目的或目标。

4）投入

该层次属于项目的实施过程及内容，主要包括资源和时间等的投入活动。其主要形式如表6–30所示。

项目后评价逻辑框架表　　表6–30

项目描述	可客观验证的指标			验证方法	重要的外部条件
	原定指标	实现指标	差别		
项目宏观目标	原定目标	实现目标	对比	相关资料	目的和目标间的条件
项目直接目的	原定目标	实现目标	对比	相关资料	产出和目的间的条件
产出/建设内容	计划产出定量指标	实际产出定量指标	对比	相关资料	投入和产出间的条件
投入／活动	计划投入定量指标	实际投入定量指标	对比	相关资料	项目的原始条件

项目绩效评价可作为今后类似项目投资决策的重要依据。鉴于此，项目绩效评价主要讨论解决以下三方面问题：一是项目的原定目标是否达到；二是项目的原定效益是否已实现，以及实现程度，有哪些经验教训；三是项目今后会面临的风险及发展是否具有可持续性。

2. 逻辑框架法具体评价

1）能够针对项目关键性问题进行有效解释，为决策者提供更为客观、科学的信息；

2）能够以严谨的逻辑分析项目产生的各种效益，从而真正量化项目结果指数；

3）结合项目的实际环境特点，能够以严密的推理综合提高项目设计水平；

4）其为项目决策管理及评价提供了信息交流平台，提高了项目综合管理能力；

5）加强了政府对项目建设相关方的监督与检查工作；

6）提高了行业内部系统对比与优化工作的水平。

采用逻辑框架法分析，此次评价具体比较了项目原定目标与实现成果的差别，以考察项目实现的程度。其中逻辑框架法分析过程如表6-31所示。

某市乡镇兽医站续建项目的逻辑框架法分析　　表6-31

项目描述	可客观验证的指标			验证方法	重要的外部条件
	原定指标	实现指标	差别		
项目宏观目标	响应国家和该市政策号召，改善乡镇兽医站的设施设备条件，提高动物的疫病防控能力	加快某市乡镇兽医站建设，综合提高相关动物免疫水平	基本实现	国家的整体规划，该市的整体规划，统计资料，实地调查	国家政策的持续性，对加强动物防疫体系建设、提高动物疫病防控能力的关注
项目直接目的	将该兽医站建设成为集“强制免疫、产地检疫、疫情报告、监督病死动物无害化处理和产地畜产品质量安全监管”五项公益性职能于一体的特色兽医站	改善了乡镇兽医站的基础设施条件，加快了该6个县区乡镇兽医站的水平建设，提高了兽医站疫病防控条件	全部实现	项目可行性研究报告，工程进度报告	财政资金能否准时到位，该市畜牧兽医局能否加强后续管理
产出/建设内容	为6个县区的111个乡镇兽医站，共购置仪器设备3790台（套）	全部完成	全部实现	项目招标文件，项目进度报告，项目验收报告	某市乡镇兽医站项目规划合理，采购准备充分，资金到位及时，项目如期进行招标采购，并按期完成配备
投入/活动	项目总投资为555万元	实际完成投资额为555万元	实现国家投资计划目标	项目可行性研究报告，项目招标文件，财务报表，统计资料	项目得到批准，筹资方案得到批准并落实，建立高效的项目管理机构，项目人员能发挥作用

专家评价小组通过应用逻辑框架法首先确立了项目目标层次间的逻辑关系，进而来分析项目的效率、效果、影响和持续性。经过严密的比较分析，该项目基本完成了最初预设的宏观目标和直接目标，产出及建设内容基本达到相关目标。项目国家批准投资概算与实际固定资产投资相符，专家认为该项目整体还算成功。

三、成功度法评价分析

此次项目绩效评价采用的重要定量的评价方法即为成功度法。该方法通过对项目实现预期目标程度的量化，给出项目成功与否的结论。在使用该方法评价的过程中，成功度是项目成败程度的重要衡量标准，其由绩效评价专家凭经验综合评价各项指标得出。该方法是以项目目标和效益为核心进行的全面系统的评价分析。因此，在该项目绩效评价执行过程中，首先确定了成功度的等级及标准（表6-32），再选择与项目相关的评价指标并确定其对应的重要性权重。通过各项指标重要性和成功度的综合比较，即可得到整个项目的成功度指标。表6-33为某市乡镇兽医站续建项目成功度评价表。

项目成功度的标准　　表6-32

评定等级	成功度	分值（满分为10分）	标准
A	成功	[9，10]	项目的各项目标均已实现；相对项目投资而言，取得了较大的资金效益
B	基本成功	[7，9）	项目的大部分目标已经实现；相对成本而言，达到了预期的效益和影响
C	部分成功	[5，7）	项目实现了原定的部分目标；相对成本而言，只取得了一定的效益和影响
D	不成功	[3，5）	项目实现的目标非常有限；相对成本而言，几乎没产生任何效益和影响
E	失败	[0，3）	项目的目标是不现实的，无法实现；相对成本而言，项目不得不终止

某市乡镇兽医站续建项目成功度评价表　　表6-33

序号	项目实施评价指标	相关重要性	评定等级
1	项目立项规范性	重要	A
2	绩效目标合理性	重要	A
3	绩效目标明确性	重要	A
4	实施准备情况	重要	A
5	资金筹集	重要	A
6	资金落实	重要	A
7	制度执行有效性	次重要	A
8	合同管理可控性	重要	B
9	项目质量可控性	重要	A
10	项目安全可控性	重要	A
11	管理制度健全性	重要	B
12	资金使用合规性	重要	B
13	财务监控有效性	重要	A
14	质量目标实现程度	重要	A
15	时间目标实现程度	重要	A
16	项目完成程度	重要	A
17	投资目标实现程度	重要	B
18	劳动安全卫生实现程度	重要	A
19	经济效益	重要	A
20	社会效益	重要	A
21	生态效益	重要	B

续表

序号	项目实施评价指标	相关重要性	评定等级
22	可持续影响	重要	A
23	社会服务对象满意度	重要	A
项目总评			A

从表6-32、表6-33可以看出，针对某市乡镇兽医站续建项目的特点，参考类似项目绩效评价工作，专家小组经过讨论一致认定某市乡镇兽医站续建项目总体评价结论为A，即项目目标基本全部实现，很好地完成了项目投资的预期目标，取得了较好的经济效益和社会影响，因此该项目是成功的。

四、多层次灰色评价法评价分析

多层次灰色评价法作为一种定量评价方法，其将层次分析法和灰色评价法实现了有效结合，反映了客观事物不同因素间的关联关系。在工程建设项目绩效评价工作中采用此种方法，能够有效避免因干扰因素过多、权重对应失衡对评价准确性所带来的影响。采用该办法还可以大大降低主观因素带来的偏差，使评价信息更准确、更可信。该方法最大的特点是将评估者的分散信息处理成一个描述不同灰类程度的权向量。因此，在该种结果基础上，我们能够对其进行单值化处理，从而得到被评项目的综合值，使得评价结果更加科学、客观、合理。

1.综合绩效评价指标体系

前述已构建起某市乡镇兽医站续建项目综合绩效评价指标体系，可用于本部分内容的计算工作。

2.模糊计算过程

1）制定评价指标C_{ij}的评分等级与评分标准

由5位专家对某市乡镇兽医站续建项目进行评价。即$p=5$。在具体评价过程中，由各专家根据指标的含义和评估中的具体要求给表4-1中所列的评价指标打分。在评估中各评价指标的评价等级分为优、良、中、差、很差5级。其评分值分别为9、7、5、3、1。

2）层次分析法计算指标权重

建立$B-C$判断矩阵，如表6-34～表6-37所示。

投入的$B-C$判断矩阵　　表6-34

B_1	C_{11}	C_{12}	C_{13}	C_{14}	C_{15}	W_i
C_{11}	1.00	0.50	2.00	1.00	1.00	0.197
C_{12}	2.00	1.00	0.50	2.00	2.00	0.260
C_{13}	0.50	2.00	1.00	0.50	0.50	0.150
C_{14}	1.00	0.50	2.00	1.00	1.00	0.197
C_{15}	1.00	0.50	2.00	1.00	1.00	0.197
λ_{max}=5.56　CI=0.14　RI= 1.12　CR=0.13						

过程的B–C判断矩阵　　表6-35

B_2	C_{21}	C_{22}	C_{23}	C_{24}	C_{25}	C_{26}	W_i
C_{21}	1.00	0.50	0.50	1.00	0.50	0.50	0.102
C_{22}	2.00	1.00	0.50	2.00	1.00	0.50	0.161
C_{23}	2.00	2.00	1.00	0.50	0.33	1.00	0.151
C_{24}	1.00	0.50	2.00	1.00	2.00	1.00	0.181
C_{25}	2.00	1.00	3.00	0.50	1.00	0.33	0.161
C_{26}	2.00	2.00	1.00	1.00	3.00	1.00	0.244

λ_{max}=6.76　CI=0.15　RI=1.26　CR=0.12

产出的B–C判断矩阵　　表6-36

B_3	C_{31}	C_{32}	C_{33}	C_{34}	W_i
C_{31}	1.00	1.00	2.00	0.50	0.248
C_{32}	1.00	1.00	0.50	2.00	0.248
C_{33}	0.50	2.00	1.00	2.00	0.295
C_{34}	2.00	0.50	0.50	1.00	0.209

λ_{max}=4.57　CI=0.19　RI=0.89　CR=0.21

效果的B–C判断矩阵　　表6-37

B_4	C_{41}	C_{42}	C_{43}	C_{44}	C_{45}	W_i
C_{41}	1.00	2.00	1.00	1.00	0.50	0.196
C_{42}	0.50	1.00	2.00	0.50	1.00	0.171
C_{43}	1.00	0.50	1.00	1.00	0.50	0.149
C_{44}	1.00	2.00	1.00	1.00	2.00	0.259
C_{45}	2.00	1.00	2.00	0.50	1.00	0.225

λ_{max}=5.39　CI=0.10　RI=1.12　CR=0.09

建立A–B判断矩阵，如表6-38所示。

综合评价　　表6-38

A	B_1	B_2	B_3	B_4	W_i
B_1	1.00	1.00	0.50	2.00	0.248
B_2	1.00	1.00	2.00	0.50	0.248
B_3	2.00	0.50	1.00	2.00	0.295
B_4	0.50	2.00	0.50	1.00	0.209

λ_{max}=4.57　CI=0.19　RI=0.89　CR=0.21

3）确定评价灰类

设g=5，即k= 1、2、3、4、5有5个评价灰类，分别是优、良、中、差、很差。第1灰类“优”，k = 1，← ∈[9，∞]，其白化函数为f_1；第2灰类“良”，k = 2，←∈[0，7，14]，其白化函数为f_2；第3灰类“中”，k = 3，← ∈[0，5，10]，其白化函数为f_3；第4灰类“差”，k = 4，←∈[0，3，6]，其白化函数为f_4；第5灰类“很差”，k= 5，← ∈[0，1，2]，其白化

函数为f_5。

4）计算灰色评价权向量及权矩阵

根据计算灰色评价权向量列灰统计矩阵、灰评估序列进行统计评估。其计算结果见表6-39～表6-42。

灰色评价权向量计算（一）　　表6-39

指标	评价灰类	$\sum_{q=1}^{p} f_k(d_{ijq})$	$\sum_{k=1}^{g}\sum_{q=1}^{p} f_k(d_{ijq})$	$r_{ij}=\sum_{q=1}^{p} f_k(d_{ijq}) / \sum_{k=1}^{g}\sum_{q=1}^{p} f_k(d_{ijq})$
C_{11}	k=1	3.9000	10.2000	0.3824
	k=2	3.5000		0.3431
	k=3	2.8000		0.2745
	k=4	0.0000		0.0000
	k=5	0.0000		0.0000
C_{12}	k=1	4.3333	11.2476	0.3853
	k=2	4.7143		0.4191
	k=3	2.2000	11.2476	0.1956
	k=4	0.0000		0.0000
	k=5	0.0000		0.0000
C_{13}	k=1	4.6688	9.8688	0.4731
	k=2	3.0000		0.3040
	k=3	2.2000		0.2229
	k=4	0.0000		0.0000
	k=5	0.0000		0.0000
C_{14}	k=1	4.8889	9.8032	0.4987
	k=2	3.7143		0.3388
	k=3	1.2000		0.1095
	k=4	0.0000		0.0000
	k=5	0.0000		0.0000
C_{15}	k=1	4.6667	9.9810	0.4676
	k=2	3.7143		0.3721
	k=3	1.6000		0.1603
	k=4	0.0000		0.0000
	k=5	0.0000		0.0000

由表6-39所列结果可知，权矩阵$\boldsymbol{R}_1$如下：

$$\boldsymbol{R}_1=\begin{pmatrix} 0.3824 & 0.3431 & 0.2745 & 0 & 0 \\ 0.3853 & 0.4191 & 0.1956 & 0 & 0 \\ 0.4731 & 0.3040 & 0.2229 & 0 & 0 \\ 0.4987 & 0.3388 & 0.1095 & 0 & 0 \\ 0.4676 & 0.3721 & 0.1603 & 0 & 0 \end{pmatrix}$$

灰色评价权向量计算（二） 表6-40

指标	评价灰类	$\sum_{q=1}^{p} f_k(d_{ijq})$	$\sum_{k=1}^{g}\sum_{q=1}^{p} f_k(d_{ijq})$	$r_{ij}=\sum_{q=1}^{p} f_k(d_{ijq})/\sum_{k=1}^{g}\sum_{q=1}^{p} f_k(d_{ijq})$
C_{21}	k=1	4.2866	10.9265	0.3923
	k=2	4.4399		0.4063
	k=3	2.2000		0.2013
	k=4	0.0000		0.0000
	k=5	0.0000		0.0000
C_{22}	k=1	4.0000	10.3000	0.3883
	k=2	3.5000		0.3398
	k=3	2.8000		0.2718
	k=4	0.0000		0.0000
	k=5	0.0000		0.0000
C_{23}	k=1	4.1111	11.1397	0.3690
	k=2	4.4286		0.3976
	k=3	2.6000		0.2334
	k=4	0.0000	11.1397	0.0000
	k=5	0.0000		0.0000
C_{24}	k=1	4.5556	10.4985	0.4339
	k=2	4.1429		0.3719
	k=3	1.8000		0.1616
	k=4	0.0000		0.0000
	k=5	0.0000		0.0000
C_{25}	k=1	4.7778	10.0349	0.4761
	k=2	3.8571		0.3844
	k=3	1.4000		0.1395
	k=4	0.0000		0.0000
	k=5	0.0000		0.0000
C_{26}	k=1	4.0000	11.6571	0.3431
	k=2	4.8571		0.4167
	k=3	2.8000		0.2402
	k=4	0.0000		0.0000
	k=5	0.0000		0.0000

由表6-40所列结果，可知权矩阵$\boldsymbol{R}_2$如下：

$$\boldsymbol{R}_2=\begin{pmatrix} 0.3923 & 0.4063 & 0.2013 & 0 & 0 \\ 0.3883 & 0.3398 & 0.2718 & 0 & 0 \\ 0.3690 & 0.9376 & 0.2334 & 0 & 0 \\ 0.4339 & 0.3719 & 0.1616 & 0 & 0 \\ 0.4761 & 0.3844 & 0.1395 & 0 & 0 \\ 0.3431 & 0.4167 & 0.2402 & 0 & 0 \end{pmatrix}$$

灰色评价权向量计算（三）　　表6-41

指标	评价灰类	$\sum_{q=1}^{p} f_k(d_{ijq})$	$\sum_{k=1}^{g}\sum_{q=1}^{p} f_k(d_{ijq})$	$r_{ij}=\sum_{q=1}^{p} f_k(d_{ijq}) / \sum_{k=1}^{g}\sum_{q=1}^{p} f_k(d_{ijq})$
C_{31}	k=1	4.0000	10.3000	0.3883
	k=2	3.5000		0.3398
	k=3	2.8000		0.2718
	k=4	0.0000		0.0000
	k=5	0.0000		0.0000
C_{32}	k=1	2.6667	10.0667	0.2649
	k=2	3.000		0.2980
	k=3	4.4000		0.4371
	k=4	0.0000		0.0000
	k=5	0.0000		0.0000
C_{33}	k=1	4.7778	10.0349	0.4761
	k=2	3.8571		0.3844
	k=3	1.4000		0.1395
	k=4	0.0000	10.0349	0.0000
	k=5	0.0000		0.0000
C_{34}	k=1	4.1111	11.4254	0.3598
	k=2	4.7143		0.4698
	k=3	2.6000		0.2591
	k=4	0.0000		0.0000
	k=5	0.0000		0.0000

由表6-41所列结果可知，权矩阵$\boldsymbol{R}_3$如下：

$$\boldsymbol{R}_3=\begin{pmatrix} 0.3883 & 0.3398 & 0.2718 & 0 & 0 \\ 0.2649 & 0.2980 & 0.4371 & 0 & 0 \\ 0.4761 & 0.3844 & 0.1395 & 0 & 0 \\ 0.3598 & 0.4698 & 0.2591 & 0 & 0 \end{pmatrix}$$

灰色评价权向量计算（四）　　表6-42

指标	评价灰类	$\sum_{q=1}^{p} f_k(d_{ijq})$	$\sum_{k=1}^{g}\sum_{q=1}^{p} f_k(d_{ijq})$	$r_{ij}=\sum_{q=1}^{p} f_k(d_{ijq}) / \sum_{k=1}^{g}\sum_{q=1}^{p} f_k(d_{ijq})$
C_{11}	k=1	4.3333	10.9732	0.3949
	k=2	4.4399		0.4046
	k=3	2.2000		0.2005
	k=4	0.0000		0.0000
	k=5	0.0000		0.0000

续表

指标	评价灰类	$\sum_{q=1}^{p} f_k(d_{ijq})$	$\sum_{k=1}^{g}\sum_{q=1}^{p} f_k(d_{ijq})$	$r_{ij}=\sum_{q=1}^{p} f_k(d_{ijq}) / \sum_{k=1}^{g}\sum_{q=1}^{p} f_k(d_{ijq})$
C_{12}	k=1	4.2563	10.5420	0.4037
	k=2	4.2857		0.4065
	k=3	2.0000		0.1897
	k=4	0.0000		0.0000
	k=5	0.0000		0.0000
C_{13}	k=1	4.2222	9.0222	0.4680
	k=2	3.0000		0.3325
	k=3	1.8000		0.1995
	k=4	0.0000		0.0000
	k=5	0.0000		0.0000
C_{14}	k=1	4.3333	9.5333	0.4545
	k=2	3.0000		0.3147
	k=3	2.2000		0.2308
	k=4	0.0000		0.0000
	k=5	0.0000		0.0000
C_{15}	k=1	2.6667	10.0667	0.2649
	k=2	3.0000		0.2980
	k=3	4.4000		0.4371
	k=4	0.0000		0.0000
	k=5	0.0000		0.0000

由表6–42所列结果可知，权矩阵$\boldsymbol{R}_4$如下：

$$\boldsymbol{R}_4=\begin{pmatrix} 0.3949 & 0.4046 & 0.2005 & 0 & 0 \\ 0.4037 & 0.4065 & 0.1897 & 0 & 0 \\ 0.4680 & 0.3325 & 0.1995 & 0 & 0 \\ 0.4545 & 0.3147 & 0.2308 & 0 & 0 \\ 0.2649 & 0.2980 & 0.4371 & 0 & 0 \end{pmatrix}$$

5）综合评价

对准则层指标B_i作综合评价：

指标B_1的评价结果为：

$V_1 = W_1 \times R_1 =$（0.4368　0.3622　0.1915　0　0）；

指标B_2的评价结果为：

$V_2 = W_2 \times R_2 =$（0.3972　0.4686　0.2099　0　0）；

指标B_3的评价结果为：

$V_3 = W_3 \times R_3 =$（0.3776　0.3698　0.2711　0　0）；

指标B_4的评价结果为：

$V_4 = W_4 \times R_4 =$（0.3935　0.3469　0.2596　0　0）。

对目标层指标A作综合评价，评价结果$\boldsymbol{V}=\boldsymbol{W}\times(V_1, V_2, V_3, V_4)$；$\boldsymbol{T}=(0.4005\ \ 0.3876\ \ 0.2338\ \ 0\ \ 0)$。由于各灰类评价等级值构成的向量为$\boldsymbol{C}=(9\ \ 7\ \ 5\ \ 3\ \ 1)$，所以$A$的综合评价值$Y=\boldsymbol{V}\times\boldsymbol{C}\boldsymbol{T}=7.4865$。因而，某市乡镇兽医站续建项目的评价结果介于优与良之间。

针对某市乡镇兽医站续建项目的特点，专家组在研究相关项目建设资料的基础上，通过系统分析和多级决策，建立了某市乡镇兽医站续建项目绩效评价指标体系。其次，结合对项目决策、项目管理以及项目绩效的分析，利用多层次灰色评价法对指标进行量化计算，得出了评价结论，即该项目建设的综合评价结果为优。

五、绩效评价结论

1. 增强了动物的疫病检测和防控能力

建设和完善我国动物防疫体系，提高动物疫病的预防和控制能力，是实现我国养殖业持续稳定健康发展的前提条件，也是保障食品安全和公共卫生安全的必然要求。2006年12月14日，国家发展和改革委员会同农业农村部、财政部、国家质检总局、国家林业和草原局编制了《全国动物防疫体系建设规划》，其范围涵盖了陆生动物和水生动物疫病监测预警、预防控制和检疫监督等基础设施建设，旨在提高我国动物疫病防控整体水平。因此，某市乡镇兽医站扩建项目积极响应了国家政策的号召，切实增强了该县区动物的疫病监测和防控能力。

2. 提高了畜禽养殖业多方面的监管水平

目前，各基层兽医站通过这次设备仪器的配备，在原有站容站貌即“外檐色调、功能分区和标志标牌”“三统一”和“诊疗检测、应急值班、办公接待、经营服务、食宿生活”五功能分区的基础之上，又担负起了“强制免疫、产地检疫、疫情报告、监督病死动物无害化处理和产地畜产品质量安全监管”五大公益性职能。因此，此公益性建设项目可全面提升病死动物无害化处理工作监管能力，提高畜禽养殖业信息化和动物产品质量安全等多方面的监管水平。

3. 保障了畜产品的安全与卫生

近年来，畜产品安全卫生问题频频发生，如众所周知的“三聚氰胺”和“瘦肉精”等事件，这对畜牧养殖的质量提出了更高的要求。因此该市对部分县区的乡镇兽医站进行了动物预防、检测和控制等一系列仪器设备的配备，依靠先进的科学技术和检测手段，不断提高监督水平，有效确保了畜产品的质量安全。

4. 促进了养殖业持续稳定健康发展，增加了农民收入

养殖业是我国农业和农村经济结构战略性调整中的优势产业，发展前景广阔。重大动物疫情的发生，给养殖业的生产造成了巨大损失。通过此项目的建设，改善了乡镇兽医站的基础设备设施，提高了动物疫情预防、测报和控制的技术条件，全面促进了养殖业的持续稳定健康发展，增加了农民收入，繁荣了农村经济。

此次绩效评价主要从投入、过程、产出、效果等方面进行了研究分析。专家评审小组通过建立一系列的评价指标体系，按照某市乡镇兽医站续建项目的具体情况，并参照相关国家评价标准，对某市乡镇兽医站续建项目进行了绩效评价，评价结果如表6-43所示。

某市乡镇兽医站续建项目总体评价结果　　表6-43

一级指标	二级指标	三级指标	评价分析	评价结果
投入	项目立项	项目立项规范性	该项目建设符合该市经济发展规划的年度工作计划，并且其决策时间较短，手续齐全，审批及时	优
		绩效目标合理性	该项目目标明确，即全面改善了原有兽医站基础设施状况，并且大部分绩效目标便于控制和操作	优
		绩效目标明确性	绩效指标清晰、细化、可衡量，与项目实际情况相符，具有很强的指导性	优
		实施准备情况	项目招标投标、设计、勘察、材料准备等符合相关法律、规范规定，文件内容准确真实，为项目后期建设打下了坚实的基础	优
	资金投入	资金筹集	中央投资资金到位及时，推动了项目顺利进行	优
		资金落实	资金按项目进度及时到位	优
过程	业务管理	制度执行有效性	该市畜牧兽医局制定的业务管理制度严谨有效，采购管理组织机构科学合理，管理方法先进	优
		合同管理可控性	该项目合同变更处理得当及时，有效避免了合同纠纷的产生	良
		设备质量可控性	供应商提供货物符合设备采购质量标准	优
		项目安全可控性	项目安全措施设置得当，没有重大安全事故发生	优
	财务管理	采购预算编制合规性	项目采购预算编制符合国家和该市相关规定	优
		资金使用合规性	项目实际投资始终控制在概算额度之内，资金利用率较高	优
		财务监控有效性	资金审查严格且周期短，未出现资金违纪行为	优
产出	项目产出	质量目标实现程度	本项目设备质量满足国家相应设备质量标准要求，达到合格	优
		时间目标实现程度	项目完成及时，能够按照预定目标时间完成设备采购及调拨	优
		投资目标实现程度	项目总投资满足概算要求	优
		劳动安全卫生实现程度	该工程未出现重大安全事故，卫生防护工作有效合理，满足国家及地区标准要求	优
效果	项目效益	经济效益	从项目投入使用效果来看，国民经济效益较好，实现了项目预期的国民经济效益	优
		社会效益	设备采购和使用符合国家政策要求；有效提高了该市的畜牧防疫事业水平	优
		生态效益	该项目的建设有利于加强动物保护工作，维护生态平衡，对改进周边生态环境具有很大的促进作用	优
		可持续影响	当前与长远相结合，深入落实了科学发展观，可持续性强	良
		社会服务对象满意度	赢得兽医站工作人员和当地农户赞赏	优

第四节　项目绩效评价结果分析

一、绩效评价结果应用建议

1. 未来年度预算安排

某市乡镇兽医站续建项目在建设过程中，项目决策、组织和管理实施情况良好，合理安排采购进度，在保证工期的前提下严把质量关，以设备质量为核心，实现了项目预期的投资、进度和质量目标。

该市经济的高速发展与稳定的社会环境是密不可分的。畜牧防疫工作属于动物防疫体系建设的重要组成部分。因此，乡镇兽医站基本仪器设备建设是提高动物疫病预防和控制能力、实现我国养殖业持续健康发展的前提条件，对社会的稳定将起到重要的作用。鉴于该项目绩效评价优秀，并考虑上述情况，在政府规划或者预算安排中，应适当考虑乡镇兽医站基础设施的新建与改扩建，财政部门和预算部门可继续支持。

2. 评价结果公开

某市乡镇兽医站续建项目属于公共服务类项目，评价结果为优秀，根据《中华人民共和国政府信息公开条例》第三十三条规定，项目应在征询第三方（项目单位）同意后予以公开。根据该市财政局（地方税务局）政府信息公开指南，可通过该市财政地税政务网的政府信息公开栏目予以公开。

二、主要经验、存在的问题和建议

1. 主要经验

1）采取“阳光采购策略”，保障项目顺利进行

某市乡镇兽医站续建项目的建设单位为该市6个生猪奶牛大县的111个乡镇兽医站。为了节省建设时间和降低采购成本，按期完成国家下达的投资计划，该市畜牧兽医局统一进行政府公开招标采购，公开透明地按政府采购程序办事，即实行“阳光采购策略”，在采购工作中做到公开、公平、公正。不论是大型精密仪器还是小型材料的零星采购，都尽量多地邀请相关职能部门参与。在采购前、采购中、采购后的各个环节中主动接受审计监督。既确保了工作的透明度，也保证了工程进度。

2）多渠道寻求供应商，提高设备性价比

由于该项目是为各县区乡镇兽医站增添动物疾病疫情防控的仪器设备，在招标采购过程中出现了一些仪器设备属于单一货源或无厂商投标的情况。此时，该市畜牧兽医局会通过多种渠道尽可能多地联系厂商，然后重新组织招标。这样既避免了单一货源，同时又保证了所选供应商承担的供应份额充足，以获取供应商的优惠政策，降低设备的价格和采购成本。坚持“同等价格比质量，同等质量比价格”的原则来确保采购设备的质量和控制采购成本，确保了采购设备的性价比达到最高。

3）实施“三次批复”，提高资金有效利用率

国家发展和改革委员会农经司和农业农村部发展计划司向有关省（区、市）、新疆生产建设兵团发展改革委及农业（畜牧兽医、渔业、农垦）厅（局、委）下达的关于申报动物防疫体系建设项目投资计划的通知中规定，每个乡镇兽医站中央定额补助投资5万元。在确定每个乡镇兽医站的扩建内容和规模时，为了使国家资金能够合理有效地利用，该市畜牧兽医局参照国家和该市规定的乡镇兽医站建设标准，结合各乡镇实际需求，努力把各乡镇的建设投资规模控制在5万元之内，达到实际投资不超概算的目标。经过第一次的批复和建设完成后，各乡镇兽医站的补助资金均有剩余。因此，各区县发展和改革委员会根据本地区乡镇兽医站的实际需求，在剩余资金范围内，进行了增加建设内容的招标采购工作。此次建设完成后，E县和C区的兽医站进行了第三次批复，最终使各区县乡镇兽医站在国家补助资金定额范围内，配置到更多的高质量仪器设备，以满足各地兽医站的实际需要，有效提高了国家资金利用率。

2. 存在的问题及建议

1）项目存在的问题

（1）供货商实际提供货物与要求不符，导致重新组织招标

某市乡镇兽医站续建项目在此次招标采购过程中出现了供货商实际提供货物与招标文件要求不符的情况。该市畜牧兽医局的招标公告中已明确规定招标内容及要求，中标供应商的投标文件对招标公告的实质性要求均已做出响应，但供应商实际提供的货物却与招标文件要求不符，导致畜牧兽医局重新组织招标，延误了项目的进度，增加了招标采购成本。所以，应加强对供应商的管理，在确定中标候选人之前，应准确掌握每一位投标人的信息，以便能够确定一个真正合格的中标人，避免此类事件的发生。

（2）工作人员缺乏维护意识，导致部分设备过早损坏

该项目的建设历时三年，经第一次批复并配置完成的某些仪器设备在整个项目完成之前已经出现了损坏且需要再次增加的情况，其中最主要的原因就是工作人员在使用过程中，没有保护意识，加快了设备的损坏速度。如工作人员需要经常骑电动自行车去村里开展免疫工作，但他们往往忽视对电动自行车及时充电，且在免疫工作闲暇时期，没有对电动自行车按时充放电维护，致使其电池过早地损坏。这不仅没有达到设备持续有效使用的目标，还增加了项目成本，影响了整个项目的效益。

2）相关建议

（1）加强供应商信息管理，提高采购的质量和效率

鉴于该项目涉及范围广，采购的仪器设备种类繁多，同时需要与多家供应商进行交易合作。本着对每一位竞标供应商负责的态度，该市畜牧兽医局需制定《采购供应商信息表》，对每一位竞标的供应商进行分类登记，确保每一位供应商的资料不会流失。同时该市畜牧兽医局不能只依赖供应商自己提供的资料，还应该通过多个渠道，全面地了解和掌握有关供应商准确完整的信息资料，特别是供应商的信誉。在选取中标候选人之前，建立

合格的供应商名录，只有合格者才有资格中标。这样就可以避免前面问题中出现的供应商因不守信用，实际供货与招标文件描述特征不符合的现象发生。同时也避免了重新招标，减少了时间和资金成本的浪费，使招标采购活动一次性成功，提高了采购的质量和效率。

（2）完善内部管理，增强项目的可持续性影响

为了使国家投资资金能够合理有效地利用，该项目中各区县均经过二次批复，部分是经过三次批复才得以完成，且每次采购完毕并调拨给乡镇兽医站后，设备随即投入使用。由于工作人员缺乏对公共物品的保护意识，致使第一次采购的部分仪器设备过早地出现损坏。所以在畜牧兽医站的结构构成上，相关领导必须加强管理，对内部人员进行合理分工，明确其具体任务，对现有员工进行培训和教育，增强其整体素质，使其在使用仪器设备的过程中，能够拥有保护公共物品的意识和具体行动，保证设备的使用寿命，增强设备的可持续性，提高项目的可持续性影响。

| 第七章 |

某文化中心景观工程绩效评价指标体系构建及评价结果

第一节 项目背景

1. 项目名称及建设单位

1）项目名称：某文化中心景观工程项目。

2）建设单位：某环境建设投资有限公司。

3）项目建设地址：该市市区内。

2. 某文化中心景观工程项目概况

某市文化中心景观及公共广场工程项目位于该市市区内，本次景观工程占地面积约为90万m^2，该工程概算投资为55042.6万元。

3. 建设投资及资金来源

1）项目性质

某文化中心景观工程项目性质为新建项目。

2）主要建设内容

该工程位于该市文化中心区域内。主要建设内容包括步行景观轴、生态岛、游园工程、下沉广场和大巴停车场周边、管控中心室外、35kV变电站周边、自然博物馆周边等景观工程的道路广场铺装工程、绿化种植工程、水景工程、口部工程、绿化浇灌系统和排水工程。

3）资金来源

某文化中心景观工程项目概算投资总额为55042.6万元，由文化中心市财政专项资金及对应项目出资。其中含博物馆、美术馆、图书馆、大剧院、商业体、阳光乐园，景观工程建安费为9684.86万元。

4. 项目建设必要性

1）本项目为城市居民提供休闲娱乐场所，是惠民生、造福百姓的体现

近年来，该市经济社会发展取得了显著成效，但在文化设施建设方面仍存在单体面积较小、功能不完善、布局相对分散等问题，市区仍缺乏对外展示交流和市民休闲交往的城市中心。为适应该市经济社会的快速发展，体现城市发展定位，完善城市文化服务功能，全面提升城市形象，满足人民群众日益增长的文化需要，建设该工程。景观工程的提升改造进一步拉近了党群关系，使广大人民群众真正体会到党和政府为人民群众办实事、办好事的决心与信心。

2）本项目的建设促进了城市生态环境发展，是人与自然和谐共处的体现

该项目是亚洲第一个建成的拥有应用创新性水敏感设计的城市区域开发项目。城市水敏感设计项目能有效地进行雨水管理、改善气候和抵御洪水侵袭，同时为全新的城市文化中心区域创造高质量的城市环境。

3）本项目是创建文明城市、改善城市风貌、提升城市新形象的有效举措

该项目不但为人民群众提供了休闲娱乐的场所，还兼顾城市整体环境的提升，成为展

示该市现代化大都市形象的重要窗口和名片，同时也成为市民享受先进文化发展成果的高水平文化艺术殿堂。景观工程的成功建造提升了城市面貌，塑造了城市新形象，为创建文明城市做出了巨大贡献。

5. 项目建设的可行性

多年来，在该市市政府的大力支持下，该市在基础设施建设方面投入了大量的物力、财力，为实施本项目提供了十分有利的条件。某文化中心景观工程项目是该市文化中心项目的重要组成部分，该项目的建设是城市发展和经济建设达到一定阶段的必然结果，是全面推进该市文化中心建设、完善区域城市管理体系的必然要求，项目致力于服务文化中心区域，对于完善城市文化服务功能、拉动城市建设、改善投资环境等，具有良好的社会效益；对项目所在地的居民收入和生活质量的提升，以及改善居住和工作环境等都具有重大意义。

第二节　项目绩效评价指标体系的构建

一、评价的依据

根据财政部财政支出绩效评价管理相关规定和某市财政局财政支出绩效评价管理办法，政府投资项目绩效评价报告的内容如下：

1）基本情况；

2）绩效评价的组织实施情况；

3）绩效评价指标体系、评价标准和评价方法；

4）绩效目标的实现程度；

5）存在问题及原因分析；

6）评价结论及建议；

7）其他需要说明的问题。

依据上述规定的内容并结合某文化中心景观工程项目的具体情况，制定并编制了本次绩效评价报告所需的材料清单，详见表7-1。

某文化中心景观工程项目绩效评价材料清单　　表7-1

序号	资料类别	资料名称
1	建设单位相关文件及批文	项目建议书
		可行性研究报告
		工程立项的批复
		工程初步设计的批复

续表

序号	资料类别	资料名称
2	收集相关资料	初步设计说明书
		总概算书
		有关设计变更的相关合同、协议或说明
3	招标投标相关资料	招标公告
		投标文件
		评标报告
		中标通知书
4	各类相关合同	勘察合同
		设计合同
		监理合同
		施工合同
5	建设单位相关资料	建设前的工程情况：地位、作用、存在的不能满足需要的相关方面的情况（立项背景）
		建设目标：具体要达到的功能、效益目标
		建设单位的管理方式，建设单位参与合同管理、采购管理、支付控制、质量管理、进度管理方面的相关情况
		相关行业建设标准规范
		同行业的相关数据：规模、假设等相关数据
		建设单位对已完工程项目的评价
6	施工单位相关资料	施工方案（施工组织）
		项目管理实施细则
7	监理单位相关资料	监理规划
		监理细则
		监理方案
		监理会议纪要
		竣工验收监理评估报告
8	项目后期相关资料	工程结算审核报告（或决算书）
		决算报告（或决算书）
		施工单位竣工报告
		工程竣工验收报告
9	图片资料	项目建设前、中、后的工程相关图片及领导视查等相关资料

根据评价的内容，最终确定绩效评价的依据有：

1）国家相关法律、法规和规章制度；

2）党中央、国务院重大决策部署，经济社会发展目标，地方各级党委和政府重点任务要求；

3）部门职责相关规定；

4）相关行业政策、行业标准及专业技术规范；

5）预算管理制度及办法，项目及资金管理办法，财务和会计资料；

6）项目设立的政策依据和目标，预算执行情况，年度决算报告，项目决算或验收报告等相关材料；

7）本级人大审查结果报告、审计报告及决定，财政监督稽核报告等；

8）其他相关资料。

二、评价指标体系及评价方法

1.绩效评价指标

绩效评价指标是衡量绩效目标实现程度的考核工具，绩效评价指标主要类型详见表7-2。

某文化中心景观工程项目绩效评价指标主要类型　　表7-2

序号	指标类型	定义	评价指标	评价内容
1	项目投入指标	根据建设项目的性质不同及项目准备与实施阶段工作内容和实现固定资产的方式不同，从直接计入固定资产的项目投入和分摊计入固定资产的费用两方面设置的绩效评价指标	项目立项	主要评价项目立项是否按照规定的程序设立并申请，评价项目立项过程是否符合相关要求，评价项目的可行性研究、专家论证、风险评估、集体决策的情况； 主要评价项目建设及规划是否符合国家相关法律法规、国民经济发展规划，是否与项目实施单位或委托单位职责密切相关，并为项目预期产出效益和效果符合正常业绩水平打好基础
			项目资金落实	对项目建设过程中的资金到位情况、项目阶段性投入成本、资金使用情况进行分析； 评价项目资金拨付及使用的合理性和有效性，是对项目资金使用的监督手段
2	项目过程指标	对项目的管理体制进行评价，检查项目是否设立严格的审批、核准及备案制度，是对项目各阶段工作进行监督的法律基础	项目业务管理	评价项目是否制定或具有相应的业务管理制度，以及各项业务管理制度的合法、合规、完整性； 对项目合同管理，质量检查及鉴定、验收等工作的实施及管理进行分析
			项目财务管理	评价项目是否有项目资金管理办法且符合相关财务会计制度规定； 评价项目资金使用是否符合国家财政经济法规和财务管理制度，以及是否符合有关专项资金管理办法的规定； 评价项目是否制定或具有相应的监控机制，并采取了相应的财务检查等必要的监控措施或手段
3	项目产出指标	反映根据既定绩效目标，项目各项产出的产品及服务情况，并能做出评价	数量指标	反映根据既定绩效目标完成的公共产品和服务产量
			质量指标	反映提供公共产品或服务达到的标准、水平和效果
			时效指标	反映提供公共产品或服务的及时程度和效率情况
4	项目效果指标	与绩效目标相关联的效益，能反映财政支出预期效果实现的程度	经济效益	评价项目建成后的经济收益情况
			社会效益	评价项目对社会、人民产生的利益及影响

2. 项目评价标准

某文化中心景观工程项目评价标准是衡量绩效目标实现程度的尺度，绩效评价标准具体包括的内容详见表7-3。

某文化中心景观工程项目绩效评价标准具体内容　　表7-3

序号	评价标准类型	评价内容
1	计划标准	以预先制定的目标、计划、预算、定额等数据作为评价财政支出绩效的标准
2	行业标准	参照国家公布的行业指标数据制定的评价标准
3	历史标准	参照同类指标的历史数据制定的评价标准
4	经验标准	根据长期的财政经济活动发展规律和管理实践，由专家经过严密分析研究后得出的有关指标标准
5	标杆标准	把本行业曾经达到的最高水平作为标杆，将当年实际达到的水平与本行业最先进的水平进行比较
6	平均标准	把本地区或全社会的平均绩效水平作为标准，将实际达到的水平与之进行比较

3. 绩效指标评价方法

结合某文化中心景观工程项目的绩效评价指标特点，选用的绩效指标评价方法主要包括以下三种：

1）比较法：通过绩效目标与实施效果、历史与当期情况、不同部门和地区同类支出的比较，综合分析绩效目标实现程度。

2）因素分析法：对影响绩效目标实现、实施效果的内外因素进行综合分析，评价绩效目标实现程度。

3）公众评判法：通过专家评估、公众问卷及抽样调查等对财政支出效果进行评判，评价绩效目标实现程度。

三、绩效评价指标分析情况

1. 项目投入情况分析

根据评价指标体系的设置原则，设计某文化中心景观工程项目投入绩效评价指标体系，对项目各阶段的投入进行分析并进行客观评价。

投入阶段：主要对项目立项调研是否充分、是否符合区域发展规划、是否符合法律程序进行评价；对项目初步设计是否符合标准景观设计标准及要求进行评价；对项目绩效指标细化程度、可执行程度进行评价；对财政部门对项目资金审核的合理性、拨付资金的及时性进行评价。其中，绩效指标及资金到位情况评价多为定量指标，其余为定性指标。设备采购与调拨阶段：该阶段主要侧重于采购招标投标流程和过程控制两个方面。结果评价阶段：项目实施的反映阶段，主要侧重于设备运行后的社会效益评价与分析。将项目各阶段投入进行指标划分，具体指标设置情况详见表7-4。

某文化中心景观工程项目投入阶段情况指标体系的构建　　表7-4

一级指标	二级指标	三级指标	四级指标	五级指标	指标说明
投入（26）	项目立项（21）	项目立项规范性（0）	项目申报合规性（0）	申报资料完整性	所提交的文件、资料是否完整
				申报程序合规性	项目是否按照规定的程序申请设立
			项目决策规范性（0）	是否经过立项、可行性研究、初步设计概算	项目是否已经过立项、可行性研究、初步设计概算，并提交项目实施方案
		绩效目标合理性（3）	绩效目标依据充分性（2）	城市景观规划合理性	是否响应国家和该市的发展规划，规划设置是否合理
				城市功能定位合理性	
				城市交通规划合理性	
				与主体项目的协调程度	建设规模、建设标准达标率
			绩效目标可行性（1）	预期收益	1-（年当前实际收益率/年预期收益率）×100%
		绩效目标明确性（16）	质量目标（3）	项目设计的质量标准	预期设备优良率与实际设备优良率的偏差
				项目施工质量目标	预期采购包交验合格率与实际采购包交验合格率的偏差
				项目的整体使用功能	
			投资目标（2）	建设期总投资	预期投资收益率与实际投资收益率的偏差
			劳动安全卫生消防目标（2）	劳动安全目标	预期重大事故发生率与实际重大事故发生率的偏差
				消防目标	卫生防护预期达标率与实际达标率偏差
				卫生防护目标	
			环境目标（6）	污染物排放对周围环境的影响	废水预期排放率与实际排放率的偏差
					固体污染预期控制率与实际控制率偏差
			节能目标（1）	资源消耗量	（实际资源消耗量-计划资源消耗量）/计划资源消耗量×100%
			社会服务对象满意度（2）	项目主管部门支持度	问卷调查得出的比率
				项目决策过程群众参与度	问卷调查得出的比率
		实施准备情况（2）	项目勘察（1）	勘察工作合规性	因素分析法
			项目设计合理性（1）	方案指标合理性	比较法
				资源利用效率	因素分析法
			招标投标组织实施（0）	招标投标流程合规性	采购计划变更引起的价款调整/合同总价款×100%
				开标、评标的合规性	
	资金投入（4）	资金筹集（0）	资金审查合规性（0）	资金审查合规性	是否符合《政府投资项目审计规定》
		资金落实（4）	资金到位率（2）	财政资金到位率	资金实际到位总额/资金计划投入总额×100%
			到位及时率（2）	财政资金到位及时率	及时到位资金/应到位资金×100%

1）项目立项阶段分析与评价

通过四个指标对项目立项情况进行分析与评价，四个指标分别为：项目立项规范性、项目绩效目标合理性、项目绩效目标明确性和项目实施准备情况分析与评价。

（1）项目立项规范性分析与评价

①项目申报合规性分析与评价

在该市发展和改革委员会关于某文化中心景观工程项目建议书的批复中，同意某文化中心景观工程项目的立项。

某文化中心景观工程项目，其决策依据不仅符合国家关于警用装备仓库建设工作的发展计划，也在很大程度上改善了该市市民的生活环境，并充分考虑了远期城市规划以及区规划的需要，留有商业发展用地，更好地发挥效益。因此，本项目的决策依据符合经济社会发展规划和部门年度工作计划；符合根据需要制定中长期实施规划。

某文化中心景观工程项目的立项资料及审批程序如下：

某基础设施建设投资集团有限公司提出某文化中心景观工程项目的立项申请。

关于某文化中心景观工程项目建议书的批复中指出，为进一步提升文化中心区域绿化及景观工程，原则上同意某文化中心景观工程项目的可行性研究报告。建设内容及规模为步行景观轴、生态岛、下沉广场、游园工程。该项目由某城投集团有限公司组织实施，估算总投资为46028万元，资金来源为财政。

2011年2月，该市的文化中心景观工程项目可行性研究报告得到该市发展和改革委员会的批复。在该市发展和改革委员会下达的关于该市的文化中心景观工程可行性研究报告的批复中，原则上同意该项目的可行性研究报告。工程估算总投资为42638万元，由文化中心市财政专项资金以及对应项目出资解决。

项目的初步设计获得该市发展和改革委员会的批复，在该市发展和改革委员会发布的关于某文化中心景观工程项目可行性研究报告的批复中，原则上同意某基础设施建设投资集团有限公司所委托的设计单位编制的工程初步设计。该工程项目位于文化中心区域内，主要建设步行景观轴、生态岛、游园工程、下沉广场和大巴停车场周边、管控中心室外、35kV变电站周边、自然博物馆周边等景观工程的道路广场铺装工程，以及绿化种植工程、水景工程、口部工程、绿化浇灌系统和排水工程。其中：道路广场铺装约24万m^2；种植各种乔木约10268株、花灌木约2000株、草坪及地被植物约12万m^2、水生植物约5000m^2；广场区跌水长约110m；镜面水池约5000m^2；各口部装饰108处，贴花岗石板约6000m^2；浇灌系统敷设管道11120m。某文化中心景观工程项目概算投资总额为55042.6万元，由文化中心市财政专项资金及对应项目出资。

②项目决策程序规范性分析

关于可行性研究报告编制依据，某建设工程咨询有限公司对该项目进行了可行性研究，最后对该项目可行性做总结。某文化中心景观工程项目可行性研究符合国家标准规定，内容全面、完整，项目立项规范性分析与评价详见表7–5。

项目立项规范性分析与评价　　表7–5

三级指标	四级指标	五级指标	分析与评价	评价结论
项目立项规范性	项目申报合规性	申报资料完整性	项目立项调研考虑群众的需求及条件；考虑项目选址及长期发展规划需求，可行性研究报告、初步设计、投资计划申请等文件齐全	立项文件完备
		申报程序合规性	项目立项经前期调研、实地考察，结合区域发展规划而建设实施，经该市发展和改革委员会文件批复，同意项目立项	立项程序合法

续表

三级指标	四级指标	五级指标	分析与评价	评价结论
项目立项规范性	项目决策规范性	可行性研究	项目经过必要的可行性研究，经该市各领导讨论，经过充分的风险评估和集体决策	可行性研究合格

项目立项规范性评价结论为：项目立项完全符合某文化中心景观工程项目的立项要求，具有良好的项目立项规范性，综合评价结果为优。

（2）项目绩效目标合理性分析与评价

近年来，该市的经济社会发展取得了显著成效，但在文化设施建设方面仍存在单体面积较小、功能不完善、布局相对分散等问题，某文化中心景观工程项目的景观规划解决了布局分散的问题。

该市文化中心作为对外展示交流和市民休闲交往的窗口，功能定位十分明确。同时，该项目具有充分的前期规划，保证了城市交通规划的合理性以及与各大场馆之间充分协调。因此，经专家最终评定，绩效目标合理性为3分。

（3）项目绩效目标明确性分析与评价

①质量目标

某文化中心景观工程项目建设质量达到国家施工验收规范合格标准，并且充分满足景观工程的功能定位。该项目在该市建设工程质量监督站等相关部门的监督下，完成了工程质量验收，并且在工程施工过程中未发生重大的工程纠纷事件。

②投资目标

某文化中心景观工程项目的工程总投资得到了有效控制，竣工财务决算反映的实际到位资金为52743.48万元，与批复的概算数55042.6万元相比，节约资金2299.12万元，节省比例达到4.18%。

③劳动安全卫生消防实现程度

该项目在建设过程中未发生重大安全事故，建设工程消防设施齐全有效，卫生防护措施符合国家相应标准要求，景观工程项目劳动安全卫生消防实现程度较高。

④环境目标

某文化中心景观工程项目坚持理性地思考与科学地判断，以“文化、人本、生态”为主旨，挖掘地域文化资源，遵循以人为本的思想，以生态综合技术为依托，通过建设配备成规模的文化设施的“城市客厅”，达到完善城市文化服务功能、彰显城市文化特色、提升城市文化品位、促进城市长远发展的目标。

⑤节能目标

该项目建设主体的设计和建造符合该市景观工程设计标准，在注重景观使用功能的情况下，优化了建筑整体造型，并且该项目采用了先进的雨水收集系统，作为实际案例展示了如何转换、开发城市中心高密度区域，并保护其免受强降雨侵袭，为中国城市如何在城市发展之中进行雨水管理和区域开发的整合设计提供了宝贵的解决方案，因此整体项目达到了节能目标。

⑥社会公众或服务对象满意度

某文化中心景观工程项目作为重要的民生工程，在市领导的亲切关怀下完成建设，项目挖掘地域文化资源，遵循以人为本的思想，以生态综合技术为依托，得到了强烈的反响，符合指标要求，某文化中心景观工程项目绩效评价指标明确性分析与评价详见表7-6。

某文化中心景观工程项目绩效评价指标明确性分析与评价　　表7-6

<table>
<tr><th>三级指标</th><th>四级指标</th><th>五级指标</th><th>分析与评价</th><th>评价结论</th><th>得分</th></tr>
<tr><td rowspan="7">绩效目标明确性（17）</td><td>质量目标（3）</td><td>项目设计、施工、整体使用功能的质量目标</td><td>该项目设计单位资质合格、项目建设达到预定目标质量，设备功能得到很大提升</td><td>完全符合项目立项有关要求</td><td>3分</td></tr>
<tr><td>投资目标（3）</td><td>建设期总投资</td><td>建设期总投资为52743.48万元，与批复的概算数55042.6万元相比，节约资金2299.12万元，节省比例达到4.18%</td><td>较符合建设期总投资规定</td><td>3分</td></tr>
<tr><td>劳动安全卫生消防目标（2）</td><td>劳动安全目标、卫生防护目标、消防目标</td><td>项目未发生重大安全事故、未出现卫生安全事故，并且消防设施齐全完备</td><td>三项指标符合要求</td><td>2分</td></tr>
<tr><td>环境目标（6）</td><td>污染物排放对周围环境的影响</td><td>景观工程项目对城市环境的改善起到了非常重要的作用。为“弹性城市”的旗舰项目</td><td>环境目标达标</td><td>5.7分</td></tr>
<tr><td>节能目标（1）</td><td>资源消耗量</td><td>资源消耗在控制范围之内</td><td>资源消耗量符合相关消耗指标要求</td><td>1分</td></tr>
<tr><td rowspan="2">社会服务对象满意度目标（2）</td><td>项目主管部门支持度</td><td>项目在市领导的亲切关怀下完成，项目得到主管部门的充分支持</td><td>项目主管部门支持度高</td><td>1分</td></tr>
<tr><td>项目决策过程群众参与度</td><td>经过问卷调查发现项目决策过程群众参与程度达到75%</td><td>参与度较高</td><td>0.8分</td></tr>
<tr><td colspan="5">合计</td><td>16.5分</td></tr>
</table>

项目绩效指标的数量完全根据项目实施各阶段的目标要求来设置，具有良好的项目管理约束性，项目绩效指标明确性评价结论为优秀，得分为16.5分。

（4）项目实施准备情况分析与评价

①勘察工作评价

某文化中心景观工程项目的勘察工作由某勘察院负责，该勘察院具有甲级资质，符合项目勘察对公司资质的要求。该勘察单位在进行工程项目勘察过程中，严格按照国家相关勘察规范进行布点和钻探，对项目建设区域内的地质构造具有比较准确的判断。该单位提供的地质勘察报告在工程施工过程中提供了很好的指导作用，为工程的顺利建设打下了坚实的基础。

②设计工作评价

该项目的设计工作由某建筑设计院与其他单位组成的联合体负责。项目设计团队实力雄厚，具有很好的知名度。设计团队在以往的工程设计工作中，曾多次承担景观工程设计，对该类型建筑具有丰富的设计经验。因此，该团队在提供景观工程设计文件时，设计结果完整细致，粗细得当，完全符合该建筑的设计要求，能够达到项目设计总体要求。

设计以水、绿化等自然元素为载体，将一个个文化场所结合起来，营造出一个以文化、生态为主题的、具有文化特色的“城市客厅”，作为城市的缩影，为公众创造了宽松而有活力的文化氛围，提供了丰富的人文体验，继承并弘扬了城市文化，表达了对生态文明的向往，为城市文化与生态城市建设发挥了示范作用。

此外，该项目与某国设计公司合作，提供了将城市水管理与开发相结合的创新性方案，该方案也是亚洲第一个建成的此类城市开发项目。该方案成功应用了创新型城市水敏感设计与洪水保护性城市设计，创建了具有独立雨水管理基础设施的城市区域，提升了城市之中的微环境，并将城市生态基础设施整合融入城市设计之中。

③招标投标及开标评标工作评价

某文化中心景观工程项目委托某建设工程咨询有限公司代理文化中心景观及公共广场工程一标段施工、文化中心景观及公共广场工程二标段施工、文化中心景观及公共广场工程三标段施工的工程招标。该工程严格按照《招标投标法》和相关规定的要求流程进行，经过了评标委员会的严格评价和审核。经过缜密的思考和比较，招标人最终决定该工程由某绿化工程有限公司与其他单位组成的联合体负责招标投标工作，最终在联合体的努力工作下该项目中标。通过审查该工程的招标、投标、开标、评标整个过程中的有关文件，此次评价认为整个过程符合国家相关规定和要求，项目招标投标分析与评价详见表7-7。

项目招标投标分析与评价　　表7-7

三级指标	四级指标	五级指标	分析与评价	评价结论	得分
实施准备情况（2）	项目勘察（1）	勘察工作合规性	该项目勘察单位资质合格、项目勘察结果达到预期目标质量	项目勘察达标	1分
	项目设计合理性（1）	项目设计程度	该项目设计单位资质合格、项目设计结果达到预期目标质量	项目设计达标	1分
	招标投标组织实施（0）	招标投标流程、开标、评标的合规性	招标投标流程严谨有序，开标、评标程序符合国家相关规定	该项目招标投标组织实施符合国家相应要求	0分
合计					2分

由以上评价可知，某文化中心景观工程项目实施准备工作非常充分，符合国家相关部门的规定，最终得分2分。

2）项目资金投入情况分析与评价

项目资金投入情况分析与评价分为资金筹集和资金落实，其中资金筹集主要考察资金审查合规性，资金落实考察资金到位率和资金到位及时率。

（1）项目资金筹集分析与评价

根据该市发展和改革委员会发布的关于某文化中心景观工程项目初步设计的批复，文化中心景观工程概算投资总额为55042.6万元，由文化中心市财政专项资金及对应项目出资，即该项目筹集资金得到该市城乡建设和交通委员会的认可，具有很强的可实施性，符合有关规定，并且该项目预决算机构资质符合要求，计算依据可靠，结果真实可查，整项工作符合国家有关规定，项目资金筹集情况分析与评价详见表7–8。

项目资金筹集情况分析与评价　　表7–8

三级指标	四级指标	五级指标	分析与评价	评价结论
资金筹集（0）	资金审查合规性（0）	资金审查合规性	判断项目资金筹集是否符合有关规定	项目资金审核符合国家规定

综上所得，某文化中心景观工程项目资金筹集工作符合国家相关规定。

（2）项目资金落实情况分析与评价

①项目资金到位率分析

某文化中心景观工程项目概算投资总额为55042.6万元，由文化中心市财政专项资金及对应项目出资，含博物馆、美术馆、图书馆、大剧院、商业体等红线内景观工程建安费9684.86万元。其中博物馆1219.98万元，由某资产管理有限公司出资；美术馆1059.24万元，由某文化产业投资有限公司出资；图书馆1073.64万元，由某集团有限公司出资；大剧院801.78万元，由某国有资产经营公司出资；商业体3569.28万元，由某置业有限公司出资；社会投资1970.94万元，由某投资管理有限公司出资。该项目实际完成投资52743.48万元，与批准的概算数55042.6万元相比节约2299.12万元，每一笔款项均按时、按需到位，建设单位根据不同分项工程承包金额所占总投资的比例进行进度款发放，保证了资金分配的公平性，有效避免了施工单位与建设单位的纠纷，某文化中心景观工程项目资金到位率分析与评价详见表7–9。

项目资金到位率分析与评价　　表7–9

三级指标	四级指标	五级指标	分析与评价	评价结论	得分
资金落实（4）	资金到位率（2）	财政资金到位率（2）	中央预算内投资到位率=$\frac{52743.48万元}{52743.48万元}\times 100\%=100\%$	专项资金到位率较高	2分

项目资金到位率指标分数权重为2分，其评价得分为2分。

②项目资金到位及时率分析与评价

某文化中心景观工程项目在工程款支付上，由施工单位根据合同进度对已完成的工程量进行计量，向监理人提交进度付款申请单、已完成工程量报表和有关计量资料。

资金利用率=实际用于项目的支出额/实际到位金额，某文化中心景观工程项目实际用于项目的支出额52743.48万元，实际到位金额为52743.48万元，因此资金利用率为100%，资金利用率高。同时，资金违纪率=项目的违纪金额/实际到位金额，由于在整个项目的建设过程中没有出现资金违纪现象，项目违纪金额为0，因此项目违纪率为0，实现资金的高效使用。

某文化中心景观工程项目工程的总投资得到了有效的控制，竣工财务决算反映的实际到位资金52743.48万元，与批复的概算数55042.6万元相比，节约资金2299.12万元，节省比例为4.18%，具体情况详见表7-10。

项目资金及时到位率分析与评价　　表7-10

三级指标	四级指标	五级指标	分析与评价	评价结果	得分
资金落实（4）	到位及时率（2）	财政资金到位及时率（2分）	资金到位率=$\frac{52743.48万元}{52743.48万元}$=100%	优	2分

由以上评价可知，项目资金到位及时率指标分数权重为2分，该项评价得分为2分，综合评价项目投入得分为24.05分，综合达标率为96.2%，因此评价结果为优。

2. 项目过程情况评价

1）项目业务管理分析与评价

不同项目以及不同评价机构对项目业务管理的评价要求有所不同。项目管理制度是否健全，是否能够有效执行，在业务管理过程中能否有效地控制合同变更情况，以及能否真正做到对项目质量的有效控制，项目是否设置安全措施，是综合反映项目业务管理水平的重要方面。因此，在该项目业务管理分析与评价中，主要考察业务管理制度执行的有效性、合同管理的可控性、项目质量可控性以及项目安全可控性，项目业务管理分析与评价指标体系详见表7-11。

某文化中心景观工程项目业务管理分析与评价指标体系　　表7-11

<table>
<tr><th>一级指标</th><th>二级指标</th><th>三级指标</th><th>四级指标</th><th>五级指标</th><th>结果指标</th><th>指标说明</th></tr>
<tr><td rowspan="4">过程（15）</td><td rowspan="4">业务管理（10）</td><td rowspan="4">制度执行的有效性（1）</td><td>制度执行合规性（0）</td><td>采购决策程序规范性</td><td>“一票否定”式指标</td><td>是否符合《绿化工程招标投标管理办法》的相关规定</td></tr>
<tr><td rowspan="3">制度执行落实性（1）</td><td>相关资料齐全性</td><td>“一票否定”式指标</td><td rowspan="3">是否符合《中华人民共和国招标投标法》和《中华人民共和国招标投标法实施条例》的相关规定</td></tr>
<tr><td>项目实施人员</td><td>“一票否定”式指标</td></tr>
<tr><td>设备落实到位</td><td>“一票否定”式指标</td></tr>
</table>

续表

一级指标	二级指标	三级指标	四级指标	五级指标	结果指标	指标说明
过程（15）	业务管理（10）	合同管理可控性（1）	合同变更情况（1）	项目变更处理能力	合同价款调整比率	调整的合同价款/合同总价款×100%
		项目质量可控性（6）	项目质量标准健全性（0）	无	“降档评级”式指标	是否制定项目质量要求及标准
			质量控制措施（6）	质量管理组织机构、质量监控程序	货物质量合格率	合格货物数/货物总数×100%
		项目安全可控性（2）	安全安装措施（2）	安全安装责任分工、安全检查措施	安全措施达标合格率	采取的安全措施最终达标合格情况
	财务管理（5）	采购预算编制合规性（1）	采购预算编制合规性（1）	采购预算编制合规性	对比方法	该市2010年政府集中采购目录和采购限额标准
		资金使用合规性（2）	实际投资超概率（1）、资金利用率（1）	实际投资超概率、资金利用率	实际投资超概率	实际投资超概算金额/项目概算金额×100%
					资金利用率	实际用于项目的支出额/实际到位资金×100%
		财务监控有效性（2）	财务监控措施有效性（2）	资金审查频率、资金违纪率	资金审查频率	定期进行必要的资金审查
					资金违纪率	资金违纪金额/项目实际总投资×100%

（1）制度执行有效性分析

①招标方案的合法性

在某文化中心景观工程项目可行性研究报告中，为了确保项目建设的质量，缩短项目建设期，防范项目建设中的违规行为，保护国家利益，某基础设施建设投资集团有限公司依据《绿化工程招标投标管理办法》《中华人民共和国招标投标法》制定了招标方案。

该项目委托某建设工程咨询有限公司代理文化中心景观及公共广场工程一标段施工、该市文化中心景观及公共广场工程二标段施工、该市文化中心景观及公共广场工程三标段施工工程招标，符合《绿化工程招标投标管理办法》《中华人民共和国招标投标法》有关规定。

②招标公告与资格预审公告的公开透明度

公开招标是一种公开竞争的招标方式，对所有具备资格的投标单位一视同仁，最大限度地激起竞争，形成买方市场，它的全过程透明度高，要打破垄断及不正当竞争，有效防止腐败现象滋生。本项目在选定媒介发布招标公告和资格预审公告时，没有出现不同媒介发布的招标信息不一致等违法行为，保证了招标公告与资格预审公告的公开透明度。

招标公告与资格预审公告中要求供应商应当具备以下条件：具有独立承担民事责任的能力；具备良好的商业信誉和健全的财务会计制度；具有履行合同所必需的设备和专业技术能力；有依法缴纳税金和社会保障资金的良好记录；参加政府采购活动前三年内，在经营活动中没有重大违法记录等。经专家分析，该项目招标公告中无不合理的条件对供应商实行差别或歧视待遇。

③招标文件发售的合理性

《中华人民共和国招标投标法实施条例》第十六条规定，招标人应当按照资格预审公告、招标公告或者投标邀请书规定的时间、地点发售资格预审文件或者招标文件。资格预审文件或者招标文件的发售期不得少于5日。招标人发售资格预审文件、招标文件收取的费用应当限于补偿印刷、邮寄的成本支出，不得以营利为目的。该市文化中心景观工程项目招标文件的发售时间大于5日，收取的费用合理。

④开标、评标、中标程序的合法性

某建设工程咨询有限公司受某环境建设投资有限公司委托，在招标文件中约定的时间举行开标大会。为了确保政府采购的公开、公平和公正，使项目的开标、评标工作依法进行，制定了详细的开标、评标工作纪律。

在评标过程中，某建设工程咨询有限公司按照《中华人民共和国招标投标法》的规定和程序进行。特别是评标委员会，由项目承办单位的代表和有关技术、经济等方面的专家组成。专家成员则在开标当天，在项目专家库随机抽取，评标委员会主任由专家临时推选；评标委员会采用单数制，但最低不少于5人，并且技术、经济等方面的专家不得少于成员总数的2/3。某文化中心景观工程项目在建设之前就制定了详细的项目采购计划，从发布招标公告到签订合同，整个招标采购流程符合《中华人民共和国招标投标法》的各项规定，期间没有出现投诉事件。在评标过程中，废标发生率小，各项评标工作顺利进行。

某文化中心景观工程项目坚持合理低价中标，中标人确定后，招标人向中标人发出中标通知书，该通知书具有法律效力，若中标人放弃中标项目，应当承担法律责任。自中标通知书发出的30日之内，按照招标文件，项目承包单位和中标人签订书面合同，中标人不得向他人转让中标项目，不得将中标项目肢解后分别向他人转让。

该项目无论在建设之前，还是在建设过程中，都能够严格地按照制度执行，该举措对项目建设的有效运行起到了很大的推动和保障作用，制度执行严格有效。

（2）合同管理可控性分析

评价专家小组主要从合同的模式、合同价款控制、合同进度控制以及合同变更情况来考察，而其中最能体现合同的综合管理水平与技术的则是合同变更。通过考察和比较项目在实施过程中工作内容的增减和变动，以及处理该变动的能力，来综合考察项目前期工作准备的充分性和合同管理人员的管理能力和水平，因此该指标会重点采取综合考察且重点内容重点分析的方式进行。

某建设工程咨询有限公司作为合同管理的代理单位，依照《中华人民共和国合同法》《中华人民共和国政府采购法》及其他有关法律和行政法规，遵循平等、自愿、公平和诚实信用的原则，与其他单位组成的联合体签订了合同，使业主对项目实施过程的质量和变更等能够进行有效的合同管理，双方严格履行合同中明确规定的权利和义务。通过后期调查研究了解到，在项目建设过程中，未出现较大的纠纷事件。在项目实施过程中严格按照该市财政局的指示进行合同价款控制。

（3）项目质量控制措施

在整个项目实际采购过程中，质量管理工作是重中之重，为此建设单位、供应商给予了重视，根据本项目的特点并结合采购现场的情况，项目部制订了质量控制流程图。

该市文化中心为保证设备质量，通过与供应商协调，要求其组织一支经验丰富的队伍，一切以验收规范为准，严格按照招标文件要求完成与合同有关的设备到货、安装、调试等工作，某文化中心景观工程项目业务管理分析与评价结论详见表7–12所示。

某文化中心景观工程项目业务管理分析与评价结论　　表7–12

<table>
<tr><th>三级指标</th><th>四级指标</th><th>五级指标</th><th>指标说明及评价</th><th>评分</th></tr>
<tr><td rowspan="4">制度执行的有效性（1）</td><td>制度执行合规性（0）</td><td>采购决策程序规范性</td><td>是否符合《绿化项目招标投标管理办法》的相关规定</td><td>0分</td></tr>
<tr><td rowspan="3">制度执行落实性（1）</td><td>相关资料齐全性</td><td>是否符合《中华人民共和国招标投标法》和《中华人民共和国招标投标法实施条例》的相关规定</td><td>0分</td></tr>
<tr><td>项目实施人员</td><td>废标数量/投标总数×100%</td><td>0.45分</td></tr>
<tr><td>设备落实到位</td><td>投诉数量/投标数量×100%</td><td>0.45分</td></tr>
<tr><td>合同管理可控性（1）</td><td>合同变更情况（1）</td><td>项目变更处理能力</td><td>调整的合同价款/合同总价款×100%</td><td>1分</td></tr>
<tr><td rowspan="2">项目质量可控性（6）</td><td>项目质量标准健全性（0）</td><td>“降档评级”式指标</td><td>是否制定项目质量要求及标准</td><td>0分</td></tr>
<tr><td>质量控制措施（6）</td><td>质量管理组织机构、质量监控程序</td><td>合格货物数/货物总数×100%</td><td>5.7分</td></tr>
<tr><td rowspan="2">项目安全可控性（2）</td><td rowspan="2">安全安装措施（2）</td><td>安全安装责任分工</td><td>采取的安全措施最终达标合格情况</td><td>1分</td></tr>
<tr><td>安全检查措施</td><td>安全措施最终达标合格情况</td><td>1分</td></tr>
<tr><td>合计</td><td colspan="4">0+0+0.45+0.45+1+0+5.7+1+1=9.6分</td></tr>
</table>

2）项目财务管理分析与评价

科学的财务管理是项目可持续性的有力保障，某文化中心景观工程项目财务管理分析与评价指标体系建立情况详见表7–13。

某文化中心景观工程项目财务管理分析与评价指标体系　　表7–13

<table>
<tr><th>一级指标</th><th>二级指标</th><th>三级指标</th><th>四级指标（权重）</th><th>五级指标</th><th>结果指示</th><th>指示说明</th></tr>
<tr><td rowspan="5">过程（15）</td><td rowspan="5">财务管理（5）</td><td>采购预算编制合规性（1）</td><td>采购预算编制合规性（1）</td><td>采购预算编制合规性</td><td>对比方法</td><td>该市2010年政府集中采购目录和采购限额标准</td></tr>
<tr><td rowspan="2">资金使用合规性（2）</td><td rowspan="2">实际投资超概率（1）、资金利用率（1）</td><td rowspan="2">实际投资超概率、资金利用率</td><td>实际投资超概率</td><td>实际投资超概算金额/项目概算金额×100%</td></tr>
<tr><td>资金利用率</td><td>实际用于项目的支出额/实际到位资金×100%</td></tr>
<tr><td rowspan="2">财务监控有效性（2）</td><td rowspan="2">财务监控措施有效性（2）</td><td rowspan="2">资金审查频率、资金违纪率</td><td>资金审查频率</td><td>定期进行必要的资金审查</td></tr>
<tr><td>资金违纪率</td><td>资金违纪金额/项目实际总投资×100%</td></tr>
</table>

某文化中心景观工程项目主要对项目预算编制、资金使用的合规性及财务监控的有效性等指标进行定性分析，对资金利用率、资金违纪率等进行定量评价，反映项目在实施过程中能否合理有效地分配及利用资金。

（1）预算编制及执行工作分析与评价

为进一步规范项目采购预算编制和执行，切实加强项目资金管理，提高项目资金的使用效益，某文化中心景观工程项目在预算编制及执行方面工作如下：

首先，细化预算编制。政府采购预算是部门预算的重要组成部分，某文化中心景观工程项目按照省财政厅印发的省级年度集中采购目录中规定的采购类别、品目和相关支出标准，全面、准确地编制采购预算，详细说明采购项目的数量、单价、资金构成和预计实施时间。

其次，严格审核采购预算。采购预算报主管部门审核，其中重点审核有无应编未编的、采购预算是否合理、采购预算说明是否全面等，凡未编制年度采购预算或采取调整预算的采购项目，一律不受理采购计划。

（2）项目资金使用合规性分析与评价

某文化中心景观工程项目在采购款项支付上，采用国库集中支付制度。由某文化中心景观工程项目根据与中标供应商签订的合同向该市财政局提交采购款项支付申请，财政部门根据实际情况审查批复，并直接拨款到供货单位账户。

由于某文化中心景观工程项目严格执行了政府采购制度，遵循“公开、公平、公正”的原则，极大地增强了采购过程的透明度，严格按照投资预算进行招标采购，该项目实际投资52743.48万元，建设资金使用没有浪费。国库集中支付与政府采购制度相互配合，从根本上解决了财政资金多环节拨付、多头管理、多户头存放的弊端，提高了财政资金的使用效益。

某文化中心景观工程项目各项建设标准符合国家要求，资金使用情况良好，该项目资金超概率和资金利用率明细详见表7–14。

某文化中心景观工程项目资金使用情况评价结论　　表7–14

三级指标	四级指标	五级指标计算	指标说明	评价得分
资金使用合规性（2）	实际投资超概率（1）	实际投资超概率$=\frac{0}{52743.48万元}\times 100\%=0$	实际投资超概算金额/项目概算金额×100%	1分
	资金利用率（1）	资金利用率$=\frac{52743.48万元}{52743.48万元}\times 100\%=100\%$	实际用于项目的支出额/实际到位资金×100%	1分
合计				2分

某文化中心景观工程项目具体资金使用、资金管理制度及财务监控情况分析及评价详见表7–15。

某文化中心景观工程项目财务管理分析评价结论　　表7-15

三级指标	四级指标	五级指标	指标说明及评价	评价得分
采购预算编制合规性（1）	采购预算编制合规性（1）	采购预算编制合规性	该项目采购预算编制合规	1分
资金使用合规性（2）	实际投资超概率（1）、资金利用率（1）	实际投资超概率	实际投资超概率=$\frac{0}{52743.48\text{万元}}\times 100\%=0$	1分
		资金利用率	资金利用率=$\frac{52743.48\text{万元}}{52743.48\text{万元}}\times 100\%=100\%$	1分
财务监控有效性（2）	财务监控措施有效性（2）	资金审查频率、资金违纪率	资金违纪金额/项目实际总投资×100%	2分
合计				5分

综上所述，项目过程计算总得分为14.6分，达到了97.3%达标率，因此评价结果为优。

3. 项目产出情况评价

该市的经济社会发展取得了显著成效，但在文化设施建设方面仍存在单体面积较小、功能不完善、布局相对分散等问题，该市市区仍缺乏对外展示交流和市民休闲交往的城市中心。为适应经济社会的快速发展，体现城市发展定位，完善城市文化服务功能，全面提升该市的城市形象，满足人民群众日益增长的文化需要，该市市委、市政府决定规划建设城市文化中心。

因此，对某文化中心景观工程项目的产出进行评价，就必须结合该项目建设的背景及项目建设功能和服务需要考虑，评价项目的产出是否符合文化中心需要，是否符合该市的区域发展规划需要。

结合建设项目的实际情况，从项目质量目标实现程度、时间目标实现程度、项目实现程度、成本节约实现程度、劳动安全卫生目标实现程度五个方面对项目产出进行评价，项目产出评价指标体系的建立详见表7-16。

某文化中心景观工程项目产出评价指标体系　　表7-16

一级指标	二级指标	三级指标	四级指标	五级指标	结果指示	指示说明
产出（20）	项目产出（20）	质量目标实现程度（6）	工程施工实际质量评价（6）	设备质量等级、质量达标率	工程质量等级	工程质量等级
					质量达标率	合格工程面积/总面积×100%
		时间目标实现程度（2）	完成及时率（2）	项目完成及时率	项目完成及时率	项目实际完成时间/项目计划完成时间×100%
		投资目标实现程度（6）	建设期总投资评价（3）	每平方米造价超标率	每平方米造价超标率	每平方米实际造价金额/每平方米计划造价金额×100%
				竣工决算审计核减率	竣工决算审计核减率	（上报决算造价-审定的决算造价）/上报决算造价×100%
				固定资产转化率	固定资产转化率	固定资产金额/总投资金额×100%

续表

一级指标	二级指标	三级指标	四级指标	五级指标	结果指示	指示说明
产出（20）	项目产出（20）	投资目标实现程度（6）	项目运营维护管理（3）	运营维护成本	运营维护成本	运营维护成本是否在控制范围内
				运营中群众参与度	运营中群众参与度	运营过程中群众参与维护的程度
				运营维护人员配置的合理性	运营维护人员配置的合理性	运营维护人员的配备是否合理
				运营管理水平	运营管理水平	运营管理水平如何
		安全卫生消防目标实现程度（4）	安全目标评价（2）	重大事故量	重大事故发生率	重大事故发生数量/全部事故发生数量×100%
			卫生目标评价（1）	卫生达标率	卫生达标率	卫生指标达标数/全部卫生指标数×100%
			消防目标评价（1）	消防达标率	消防达标率	消防指标达标数/全部消防指标数×100%
		节能目标实现程度（2）	资源消耗的降低程度（2）	资源节约率	资源节约率	资源节约数/全部资源数×100%

1）质量、时间、项目投资目标完成情况分析评价

（1）项目质量目标实现程度

某文化中心景观工程项目在实施过程中，质量管理工作是重中之重。为此，建设单位、施工单位非常重视，根据项目的特点并结合项目实施现场的情况，各单位积极负责，并严格有序地执行相关制度，该项目建设质量能够真正达到要求。在项目后期使用阶段，基本符合项目质量计划要求。

（2）项目时间目标实现程度

为了尽快完成该项目建设任务，使其早日投入使用，某文化中心景观工程项目在保证招标投标工作有序合规进行的条件下，加快采购进度。在项目建设中，某文化中心景观工程项目结合供应商具体情况，能够合理地确定分包合同的结构和招标方案，制定周密的项目进度计划。

①制定招标采购时间进度表，全盘统筹，合理安排

采购部门在接到采购任务后，根据项目特点制定招标采购时间进度表，在遵守《中华人民共和国招标投标法》和《中华人民共和国政府采购法》等相关法律法规的前提下，对招标过程全盘统筹、合理安排。

②制定招标文件修改管理办法

为保证申购单位对技术参数的修改不影响开标时间，制定招标文件修改管理办法，明确需要修改的招标技术参数，必须在投标截止时间15日前提出，且申购单位须向采购主管部门提交经申购单位领导、招标投标工作办公室、招标投标工作监督组审批同意的招标参数修改申请表，详细说明修改参数的理由和内容。这样做一方面有利于限制申购单位对招标文件的随意修改，提高招标文件技术参数的编制质量，另一方面也充分尊重申购单位的意见，保留了其修改技术参数的权利，为特殊情况下确实需要修改技术参数的申购单位提

供了明确的途径和办法。

③提高招标文件编制质量

作为投标的重要依据，招标文件的编制质量对招标成败起着关键作用，而招标文件的编制质量主要体现在其商务条款和技术条款的设置上。为了做好招标文件的编制工作，某文化中心景观工程项目做了以下努力：编制采购计划前，做好市场调研，充分了解设备的技术信息和价格信息，尤其是产品更新换代和价格变动等信息，避免预算价格与市场价格相差甚远；根据招标项目的实际情况和特点，对投标人提出合理的资格条件；要求申购单位多选择几个供应商进行综合比较，全面了解其技术能力、售后服务和设备的配置、性能等情况，根据自己的实际需求设定合理的技术指标要求，避免出现不够三家供应商响应投标的情况；随机抽取相关专业的技术专家对招标的技术参数进行审核，尤其是对星号条款设置的必要性和合理性进行严格把关，并提出修改意见，最大程度地保证技术指标的公平与合理；充分了解设备的性质和类型，借鉴以往招标实践中类似项目的成功经验，对拟招标设备合理划分标包。

实际实施中，某文化中心景观工程项目顺利、如期完成，各项设备采购完成安装后立即投入使用，符合项目时间安排，项目完成及时率为100%。

（3）项目投资目标实现程度

该项目实际投资为52743.48万元，与批准的概算数55042.6万元相比节约2299.12万元，每一笔款项均按时、按需到位，建设单位根据不同分项工程承包金额所占总投资比例进行进度款发放，保证了资金分配的公平性，有效地避免了施工单位与建设单位的纠纷。

2）项目产出及其他目标分析与评价

（1）项目劳动安全目标分析与评价

某文化中心景观工程项目秉承“安全第一”的建设理念，为保证设备的运行安全，某文化中心景观工程项目和供货商还经常不定期对项目安全状况进行检查、指导和督促。施工单位在使用设备过程中严格贯彻“安全第一”的方针，在紧抓工作质量和效率的同时，绝不忽视安全工作。管理人员每日按时进行安全检查以及巡视工作，同时采取严格的安全防护措施，确保设备的运行安全。

该项目建设由于认真贯彻了“安全运行、预防为主”的方针，制定了严格的设备运行安全管理制度、安全操作规程和各项安全生产措施，确保工作人员的人身安全和健康，实现“安全为了生产、生产必须安全”的目的。由此可见，本项目安全管理规定是十分完备的。与此同时，设备安全运行达到了如下目标：杜绝了重大安全伤亡事故的发生，轻伤事故的发生频率控制在1.5‰以内；设备安装、调试和运行过程中做到了无伤亡、无火灾、无中毒、无机械安全事故，最终达到了重大事故量为0的目标。

（2）安全、卫生、消防目标分析与评价

安全、卫生、消防工作是项目得以顺利运行的重要保证，某文化中心景观工程项目在建设过程中，项目组坚持安全就是形象、安全就是效益，不断地研究景观工程安全设计，重点把控项目安全质量。把“安全第一、以人为本”的安全理念作为一切工作的出发点，做到能及时预防和消除隐患，达到安全使用的目的。在卫生目标上，某文化中心景观工程项目在设计阶段加强了环境卫生的设计，提升了文化中心的使用功能，改善居民生活条件和生活环境。在消防目标上，某文化中心景观工程项目做好了消防设施建设并制定了消防应急方案，为景观工程的正常使用提供了强有力的保证。

综合来讲，某文化中心景观工程项目严格按照相关国家规范的要求进行安全卫生消防工作，达到了国家标准与要求，在安全卫生达标检查工作中也取得了较好的成绩，得到了相关监督检查工作小组的一致认可，某文化中心景观工程项目产出情况详见表7-17。

某文化中心景观工程项目产出情况　　表7-17

三级指标	四级指标	五级指标	指标说明及评价	评分
质量目标实现程度（6）	工程施工实际质量评价（6）	工程质量等级	工程质量等级	3分
		质量达标率	质量达标率	3分
时间目标实现程度（2）	完成及时率（2）	项目完成及时率	完成及时率=完成任务的时间/总任务所需要时间×100%=100%	2分
投资目标完成程度（6）	建设期总投资评价（3）	单位平方米造价超标率	造价超标率=实际造价/计划造价×100%=100%	1分
		竣工决算审计核减率	竣工决算审计核减率=（上报决算造价-审定的决算造价）/上报决算造价×100%=100%	1分
		固定资产转化率	固定资产转化率=固定资产/总资产×100%=100%	1分
	项目运营维护管理（3）	运营维护成本	运营维护成本没有超标	0.9分
		运营中群众参与度	运营中群众参与程度高	0.5分
		运营维护人员配置的合理性	运营维护人员配置合理	0.5分
		运营管理水平	运营管理水平是否合理	1分
劳动安全卫生消防目标实现程度（4）	安全目标评价（2）	重大事故量	重大事故发生率=0/1×100%=0	2分
	卫生防护目标评价（1）	卫生达标率	卫生达标率=10/10×100%=100%	1分
	消防目标评价（1）	消防达标率	消防达标率=10/10×100%=100%	1.7分
节能目标实现程度（1）	资源消耗的降低程度（1）	资源节约率	资源节约率=资源节约指标达标数/全部资源节约指标数×100%	1分
合计	合计得分=3+3+2+1+1+1+0.9+0.5+0.5+1+2+1+1.7+1=19.6			

综上所述，对某文化中心景观工程项目的产出过程进行评价发现，项目各参建方始终坚持做好自己的本职工作，积极认真地管理项目，保证了项目目标的顺利实现，该部分总得分为19.6分，评价结果为优。

4. 项目效益情况评价

效果即某种动因或原因导致的良好结果。在招标采购建设项目过程中效果重点指的是项目建设效益，即劳动占用、劳动消耗、资金消耗与获得的劳动成果之间的比较。对项目进行项目效果评价，主要内容包括项目的经济效益、社会效益、生态效益、可持续影响以及社会服务对象满意度。通过评价相应指标，可以全面地比较和衡量项目所带来的综合效果，项目的效果评价指标体系构建详见表7–18。

某文化中心景观工程项目效果评价指标体系　　表7–18

一级指标	二级指标	三级指标（权重）	四级指标（权重）	结果指标	指标说明
效果（40）	项目效益（40）	经济效益（8）	财务效益（4）	投资收益率	投资收益率=年平均利润总额/投资总额×100%（年平均利润总额=年均产品收入–年均总成本–年均销售税金及附加）
				净现值	净现值 = $\sum_{t=1}^{n}(CI-CO)_t/(1+i_c)^{-t}$
			国民经济效益（4）	经济内部收率	$(FIRR-I)/(i_1—i_2)=[K/R-(p/A, i_1, n)]/[(p/A, i_2, n)—(p/A, i_1, n)]$
				效益费用比	建设项目在计算期内效益流量的现值/费用流量的现值
		社会效益（20）	政策的合规性（1）	政策是否合规	综合比较
			对地区人民生活水平的影响（6）	对相关地区生产总值增长的影响	有无对比
				当地就业与生活水平是否提高	综合比较
				对周边交通是否造成压力	综合比较
			项目环境效益（4）	对环境是否产生影响	综合比较
				生态保护措施如何	综合比较
				运营后环境质量改善如何	综合比较
			主要污染物的排放情况（6）	废水的排放是否达标	比较法
				废气的排放是否达标	因素分析法
				固体废物污染是否得到控制	因素分析法
			节能效果（1）	废物再利用程度	因素分析法
			防尘效果（1）	防尘的合格程度	比较法
			水土流失情况（1）	防止水土流失程度	比较法
		可持续影响（6）	对所处地区影响的可持续性（2）	是否符合国家政策导向与战略布局	因素分析法
			对同类项目影响的可持续性（4）	是否对同类项目有示范作用	因素分析法
				是否有利于促进管理水平的提高	因素分析法
				能否提高人员业务素质	因素分析法
				技术创新有没有借鉴	因素分析法
		使用者满意度（6）	附近居民满意度（6）	对附近居民的便利性是否产生影响	因素分析法
				附近居民生活是否舒适	因素分析法

1）项目经济效益情况分析与评价

对公共性支出建设项目进行绩效评价是市场经济和社会进步对政府财政支出管理提出的必然要求。在现代政府公共活动的管理中，基于结果的支出绩效管理在整个政府支出管理中占据了十分重要的地位，也是对人民群众利益进行维护的重要保证。它既是提高公共部门运行效率和增强公共部门责任意识的需要，又能提高公共部门信息透明度、加强公众监督和推进社会民主建设，满足广大人民群众的根本利益。

对财政支出而言，对文化中心公共性建设项目进行绩效评价是整个绩效管理的核心和重要手段，对这些项目绩效情况进行公正与准确的分析也是政府编制绩效预算的前提。对于一个由财政支出投资的项目而言，用有效的绩效评价系统对项目各方面的投资进行全面系统的资金绩效评价，不仅能向公共服务的提供者揭示公众的满足程度和财政预期目标的实现程度，而且也能指明财政支出决策的改进空间和未来应采取的行动。

（1）指标体系构建

①评价指标与评价目标相结合

项目资金是财政预算安排的或者有关部门、单位依法自行组织的具有专门用途的财政支出。“项目”是资金使用的载体，实现预算中设定的目标是项目实施的目的。财政部门和预算部门（单位）根据设定的绩效目标，运用科学、合理的绩效评价指标、评价标准和评价方法，对财政支出的经济性、效率性和效益性等评价指标进行客观、公正地评价。尽可能好地实现项目资金使用与管理的最终“目标”。只有指标与目标相结合，才能对所建项目的绩效情况有所了解，从而体现项目绩效评价的意义。

②定性评价与定量评价相结合

财政部门在进行项目资金核拨时，会全面综合地考虑社会经济活动的各个部门和各个单位的情况。项目涉及文化教育、科研卫生、社会福利等事业单位，也包括政府部门等行政单位，涉及范围广泛。同时，项目设立包含社会、政治、经济等多重目标，内容复杂，因此，有些目标很难用量化的方式进行描述与评价，只能用定性的方式进行描述与评价。客观地讲，定量评价只是评价的一种方式，使用量化指标问题可以被更好地表达，但使用量化指标并不是取得良好的项目资金绩效评价与表达效果的唯一方法。在实际绩效评价工作过程中，应将客观的、直观的、可量化的指标用定量方式表达出来，而将不便或不能量化的指标以定性的方式进行描述，这样才能实事求是、客观公正、全面有效地进行项目资金绩效评价。

③一般性评价指标与特殊性评价指标相结合

项目的实施情况、项目资金的使用与管理情况通常具有可循的一般规律和管理规则，具有一定的共性，在这些方面可以用统一的评价指标来进行评价，我们可以将这些指标视为共性评价指标。将项目设立时就具有的，体现项目本身特定属性的适用于不同预算部门或项目的业绩评价指标，视为个性指标，在项目的绩效评价工作中将个性指标与共性指标相结合才能全面综合地表现项目的性质。

④经济效益与社会效益相结合

项目资金的投入与使用，既是一项社会经济活动，也是以实现某种社会和经济目标为目的，更具有社会性和经济性的双重属性。因此，在进行项目资金绩效评价时，既要考虑项目投入资金后的直接经济效益，也要考虑间接的社会效益，只有将两者有机结合，才能客观公正地反映项目的绩效水平。项目经济性分析的具体指标详见表7–19。

某文化中心景观工程项目经济性分析指标　　表7–19

一级指标	二级指标	三级指标	四级指标	指标说明	评价标准
项目绩效	资金管理	资金使用	项目决算节约数额	决算节约数额=决算数额–概算数额	该指标为正，说明项目实现节约，负数绝对值越大说明项目资金绩效越好
			项目决算较概算节约率	节约率= $\frac{决算金额-概算金额}{概算金额}\times 100\%$	

（2）实际执行情况分析

①项目成本控制情况

该项目的总投资得到了有效控制，竣工决算反映的交付使用资产为55042.6万元。该项目实际完成投资额为52743.48万元。

②项目成本节约情况

与该项目批准的概算数55042.6万元相比，节约资金2299.12万元，节约比例为4.18%。

（3）评价结论

从以上的分析结论看来，某市文化中心景观工程项目从建设到竣工，到结算、决算的整个过程中，决算金额较概算金额减少2299.12万元，从项目的建设结果来看，项目的最终质量、性能、外观及运营效果等都达到了很好的水平，该项目的建设是在尽量节约项目资金的同时，保证资金能够合理、有效地运用，某文化中心景观工程项目经济性分析结果详见表7–20。

项目经济性分析结果　　表7–20

一级指标	二级指标	三级指标	四级指标	指标说明	评价结果
项目绩效	项目效果	资金使用	项目决算节约数额	55042.6万元–52743.48万元=2299.12万元	该指标为正，说明该项目最终决算金额高于概算金额
			项目决算较概算节约率	$\frac{52743.48万元}{55042.6万元}\times 100\%=95.82\%$	

通过以上分析可以看出，项目的建设取得了较好的经济效益，其总得分为6.4分，因此综合评价结果为良。

2）项目社会效益情况分析与评价

（1）指标体系构建

针对某文化中心景观工程项目的特点，其社会效益指标详见表7–21。

某文化中心景观工程项目社会效益评价指标　　表7-21

一级指标	二级指标	三级指标	四级指标	指标说明	评价标准	评价方法
效益指标	项目效果	社会效益	政策的符合性	与国家政策方针、地区政策的符合程度	与国家政策方针进行对比分析，符合国家政策方针，评价结果为：符合；不符合的评价结果为：不符合	对比法
			与法律法规要求指标的符合度	项目建成后是否符合相关标准的规定	与相关规定进行对比分析，在法律法规标准范围之内，评价结果为：符合；低于标准，评价结果为：不符合	对比法
			对地区规划的符合程度	是否符合该市整体规划	参照地区的整体规划，分析储备库与地区规划的契合程度。若完全符合地区整体规划，则符合程度高；若少许符合，则符合程度低	因素分析法

（2）项目社会效益分析

①指标体系构建

针对某文化中心景观工程项目的特点，其社会效益指标如表7-22所示。

某文化中心景观工程项目社会效益评价指标　　表7-22

一级指标	二级指标	三级指标	四级指标	指标说明	评价方法
效益指标	项目效益	社会效益	政策的符合性	与国家政策方针、地区政策的符合程度	比较法
			对地区人民生活水平的影响	相关地区生产总值增长	比较法
				当地就业与生活水平提高	比较法
				对周边交通压力影响	比较法

②实际执行情况分析

A.满足人民群众日益增长的休闲娱乐需要

某文化中心景观工程项目建设坚持理性地思考与科学地判断，以“文化、人本、生态”为主旨，挖掘地域文化资源，遵循以人为本的思想，以生态综合技术为依托，通过建设配备成规模的文化设施的“城市客厅”，达到完善城市文化服务功能、彰显城市文化特色、提升城市文化品位、促进城市长远发展的目标。

B.完善城市文化服务功能，全面提升城市形象

近年来，该市的经济社会发展取得了显著成效，但在文化设施建设方面仍存在单体面积较小、功能不完善、布局相对分散等问题，该市市区内仍缺乏对外展示交流和市民休闲交往的城市中心。为适应经济社会的快速发展，体现城市发展定位，完善城市文化服务功能，全面提升城市形象。

③评价结论

从以上分析结论来看，某文化中心景观工程项目从建设到竣工，项目的最终质量、性

能、外观及运营效果都达到预期目标。该项目的建设是在尽量节约资金的同时，保证资金能够合理、有效地运用，以高标准建造景观工程。该项目从整体到外观都很好地满足了实际需要，具体评价结果详见表7–23。

效益评价结果表 表7–23

<table>
<tr><th>一级指标</th><th>二级指标</th><th>三级指标</th><th>四级指标</th><th>指标说明</th><th>评价</th></tr>
<tr><td rowspan="4">效果（40）</td><td rowspan="4">项目效益（40）</td><td rowspan="4">社会效益（20）</td><td>政策的合规性（1）</td><td>政策是否合规</td><td>1分</td></tr>
<tr><td rowspan="3">对地区人民生活水平的影响（6）</td><td>对相关地区生产总值增长的影响</td><td>1.8分</td></tr>
<tr><td>当地就业与生活水平是否提高</td><td>1.6分</td></tr>
<tr><td>对周边交通是否造成压力</td><td>1.8分</td></tr>
</table>

具体评价结果为：

A.该项目建设和使用符合国家政策要求。

B.该项目建设和使用符合法律法规、规范标准的要求。

C.该项目的建设能够很好地提高该市景观工程建设水平。

D.该项目的建设和选址符合该市整体规划。

3）项目生态效益情况分析与评价

（1）指标体系构建

针对景观工程的特点，其生态效益评价指标详见表7–24。

某文化中心景观工程项目生态效益评价指标 表7–24

<table>
<tr><th>一级指标</th><th>二级指标</th><th>三级指标</th><th>四级指标</th><th>五级指标</th><th>评价方法</th></tr>
<tr><td rowspan="10">效果（40）</td><td rowspan="10">项目效益（40）</td><td rowspan="10">社会效益（20）</td><td rowspan="4">项目环境效益（4）</td><td>环境影响情况</td><td>综合比较法</td></tr>
<tr><td>生态保护情况</td><td>综合比较法</td></tr>
<tr><td>运营后环境质量改善情况</td><td>综合比较法</td></tr>
<tr><td>施工过程环保措施</td><td>比较法</td></tr>
<tr><td rowspan="3">主要污染物的排放情况（6）</td><td>废水排放情况</td><td>比较法</td></tr>
<tr><td>废气排放达标情况</td><td>因素分析法</td></tr>
<tr><td>固体废物污染控制情况</td><td>因素分析法</td></tr>
<tr><td>节能效果（1）</td><td>废物再利用率</td><td>因素分析法</td></tr>
<tr><td>防尘效果（1）</td><td>防尘合格率</td><td>比较法</td></tr>
<tr><td>水土流失情况（1）</td><td>防止水土流失措施健全性</td><td>比较法</td></tr>
</table>

（2）实际执行情况分析

①主要污染物排放量

本项目施工过程中，施工场区内所产生的各种固体废弃物进行分类包装后再经环保部门处理，对生活垃圾及时收集，由环保部门处理，做到日产日清。本项目建设期固体废物主要是建筑垃圾，将混凝土块连同弃土、弃渣等用封闭式废土运输车送至专用垃圾场所或用于回填低洼地带，将建筑垃圾中的钢筋等回收利用。施工人员的生活垃圾由当地环保部门及时收集到指定的垃圾箱内，及时清运。

项目投入使用后。在生活废物的处理方面，根据《污水综合排放标准》GB 8978–1996的规定，生活污水经化粪池沉淀、餐饮废水经隔油池处理后一起排入市政污水管网。生活垃圾按市容部门要求及时清运，防止产生二次污染。本项目制冷系统、地下泵房等产生噪声的设备，采用低噪声设备，并合理安排设备位置，以减少噪声污染。

②环保设施使用情况

为强化项目的环境保护，本项目采取了建设项目环境保护设施“三同时”制度（同时设计、同时施工、同时投产使用），本项目环保机构采取了以下环保措施：配备专用工具做好防震降噪措施，采用先进低噪声设备进行施工，采用新技术、新材料、新设备来严格控制污染源，环保设施运转正常，无异常状况出现。

③绿化情况

施工过程中，各工种采用了新技术、新材料和新设备，加快了施工进度，节省了材料和能源。本项目建设过程中不会破坏绿地，也不会影响周围的生态环境。在施工结束时，对临时用地范围内的地表土进行了场地平整，并植树、种草进行绿化。

④资源的综合利用程度

本项目利用水资源时，遵循合理开发、节约使用、有效保护的原则，对周围水资源节约、保护，建设过程用水合理，排水符合《污水综合排放标准》GB 8978–1996中所规定的浓度限值，对周围居民用水没有造成影响，对地下水水质无影响。

本项目遵循循环经济的理念，严格执行环保、安全、能耗、技术、质量的各项标准，在项目建设方案中体现节能、节水、节地、节材等资源节约的相关要求，使建设项目实现资源节约和综合利用。采取有效措施提高资源利用效率、降低资源消耗，项目内部实施水循环、废弃物回收再利用等，使得废弃物的排放量实现最小化。本项目资源的综合利用程度高。

⑤环保制度、机构和人员配置绩效

本项目成立了环保机构，并配置了环保人员，其主要职责为：贯彻执行国家、该市环境保护的方针、政策和法律、法规；制订环境保护规划和计划；负责大气、水体、土壤、噪声、固体废物以及机动车等污染防治的监督管理。其环保机构设置合理，监管有效，环保人员管理绩效好。环保审批手续及环境管理档案齐全，并有专人管理，档案保存完好。

（3）评价结论

某文化中心景观工程充分规划利用土地、水等资源，采取了有效的措施提高资源利用效率、降低资源消耗，做到物尽其用；在施工过程中，采用新技术、新材料、新设备，严格控制污染源，保证了施工对当地环境破坏达到最小；在使用过程中，重点采购了相关污物处理设备，使污染物排放达到国家标准；成立环保机构，对大气、水体、土壤、噪声、固体废物以及机动车等污染物进行监督管理；在园林绿化方面，绿化情况好。总体来说，该项目的建设对环境造成的影响是可接受的，具体评价结果详见表7–25。

某文化中心景观工程项目环境效益评价结果　　表7–25

一级指标	二级指标	三级指标	四级指标	五级指标	指标说明	评价
效果（40）	项目效益（40）	经济效益（20）	项目环境效益（4）	环境影响情况	对环境是否产生影响	1.8分
				生态保护情况	保护措施如何	1.0分
				运营后环境质量改善情况	运营后环境质量是否改善	1.0分
			主要污染物的排放情况（6）	废水排放情况	建设产生的“三废”及噪声是否在总量上限制在国家和地方政府的标准之内	1.0分
				废气排放达标情况		1.0分
				固体废物污染控制情况		1.0分
			节能效果（1）	废物再利用率	废物再利用程度	1.0分
			防尘效果（1）	防尘合格率	防尘的合格程度	1.0分
			水土流失情况（1）	防止水土流失的措施健全性	防止水土流失程度	0.9分

具体评价结果为：

①该项目对主要污染物的排放和处置符合国家标准要求。

②该项目环保设施使用情况较好。

③该项目绿化建设较好，区域环境美化加强。

④该项目比较好地综合利用了资源。

⑤该项目设置的环保制度、机构和人员数量能够有效地保证环境质量。

4）项目可持续影响情况分析与评价

（1）指标体系构建

建设项目可持续性影响评价指标体系是用以反映建设项目可持续性的相互联系、相互制约的指标集合，由经济、社会、生态环境、组织机制等方面的量度指标或指标体系构成。在建设项目可持续性影响评价指标体系的构建中，整个指标体系主要反映两个方面的内容：一是建设项目可持续性的外部条件，即社会中诸多因素（财力的支持、政府的调控、资源分配、部门协作及相关政策等）对建设工程项目运作的影响和制约作用；二是建设项目可持续性的内部条件。即项目持续运作时项目本身的功能和运用管理方面所需具备的条件及实际具备条件的程度，如工程能力、财务能力、运营机制、人员素质和管理水平等，同时结合该项目的特点得出可持续性评价指标体系，详见表7-26。

某市文化中心景观工程可持续性评价指标体系　　表7-26

<table>
<tr><th>一级指标</th><th>二级指标</th><th>三级指标</th><th>四级指标</th><th>五级指标</th><th>评价说明</th><th>评价方法</th></tr>
<tr><td rowspan="5">效果（40）</td><td rowspan="5">项目效益（40）</td><td rowspan="5">可持续性影响（6）</td><td>对所处地区影响的可持续性（2）</td><td>政策导向与战略布局</td><td>项目是否符合国家或地方政策及战略布局</td><td>因素分析法</td></tr>
<tr><td rowspan="4">对同类项目影响的可持续性（4）</td><td>对同类项目的示范作用程度</td><td>是否对同类项目有示范作用</td><td rowspan="4">因素分析法</td></tr>
<tr><td>对管理水平提高的促进程度</td><td>是否有利于促进管理水平提高</td></tr>
<tr><td>项目人员业务素质提高程度</td><td>能否提高人员业务素质</td></tr>
<tr><td>技术创新程度</td><td>技术创新有没有借鉴</td></tr>
</table>

（2）项目可持续影响分析

①项目管理方式的持续性评价

A.对同类项目的示范作用影响

某文化中心景观工程项目改善了工作人员的工作条件，适应了当地发展的需求，并考虑到项目的可持续性，在硬件设施上有所改善，项目设计及布局与应急储备仓库建设的未来发展趋势相符。这对同类项目的建设起到了很强的示范作用，具有重要的指导及标杆意义。

B.项目对促进管理水平的影响

某文化中心景观工程项目对管理水平提出了更高程度的要求，在项目实施过程中精心组织筹划，积极有效地协调工程参与各方，为提高工程质量发挥了至关重要的作用；工程建成后，加强新建工程及配套工程的维护及管理工作，充分发挥其各项功能，提高了工作效率。

C.项目对人员业务素质的影响

某文化中心景观工程项目建成后，改善了工作人员的工作环境，为提高工作效率提供了硬件支持，为充分发挥该市其他部门的职能提供了强有力的保障。

②项目的可改造性评价

A.项目技术的先进性影响

某文化中心景观工程项目与同类项目相比，在技术上具有显著的先进性，新建成的文化中心景观工程项目采用先进的设计理念，硬件水平有了很大的提高，可以作为其他同类项目的技术标杆。

B.项目技术的创新性影响

某文化中心景观工程项目与同类项目相比，在技术上“以人为本”的特色突出，并实现了工作设备的现代化。设备的先进性体现着技术上的创新性，为同类项目的建设很好地发挥了借鉴作用。

③项目促进当地社会、经济发展的程度

A.对地区社会、经济发展的影响

某文化中心景观工程项目的完成，具有一定的社会性，是保证社会秩序和居民生活稳定性的需要。为保障公安机关的应急处置，维护政治经济和社会治安稳定奠定了坚实基础，为经济的高速发展保驾护航。

B.对当地生活环境的改善

某文化中心景观工程项目的建设，充分考虑到了项目自身的环境影响，采取了多种措施防范可能造成的环境影响。

（3）评价结论

某文化中心景观工程项目可持续性影响评价结论详见表7–27。

某文化中心景观工程项目可持续性影响评价结论　　表7–27

一级指标	二级指标	三级指标	四级指标	五级指标	评价说明	评价
效果（40）	项目效益（40）	可持续性影响（6）	对所处地区影响的可持续性	政策导向与战略布局	是否符合国家政策导向与战略布局	1.8分
			对同类项目影响的可持续性	对同类项目的示范作用程度	是否对同类项目有示范作用	0.9分
				对管理水平提高的促进程度	是否有利于管理水平的提高	0.9分
				项目人员业务素质提高程度	能否提高人员业务素质	1分
				技术创新程度	技术创新有没有借鉴	0.9分

从以上几个指标可以看出，某文化中心景观工程项目充分考虑了以后的持续发展。无论是项目管理方式的持续性，还是项目的可造性和项目促进当地社会、环境发展程度等，都考虑到了这一点。由此也可以看出，某文化中心景观工程项目满足可持续性需求。

5）项目使用者满意度情况分析与评价

（1）指标体系构建

针对某文化中心景观工程项目的特点，使用者满意度评价指标如表7–28所示。

某文化中心景观工程项目使用者满意度评价指标　　表7–28

一级指标	二级指标	三级指标	四级指标	五级指标	指标说明	评价方法
效果（40）	项目效益（40）	使用者满意度（6）	附近居民满意度（6）	便利性	对附近居民的生活便利性是否产生影响	因素分析法
				舒适度	附近居民生活是否舒适	

（2）项目使用者满意度分析

规划坚持理性地思考与科学地判断，以“文化、人本、生态”为主旨，挖掘地域文化资源，遵循以人为本的思想，以生态技术为依托，通过建设配备成规模的文化设施的“城市客厅”，达到完善城市文化服务功能、彰显城市文化特色、提升城市文化品位、促进城市长远发展的目标。

（3）评价结论

使用者满意度评价结果详见表7–29。

某文化中心景观工程项目使用者满意度评价结果表　表7–29

一级指标	二级指标	三级指标	四级指标	五级指标	指标说明	评价结果
效果（40）	项目效益（40）	使用者满意度（6）	附近居民满意度（6）	便利性	对附近居民的生活便利性是否产生影响	2.7分
				舒适度	附近居民生活是否舒适	3分

从建设项目的实用性、便利性等多方面综合进行评价，某文化中心景观工程项目的使用者对该项目建设的满意程度是满意。

第三节　综合评价情况及评价结论

本次项目绩效评价工作参照了财政部颁布的财政支出绩效评价管理的相关规定和项目所在市的预算绩效管理相关规定。在实施评价工作的过程中，评价小组结合具体的项目特征，通过建立项目绩效评价指标体系，对项目投入、过程、产出、效果方面以专家打分和调查问卷等形式进行了全过程的评价分析，并以最后得出的权重总分作为项目的最终得分。最终得分可以用来综合判断本项目的绩效情况，即评价得分在[90，100]为优秀，在[75，90）为良好，在[60，75）为一般，在[0，60）为较差。本次绩效评价主要采用的方法为成功度法、逻辑框架法以及多层次灰色评价法。针对本项目的特点，本次绩效评价共进行2次定量分析（即成功度法和多层次灰色评价法）和1次定性分析（即逻辑框架法），在此基础上验证绩效评价分值法的准确性。这3次评价全面细致，可以使评价结果更为全面、准确和可靠。若其他三种方法与绩效评价分值法得分不一致，则专家工作小组在分析原因后对整个项目进行重新评价。

一、运用绩效评价分值法的评价

根据某文化中心景观工程项目的特点，结合财政部的参考指标体系，建立了该项目的指标体系。专家工作小组依据指标分析情况及评价结论，对各个指标进行评分，所有指标的专家评分汇总如表7–30所示。

某文化中心景观工程项目绩效评价结果　　　　表7–30

一级指标	二级指标	三级指标	四级指标	五级指标	评价方法	专家打分	结论
投入（25）	项目立项（21）	项目立项规范性（0）	项目申报合规性（0）	申报资料完整性	比较法	1	0
				申报程序合规性	比较法	1	0
			项目决策规范性（0）	是否经过立项、可行性研究、初步设计概算	比较法	1	0
		绩效目标合理性（3）	绩效目标依据充分性（2）	城市景观规划合理性	因素分析法	0.8	0.4
				城市功能定位合理性	因素分析法	1	0.5
				城市交通规划合理性	因素分析法	1	0.5
				与主体项目的协调程度	因素分析法	0.8	0.4
			绩效目标可行性（1）	预期收益	比较法	1	1
		绩效指标明确性（16）	质量目标（3）	项目设计的质量标准	因素分析法	1	1
				项目施工质量目标	比较法	1	1
				项目的整体使用功能	因素分析法	1	1
			投资目标（1）	建设期总投资	因素分析法	1	1
			劳动安全卫生消防目标（3）	劳动安全目标	因素分析法	1	1
				消防目标	因素分析法	1	1
				卫生防护目标	因素分析法	1	1
			环境目标（6）	污染物排放 对周围环境的影响	因素分析法	0.95	5.7
			节能目标（1）	资源消耗量	因素分析法	1	1
			社会服务对象满意目标（2）	项目主管部门支持度	因素分析法	1	1
				项目决策过程群众参与度	因素分析法	0.8	0.8
		实施准备情况（2）	项目勘察（1）	勘察工作合规性	比较法	0.8	0.8
			项目设计合理性（1）	方案指标合理性	比较法	0.9	0.45
				资源利用效率	因素分析法	1	0.5
			招标投标组织实施（0）	招标投标流程合规性	比较法	1	0
				开标、评标的合规性	比较法	1	0
	资金投入（4）	资金筹集（0）	资金审查合规性（0）	资金审查合规性	比较法	1	0
		资金落实（4）	资金到位率（2）	财政资金到位率	因素分析法	1	2
			到位及时率（2）	财政资金到位及时率	因素分析法	1	2
过程（15）	业务管理（10）	制度执行有效性（1）	制度执行合规性（0）	采购决策程序规范性	比较法	0	0
			制度执行落实性（1）	相关资料齐全性	比较法	0	0
				项目实施人员	因素分析法	0.9	0.45
				设备落实到位	因素分析法	0.9	0.45
		合同管理可控性（1）	合同变更情况（1）	项目变更处理能力	比较法	1	1
		项目质量可控性（6）	项目质量标准健全性（0）		比较法	1	0

续表

一级指标	二级指标	三级指标	四级指标	五级指标	评价方法	专家打分	结论
过程（15）	业务管理（10）	项目质量可控性（6）	质量控制措施（6）	质量管理组织机构、质量监控程序	比较法	0.95	5.7
		项目安全可控性（2）	安全施工措施（2）	安全安装责任分工	比较法	1	1
				安全检查措施	比较法	1	1
	财务管理（5）	管理制度健全性（1）	项目资金管理办法健全性（1）	会计核算制度执行情况	比较法	1	1
		资金使用合规性（2）	实际资金超概率（1）		比较法	1	1
			资金利用率（1）		比较法	1	1
		财务监控有效性（2）	财务监控措施的有效性（2）	资金审查频率	比较法	1	1
				资金违纪率	比较法	1	1
产出（20）	项目产出（20）	质量目标实现程度（6）	工程施工实际质量评（6）	工程质量等级	因素分析法	1	3
				质量达标率	比较法	1	3
		时间目标实现程度（2）	完成及时率（2）	工程完成及时率	比较法	1	2
		投资目标实现程度（6）	建设期总投资评价（3）	每平方米造价超标率	因素分析法	1	1
				竣工决算审计核减率	因素分析法	1	1
				固定资产转化率	因素分析法	1	1
			项目运营维护管理（3）	运营维护成本	因素分析法	0.9	0.9
				运营中群众参与度	因素分析法	1	0.5
				运营维护人员配置的合理性	因素分析法	1	0.5
				运营管理水平	因素分析法	1	1
		劳动安全卫生消防目标实现程度（5）	劳动安全目标评价（2）	重大事故量	比较法	1	2
			卫生防护目标评价（1）	卫生防护达标率	比较法	1	1
			消防目标评价（2）	消防达标率	比较法	0.85	1.7
		节能目标实现程度（1）	资源消耗的降低程度（1）	资源节约率	因素分析法	1	1
效果（40）	项目效益（40）	经济效益（8）	财务效益（4）	投资收益率	因素分析法	0.8	1.6
				净现值	因素分析法	0.7	1.4
			国民经济效益（4）	经济内部收益率	因素分析法	0.9	1.8
				效益费用比	因素分析法	0.8	1.6
		社会效益（7）	政策的合规性（1）		比较法	1	1
			对地区人民生活水平的影响（6）	相关地区生产总值增长	比较法	0.9	1.8
				当地就业与生活水平提高	比较法	0.8	1.6
				对周边交通压力影响	比较法	0.9	1.8

续表

一级指标	二级指标	三级指标	四级指标	五级指标	评价方法	专家打分	结论
效果（40）	项目效益（40）	生态效益（13）	项目环境效益（4）	环境影响情况	比较法	0.9	1.8
				生态保护情况	比较法	1	1
				运营后环境质量改善情况	比较法	1	1
			主要污染物的排放情况（6）	废水排放情况	比较法	1	1
				废气排放达标情况	因素分析法	1	1
				固体废物污染控制情况	因素分析法	1	1
			节能效果（1）	废物再利用率	因素分析法	1	1
			防尘效果（1）	防尘合格率	比较法	1	1
			水土流失情况（1）	防止水土流失措施健全性	比较法	0.9	0.9
		可持续影响（6）	可持续性（2）	政策导向与战略布局	因素分析法	0.9	1.8
			项目对同类项目影响的可持续性（4）	对同类项目的示范作用程度	因素分析法	0.9	0.9
				对管理水平提高的促进程度	因素分析法	0.9	0.9
				项目人员业务素质提高程度	因素分析法	1	1
				技术创新程度	因素分析法	0.9	0.9
		使用者满意度（6）	附近居民满意度（6）	便利性	因素分析法	0.9	2.7
				舒适度	因素分析法	1	3

从表7-30可以看出，运用绩效评价分值法评价某文化中心景观工程项目，该项目总体得分为91.75分，根据该市财政局的评价标准，该项目评价结果为优秀。

二、运用逻辑框架法（LFA）的评价分析

本项目的逻辑框架法分析如表7-31所示。

某文化中心景观工程项目的逻辑框架法分析　　表7-31

项目描述	可客观验证的指标			验证方法	重要的外部条件
	原定指标	实现指标	差别		
项目宏观目标	依靠该文化中心项目，为市民提供休闲娱乐场所，提升居民居住体验，塑造城市新形象	适应了该市经济社会的快速发展，体现城市发展定位，完善了城市文化服务功能，全面提升城市形象，满足人民群众日益增长的文化需要	基本实现	国家的整体规划，该市的整体规划，统计资料等	国家政策的持续性，民生工程得到大力扶持
项目直接目的	为市民提供休闲娱乐场所，提升居民居住体验	成为市民有口皆碑的活动场所，同时也满足了人民群众的文化需要	基本实现	项目设计报告，工程进度报告，勘察设计报告	财政资金能否准时到位，该工程能否加强后续管理

续表

项目描述	可客观验证的指标			验证方法	重要的外部条件
	原定指标	实现指标	差别		
产出/建设内容	占地约33.5万m^2	全部完成	全部实现	项目进度报告 项目验收报告	设计规划合理，施工准备充分，资金到位及时，项目如期开工并按期完成
投入/活动	该项目批准的概算数为55042.6万元	实际到位资金为52743.48万元	决算没有超概算，有结余	项目设计报告，项目开工报告，财务报表，统计资料	项目得到批准，筹资方案得到批准并落实，建立了高效的项目管理机构，项目人员能够发挥作用

通过应用逻辑框架法首先确立项目目标层次间的逻辑关系，用以分析项目的效率、效果、影响和持续性。该工程实现了建设的宏观目标和项目目的，产出也达到了预期的目标，并且没有超过概算的现象，因此，总的来讲该项目是成功的。

三、运用成功度法的评价分析

采用成功度法对项目实现预期目标的成败程度给出一个量化的结论。成功度是项目成败程度的衡量标准，通常由专家组凭经验评价各项指标后得出。成功度法是以项目目标和效益为核心进行的全面系统的评价分析。成功度评价法首先要确定成功度的等级及标准（表7–32），再选择与项目相关的评价指标并确定其对应的指标权重，最后综合各项指标重要性，即可得到整个项目的成功度指标。表7–33为某文化中心景观工程项目成功度评价表。

某文化中心景观工程项目成功度的标准　　表7–32

评定等级	成功度	分值（满分为10分）	标准
A	成功	[9，10]	项目的各项目标均已实现；相对项目投资而言，取得了较大的资金效益
B	基本成功	[7，9）	项目的大部分目标已经实现；相对成本而言，达到了预期的效益和影响
C	部分成功	[5，7）	项目实现了原定的部分目标；相对成本而言，只取得了一定的效益和影响
D	不成功	[3，5）	项目实现的目标非常有限；相对成本而言，几乎没产生任何效益和影响
E	失败	[0，3）	项目的目标是不现实的，无法实现；相对成本而言，项目不得不终止

某文化中心景观工程项目成功度评价表　　表7–33

序号	项目实施评价指标	相关重要性	评定等级
1	项目立项规范性	重要	A
2	绩效目标合理性	重要	A
3	绩效目标明确性	重要	A
4	实施准备情况	重要	A

续表

序号	项目实施评价指标	相关重要性	评定等级
5	资金筹集	重要	A
6	资金落实	重要	A
7	制度执行有效性	次重要	A
8	合同管理可控性	重要	A
9	项目质量可控性	重要	A
10	项目安全可控性	重要	A
11	管理制度健全性	重要	A
12	资金使用合规性	重要	A
13	财务监控有效性	次重要	A
14	质量目标实现程度	重要	A
15	时间目标实现程度	重要	B
16	投资目标实现程度	重要	A
17	劳动安全卫生消防目标实现程度	重要	A
18	节能目标实现程度	重要	A
19	经济效益	重要	A
20	社会效益	重要	A
21	生态效益	重要	A
22	可持续影响	重要	A
23	社会公众或服务对象满意度	重要	A
项目总评			A

从表7-32和表7-33可以看出，针对文化中心景观工程项目的特点，在大量分析理论研究成果的基础上，综合评价文化中心景观工程项目，该项目总体评价为A。说明项目目标全面实现；相对成本而言，项目达到了预期的效益和影响，因此该项目是成功的。

四、运用多层次灰色评价法的评价分析

模糊综合评价法是将模糊评判法和层次分析法有效结合起来，反映客观事物因素间的不同层次，同时避免了因素过多难以分配权重的弊端，对多种属性、多个相关因素进行综合考虑从而做出评价的有效方法。该方法最大的特点是将定性指标数量化及各项指标无量纲化，使定性指标和定量指标有机地结合起来，从而反映项目在政治、社会、经济、环境和资源等各方面的综合效果。

1. 综合绩效评价指标体系

前述已构建起某市乡镇兽医站续建项目综合绩效评价指标体系，可用于本部分内容的计算工作。

2. 模糊计算过程

1）制定评价指标C_{ij}的评分等级与评分标准

由5位专家对某文化中心景观工程项目进行评价。即$p=5$。在具体评价过程中，由各专家根据指标的含义和评估的具体要求给表4-1中所列的各评价指标打分。在评估中，将各评价指标的评价等级分为优、良、中、差、很差5级。其评分值分别为9、7、5、3、1。

2）层次分析法计算指标权重

建立$B-C$判断矩阵，如表7-34～表7-37所示。

投入的$B-C$判断矩阵　　表7-34

B_1	C_{11}	C_{12}	C_{13}	C_{14}	C_{15}	W_i
C_{11}	1.00	0.50	2.00	1.00	1.00	0.197
C_{12}	2.00	1.00	0.50	2.00	2.00	0.260
C_{13}	0.50	2.00	1.00	0.50	0.50	0.150
C_{14}	1.00	0.50	2.00	1.00	1.00	0.197
C_{15}	1.00	0.50	2.00	1.00	1.00	0.197
$\lambda_{max}=5.56$　$CI=0.14$　$RI=1.12$　$CR=0.13$						

过程的$B-C$判断矩阵　　表7-35

B_2	C_{21}	C_{22}	C_{23}	C_{24}	C_{25}	C_{26}	W_i
C_{21}	1.00	0.50	0.50	1.00	0.50	0.50	0.102
C_{22}	2.00	1.00	0.50	2.00	1.00	0.50	0.161
C_{23}	2.00	2.00	1.00	0.50	0.33	1.00	0.151
C_{24}	1.00	0.50	2.00	1.00	2.00	1.00	0.181
C_{25}	2.00	1.00	3.00	0.50	1.00	0.33	0.161
C_{26}	2.00	2.00	1.00	1.00	3.00	1.00	0.244
$\lambda_{max}=6.76$　$CI=0.15$　$RI=1.26$　$CR=0.12$							

产出的$B-C$判断矩阵　　表7-36

B_3	C_{31}	C_{32}	C_{33}	C_{34}	W_i
C_{31}	1.00	1.00	2.00	0.50	0.248
C_{32}	1.00	1.00	0.50	2.00	0.248
C_{33}	0.50	2.00	1.00	2.00	0.295
C_{31}	2.00	0.50	0.50	1.00	0.209
$\lambda_{max}=4.57$　$CI=0.19$　$RI=0.89$　$CR=0.21$					

效果的$B-C$判断矩阵　　表7-37

B_4	C_{41}	C_{42}	C_{43}	C_{44}	C_{45}	W_i
C_{41}	1.00	2.00	1.00	1.00	0.50	0.196
C_{42}	0.50	1.00	2.00	0.50	1.00	0.171
C_{43}	1.00	0.50	1.00	1.00	0.50	0.149
C_{44}	1.00	2.00	1.00	1.00	2.00	0.259
C_{45}	2.00	1.00	2.00	0.50	1.00	0.225
λ_{max}=5.39　CI=0.100　RI=1.12　CR=0.09						

建立$A-B$判断矩阵，如表7-38所示。

综合评价　　表7-38

A	B_1	B_2	B_3	B_4	W_i
B_1	1.00	1.00	0.50	2.00	0.248
B_2	1.00	1.00	2.00	0.50	0.248
B_3	2.00	0.50	1.00	2.00	0.295
B_4	0.50	2.00	0.50	1.00	0.209
λ_{max}=4.57　CI=0.19　RI=0.89　CR=0.21					

3）确定评价灰类

设g=5，即k= 1、2、3、4、5，有5个评价灰类，分别是优、良、中、差、很差。第一灰类“优”，k = 1，← ∈[9，∞]，其白化函数为f_1；第二灰类“良”，k = 2，←∈[0，7，14]，其白化函数为f_2；第三灰类“中”，k = 3，← ∈[0，5，10]，其白化函数为f_3；第四灰类“差”，k = 4，←∈[0，3，6]，其白化函数为f_4；第五灰类“很差”，k= 5，← ∈[0，1，2]，其白化函数为f_5。

4）计算灰色评价权向量及权矩阵

通过计算灰色评价权向量列灰统计矩阵、灰评估序列进行统计评估。其计算结果如表7-39～表7-42所示。

灰色评价权向量计算（一）　　表7-39

指标	评价灰类	$\sum_{q=1}^{p} f_k(d_{ijq})$	$\sum_{k=1}^{g}\sum_{q=1}^{p} f_k(d_{ijq})$	$r_{ij}=\sum_{q=1}^{p} f_k(d_{ij1})/\sum_{k=1}^{g}\sum_{q=1}^{p} f_k(d_{ijq})$
C_{11}	k=1	3.9000	10.2000	0.3824
	k=2	3.5000		0.3431
	k=3	2.8000		0.2745
	k=4	0.0000		0.0000
	k=5	0.0000	10.2000	0.0000
C_{12}	k=1	4.3333	11.2476	0.3853
	k=2	4.7143		0.4191
	k=3	2.2000		0.1956
	k=4	0.0000		0.0000
	k=5	0.0000		0.0000
C_{13}	k=1	4.6688	9.8688	0.4731
	k=2	3.0000		0.3040
	k=3	2.2000		0.2229
	k=4	0.0000		0.0000
	k=5	0.0000		0.0000
C_{14}	k=1	4.8889	9.8032	0.4987
	k=2	3.7143		0.3388
	k=3	1.2000		0.1095
	k=4	0.0000		0.0000
	k=5	0.0000		0.0000
C_{15}	k=1	4.6667	9.9810	0.4676
	k=2	3.7143		0.3721
	k=3	1.6000		0.1603
	k=4	0.0000		0.0000
	k=5	0.0000		0.0000

由表7-39所列结果可知，权矩阵$\boldsymbol{R}_1$如下：

$$\boldsymbol{R}_1=\begin{pmatrix} 0.3824 & 0.3431 & 0.2745 & 0 & 0 \\ 0.3853 & 0.4191 & 0.1956 & 0 & 0 \\ 0.4731 & 0.3040 & 0.2229 & 0 & 0 \\ 0.4987 & 0.3388 & 0.1095 & 0 & 0 \\ 0.4676 & 0.3721 & 0.1603 & 0 & 0 \end{pmatrix}$$

灰色评价权向量计算（二） 表7-40

指标	评价灰类	$\sum_{q=1}^{p} f_k(d_{ijq})$	$\sum_{k=1}^{g}\sum_{q=1}^{p} f_k(d_{ijq})$	$r_{ij}=\sum_{q=1}^{p} f_k(d_{ijq})/\sum_{k=1}^{g}\sum_{q=1}^{p} f_k(d_{ijq})$
C_{21}	k=1	4.2866	10.9265	0.3923
	k=2	4.4399		0.4063
	k=3	2.2000		0.2013
	k=4	0.0000		0.0000
	k=5	0.0000		0.0000
C_{22}	k=1	4.0000	10.3000	0.3883
	k=2	3.5000		0.3398
	k=3	2.8000	10.3000	0.2718
	k=4	0.0000		0.0000
	k=5	0.0000		0.0000
C_{23}	k=1	4.1111	11.1397	0.3690
	k=2	4.4286		0.3976
	k=3	2.6000		0.2334
	k=4	0.0000		0.0000
	k=5	0.0000		0.0000
C_{24}	k=1	4.5556	10.4985	0.4339
	k=2	4.1429		0.3719
	k=3	1.8000		0.1616
	k=4	0.0000		0.0000
	k=5	0.0000		0.0000
C_{25}	k=1	4.7778	10.0349	0.4761
	k=2	3.8571		0.3844
	k=3	1.4000		0.1395
	k=4	0.0000		0.0000
	k=5	0.0000		0.0000
C_{26}	k=1	4.0000	11.6571	0.3431
	k=2	4.8571		0.4167
	k=3	2.8000		0.2402
	k=4	0.0000		0.0000
	k=5	0.0000		0.0000

由表7-40所列结果可知，权矩阵$\boldsymbol{R}_2$如下：

$$\boldsymbol{R}_2=\begin{pmatrix} 0.3923 & 0.4063 & 0.2013 & 0 & 0 \\ 0.3883 & 0.3398 & 0.2718 & 0 & 0 \\ 0.3690 & 0.9376 & 0.2334 & 0 & 0 \\ 0.4339 & 0.3719 & 0.1616 & 0 & 0 \\ 0.4761 & 0.3844 & 0.1395 & 0 & 0 \\ 0.3431 & 0.4167 & 0.2402 & 0 & 0 \end{pmatrix}$$

灰色评价权向量计算（三）　　表7-41

指标	评价灰类	$\sum_{q=1}^{p} f_k(d_{ijq})$	$\sum_{k=1}^{g}\sum_{q=1}^{p} f_k(d_{ijq})$	$r_{ij}=\sum_{q=1}^{p} f_k(d_{ijq})/\sum_{k=1}^{g}\sum_{q=1}^{p} f_k(d_{ijq})$
C_{31}	k=1	4.0000	10.3000	0.3883
	k=2	3.5000		0.3398
	k=3	2.8000		0.2718
	k=4	0.0000		0.0000
	k=5	0.0000		0.0000
C_{32}	k=1	2.6667	10.0667	0.2649
	k=2	3.000		0.2980
	k=3	4.4000		0.4371
	k=4	0.0000		0.0000
	k=5	0.0000		0.0000
C_{33}	k=1	4.7778	10.0349	0.4761
	k=2	3.8571		0.3844
	k=3	1.4000		0.1395
	k=4	0.0000		0.0000
	k=5	0.0000		0.0000
C_{34}	k=1	4.1111	11.4254	0.3598
	k=2	4.7143		0.4698
	k=3	2.6000		0.2591
	k=4	0.0000		0.0000
	k=5	0.0000		0.0000

由表7-41所列结果可知，权矩阵$\boldsymbol{R}_3$如下：

$$\boldsymbol{R}_3=\begin{pmatrix} 0.3883 & 0.3398 & 0.2718 & 0 & 0 \\ 0.2649 & 0.2980 & 0.4371 & 0 & 0 \\ 0.4761 & 0.3844 & 0.1395 & 0 & 0 \\ 0.3598 & 0.4698 & 0.2591 & 0 & 0 \end{pmatrix}$$

灰色评价权向量计算（四）　　表7-42

指标	评价灰类	$\sum_{q=1}^{p} f_k(d_{ijq})$	$\sum_{k=1}^{g}\sum_{q=1}^{p} f_k(d_{ijq})$	$r_{ij}=\sum_{q=1}^{p} f_k(d_{ijq})/\sum_{k=1}^{g}\sum_{q=1}^{p} f_k(d_{ijq})$
C_{41}	k=1	4.3333	10.9732	0.3949
	k=2	4.4399		0.4046
	k=3	2.2000		0.2005
	k=4	0.0000		0.0000
	k=5	0.0000		0.0000

续表

指标	评价灰类	$\sum_{q=1}^{p} f_k(d_{ijq})$	$\sum_{k=1}^{g}\sum_{q=1}^{p} f_k(d_{ijq})$	$r_{ij}=\sum_{q=1}^{p} f_k(d_{ijq}) / \sum_{k=1}^{g}\sum_{q=1}^{p} f_k(d_{ijq})$
C_{42}	k=1	4.2563	10.5420	0.4037
	k=2	4.2857		0.4065
	k=3	2.0000		0.1897
	k=4	0.0000		0.0000
	k=5	0.0000		0.0000
C_{43}	k=1	4.2222	9.0222	0.4680
	k=2	3.0000		0.3325
	k=3	1.8000		0.1995
	k=4	0.0000		0.0000
	k=5	0.0000		0.0000
C_{44}	k=1	4.3333	9.5333	0.4545
	k=2	3.0000		0.3147
	k=3	2.2000		0.2308
	k=4	0.0000		0.0000
	k=5	0.0000		0.0000
C_{45}	k=1	2.6667	10.0667	0.2649
	k=2	3.0000		0.2980
	k=3	4.4000		0.4371
	k=4	0.0000		0.0000
	k=5	0.0000		0.0000

由表7–42所列结果可知，权矩阵$\boldsymbol{R}_4$如下：

$$\boldsymbol{R}_4=\begin{pmatrix} 0.3949 & 0.4046 & 0.2005 & 0 & 0 \\ 0.4037 & 0.4065 & 0.1897 & 0 & 0 \\ 0.4680 & 0.3325 & 0.1995 & 0 & 0 \\ 0.4545 & 0.3147 & 0.2308 & 0 & 0 \\ 0.2649 & 0.2980 & 0.4371 & 0 & 0 \end{pmatrix}$$

5）综合评价

对准则层指标B_i作综合评价。

指标B_1的评价结果为：

$\boldsymbol{V}_1=\boldsymbol{W}_1\times\boldsymbol{R}_1=(0.4368\quad 0.3622\quad 0.1915\quad 0\quad 0)$；

指标B_2的评价结果为：

$\boldsymbol{V}_2=\boldsymbol{W}_2\times\boldsymbol{R}_2=(0.3972\quad 0.4686\quad 0.2099\quad 0\quad 0)$；

指标B_3的评价结果为：

$V_3 = W_3 \times R_3 =$（0.3776　0.3698　0.2711　0　0）；

指标B_4的评价结果为：

$V_4 = W_4 \times R_4 =$（0.3935　0.3469　0.2596　0　0）。

对目标层指标A做综合评价，评价结果$\boldsymbol{V}=\boldsymbol{W}\times$（$\boldsymbol{V}_1$，$\boldsymbol{V}_2$，$\boldsymbol{V}_3$，$\boldsymbol{V}_4$），$\boldsymbol{T}=$（0.4005　0.3876　0.2338　0　0）。由于各灰类评价等级值构成的向量$\boldsymbol{C}=$（9 7 5 3 1），所以A的综合评价值$Y=V\times \boldsymbol{C}\boldsymbol{T}=7.4865$，因而，某文化中心景观工程项目的评价结果介于优与良之间。

针对某文化中心景观工程项目的特点，在大量分析理论研究成果的基础上，通过系统分析的思想和决策技术，建立了某文化中心景观工程项目绩效评价指标体系。其次，结合对项目决策、项目管理以及项目绩效的分析，利用多层次灰色评价法对指标进行量化计算，得出了评价结论：该项目绩效综合评价结果为优秀。

五、绩效评价结论

1. 投入阶段

1）项目立项

（1）项目立项规范

该项目申报所提交的文件、资料完整，申报程序符合规定；该项目进行项目立项时，提交了项目建议书、可行性研究报告、项目初步设计方案等材料，并得到了该市发展和改革委员会批复，符合相关国家规定，因此项目决策规范。

（2）绩效目标合理，依据充分

某文化中心景观工程的景观规划解决了布局分散的问题。其作为对外展示交流和市民休闲交往的窗口，功能定位十分明晰。同时，该项目具有充分的前期规划，保证了城市交通规划的合理性，且与各大场馆之间充分协调。

（3）绩效目标明确

质量目标：某文化中心景观工程项目建设质量达到国家验收标准，并且充分符合景观工程的功能定位。投资目标：某文化中心景观工程项目的总投资得到了有效控制，竣工财务决算反映的实际到位资金为52743.48万元。与批复的概算数55042.6万元相比，节约了资金2299.12万元，节省比例达到4.18%。劳动安全卫生消防目标：该项目建设过程中未发生重大安全事故，建设工程消防设施齐全有效，卫生防护措施符合国家相应标准要求。景观工程项目劳动安全卫生消防达到相应目标。环境目标：某文化中心景观工程项目坚持理性地思考与科学地判断，以“文化、人本、生态”为主旨，挖掘地域文化资源，遵循以人为本的思想，以结合生态和综合技术为基础，通过建设配备成规模的文化设施的“城市客厅”，达到完善城市文化服务功能、彰显城市文化特色、提升城市文化品位、促进城市长远发展的目标。节能目标：该项目建设主体的设计和建造符合某市景观工程设计标准的要求，在注重景观使用功能的情况下，优化了建筑整体造型，并且该项目采用了先进的雨水收集系统，展示了如何转换、开发城市中心高密度区域，并保护其免受强降雨侵袭，为中国城市如何在城市发展之中进行雨水管理和区域开发的整合设计提供了宝贵的解决方案，因此整体项目达到了节能目标。社会使用者满意度：某文化中心景观工程作为重要的民生工程，在市领导的亲切关怀下完成建设，项目规划坚持理性地思考与科学地判断，以“文化、人本、生态”为主旨，挖掘地域文化资源，遵循以人为本的思想，以生态和综合技术为基础，该项目的建设得到群众的强烈反响，符合目标要求。

（4）实施准备工作符合规定

项目勘察工作符合国家相关规定，项目包括了建筑设计、结构设计、暖通设计、抗震设计、消防设计、节能设计等内容，设计符合要求。招标投标流程、开标、评标符合《中华人民共和国招标投标法》和《中华人民共和国招标投标法实施条例》。

2）资金投入

项目资金审核符合《政府投资项目审计规定》，预决算审核工作合规。

资金落实情况好。资金到位率和到位及时率均为100%，实现了资金的高效使用。

2. 过程阶段

1）业务管理

（1）制度执行合规、落实到位情况好。制度执行符合规范：项目采购决策程序符合《中华人民共和国政府采购法》中相关规定，招标符合《绿化工程招标投标管理办法》和《中华人民共和国招标投标法》有关规定，透明度高，开标、评标、中标程序合法。该项目无论在建设之前，还是在建设过程中，都能够严格按照制度执行，该举措对项目建设的有效运行起到了很大的推动和保障作用，制度执行严格有效。

（2）合同管理情况好。项目前期准备充分，合同管理人员的管理能力较强。

（3）项目质量控制情况好。该项目的建设单位、供应商高度重视工程质量，施工单位经验丰富，制定了严格的质量标准，采取了有效的质量控制措施，分部分项工程、隐蔽工程竣工验收合格。

（4）项目安全控制情况好。安全施工责任分明，安全施工检查措施完善，安全措施符合国家相关标准。

2）财务管理

（1）项目资金管理办法健全，政府采购预算严格按照省财政厅印发的采购目录规定，全面、准确地编制采购预算，详细说明了采购项目的数量、单价、资金构成、预计实施时间，并报主管部门审核。

（2）资金使用符合规定。项目投资超概率为0，在合理范围内，资金利用率为100%。

（3）采取了有效的财务监控措施，定期进行了必要的资金审查，无违纪资金。

3. 产出阶段

质量目标实现程度：建设单位、供应商高度重视，根据项目的特点并结合项目实施现场的情况，各单位积极负责，严格有序地执行相关制度，该项目建设质量能够真正达到要求。时间目标实现程度：为了尽快完成该项目建设任务，使其早日投入以满足某文化中心景观工程的需求，在保证招标投标工作有序合规进行的条件下，加快采购进度。在建设项目过程中，文化中心景观工程项目结合供应商具体情况，合理地确定了分包合同的结构和招标方案，制定了周密的项目进度计划。项目投资目标实现程度：该项目实际完成投资52743.48万元，与批准的概算数55042.6万元相比，节约了2299.12万元，每一笔款项均按时、按需到位，建设单位根据不同分项的工程承包金额所占总投资比例进行进度款发放，保证了资金分配的公平性，有效避免了施工单位与建设单位的纠纷。

4. 效果阶段

社会效益：某文化中心景观工程项目的建设和使用符合国家政策要求；符合法律法规、规范标准的要求，该项目的建设很好地提高了某市景观工程的建设水平；选址符合某市的整体规划。同时，该项目的实施满足了人民群众日益增长的休闲娱乐需要，完善了城市文化服务功能，全面提升了城市形象，为完善某市公共文化服务体系做出了重要贡献。

生态效益：某文化中心景观工程充分规划利用土地、水等资源，采取了有效措施来提高资源利用效率、降低资源消耗，做到物尽其用；在园林绿化方面，绿化情况好，区域环境美化加强。该项目设置的环保制度、机构和人员配置能够有效地保证环境质量，比较好地实现了资源的综合利用。

可持续影响：某文化中心景观工程项目充分考虑了以后的持续发展，无论是项目管理方式的持续性、项目的可造性，还是项目促进当地社会、环境发展程度等，都考虑到了这一点。由此也可以看出，某文化中心景观工程项目满足可持续性需求。

使用者满意度：该项目是适应经济社会的快速发展，体现城市发展定位，完善城市文化服务功能，全面提升该市城市形象，满足人民群众日益增长的文化需要的具体举措。景观工程的提升改造进一步拉近了党群关系，使广大人民群众真正体会到党和政府为人民群众办实事、办好事的决心与信心。

第四节　项目绩效评价结果分析

一、绩效评价结果应用建议

1. 未来的年度预算安排

某文化中心景观工程项目在建设过程中，项目决策、组织和管理实施情况良好，同时合理安排了施工进度，在保证工期的前提下严把质量关，以工程质量为核心，实现了项目的投资、进度和质量目标。

某文化中心景观工程项目作为重要的民生工程，建成后将满足人民群众的文化需求，成为该市规模最大的公共文化设施，与公共文化场所、城市公园、市民休闲中心、青少年活动场所成为一体，是文化展示、交流、休闲、消费最集中的区域，同时也是全国规模最大的文化休闲中心，促进了该区域的社会经济发展。

2. 评价结果公开

某文化中心景观工程项目的评价结果为优秀，根据《中华人民共和国政府信息公开条例》第三十三条规定，项目应在征询第三方（建设单位）同意后予以公开。根据该市财政局（地方税务局）政府信息公开指南，可通过该市财政地税政务网的政府信息公开栏目予以公开。

二、主要经验、存在的问题和建议

1. 主要经验

1）前期规划充分，项目可实施性强

某文化中心景观工程项目坚持理性地思考与科学地判断，以“文化、人本、生态”为主旨，挖掘地域文化资源，遵循以人为本的思想，以生态技术为依托，通过建设配备成规模的文化设施的“城市客厅”，达到完善城市文化服务功能、彰显城市文化特色、提升城市文化品位、促进城市长远发展的目标。

规划布局结合地区环境，从用地西侧大礼堂向东延伸弧线形景观轴线。紧邻大剧院西侧设置了中心湖面，并利用现有的银河公园与该市游乐园，共同形成以绿化、水体为主的中心标志区开放空间。在中心湖面南侧结合现有的博物馆与中华剧院，沿平江道自西向东依次布置博物馆、美术馆、图书馆，形成南侧文化博览区。某文化中心景观工程项目结合青少年儿童培训中心、科学技术馆，在大剧院北侧设置阳光乐园，在湖面北侧拟建银河购物中心，共同形成为不同年龄段人群服务的北侧商业娱乐区，并与新建的文化建筑在一定程度上形成聚集效应，配合区内外交通和配套设施建设等，为高水平建设文化中心创造良好条件。

2）项目沟通协商充分，体现了民主集中的特点

该项目的立项、可行性研究和审批工作集中了大量的行业内专家，经过长期研究论证和广泛听取各方面意见，某文化中心景观工程项目最终立项由多次会议审议通过，充分体现了尊重科学、慎重决策、集思广益、民主集中的特点。某文化中心景观工程项目在决策时与存在利益关系或者受影响的公众进行充分协商，为各方提供平等和公开的沟通途径，鼓励“有分歧，早讨论”，并对公众的关切和意见作出回应。

3）引进先进的管理系统，为城市创造良好环境

该项目不仅仅是作为对外展示交流和市民休闲交往的城市中心，同时也在雨水管理、改善气候以及抵御洪水侵袭方面起着重要作用。

某文化中心景观工程项目占地约90万m^2，设计延续现状文脉，设置中心湖岸（用地处有两处水塘，水体面积约为9.73hm^2），通过湖内的大型艺术喷泉将周边水体有机结合，形成优雅而生动的水景主题，隐喻该市文化的重要组成——“水文化”。以中心湖岸和城市步道为纽带，一系列的广场、公园、平台与文化建筑向公众展示富有该市内涵的文化、艺

术与历史。文化中心开放空间总面积为33万m^2，设计以水、绿化等自然元素为载体，将所有文化场所结合起来，营造出一个以文化、生态为主题的具有该市文化特色的“城市客厅”，作为城市的缩影，为公众创造宽松而有活力的文化氛围，提供丰富的人文体验，继承并弘扬城市文化，表达对生态文明的向往，为城市文化与生态城市建设发挥示范作用。

此外，该项目与某跨国设计公司合作，提供了将城市水管理与开发相结合的创新性方案。该方案成功应用了创新型城市水敏感设计和洪水保护型城市设计，创建了具有独立雨水管理基础设施的城市区域，提升了城市之中的微环境，将城市生态基础设施整合入城市设计之中。自始至终，文化中心地面排水状况良好。收集的雨水经净化后可代替自来水用于灌溉和补湖，预计全年通过这种雨水再利用方式能够节约水费55万元。

2. 问题与建议

1）问题

（1）管理协调效率低

某文化中心景观工程项目绿化施工管理过程中不仅涉及各类工程，而且需要多部门、多行业协同作业。施工过程中需要直接协调的部门包括业主、设计单位、监理公司、材料供应商、材料或质量检测机构、质监机构等；间接接触的有诸如煤气、电力、自来水、网络等公共事业单位。在多类型工程交叉作业的情况下，景观绿化工程的施工管理协调表现出“召集慢、定方案难、执行拖拉”等缺陷。

（2）工期可控性差

某文化中心景观工程项目施工过程中存在工期可控性差的问题，该项目涉及各项工程，各工程又需要不同部门、不同工序同时进行交叉作业，任一部门或工序因材料供给、技术瓶颈、机械故障引起的工期拖延，都会引起连锁拖延，加上景观绿化工程多为户外作业，易受天气因素影响，导致工期难以控制。另一方面，园林景观工程存在很强的艺术性及审美主观性，施工中经常修改设计甚至推翻设计，或者临时采用新材料、新工艺等，都会给施工带来一定的调整困难甚至风险。

（3）工程变更频繁

某市文化中心景观绿化工程具有涉及材料品种多、工艺工序复杂等特点，加上对景观绿化的不同审美观点，工程变更极为频繁。频繁的变更带来的后患也非常多，易造成设计修改、材料重新订制与准备、施工费用难以核定、工程资料难以整理、工程结算拖延、项目成本难以控制等一系列问题。

2）建议

（1）加强施工技术预见

景观绿化工程施工技术及工艺日新月异，加上从项目设计开始到施工完成存在一定的时间，故在施工过程中容易出现边施工边更改设计、采用新技术的现象。因此，有必要加强对景观工程施工的技术预见，尽量避免工程变更，以确保工期和避免工程质量后患。首先是结合国家针对建筑节能、环保的要求与趋势，研究景观绿化工程材料选用、施工技术使用的政策要求，预测未来景观绿化工程施工技术的发展形势。其次是根据业主对项目景观的绿化定位以及工程项目造价等情况，在设计阶段就适当超前采用新技术、新工艺，从源头上杜绝设计变更。最后是跟踪景观绿化工程施工技术的发展动态，在工期允许的前提下，由业主、设计方或施工方在施工组织过程中推荐并应用工程施工新技术、新工艺。

（2）改进施工项目管理

景观绿化工程项目管理难度大、协调难的主要原因在于各工程作业（承包）班组多且各自为政，导致协作上容易出现分歧，工程施工管理部门多，需要多头交叉沟通，同时景观绿化的艺术性导致大家审美不一致，容易降低施工管理的沟通与协调效率。改进施工项目管理有助于迅速解决现场问题、提高工程变更效率、降低多方协调成本等，也为工程进度的有效控制奠定基础。因此，有必要通过以下两个方面来改进施工项目管理：一是落实各方（包括承包班组）管理责任人并明确各自岗位职责，要求各管理人员在位、在岗，以确保施工管理上的沟通顺畅；二是建立多方沟通协调机制，确保在各种施工管理上要做到"反馈有渠道、问题有人管、解决有实效"。

| 第八章 |

某桥梁项目绩效评价指标体系构建及评价结果

第一节 项目背景

1. 项目名称及建设单位

1）项目名称：某桥梁项目。

2）建设单位：某市公路处。

3）项目建设地址：该工程位于某市市区内，桥梁全长882.86m。

2. 某桥梁项目概况

桥位处河道地貌为“两河三堤”，其中北堤至中堤距离约300m，中堤至南堤的距离约为200m。桥梁下部结构采用钻孔灌注桩接承台、接墩柱的形式，上部结构采用预应力混凝土连续箱梁，左、右幅共12联46跨。

3. 项目简介

1）项目性质

该桥梁项目为新建项目。

2）主要建设内容和建设规模

根据市政公路管理局发布的《关于某桥梁项目初步设计的批复》，该项目全长为882.86m，按上下行两幅桥布置，净距5m，单幅桥梁全宽为18m，桥梁总面积为31680m^2。桥梁设计荷载为I标准，双向六车道，设计车速为60km/h，桥梁结构设计基准期为100年，环境类别为II类，属于滨海环境，设计安全等级为一级，抗震设防烈度为7度，抗震设防类别为B类，机动车道标准横坡为2%，人行道横坡为1%，最大纵坡为2.5%，防洪大堤处净空高度为0.5m，堤后防汛通道净空高不小于5.4m。

3）资金来源

根据该市桥梁项目投资一览表，本工程总投资为20312万元，资金来源为取消二级收费公路中央专项资金。

4）立项审批程序

（1）该市市政公路管理局办公室发布的《关于某桥梁项目可行性研究报告并立项的批复》中，同意某桥梁项目的可行性研究报告并立项，该桥梁项目全长为882.86m，采取两块板断面形式。

（2）该市市政公路管理局办公室发布的《关于某桥梁项目初步设计的批复》中，同意该项目的初步设计。该项目工程概算总投资为20318万元，计划在规定时间内顺利、如期地完成竣工并通车使用。

（3）该市市政公路管理局办公室发布的《市政公路局关于某桥梁项目设计变更的批复》中，同意该项目设计变更，变更增加投资1010万元，资金在原批复概算内调剂解决。

4. 项目建设的必要性

1）该项目是加强郊区与该市市中心城区之间联系的需要

该项目为重要的节点工程，该工程的建设将开辟郊区与中心城区新的便捷通道，进一步加强与中心城区的联系。

2）该项目的建设是促进地区社会经济发展的需要

该项目为重要的节点工程，全线贯通后可连接郊区及中心城区，且与外环线、规划外环东北部调整线等主干线道路均有交叉连接。项目建成后在提高过境交通通行能力的同时，也将改善当地的交通状况，使得交通更为便利，同时促进该区域的社会经济发展。

3）该项目的建设可以满足生态公园起步区对外交通出行的需求。

5. 项目总体评价情况

构建三级指标23个、四级指标47个、五级指标69个。为了审慎判断绩效评价结果的可靠性，并行使用比较法、因素分析法、逻辑框架法（LFA）、成功度法以及多层次灰色评价法等绩效评价方法。评价结论如下：

1）注重施工环境保护，采取了一系列可行的保证措施

该桥梁项目建设过程中注重施工环境保护，多次召开施工环境保护专题会。做到了施工环境保护责任到人，定期对施工人员进行环保教育；施工道路路线走向以减少植被破坏为首要原则，施工结束后恢复原有土地功能；办公、生活污水排放有序，生活垃圾堆放位置合理；噪声排放符合国家标准，施工场地干净平整。

2）改善了生态公园起步区对外交通出行的现状

项目建成后，该市周边游客可以从外环北路北延线进入生态公园起步区，与东部的国道及西部的公路构成生态公园东、中、西的重要进出通道，使游客进出更加方便。

3）促进了相关路网的衔接，加强了地区间的联系

该项目作为重要的节点工程，全部贯通后是连接郊区及中心城区的一条主要通道，该通道与外环北路、规划外环东北调整线等共同构成了该市北部地区方便、快捷的公路交通网络，加强了地区间的联系。除了改善了交通状况，还极大地刺激了该区域的经济社会发展，惠及沿途乡镇村落。

4）执行了严格的监督制度，有力地保障了桥梁质量

该项目工程监督制度严格有效，在施工中以“严格监理、热情服务、秉公办事、一丝不苟”为监理宗旨，在建设初期制定了质量管理措施及目标。坚持按照监理程序管理工程，控制工程质量。最终实现了“保市优、争国优”这一既定目标。

5）采用了合理的建设管理模式，保障了工程的顺利实施

该桥梁项目的建设管理采用设计施工总承包的模式。项目的文明施工管理目标是“创建市级文明工地及青年文明号”。安全管理的目标是“无重大伤亡事故，创平安工地称号”。人、财、物、设备的配置科学合理，管理优质高效，保障了工程目标的顺利实现。

本次绩效评价工作按照财政部的绩效评价管理相关办法及预算绩效评价共性指标体系中规定的相关内容，主要从投入、过程、产出、效果方面展开绩效评价工作，建立了一系列的评价指标体系，并按照项目的具体评价标准对该桥梁项目进行了绩效评价，评价结果详见表8-1。

某桥梁项目绩效评价结果 表8-1

一级指标	二级指标	三级指标	评价分析	评价结果
投入	项目立项	项目立项规范性	项目决策实际所用时间短，各类手续齐全、审批及时，按照规定的程序申请立项	优
		绩效目标合理性	项目目标明确化、系统化，且大部分目标可测量，便于目标的控制	优
		绩效目标明确性	项目质量、投资、劳动安全卫生、环境等目标明确	优
		实施准备情况	项目勘察、设计、招标投标、组织实施等完成程度高	优
	资金投入	资金筹集	资金审核合规	优
		资金落实	资金到位合理且按项目进度及时到位	优
过程	业务管理	制度执行有效性	制定的业务管理制度和建设的管理组织机构科学合理，控制手段严谨有效	优
		合同管理可控性	合同变更程序规范且项目有效应对变更	优
		项目质量可控性	工程质量达到法律法规的规定，满足项目的建设需求	优
		项目安全可控性	项目的安全措施明确可行，无重大伤亡事故	优
	财务管理	管理制度健全性	资金管理安全透明、会计核算规范、跟踪审计核减率合理	优
		资金使用合规性	没有超概率现象，资金利用合理	优
		财务监控有效性	财务监控措施透明，制度建设健全，审查符合有关规定，没有资金违纪现象	优
产出	项目产出	质量目标实现程度	工程质量达到法律法规的规定，满足项目建设需求	优
		时间目标实现程度	按工期完工	优
		投资目标实现程度	将成本控制在概算内	优
		劳动安全卫生消防目标实现程度	劳动安全卫生消防目标满足项目需求	优
		节能目标实现程度	资源消耗合理性降低	优
效果	项目效益	经济效益	投资回收期、效益费用比等合理	优
		社会效益	加强了郊区与中心城区的联系，提供了北郊生态公园的出行通道	优
		生态效益	“三废”、噪声污染及水土流失、植被破坏程度全部控制在标准之内	优
		可持续影响	对项目团队和沿线经济产生了可持续的正面影响	优
		社会公众或服务对象满意度	赢得了沿线居民和行车人员的赞赏	优

第二节 项目绩效评价指标体系的构建

一、评价的依据

根据财政部的财政支出绩效评价管理相关办法和项目所在市的财政支出绩效评价管理办法，本项目涉及的绩效评价内容如下：

1）基本情况；

2）绩效评价的组织实施情况；

3）绩效评价指标体系、评价标准和评价方法；

4）绩效目标的实现程度；

5）存在问题及原因分析；

6）评价结论及建议；

7）其他需要说明的问题。

依据上述规定的内容并结合该桥梁项目的具体情况，制定了编制本次绩效评价报告所需的材料清单，详见表8-2。

某桥梁项目绩效评价材料清单　　表8-2

<table>
<tr><th>序号</th><th>资料类别</th><th>资料名称</th></tr>
<tr><td rowspan="4">1</td><td rowspan="4">建设单位相关文件及批文</td><td>项目建议书</td></tr>
<tr><td>可行性研究报告</td></tr>
<tr><td>工程立项的批复</td></tr>
<tr><td>工程初步设计的批复</td></tr>
<tr><td rowspan="3">2</td><td rowspan="3">收集相关资料</td><td>初步设计说明书</td></tr>
<tr><td>总概算书</td></tr>
<tr><td>有关设计变更的相关合同、协议或说明</td></tr>
<tr><td rowspan="4">3</td><td rowspan="4">招标投标相关资料</td><td>招标公告</td></tr>
<tr><td>投标文件</td></tr>
<tr><td>评标报告</td></tr>
<tr><td>中标通知书</td></tr>
<tr><td rowspan="4">4</td><td rowspan="4">各类相关合同</td><td>勘察合同</td></tr>
<tr><td>设计合同</td></tr>
<tr><td>监理合同</td></tr>
<tr><td>施工合同</td></tr>
<tr><td rowspan="6">5</td><td rowspan="6">建设单位相关资料</td><td>建设前的工程情况：地位、作用、存在的不能满足需要的相关方面的情况（立项背景）</td></tr>
<tr><td>建设目标：具体要达到的功能、效益目标</td></tr>
<tr><td>建设工程中：建设单位的管理方式，建设单位参与合同管理、采购管理、支付控制、质量管理、进度管理方面的相关情况</td></tr>
<tr><td>相关行业建设标准规范</td></tr>
<tr><td>同行业的相关数据：规模、假设等相关数据</td></tr>
<tr><td>建设单位对已完工程项目的评价</td></tr>
<tr><td rowspan="2">6</td><td rowspan="2">施工单位相关资料</td><td>施工方案（施工组织）</td></tr>
<tr><td>项目管理实施细则</td></tr>
<tr><td rowspan="5">7</td><td rowspan="5">监理单位相关资料</td><td>监理规划</td></tr>
<tr><td>监理细则</td></tr>
<tr><td>监理方案</td></tr>
<tr><td>监理会议纪要</td></tr>
<tr><td>竣工验收监理评估报告</td></tr>
<tr><td rowspan="4">8</td><td rowspan="4">项目后期相关资料</td><td>工程结算审核报告（或决算书）</td></tr>
<tr><td>决算报告（或决算书）</td></tr>
<tr><td>施工单位竣工报告</td></tr>
<tr><td>工程竣工验收报告</td></tr>
<tr><td>9</td><td>图片资料</td><td>项目建设前、中、后的工程相关图片及领导视察等相关资料</td></tr>
</table>

根据评价的内容，最终确定绩效评价的依据有：

1）国家相关法律、法规和规章制度；

2）党中央、国务院重大决策部署，经济社会发展目标，地方各级党委和政府重点任务要求；

3）部门职责相关规定；

4）相关行业政策、行业标准及专业技术规范；

5）预算管理制度及办法，项目及资金管理办法，财务和会计资料；

6）项目设立的政策依据和目标，预算执行情况，年度决算报告，项目决算或验收报告等相关材料；

7）本级人大审查结果报告、审计报告及决定，财政监督稽核报告等；

8）其他相关资料。

二、评价指标体系及评价方法

1.绩效评价指标

绩效评价指标是衡量绩效目标实现程度的考核工具，绩效评价指标主要类型详见表8-3。

某桥梁项目绩效评价指标主要类型　　表8-3

序号	指标类型	定义	评价指标	评价内容
1	项目投入指标	按照建设项目的性质不同及项目准备与实施阶段工作内容和实现固定资产的方式不同，从直接计入固定资产的项目投入和分摊计入固定资产的费用两方面设置的绩效评价指标	项目立项	主要评价项目立项是否按照规定的程序设立并申请，评价项目立项过程是否符合相关要求，评价项目的可行性研究、专家论证、风险评估、集体决策的情况； 主要评价项目建设及规划是否符合国家相关法律法规、国民经济发展规划，是否与项目实施单位或委托单位职责密切相关，并为项目预期产出效益和效果符合正常业绩水平打好基础
			项目资金落实	对项目建设过程中的资金到位情况、项目阶段性投入成本、资金使用情况进行分析； 评价项目资金拨付及使用的合理性和有效性，是对项目资金使用的监督手段
2	项目过程指标	对项目的管理体制进行评价，检查项目是否设立严格的审批、核准及备案制度，这是对项目各阶段工作进行监督的法律基础	项目业务管理	评价项目是否制定或具有相应的业务管理制度，以及各项业务管理制度的合法、合规、完整性； 对项目合同管理、质量检查及鉴定、验收等工作的实施及管理进行分析
			项目财务管理	评价项目是否有项目资金管理办法且符合相关财务会计制度规定； 评价项目资金使用是否符合国家财政经济法规和财务管理制度，以及是否符合有关专项资金管理办法的规定； 评价项目是否制定或具有相应的监控机制，并采取了相应的财务检查等必要的监控措施或手段

续表

序号	指标类型	定义	评价指标	评价内容
3	项目产出指标	反映根据既定绩效目标，项目各项产出的产品及服务情况，并能做出评价	数量指标	反映根据既定绩效目标完成的公共产品和服务产量
			质量指标	反映提供公共产品或服务达到的标准、水平和效果
			时效指标	反映提供公共产品或服务的及时程度和效率情况
4	项目效果指标	与绩效目标相关联的效益，能反映财政支出预期效果实现的程度	经济效益	评价项目建成后的经济收益情况
			社会效益	评价项目对社会、人民产生的效益及影响

2. 评价指标体系的设置原则

财政支出绩效评价的指标体系是指为实现评价目的，由一系列反映财政支出各个侧面目标的相关指标集合的系统结构。财政支出绩效评价指标必须充分地反映评价对象的性质和特征，体现评价的基本内容，围绕评价的各项基本目标，建立逻辑严密、相互联系、互为补充的体系结构。构建科学规范的地方财政支出绩效评价指标体系需要遵循全面性与精简性相结合的原则、科学性与可操作性相结合的原则、目的性与系统性相结合的原则、完整性和导向性相结合的原则以及定量分析与定性分析相结合的原则。

根据该桥梁项目的特点，结合财政部的参考指标体系，该项目的绩效评价指标体系详见表8-4。

某桥梁项目绩效评价指标体系　　表8-4

一级指标	二级指标	三级指标	四级指标	五级指标	结果指标
投入（25）	项目立项（21）	项目立项规范性（0）	项目申报合规性（0）	申报资料完整性	“降档评级”式指标
				申报程序合规性	“降档评级”式指标
			项目决策规范性（0）	可行性研究	“降档评级”式指标
		绩效目标合理性（3）	绩效目标依据充分性（2）	是否符合我市公路网规划	“降档评级”式指标
				预期通行能力	交通量拥挤度
				建设规模合理性	建设规模合理性
			绩效目标可行性（1）	单位里程造价	单位里程造价偏差率
		绩效指标明确性（16）	质量目标（3）	项目设计的质量标准	工程优良偏差率
				项目施工质量目标	交验合格偏差率
				项目的整体使用功能	返工损失偏差率
			投资目标（1）	建设期总投资	投资收益偏差率
			劳动安全卫生消防目标（3）	劳动安全目标	重大事故发生偏差率
				消防目标	消防达标偏差率
				卫生防护目标	卫生防护达标偏差率
			环境目标（6）	污染物排放量、对周围环境的影响	废水排放达标偏差率
					废气排放达标偏差率
					固体废物污染控制情况
			节能目标（1）	资源消耗量	资源节约率
			社会公众或服务对象满意度目标（2）	项目主管部门支持度	项目主管部门支持率
				预期行车人员满意度	行车人员满意度

续表

一级指标	二级指标	三级指标	四级指标	五级指标	结果指标
投入（25）	项目立项（21）	实施准备情况（2）	项目勘察（1）	勘察工作的合规性	不利物质条件引起的工程索赔率
			项目设计（1）	项目设计程度	设计变更率
			招标投标组织实施（0）	招标投标流程合规性	“一票否定”式指标
				开标、评标的合规性	
	资金投入（4）	资金筹集（0）	资金审核合规性（0）	资金审核合规性	“降档评级”式指标
		资金落实（4）	资金到位率（2）	专项资金到位率	专项资金到位率
			到位及时率（2）	专项资金到位及时率	专项资金到位及时率
过程（15）	业务管理（10）	制度执行有效性（1）	制度执行合规性（0）	采购决策程序规范性	“一票否定”式指标
			制度执行落实性（1）	相关资料齐全性	“降档评级”式指标
				项目实施人员到位情况	项目实施人员达标合格率
				设备落实到位	设备落实达标合格率
		合同管理可控性（1）	合同变更情况（1）	项目变更处理能力	合同价款调整比率
		项目质量可控性（6）	项目质量标准健全性（0）	项目质量标准健全性	“降档评级”式指标
			质量控制措施（6）	质量管理组织机构质量监控程序	检验批质量合格率
					隐蔽工程质量合格率
					分部分项工程质量合格率
		项目安全可控性（2）	安全施工措施（2）	安全施工责任分工	安全责任分工达标率
				安全施工检查措施	安全施工检查措施达标率
	财务管理（5）	管理制度健全性（1）	项目资金管理办法健全性（1）	会计核算制度执行情况	跟踪审计核减率
		资金使用合规性（2）	实际资金超概率（1）	实际资金超概率	实际投资超概率
			资金利用率（1）	资金利用率	资金利用率
		财务监控有效性（2）	财务监控措施的有效性（2）	资金审查频率	资金审查频率
				资金违纪率	资金违纪率
产出（20）	项目产出（20）	质量目标实现程度（6）	工程施工实际质量评价（6）	工程质量等级	工程优良率
				质量达标率	交验合格率
					返工损失率
		时间目标实现程度（2）	完成及时率（2）	工程完成及时率	工程完成及时率
		投资目标实现程度（6）	建设期总投资评价（6）	单位平方米造价超标率	单位平方米造价超标率
				竣工决算审计核减率	竣工决算审计核减率
				固定资产转化率	固定资产转化率
		劳动安全卫生消防目标实现程度（5）	劳动安全目标评价（2）	重大事故量	重大事故发生率
			卫生防护目标评价（1）	卫生防护达标率	卫生防护达标率
			消防目标评价（2）	消防达标率	消防达标率
		节能目标实现程度（1）	资源消耗的降低程度（1）	资源节约率	资源节约率

续表

一级指标	二级指标	三级指标	四级指标	五级指标	结果指标
效果（40）	项目效益（40）	经济效益（8）	财务效益（4）	投资收益率	投资收益率
				净现值	净现值
			国民经济效益（4）	经济内部收益率	经济内部收益率
				效益费用比	效益费用比
		社会效益（7）	政策的合规性（1）	政策合规性	是否符合公路相关规定
			对地区人民生活水平的影响（6）	相关地区生产总值增长（2）	对地区、北郊生态公园旅游与周边交通的影响程度
				北郊生态公园旅游收入增长（2）	
				对周边交通压力影响（2）	
		生态效益（13）	噪声情况（4）	白天噪声情况	白天噪声是否达标
				晚上噪声情况	晚上噪声是否达标
			主要污染物的排放情况（6）	废水排放情况	废水排放达标率
				废气排放达标情况	废气排放达标率
				固体废物污染控制情况	固体废物污染控制情况
			节能效果（1）	废物再利用率	废物再利用率
			防尘效果（1）	防尘合格率	防尘合格率
			水土流失情况（1）	防止水土流失措施健全性	防止水土流失措施健全性
		可持续影响（6）	项目对所处地区影响的可持续性（2）	区域内就业状况改善程度	区域内就业状况改善程度
				区域内交通拥挤改善程度	区域内交通拥挤改善程度
			项目对同类项目影响的可持续性（4）	对同类项目的示范作用程度	对同类项目的示范作用程度
				对管理水平提高的促进程度	对管理水平提高的促进程度
				项目人员业务素质提高程度	项目人员业务素质提高程度
				技术创新程度	技术创新程度
		社会公众或服务对象满意度（6）	沿线居民满意度（3）	沿线居民满意率	沿线居民满意率
			行车人员满意度（3）	行车人员满意率	行车人员满意率

3. 项目评价标准

该桥梁项目绩效评价标准是指衡量绩效目标实现程度的尺度，绩效评价标准具体包括内容详见表8-5。

某桥梁项目绩效评价标准具体内容　　表8-5

序号	评价标准类型	评价内容
1	计划标准	以预先制定的目标、计划、预算、定额等数据作为评价财政支出绩效的标准
2	行业标准	参照国家公布的行业指标数据制定的评价标准
3	历史标准	参照同类指标的历史数据制定的评价标准
4	经验标准	根据长期的财政经济活动发展规律和管理实践，由专家经过严密分析研究后得出的有关指标标准

续表

序号	评价标准类型	评价内容
5	标杆标准	把本行业曾经达到的最高水平作为标准，将当年实际达到的水平与本行业最先进的水平进行比较
6	平均标准	把本地区或全社会的平均绩效水平作为标准，将实际达到的水平与之进行比较

4.绩效指标评价方法

结合该桥梁项目的绩效评价指标特点，选用的绩效指标评价方法主要包括三种：

1）比较法：通过对绩效目标与实施效果、历史与当期情况、不同部门和地区同类支出的比较，综合分析绩效目标实现程度。

2）因素分析法：对影响绩效目标实现和实施效果的内外因素进行综合分析，评价绩效目标实现程度。

3）公众评判法：通过专家评估、公众问卷及抽样调查等方法对财政支出效果进行评判，评价绩效目标的实现程度。

三、绩效评价指标分析情况

1.项目投入绩效分析

某桥梁项目投入阶段绩效评价指标体系设计主要根据上述基本原则，从项目立项的角度入手，按照项目资金使用与管理的流程，分析各评价指标之间的逻辑关系，综合各方对财政资金管理重要性的调查，进行综合设计。

在某桥梁项目的各个阶段分别进行资金情况分析。立项阶段：主要是对项目资金申请的准确性进行评价。同时，也对财政部门对项目资金审核的合理性、拨付资金的及时性进行评价；其中，除了资金到位率为定量指标外，其余为定性指标。实施与验收阶段：该阶段主要侧重于资金运行和过程控制两个方面。结果评价阶段：该阶段反映了项目实施的效果，主要侧重于对项目运行以后的经济效益进行评价与分析。

1）项目立项分析

不同工程项目以及不同评价机构对项目立项决策的评价要求有所不同，建筑项目的前期决策过程后评价主要评价可行性研究是否全面深入完整、绩效目标是否可行、前期预测是否准确以及评价决策水平的高低等。项目的前期决策过程评价主要包括项目目标评价、项目可行性研究评价、项目评估评价和项目决策评价。

通过以上分析，归纳出项目立项决策评价的内容主要有：项目可行性研究、项目立项依据、决策程序、项目评估、项目目标、决策审批及决策水平等内容。其中，最主要的是项目可行性研究、项目立项依据和项目评估。本项目在建设过程中是否严格遵照了建设管理程序将作为立项决策评价的重点内容。因此，将某桥梁项目立项决策评价的内容确定为：项目立项规范性、绩效目标合理性、绩效目标明确性与实施准备情况。

（1）项目立项规范性

①指标体系构建

建设项目立项规范性指的是建设项目申报前具有完整的申报资料，并且申报程序符合相关部门的规定。工程建设项目立项资料主要包括项目可行性研究报告、项目初步设计概算等。项目建议书和可行性研究报告编制完毕并附上必要的附件后，有关部门会对其批准。审查程序主要包括收文、审查、办文、下达等步骤，指标体系构建详见表8-6。

项目立项规范性指标体系构建　　表8-6

<table>
<tr><th>一级指标</th><th>二级指标</th><th>三级指标</th><th>四级指标</th><th>五级指标</th><th>指标说明</th><th>评价方法</th></tr>
<tr><td rowspan="3">投入</td><td rowspan="3">项目立项</td><td rowspan="3">项目立项规范性</td><td rowspan="2">项目申报合规性</td><td>申报资料完整性</td><td rowspan="2">项目申报符合相关部门规定</td><td rowspan="2">比较法</td></tr>
<tr><td>申报程序合规性</td></tr>
<tr><td>项目决策规范性</td><td>可行性研究</td><td>可行性研究详细清楚</td><td>比较法</td></tr>
</table>

②实际执行情况分析

该市市政公路管理局发布的《关于某桥梁项目可行性研究报告和立项的批复》肯定了项目可行性研究报告的存在，且按照项目的申报程序，该市公路处进行了编制资料、向有关部门递交申请文件，及有关部门审查、下达的程序，项目申报资料的完整性良好，申报程序符合有关部门规定。

本次绩效评价的项目决策规范性部分主要对可行性研究报告的内容进行分析。某桥梁项目可行性研究报告框架详见表8-7。

某桥梁项目可行性研究报告框架　　表8-7

章节	某桥梁项目可行性研究报告
第一章	概述
第二章	交通运输发展现状及规划
第三章	交通量分析及预测
第四章	技术标准
第五章	建设方案
第六章	投资估算
第七章	经济评价
第八章	实施方案
第九章	土地利用评价
第十章	工程环境影响分析
第十一章	节能评价
第十二章	社会评价
第十三章	问题与建议

由表8–7可知，某桥梁项目可行性研究报告共分为十三章，基本能囊括标准可行性研究报告的主要内容。据此，某桥梁项目的项目决策是规范的。

③评价结论

根据该项目的特点，通过对项目立项规范性的实际执行情况分析可以得出该项目的立项规范性评价结论，详见表8–8。

某桥梁项目立项规范性评价结论　　表8–8

<table>
<tr><th>一级指标</th><th>二级指标</th><th>三级指标</th><th>四级指标</th><th>五级指标</th><th>指标说明</th><th>评价结论</th></tr>
<tr><td rowspan="3">投入</td><td rowspan="3">项目立项</td><td rowspan="3">项目立项规范性</td><td rowspan="2">项目申报合规性</td><td>申报资料完整性</td><td rowspan="2">项目申报符合相关部门规定</td><td rowspan="2">资料完整、程序合规</td></tr>
<tr><td>申报程序合规性</td></tr>
<tr><td>项目决策规范性</td><td>可行性研究</td><td>可行性研究详细清楚</td><td>合规</td></tr>
</table>

（2）绩效目标合理性

①指标体系构建

绩效目标合理性指的是项目的绩效目标符合项目所在地的实际需求。项目目标立足于解决现阶段存在的主要问题，能够为现阶段经济或出行等方面的主要利益相关者带来实实在在的、看得见的效益。主要包括绩效目标依据充分性与绩效目标可行性两大部分，其指标体系详见表8–9。

某桥梁项目绩效目标合理性指标体系　　表8–9

<table>
<tr><th>一级指标</th><th>二级指标</th><th>三级指标</th><th>四级指标</th><th>五级指标</th><th>指标说明</th><th>评价方法</th></tr>
<tr><td rowspan="4">投入</td><td rowspan="4">项目立项</td><td rowspan="4">绩效目标合理性</td><td rowspan="3">绩效目标依据充分性</td><td>是否符合我市公路网规划</td><td rowspan="2">能与相关路网联系起来，并发挥重要作用，有准确的交通预测量</td><td rowspan="3">因素分析法</td></tr>
<tr><td>预期通行能力</td></tr>
<tr><td>建设规模合理性</td><td>建设规模是否经过严密论证</td></tr>
<tr><td>绩效目标可行性</td><td>单位里程造价</td><td>单位里程造价控制在合理范围内</td><td>比较法</td></tr>
</table>

②实际执行情况分析

A.符合该市公路网规划

该市郊区与中心城区的联系通道较少，且近年来一直处于饱和状态。某桥梁项目全线打通后，可以形成郊区与市中心之间新的通道，缓解该市公路的交通压力。因此，本项目是符合该市路网规划的，桥梁项目的建设能够进一步加强郊区与中心城区之间的联系，为市民的出行提供便捷。

B.预期通行能力

根据某桥梁项目的可行性研究报告，本项目采用了“四阶段法”对该市社会经济特征和公路交通指标之间的关系进行分析，并预测了外环北路未来的交通量，预测过程详见图8–1。

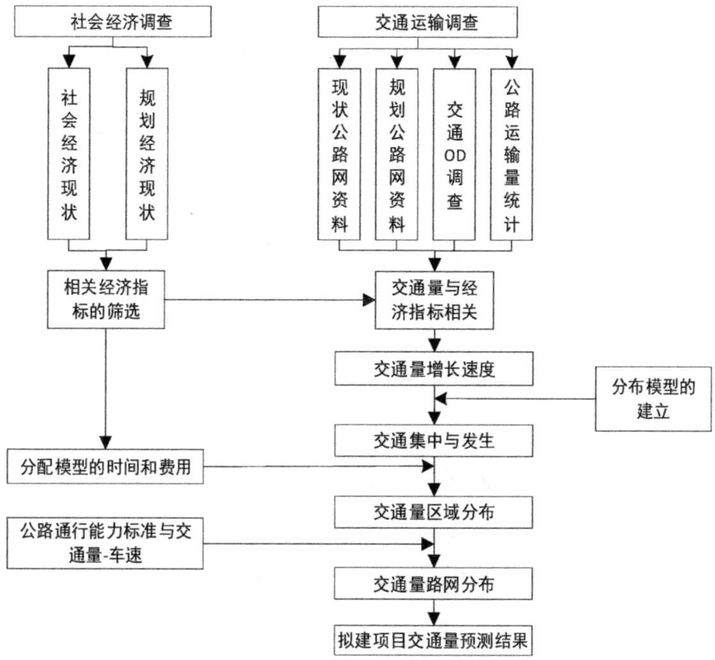

图8–1 交通量预测程序

根据《城市道路设计规范》CJJ 37–2012和《城市道路交通工程项目规范》GB 55011-2021，城市主干道路段一条车道的基本通行能力详见表8–10。该项目设计速度为60km/h，因此基本通行能力为1800 pcu/h。

一条车道理想通行能力　　表8–10

设计速度（km/h）	20	30	40	50	60
基本通行能力（pcu/h）	1400	1600	1650	1700	1800

路段的设计通行能力，可根据一个车道的基本通行能力修正确定，对基本通行能力的修正应包括车道数、车道宽度、自行车影响及交叉口影响。

一个车道的设计通行能力可按下式计算：

$$CD=C\times\gamma\times\eta\times\beta\times n \quad (8\text{–}1)$$

式中：CD——设计通行能力（pcu/h）；

C——基本通行能力（pcu/h）；

γ——自行车影响修正系数；分有无隔离设施及自行车道交通负荷情况考虑：

a.机动车道与非机动车道之间有隔离设施

此种情况路段上的自行车对机动车几乎没有影响，可不考虑折减，取γ=1。

b.机动车道与非机动车道间无隔离设施，但自行车道负荷不饱和

此种情况下自行车基本上在非机动车道上行驶，对机动车的影响不大，推荐取γ=0.8。

c.机动车道与非机动车道间无隔离设施，且自行车道负荷超饱和

当自行车交通量超过自行车道的通行能力时，自行车将侵占机动车道而影响机动车的正常运行，使机动车的车速、通行能力大大降低，其影响系数可根据自行车侵占的机动车道宽度与机动车道单向总宽之比确定，其影响系数计算公式为：

$$\gamma = (0.8 \sim 0.9) - \frac{\dfrac{Q_{bike}}{C_{bike}} + 0.5 - W_2}{W_1} \tag{8-2}$$

式中：Q_{bike}——自行车交通量（辆/h）；

C_{bike}——每米宽自行车道的实际通行能力，推荐值范围为800~1000辆/h；

W_2——单向非机动车道宽度（m）；

W_1——单向机动车道宽度（m）。

本项目机动车道与非机动车道之间有隔离设施，因此取γ=1。

η——车道宽影响修正系数；

在城市道路设计中，取标准车道宽度为8.5m。车道宽度影响系数η可由下式确定：

$$\eta = \begin{cases} 50(\pi_0 - 1.5) & \pi_0 \leqslant 3.5\,\mathrm{m} \\ -54 - \dfrac{188\pi_0}{3} - \dfrac{16\pi_0^2}{3} & \pi_0 > 3.5\,\mathrm{m} \end{cases} \tag{8-3}$$

该项目为单向三车道，第一车道为3.5，则η=100%；二三车道为3.75，则η=106%。

β——交叉口影响修正系数。主要取决于交叉口控制方式及交叉口间距，交叉口影响修正系数可采用下式计算：

$$\beta = \begin{cases} \beta_0 & s \leqslant 200\mathrm{m} \\ \beta_0(0.0013s - 0.73) & s > 200\mathrm{m} \end{cases} \tag{8-4}$$

式中：s——交叉口间距（m）；

β_0——交叉口有效通行时间比，即为绿信比，本项目取0.35。

如果由上式计算的β大于1，则取β=1。

本项目交叉口间距平均为600m，因此β=0.3×（0.0013×600+0.73）=0.53。

n——车道数修正系数。可根据车道利用系数确定，详见表8-11。

车道利用系数推荐值　　表8-11

车道数	第一车道	第二车道	第三车道	第四车道
车道利用系数	1	0.8~0.89	0.65~0.78	0.50~0.65

根据以上方法计算设计通行能力。

单向各车道设计通行能力：

一车道：CD_1=1800×1×100%×1053×1=954pcu/h

二车道：CD_2=1800×1×106%×0.53×0.85=860pcu/h

三车道：CD_3=1800×1×106%×0.53×0.71=718pcu/h

该项目采用机动车双向六车道，则单向设计通行能力为：

CD_6=954+860+718=2532 pcu/h

因为CD_6=2532 pcu/h大于N_n=2012pcu/h，故该项目符合通行要求。

综上所述，该项目对预期通行能力进行了明确详细的定性分析，预期通行能力为2532 pcu/h，符合相关规定并满足使用要求。

C.建设规模合理性

根据该项目可行性研究报告，某桥梁项目长度为882.86m，桥梁全宽为2×18m，按照项目的设计通行能力，本项目的建设规模能够实现车辆通行的目标和北郊生态公园的通道目标，建设规模具有一定的合理性。

D.单位里程造价

根据某桥梁项目总估算表，本项目的估算总金额为22072万元，桥梁全长为882.86m，则单位里程造价为22072÷882.86=25万元/m。根据某桥梁项目投资一览表的数据信息，本项目的投资总额为20312万元，则单位里程造价为20312÷882.86=23万元/m。

综上所述，该项目的实际单位里程造价比项目总估算中的单位里程造价节约2万元/m。据此，该项目绩效目标可行。

③评价结论

根据该项目的实际执行情况，可以得出项目绩效目标合理性的评价结论，详见表8-12。

某桥梁项目绩效目标合理性评价结论　　表8-12

一级指标	二级指标	三级指标	四级指标	五级指标	指标说明	评价结论
投入	项目立项	绩效目标合理性	绩效目标依据充分性	是否符合我市公路网规划	是否能与相关路网联系起来发挥重要作用，有准确的交通预测量	符合
				预期通行能力		1.0
				建设规模合理性	建设规模是否经过严密论证	1.0
			绩效目标可行性	单位里程造价	是否控制在合理范围内	1.0

（3）绩效目标明确性

①指标体系构建

不同的项目有不同的绩效目标。绩效目标越明确，施工设计越详细，未来出现设计变更、超过投资概算的可能性就越小。绩效目标明确性指的是项目的质量、成本、工期、环境安全等目标在开工之前都有明确的、可执行的标准。根据该项目的实际情况，将绩效目标明确性分为质量、投资、劳动安全卫生消防、环境、节能以及社会公众或服务对象满意度等多个目标，指标体系详见表8-13。

某桥梁项目绩效目标明确性指标体系　　表8-13

<table>
<tr><th>一级指标</th><th>二级指标</th><th>三级指标</th><th>四级指标</th><th>五级指标</th><th>指标说明</th><th>评价方法</th></tr>
<tr><td rowspan="12">投入</td><td rowspan="12">项目立项</td><td rowspan="12">绩效目标明确性</td><td rowspan="3">质量目标</td><td>项目设计的质量标准</td><td rowspan="3">有明确的设计标准、质量目标、项目使用功能。工程优良率、合格率较高，返工损失率较低</td><td rowspan="3">因素分析法</td></tr>
<tr><td>项目施工质量目标</td></tr>
<tr><td>项目的整体使用功能</td></tr>
<tr><td>投资目标</td><td>建设期总投资</td><td>投资结余率是多少</td><td>比较法</td></tr>
<tr><td rowspan="3">劳动安全卫生消防目标</td><td>劳动安全目标</td><td rowspan="3">本项目带来的重大事故发生率的降低，消防、卫生防护达标率</td><td rowspan="8">因素分析法</td></tr>
<tr><td>卫生防护目标</td></tr>
<tr><td>消防目标</td></tr>
<tr><td rowspan="2">环境目标</td><td>污染物排放量</td><td rowspan="2">废水废气排放达标率、固体污染物控制情况良好</td></tr>
<tr><td>对周围环境的影响</td></tr>
<tr><td>节能目标</td><td>资源消耗量</td><td>有明确的资源节约目标，资源节约率合理</td></tr>
<tr><td rowspan="2">社会公众或服务对象满意度目标</td><td>项目主管部门支持度</td><td rowspan="2">项目主管部门支持度与预期行车人员满意程度越高越好</td></tr>
<tr><td>预期行车人员满意度</td></tr>
</table>

②实施情况分析

A.质量目标

a.项目设计、施工的质量标准

该项目设计的质量目标为“质量过硬、技术先进、经济合理、服务到位、各项合同都成功”。具体标准主要是：第一，除基本标准外，依照ISO9001质量体系标准，在工程设计文件的质量特性方面实施设计全过程的质量管理，保证在功能性、安全性、舒适性、可实施性、经济性、技术先进性等各个环节不出现偏离，保证提供优质的产品。第二，严格按照住房和城乡建设部城建司颁布的《市政工程设计技术管理标准》中规定的“市政工程设计工作程序”“市政工程设计成品质量标准及评定方法”等有关规定和方法，制定全过程的质量控制和保证体系。在设计中编制统一的技术规定，做到文件统一、技术统一、规范操作。

根据某桥梁项目的施工组织设计，该项目的质量目标为争创鲁班奖。工程质量检查执行招标文件中相关的技术规范和技术标准，单项工程一次检查合格率为100%；分项工程合格率为100%，优良率为100%；分部工程合格率为100%，优良率为100%。

同时，该工程项目部根据以往获得工程奖项的经验，将质量目标进行了分解，根据质量目标进行重点监控，以分项工程保分部工程，以分部工程保单位工程，实行目标控制。项目部从不同角度对工程质量进行了监督控制，从组织、技术保障、管理措施、重点工程等多方面、全方位地对工程质量进行控制。单位工程观感质量目标详见表8-14。

单位工程观感质量目标　　表8-14

序号	项目名称		标准分	评定等级					备注
				一级100%	二级90%	三级80%	四级100%	五级0	
1	结构工程	承台系梁	5	5					
2		墩柱	8	8					
3		盖梁	8	8					
4		桥台	8	8					
5		预制预应力箱梁	10	10					
6		现浇预应力箱梁	10	10					
7		混凝土桥面铺装	8	8					
8		防撞护栏	8	8					
9		沥青混凝土桥面铺装	8	8					
10		伸缩缝	6	6					
11		桥头搭板	6	6					
12		桥梁排水	5	5					
13		护坡	5	5					
14		标线	5	5					
合计			应得100分，计划得分100分，得分率为100%						

b.项目的整体使用功能

该项目为重要的节点工程，全线贯通后是连接该市郊区与中心城区新的便捷通道，也是规划北郊生态公园起步区中部进出的重要通道，其主要使用功能如下：

加强该市郊区与该市市中心的联系。该项目是重要的节点工程，该工程的建设将开辟一条新的郊区与中心城区的便捷通道，进一步加强与中心城区的联系。

促进地区社会经济发展。该项目是重要的节点工程，与外环线、规划外环东北部调整线等主干线道路均有交叉连接。项目建成后在提高过境交通通行能力的同时，也改善了当地的交通状况，使得交通更为便利，促进该区域的社会经济发展。

增加北郊生态公园对外交通出行的通道。该项目是重要的节点工程，外环北路北延线全线贯通后穿过北郊生态公园起步区，与东部的国道及西部的公路构成北郊生态公园东、中、西部重要的进出通道。

加强项目河道两岸沟通。目前项目所在河道有两座4m宽的漫水桥，技术标准等级较低，主要通行非机动车。该项目的建设可进一步加强两岸的沟通。

综上所述，该项目的整体使用功能目标明确合理。

B.投资目标

根据该项目的财务决算报告，工程总投资为20312万元。根据该项目初步设计的批复，其批复总投资为20318万元。因此，该项目存在结余的情况，共结余6万元。结余率为0.03%。

综上所述，该项目工程投资有一定结余，结余率为0.03%，投资目标明确合理。

C.劳动安全卫生消防目标

某桥梁项目在该项目的施工组织设计中，对劳动安全卫生消防目标均明确地进行了说明。该项目的施工现场文明施工管理目标为创建“市级文明工地”及“青年文明号”。

该市市级文明工地考核标准分为“三清、六好、一保证”十个分项，各分项检查按标准换算后，以综合得分评定最终结果。其中，“三清、六好、一保证”为现场清整、物料清楚、操作面清洁；职业道德好、工程质量好、降低消耗好、安全生产好、完成任务好、职工生活好；保证使用功能。该项目的安全管理目标为无重大伤亡事故，创“平安工地”称号。

根据该市发布的公路工程“平安工地”建设达标标准的通知，“平安工地”考核内容主要包括政策执行有效，责任落实到人，招标管理合规，管理考核措施得当，风险预控，安全生产费用到位及时，无重大事故发生，宣传工作有序开展，新技术、新材料、新设备、新工艺推广应用，安全领域工作方法思路创新，信息化建设成果丰富。

该项目只在文明管理目标中的“安全生产好”部分提到了消防安全，主要包括加强消防安全教育、危险品领退料手续齐全和配备消防器材等内容，并没有针对性地制定项目消防目标。

D.环境目标

该项目的环境目标主要包括以下几个部分：第一，保持水土；第二，废渣处理不影响排灌系统和排灌设施；第三，预防水污染；第四，将尘土飞扬降到最低程度；第五，噪声符合国家规定；第六，尽量减少破坏路道绿化带；第七，临时驻地环境好。

E.节能目标

该项目在文明管理目标中的“降低能耗”部分提到了节能目标。主要内容是建立回收节约台账，限额领料，严格执行相关规范等。同时，该项目的可行性研究报告对项目道路的几何条件、混合交通情况、交通流大小及离散程度、行人及横向干扰程度、行车速度以及交通设施的完成程度等各项影响燃油消耗的因素进行详细分析之后，提出了如下节能措施：对支路采取停车让行等标志、标线，保证干线公路的畅通；新建与主路相交的高等级道路，应采用互通立交形式，减少平面交口数量。

该项目作为新建项目，节能评价期为20年。经过计算可得，至评价期末，该项目推荐方案共可节约燃油5059万L，可以看出，该项目的节能目标明确且具有可行性。所节省的燃油为道路平整度提高后，车辆在道路上的运行时间减少而节省的燃油，该项目节能指标的计算结果详见表8-15。

节能指标计算表 表8-15

年份	经济费用（万元）					燃油节约量（万L）
	合计	建设费用	管理费用	养护费	维修费	
2012	25994	25994			0	
2013	79.2		26.4	52.8	0	122
2014	81.6		27.2	54.4	0	182
2015	84.0		28.0	56.0	0	201
2016	86.5		28.8	57.7	0	128
2017	89.1		29.7	59.4	0	134
2018	91.8		30.6	61.2	0	152
2019	94.6		31.5	63.0	0	164
2020	97.4		32.5	64.9	0	146
2021	100.3		33.4	66.9	0	182
2022	103.3		34.4	68.9	0	365
2023	2957.4		35.5	71.0	2851	243
2024	109.6		36.5	73.1	0	426
2025	112.9		37.6	75.3	0	340
2026	116.3		38.8	77.5	0	328
2027	119.8		39.9	79.9	0	347
2028	123.4		41.1	82.3	0	356
2029	127.1		42.4	84.7	0	370
2030	130.9		43.6	87.3	0	302
2031	134.8		44.9	89.9	0	282
2032	138.9		46.3	92.6	0	289
合计	30973					5059
燃油节约总量：Y=5059万L						
单位成本节约量：YC=0.163L/元						

F.使用者满意度

a.项目主管部门支持度

该工程建设为郊区与中心城区之间的联系增加了一条便捷通道，使北郊生态公园起步区的交通出行更加便捷，使项目所在河道两岸的沟通更加方便。也可以缓解项目附近的交通压力，并促进沿线经济的发展。该项目得到了该市几个区的大力支持。

综上所述，项目主管部门对该工程持支持的态度。

b.预期行车人员满意度

考虑该项目在路网中的作用，并结合该市公路网以及交通量预测、通行能力分析，根据《城市道路工程设计规范》GJJ 37–2012，该项目桥梁横截面与道路部分横断面布置一致，采用双向六车道城市主干道标准实施，设计速度为60km/h，桥面净宽度为2×15.5m，桥面全宽为2×18m，该项目主要技术标准如表8–16所示。

主要技术标准　表8–16

名称	单位	技术指标	备注
地形		平原区	
城市道路等级		城市主干道	
设计车速	km/h	60	
车道宽带	m	6.0	
人行道	m	2.0	
桥涵结构设计荷载		公路–I级	
地震动峰值加速度系数		0.15g	
设计洪水频率		1/300	

按照此技术标准，该项目建成通车后，拥挤度为0.83。这表明此项目运营后的车辆通行能力满足设计服务水平，行车人员会有较高的满意度。

③评价结论

某桥梁项目绩效目标设置合理，具有明确的可操作性，为项目的施工建造做了良好的铺垫，保证了该项目目标的实现，具体评价结论详见表8–17。

某桥梁项目绩效目标合理性评价结论　表8–17

一级指标	二级指标	三级指标	四级指标	五级指标	评价标准	专家打分
投入	项目立项	绩效目标明确性	质量目标	项目设计的质量标准	有明确标准为优，没有为差	1.0
				项目施工质量目标	有明确标准为优，没有为差	1.0
				项目的整体使用功能	有明确目标为优，没有为差	1.0
			投资目标	建设期总投资	有结余为优，超支10%以内为良，否则为差	1.0

续表

一级指标	二级指标	三级指标	四级指标	五级指标	评价标准	专家打分
投入	项目立项	绩效目标明确性	劳动安全卫生目标	劳动安全目标	有明确标准为优，没有为差	1.0
				卫生防护目标	有明确标准为优，没有为差	1.0
				消防目标	有明确标准为优，没有为差	0.7
			环境目标	污染物排放量	有明确标准为优，没有为差	0.9
				对周围环境的影响	有明确标准为优，没有为差	0.9
			节能目标	资源消耗量	有明确目标为优，没有为差	0.8
			使用者满意度目标	项目主管部门支持度	项目主管部门明确表示支持为优，没有为差	1.0
				预期行车人员满意度	有明确标准为优，没有为差	1.0

（4）实施准备情况

①指标体系构建

实施准备情况主要从设计与勘察两部分进行说明。主要评价的内容是项目勘察是否合规，勘察是否有误，是否能对项目施工有良好的作用；项目设计深度是否足够，是否能够按照设计图纸直接施工，招标投标流程和开标、评标是否合规。实施准备情况指标体系详见表8-18。

某桥梁项目实施准备情况指标体系　　表8-18

一级指标	二级指标	三级指标	四级指标	五级指标	指标说明	评价标准
投入	项目立项	实施准备情况	项目勘察	勘察工作的合规性	项目勘察是否符合相关规定，是否导致工程索赔	不利物质条件引起的索赔率越低越好
			项目设计	项目设计程度	项目设计能否直接用于项目施工	设计变更率越低越好
			招标投标组织实施	招标投标流程	招标投标流程和开标之后的评标、定标过程是否符合《中华人民共和国招标投标法实施条例》等相关法律规定	“一票否定式”指标，若招标投标组织实施符合规定，则此项评分为0
				开标、评标的合规性		

②实际执行情况分析

A.项目勘察

某桥梁项目采用的是设计施工总承包方式。某规划设计有限公司负责对工程地点进行详细的岩土勘察。某规划设计有限公司在项目开工前，出具了详细的勘察报告，对工程地质情况进行了科学勘察，勘察程序符合要求，为工程设计及施工提供了可靠的依据和保证。

在项目的勘察过程中，该规划设计有限公司严格按照《岩土工程勘察规范》GB 50021-2001的标准，对本项目地质条件、地下水状况、地震效应、地基基础及基坑开挖进行了严格的勘察，确保了项目地质条件安全良好，保证了项目又快又好地完成。在合同约定的时间内保质保量地完成了勘察任务，在施工过程中不利物质条件引起的工程索赔率为0。

B.项目设计程度

该项目的设计单位为该市市政研究院。项目的初步设计主要包括道路平面总体设计图、路线纵断面图、道路标准横断面图、桥位平面图、桥位地质剖面图、桥位规划河床断面图、桥型布置图、下部结构一般构造图、主桥施工工艺流程图、主桥上部结构一般构造图、锥坡及踏步结构图、防撞护栏结构图、桥面铺装构造图、人行道铺装结构图、人行道栏杆一般构造图、伸缩缝结构图、泄水孔结构图、主引桥工程数量表、效果图等。

通过该项目的初步设计明细可知，该项目的初步设计从桥梁桥型、道路规划到桥面人行道栏杆都进行了比较详细的设计说明，并在后期进一步进行了施工图设计。

根据项目初步设计批复，该项目并没有出现超概率现象，这表明该项目的设计深度良好，满足施工条件。

C.招标投标流程及开标、评标的合规性

某桥梁项目实行的是公开招标，根据招标的组织形式，可以将招标分为招标人自行招标和招标人委托招标机构代理招标两种方式。为了保证该项目的招标投标管理工作快速、有效、合理地完成，该市公路处与某工程造价咨询有限公司签订了招标代理合同，某工程造价咨询有限公司主要承担本工程的设计、施工、监理招标代理工作，保证招标投标管理工作顺利进行。同时，该项目在招标之前，对潜在投标人进行了资格审查，严格按照《中华人民共和国政府采购法》及《中华人民共和国招标投标法》等相关法律法规的规定，其招标投标流程完全符合法律规定。在选定投标人之后，某工程造价咨询有限公司根据工程实际进度确定了开标的时间和地点，并制定了出席开标会议的规定，开标的顺序，废标、评标原则，以及评标程序和方法，组建了评标委员会进行定标，该市市政公路工程招标管理站监督人员对该工程招标投标流程进行了全程监督。

综上所述，该项目的招标投标组织实施符合招标投标流程与开标、评标的相关法律规定。

③评价结论

该项目的实施准备情况科学合理，勘察设计深度都比较到位，招标投标组织流程符合法律规定，有力地保证了工程的顺利施工，具体的实施准备情况评价结论详见表8-19。

某桥梁项目实施准备情况评价结论　　表8-19

一级指标	二级指标	三级指标	四级指标	五级指标	评价标准	评价结论
投入	项目立项	实施准备情况	项目勘察	勘察工作的合规性	不利物质条件引起的索赔较低	1.0
			项目设计	项目设计合理程度	设计变更率较低，以不超过设计概算为标准	0.9
			招标投标组织实施	招标投标流程合规性	是否符合相关法律规定	合规
				开标、评标的合规性		合规

2）项目资金投入分析

（1）指标体系构建

资金投入情况分为资金到位率和资金到位时效分析，其中资金到位率、到位及时率为定量分析指标，资金筹集为定性分析指标，某桥梁项目资金投入情况指标体系详见表8-20。

某桥梁项目资金投入情况指标体系　　表8-20

一级指标	二级指标	三级指标	四级指标	指标说明	评价标准
投入	资金投入	资金筹集	资金审核合规性	“降档评级”式指标	有可操作的资金审核制度，符合相关规定
		资金落实	资金到位率	$资金到位率=\frac{资金实际到位总额}{资金计划到位总额}\times 100\%$	该指标越高，说明该项资金的到位情况越好
			到位及时率	$到位及时率=\frac{及时到位资金}{应到位资金}\times 100\%$	资金到位越及时越好

（2）实际执行情况分析

该工程采用按月计量支付的方式，由监理工程师对承包商提供的计量通知或申请进行审核，审核无误后，报总监办，由总监办签发《中间支付证书》报业主。经调研，期间的资金审核程序符合国家有关规定。

根据调研结果，该项目的到位资金为20312万元，资金来源为取消二级收费公路中央专项资金。每一笔款项到位，建设单位会根据不同分项工程承包金额所占总投资比例进行进度款发放，保证资金分配的公平性，有效地避免了施工单位与建设单位的纠纷。

（3）评价结论

某桥梁项目的资金到位情况评价结论详见表8-21。

某桥梁项目资金到位情况评价结论　　表8-21

一级指标	二级指标	三级指标	四级指标	指标说明	评价结论
投入	资金投入	资金筹集	资金审核合规性	“降档评级”式指标	合规
		资金落实	资金到位率	$资金到位率=\frac{资金实际到位总额}{资金计划到位总额}\times 100\%$	1.0
			到位及时率	$到位及时率=\frac{及时到位资金}{应到位资金}\times 100\%$	1.0

2. 项目过程分析

1）项目业务管理分析

（1）制度执行有效性

①指标体系的构建

制度执行有效性指的是项目采取了合乎规定且可行的安全、质量、进度控制制度，并且在制度可行的基础上高效、完整地执行，主要指标体系详见表8-22。

某桥梁项目制度执行有效性指标体系　　表8-22

一级指标	二级指标	三级指标	四级指标	五级指标	指标说明	评价标准
过程	业务管理	制度执行有效性	制度执行合规性	采购决策程序规范性	“一票否定”式指标	是否符合《中华人民共和国政府采购法》相关规定
			制度执行落实性	相关资料齐全性	“降档评级”式指标	项目合同书、检验报告、技术鉴定等资料是否齐全
				项目实施人员、设备落实到位	以制度落实达标不影响施工进度为准	项目实施人员、场地设备等落实合格率

②实际执行情况分析

A.采购决策程序规范性

在项目建设过程中，项目所需物资的采购严格遵循国家有关政府采购的相关法律法规。《中华人民共和国政府采购法》规定，政府采购方式主要包括公开招标、邀请招标、竞争性谈判、单一来源采购、询价、国务院政府采购监督管理部门认定的其他采购方式。该项目严格按照《中华人民共和国政府采购法》的相关规定，做到了合理、合法、不浪费。

B.相关资料齐全性

该项目合同主要包括招标代理合同、建设工程勘测设计服务合同、设计施工总承包合同、建设工程造价咨询合同等。项目的质检报告、技术鉴定文件齐备。由此可以得出，该项目相关资料齐全，归档及时。

C.项目实施人员、设备落实到位

在施工准备阶段，该项目做好了劳动力准备、技术准备、施工现场准备、材料及机具准备和各类计划准备，并做好了试验工作计划和施工备案方面的工作。进行绩效评价时，主要对项目实施人员与设备落实到位进行评价。

该市公路工程总公司按照工程特点，采用了合理的项目管理方法，根据多年来积累的项目管理经验运作，形成了以项目经理负责制为核心，以项目合同管理和成本控制为主要内容，以科学系统管理、先进技术管理为手段的项目管理机制。同时，项目经理部在公司的领导下，充分发挥了企业的整体优势，高效地优化了社会生产要素。为确保优质地、高速地完成本工程，该市公路工程总公司派遣一批具有现代管理知识和类似工程管理经验的管理人员进入现场。项目经理部成为一支充满活力、专业配套完备、具有全面管理能力的核心队伍，实现了规范化、系统化、科学化的全面管理。

在项目实施人员准备方面，根据工程特点，该工程选择了合适的工种，按照施工进度合理地分配劳动力，由项目部统一调配。按施工程序合理调配工人完成流水作业。进场之前，对作业层人员进行技术培训、技术交底和安全交底，针对工程特点和进度，作业层人员做到了有顺序、有组织地进场。

在设备落实方面，该市公路处督促施工单位按照合同约定及时配齐施工机械，确保机械的有序正常使用，避免机械过度使用而给生产带来安全隐患。施工前，施工单位向大型机械操作及监护人员详细说明了安全施工技术要求，根据工程实施情况，项目没有因为施工设备不进场而产生工期延误的情况，设备基本落实到位。

③评价结论

该项目的制度执行基本合规，相关资料齐全，从人员到设备均到位及时，保障了项目施工的顺利进行，主要的制度执行有效性评价结论如表8-23所示。

制度执行有效性评价结论　　表8-23

一级指标	二级指标	三级指标	四级指标	五级指标	评价标准	评价结论
过程	业务管理	制度执行有效性	制度执行合规性	采购决策程序规范性	是否符合《中华人民共和国政府采购法》相关规定	合规
			制度执行落实性	相关资料齐全性	项目合同书、检验报告、技术鉴定等资料是否齐全	齐全
				项目实施人员到位情况	以制度落实达标不影响施工进度为准	1.0
				设备落实到位		1.0

（2）合同管理可控性

合同管理是建设项目管理的重要内容。一个建设项目完成招标投标后，确定的中标单位要与招标单位签订承包合同。以合同这种法律形式把双方或多方当事人的权利、义务和责任用文字表达出来，得到法律的约束和保护，当事人认真地履行承包合同，即可达到各自经济目的，保证建设项目顺利建成，发挥效益。

合同管理中主要工作包括前期的合同类型的选择、建设期价款控制、变更控制、进度控制等。根据合同计价方式的不同，建设项目合同可以分为总价合同、单价合同和成本加酬金合同三种类型。总价合同：是指在合同中确定一个完成项目的总价，承包人据此完成项目全部内容的合同。这种合同类型能够使发包人在评标时易于确定报价最低的承包人、易于进行支付计算。采用这种合同类型要求发包人必须准备详细而全面的设计图纸（一般要求施工详图）和各项说明，使承包人能准确计算工程量。单价合同：是指承包人在投标时，按招标文件就分部分项工程所列出的工程量表确定各分部分项工程费用的合同类型。这类合同的适用范围比较宽，并且能鼓励承包人通过提高工效等手段从成本节约中提高利润。这类合同能够成立的关键在于双方对单价和工程量计算方法的确认。成本加酬金合同：发包人承担项目的全部风险。而承包人由于无风险，其报酬往往也较低。这类合同的缺点是发包人对工程总造价不易控制，承包人也往往不注意降低项目成本。

①指标体系构建

在对合同管理的可控性进行评价时，主要评价的是合同变更情况，详见表8-24。

某桥梁项目合同管理可控性指标体系构建　　表8-24

一级指标	二级指标	三级指标	四级指标	五级指标	指标说明	评价方法
过程	业务管理	合同管理可控性	合同变更情况	项目处理变更能力	合同变更会签的记录是否完备，对投资是否有大的影响	因素分析法

②实际执行情况分析

工程变更是指由于建设的周期长，涉及的经济关系和法律关系复杂，受自然条件和客观因素的影响大，导致项目的实际情况与项目招标投标时的情况相比发生一些变化。工程变更包括工程量变更、工程项目的变更、进度计划的变更、施工条件的变更等。在合同履行过程中，监理人发出变更指示包括下列三种情况：

第一，监理人认为可能要发生变更的情形；

第二，监理人认为发生了变更的情形；

第三，承包人认为可能要发生变更的情形。

该工程下发了变更设计通知书，更改项目为某桥墩，并附变更图纸。根据该市市政公路局发布的《关于某桥梁项目设计变更的批复》中，设计变更导致的工程增加投资为82+758+170=1010万元。根据某桥梁项目投资一览表，本项目的总投资金额为20312万元。故该项目合同价款调整比率为4.97%。但根据项目初步设计批复，该项目并没有出现超概算现象，且相关变更资料齐全、项目处理变更能力较强，满足施工需要。

③评价结论

该项目合同管理过程中产生了少量的变更，但基本不影响项目的整体施工，合同管理可控性良好，具体评价结论详见表8-25。

合同管理可控性评价结论　　表8-25

一级指标	二级指标	三级指标	四级指标	五级指标	评价标准	评价结论
过程	业务管理	合同管理可控性	合同变更情况	项目处理变更能力	合同变更会签的记录是否完备，对投资是否有大的影响	0.8

（3）项目质量可控性

在项目施工过程中，质量管理工作是重中之重，为此建设单位、施工单位以及监理单位均高度重视，根据项目的特点并结合施工现场的情况，提出了切实可行的质量控制措施，项目质量可控性指标体系详见表8-26。

项目质量可控性指标体系构建　　表8-26

<table>
<tr><th>一级指标</th><th>二级指标</th><th>三级指标</th><th>四级指标</th><th>五级指标</th><th>指标说明</th><th>评价标准</th></tr>
<tr><td rowspan="3">过程</td><td rowspan="3">业务管理</td><td rowspan="3">项目质量可控性</td><td>项目质量标准健全性</td><td>项目质量标准健全性</td><td>“降档评级”式指标</td><td>项目是否有合乎规范的质量标准</td></tr>
<tr><td rowspan="2">质量控制措施</td><td>质量管理组织机构</td><td>质量管理组织机构是否健全</td><td rowspan="2">检验批质量合格率、隐蔽工程质量合格率、分部分项工程合格率</td></tr>
<tr><td>质量监控程序</td><td>质量监控程序是否健全</td></tr>
</table>

①实际执行情况分析

A.项目质量标准健全性

a.项目设计的质量标准

该项目大桥工程设计所采用的防洪标准为100年一遇洪水；根据该市河流防洪规划，下游防洪标准为100年一遇。该桥梁设计采用的防洪标准与河道的防洪标准是相适应的。

该工程位于该市市区，根据《中国地震动参数区划图》GB 18306–2015，地震动峰值加速度为0.15g。根据《公路桥梁抗震设计规范》JTG/T 2231–01–2020，抗震设防烈度为7度，设计基本地震加速度值为0.15g。

该工程采用住房和城乡建设部发布的《城市道路工程设计规范》CJJ 37–2012中相关技术标准，设计标准为城市主干道。设计车速为60km/h。

该项目桥梁结构设计基准期为100年，环境类别为I类，属于滨海环境。桥梁结构设计安全等级为一级。荷载标准为公路–I级。

b.项目施工质量标准

项目部在工程施工中坚决贯彻实施的质量标准是《质量管理体系要求》GB/T 19001—2016质量管理认证标准，主要质量方针是“科学管理、规范施工、优质服务、质量一流”。

B.质量管理组织机构

该项目作为我市的重点工程，项目部为了建立健全质量保证体系，成立了全面质量管理小组，实行全面的质量管理和目标责任管理。从组织上保证质量目标的措施主要包括：第一，配齐专职质检工程师和质检员，实现质量岗位责任制；第二，对参建人员进行阶段性业务考核，实行不合格不上岗制度；第三，对混凝土、钢筋等部分进行精细化质量管理；第四，严格检查工程材料；第五，工程质量达不到标准的，坚决返工重做。其中，本项目的质量保证体系详见图8-2。

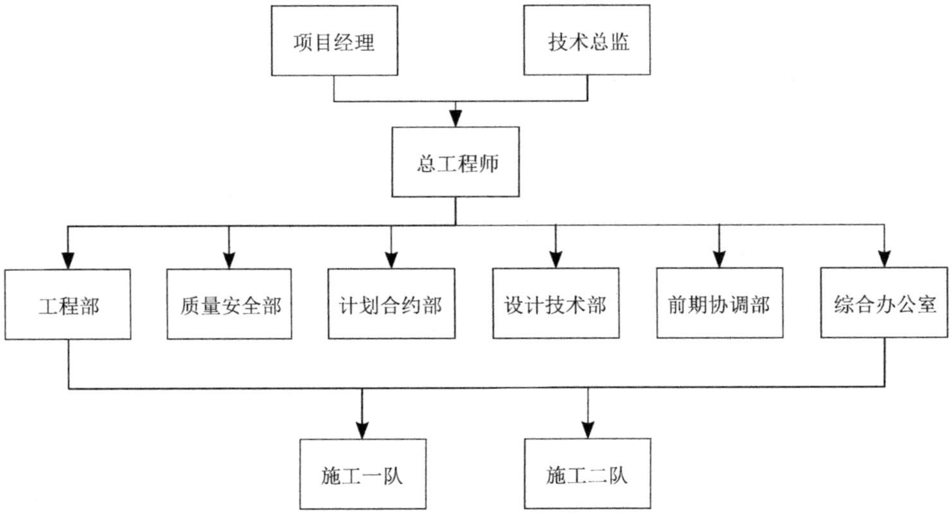

图8-2 质量保证体系

C.质量监控程序

根据某桥梁项目的监理方案，该项目在质量监理过程中，工程质量控制方法主要包括测量复核、旁站检查、抽样检验、原材料和中间产品的质量控制、成品检查验收等。质量控制手段为指令性文件和监理质量管理程序。其中，本项目的质量控制程序详见图8-3。

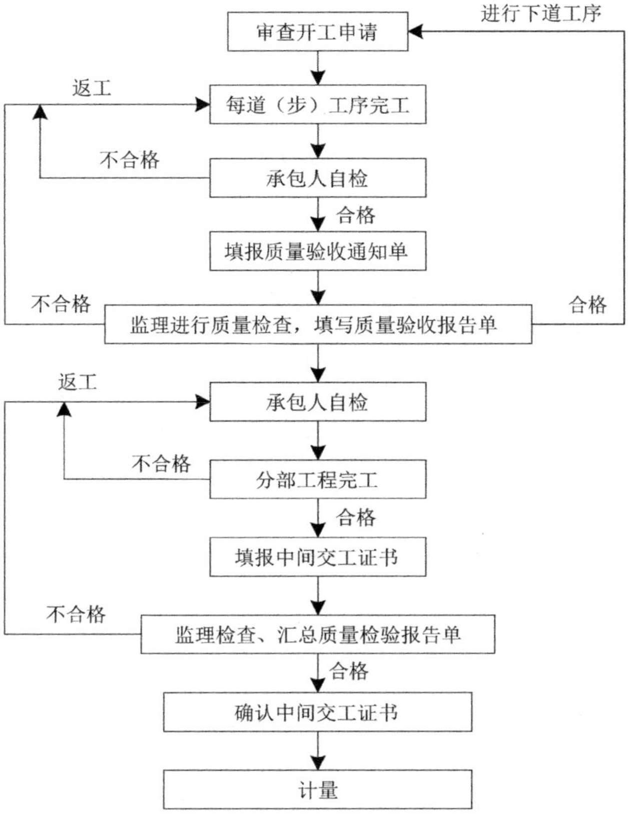

图8-3　质量控制程序

项目部根据项目的质量控制标准和程序，经过项目部的贯彻实行，项目最终实现了分部分项工程合格率100%，隐蔽工程合格率100%。

②评价结论

该项目有完整的质量标准体系和质量控制目标，保证了工程的顺利实施。具体评价结论详见表8-27。

项目质量可控性评价结论　　　　表8-27

一级指标	二级指标	三级指标	四级指标	五级指标	评价标准	评价结论
过程	业务管理	项目质量可控性	项目质量标准健全性	项目质量标准健全性	项目是否有合乎规范的质量标准	1.0
			质量控制措施	质量管理组织机构	检验批质量合格率、隐蔽工程质量合格率、分部分项工程合格率	1.0
				质量监控程序		1.0

（4）项目安全可控性

①指标体系构建

建筑企业本身的生产活动具有周期长、体积大、流动分散、露天高处作业、现场交叉作业环节多和体力劳动强度大等特点，存在诸多的安全风险。针对该项目的特点，项目安全可控性只对安全施工措施方面进行评价，具体指标体系详见表8-28。

项目安全可控性指标体系构建　　表8-28

一级指标	二级指标	三级指标	四级指标	五级指标	指标说明	评价标准
过程	业务管理	项目安全可控性	安全施工措施	安全施工责任分工	安全施工责任是否具有操作性，是否责任到人	安全措施达标合格率越高越好
				安全施工检查措施	安全施工检查措施是否完善	

②实际执行情况分析

该项目为了保证施工安全有序进行，制定了一整套的安全生产措施，主要包括：

建立健全安全生产管理制度和安全生产责任制，针对工程特点制定安全技术措施，具有明确的安全生产控制指标，分项工程进行交底，手续齐全。

建立安全日检、周期检制度，整改定人、定时、定措施，并做好记录。特殊工种必须持证上岗，禁止无证人员操作。

认真做好安全生产的三级教育、班前教育和安全培训工作。

同时，《建设工程安全生产管理条例》明确规定了监理单位的责任，主要包括：监理工程师要对施工组织设计审查安全管理、质量管理和安全保证体系的组织结构，项目经理、工长、安全管理人员、特殊作业人员配备的人员数量及安全资格培训上岗情况，并审查施工安全生产责任制、安全管理规章制度、安全操作规程制定等内容。

综上所述，该项目已经做到了安全责任分工到人，并且监理工程师有一套完整的安全施工审查措施。安全措施达标合格率为100%。

③评价结论

该项目施工单位有明确的安全施工措施，监理单位有完整的安全施工审查措施，保证了项目安全生产的进行，具体评价结论详见表8-29。

项目安全可控性评价结论　　表8-29

一级指标	二级指标	三级指标	四级指标	五级指标	评价标准	评价结论
过程	业务管理	项目安全可控性	安全施工措施	安全施工责任分工	安全措施达标合格率越高越好	1.0
				安全施工检查措施		

2）项目财务管理分析

（1）资金使用合规性

①指标体系构建

资金使用情况的定量指标主要有资金的利用率和实际投资超概率，反映项目在建设过程中能否合理有效地分配及利用资金，某桥梁项目资金使用情况指标体系的构建详见表8-30。

资金使用情况指标体系的构建　　表8-30

一级指标	二级指标	三级指标	四级指标	指标说明	评价标准
过程	财务管理	资金使用合规性	实际投资超概率	$实际投资超概率=\frac{项目决算金额-概算金额}{概算金额}\times 100\%$	实际投资超概率越低，说明资金使用情况越好
			资金利用率	$资金利用率=\frac{实际用于项目的支出额}{实际到位金额}\times 100\%$	资金利用率越高，说明其使用效果可能越好

②实际执行情况分析

在工程款支付上，该项目由施工单位根据合同进度向监理单位提出拨款申请，经监理单位、造价咨询单位审查签字后，建设单位根据实际情况给予批复，直接拨款到施工单位账户。

③评价结论

某桥梁项目的资金使用情况评价结论详见表8-31。

资金使用情况评价结论　　表8-31

一级指标	二级指标	三级指标	四级指标	指标说明	评价结论
过程	财务管理	资金使用合规性	实际投资超概率	$实际投资超概率=\frac{20312万元-20318万元}{20318万元}\times 100\% \approx 0$	1.0
			资金利用率	$资金利用率=\frac{19246.6948万元}{19302万元}\times 100\%=99.7\%$	0.9

（2）管理制度健全性、财务监控有效性

①指标体系构建

资金管理情况的定性指标主要反映在项目建设过程中，财务管理制度的健全性、财务监控有效性，资金管理情况指标体系的构建详见表8-32。

资金管理情况指标体系的构建　　表8-32

<table>
<tr><th>一级指标</th><th>二级指标</th><th>三级指标</th><th>四级指标</th><th>五级指标</th><th>指标解释</th><th>评价标准</th></tr>
<tr><td rowspan="4">过程</td><td rowspan="4">财务管理</td><td rowspan="2">管理制度健全性</td><td rowspan="2">项目资金管理办法健全性</td><td>会计核算制度健全性</td><td rowspan="2">项目实施单位的会计核算制度是否健全，执行力度是否到位，用以反映和考核项目实施单位对资金管理的重视</td><td rowspan="4">采用因素分析法进行分析，体现指标的优劣</td></tr>
<tr><td>会计核算制度执行情况</td></tr>
<tr><td rowspan="2">财务监控有效性</td><td rowspan="2">财务监控措施的有效性</td><td>资金审查频率</td><td rowspan="2">项目实施单位为保障资金的安全、规范运行采取的监控措施是否有效，审查频率，有无违纪情况，用以反映和考核项目实施单位对资金的控制情况</td></tr>
<tr><td>资金违纪率</td></tr>
</table>

②实际执行情况分析

根据财务管理的财务监控有效性、管理制度健全性指标，对项目建设过程中的定性指标进行分析。

对于某桥梁项目资金的管理，该市公路处和监理单位主要做到：

该市公路处严格遵守国家的财政经济法规，严格遵守《基本建设财务规则》，按照项目批准的建设规模、建设标准和总投资对项目资金的使用进行财务监督，使其发挥最大的投资效益。实行三公开，即“接收公开、分配公开、发放公开”。

各有关部门把管好用好项目资金、确保不出问题当作一项重大政治任务，严格执行《专项资金管理机制实施细则》《中华人民共和国招标投标法》和《中华人民共和国政府采购法》，进一步完善监督机制，严格按规划设计包干使用资金物资，并接受社会监督，确保了专项资金的规范、有效、安全地运行。

加强项目招标投标管理，严格按照项目资金管理办法，加强监督，要求所有项目必须严格按程序进行招标投标，充分体现了公开、公正、公平和诚实信用的原则。

为提高支付工程款的透明度，坚持公开、公正的原则，按月进度下拨款，先由施工单位递交工程完成量，然后监理审核后签字，甲方现场管理人员签署意见，报基建办公室负责人审核签字，领导审批，最后报市教委审批、市财政局审批、财政局国库处支付工程款。

制定并严格执行变更签证制度，对发生较大费用、影响工期的变更逐级上报审批。需变更的事项，由设计、监理、施工、甲方共同签字认可，变更费用按招标时确定的方式或经过造价审核后按结果支付。

加强对项目的日常监督检查，在配合上级检查及巡察组对项目资金检查、巡察的同时，加强对日常工作的监督检查。

③评价结论

某桥梁项目的资金管理情况评价结论详见表8-33。

资金管理情况评价结论　　表8-33

一级指标	二级指标	三级指标	四级指标	五级指标	指标解释	评价结论
过程	财务管理	管理制度健全性	项目资金管理办法健全性	会计核算制度健全性	项目实施单位的会计核算制度是否健全，执行力度是否到位，用以反映和考核项目实施单位对资金管理的重视情况	1.0
				会计核算制度执行情况		1.0
		财务监控有效性	财务监控措施的有效性	资金审查频率	项目实施单位为保障资金的安全、规范运行采取的监控措施是否有效，审查频率，有无违纪情况，用以反映和考核项目实施单位对资金的控制情况	1.0
				资金违纪率		1.0

根据某桥梁项目资金管理情况，对评价指标进行计算分析。通过上述分析，某桥梁项目各项建设标准符合国家要求，资金管理情况良好。某桥梁项目成功地进行了资金管理，有效地控制住了资金使用方向，提高了资金的管理效率。

3. 项目产出分析

1）指标体系构建

该绩效评价结合项目建设的实际从项目质量目标实现程度、时间目标实现程度、投资目标实现程度、劳动安全卫生消防目标实现程度与节能目标实现程度五个方面对项目的产出进行评价，项目产出情况评价指标体系详见表8-34。

项目产出情况指标体系构建　　表8–34

一级指标	二级指标	三级指标	四级指标	五级指标	评价分析
产出（20）	项目产出（20）	质量目标实现程度（6）	工程施工实际质量评价（6）	工程质量等级（3）	主要评价工程优良率、交验合格率与返工损失率。其中工程优良率、交验合格率越高越好，返工损失率越低越好
				质量达标率（3）	
		时间目标实现程度（2）	完成及时率（2）	工程完成及时率（2）	$完成及时率=\frac{计划完成时间-实际完成时间}{计划完成时间}\times100\%$；实际完成时间为项目实施单位完成该项目实际所耗用的时间；计划完成时间为按照项目实施计划或相关规定完成该项目所需的时间
		投资目标实现程度（6）	建设期总投资评价（6）	单位平方米造价超标率（2）	单位平方米造价超标率=工程超支金额/总建筑面积×100%
				竣工决算审计核减率（2）	竣工决算审计核减率=（审定金额–报审金额）/报审金额×100%
				固定资产转化率（2）	固定资产转化率=固定资产价值总额/审定总投资额×100%
		劳动安全卫生消防目标实现程度（5）	劳动安全目标评价（2）	重大事故发生率（2）	重大事故发生率=重大事故发生量/全部事故发生量×100%
			卫生防护目标评价（1）	卫生防护达标率（1）	卫生防护达标率=卫生防护指标达标数/全部卫生防护指标数×100%
			消防目标评价（2）	消防达标率（2）	消防达标率=消防指标达标数/全部消防指标数×100%
		节能目标实现程度（1）	资源消耗的降低程度（1）	资源节约率（1）	资源节约率=（项目计划投资消耗量–项目实际投资消耗量）/计划投资消耗量×100%

2）项目执行情况分析

（1）质量目标实现程度

该工程项目各部位结构混凝土抗压极限强度、抗折强度全部合格，预加应力全部合格，外形尺寸、标高均符合设计及规范要求，隐蔽工程全部达到验收标准要求。该单位工程包含分部工程4项，分项工程8项，检验评定单元890项，质量检验全覆盖，并经自检评定全部合格，单位工程质量检验评定为100分。经竣工验收委员会综合评定和审议，一致认为大桥结构安全可靠，各部位衔接平顺，整体线型顺畅，建设项目综合得分为97分，综合评价等级确定为“优良”，各参建单位综合评价为“好”，各部位功能正常，并未遗留任何问题。

经过某桥梁项目组的共同努力，该项目荣获次年度该市建设工程奖项，项目实测值与目标偏差对照表详见表8–35。

项目实测值与目标偏差对照表　表8-35

标准项目	实测值与质量创优目标偏差对照表								
	灌注桩	墩位		现浇箱梁	桥面		伸缩缝	防撞护栏	栏杆
	桩位	竖直度	平整度	轴线偏位	横坡	平整度	平整度	平面移位	平面移位
规范要求	100mm	0.3%H且≤20mm	5mm	10mm	±0.3%	1.5mm	3mm	4mm	4mm
创优目标	<70mm	0.15%H且≤15mm	<3mm	<8mm	±0.2%	1.2mm	<2mm	<2mm	<2mm
实测值	≤50mm	0.1%H	<3mm	≤6mm	±0.15%	1.0mm	<2mm	<2mm	<2mm

综上所述，该项目工程优良率为100%，交验合格率为100%，返工损失率为0，质量目标得到实现。

（2）时间目标实现程度

根据该项目的招标公告，实际开工时间就是按照计划开工日期，实际交工时间比计划交工时间提前48天。时间目标实现程度为优秀。

（3）建设总投资评价

根据某桥梁项目投资一览表，该桥梁项目总投资为20312万元。

根据发布的《关于某桥梁项目初步设计的批复》中，该工程概算总投资为20318万元。

本工程超支金额为0元。单位平方米造价超标率为0。

根据该项目的结算明细表，该工程竣工结算报审情况合同价款为18893.24万元，审定情况为18893.2948万元，不存在核减情况，竣工结算审计核减率=（审定金额–报审金额）/报审金额×100%=0。

根据该项目的实际调研情况可知，项目的总投资20312万元全部转化为固定资产，即固定资产转化率为100%。

综上所述，该项目投资目标实现程度良好，不存在超标现象。

（4）劳动安全卫生消防目标实现程度

经竣工质量评定，该项目符合国家规范及设计要求。施工中无质量、安全事故，无拖欠进城务工人员工资情况。据此可知，该项目发生重大事故的数量为0，故重大事故发生率为0。

该项目大力倡导绿色施工活动，并荣获年度“市级文明工地”荣誉称号。根据发布的该市市级文明工地评审办法和创评导则中，项目卫生防护与项目消防基本能满足目标，目标实现程度较好。

（5）资源消耗的降低程度

大桥施工中大力倡导“绿色环保、节能降耗”施工理念，积极开展绿色施工活动，开工伊始就制定了绿色施工方案，并进行了合理的资源配置，确保“四节一环保”绿色施工活动顺利开展并取得良好成果。其中，“四节”的主要内容是：

①节能

项目部、现场生活区采用太阳能热水器、36V冷光源照明系统，全部采用节能灯具，手机集中充电。现场用电设备集中管理，并及时观测用电情况，发现异常及时更换或维修。节省电力资源33800度，节能5%。

②节地

施工现场科学规划，硬件设施合理配置。开工初期配合北郊生态公园将大堤两侧桥区内的表层绿化土全部挖出储存，保护土地资源。现场物料码放紧凑、有序，避免二次倒运。节约土地资源及场区占地共计12100m^2。

③节水

为节约淡水资源，墩柱采用缠膜覆盖滴灌养护，现浇箱梁顶板采用喷淋养护。对生活用水采用节水型水龙头和变频泵节水器具，实施有效的节水措施，降低用水量。总用水量11800t，节约708t，节水率为6%。

④节材

深基坑支护横向钢管支撑、拉森Ⅲ型钢板桩、水中栈桥用钢管桩等4150t钢材全部回收再利用；全桥采用可互换组合式钢模板，节省模板材料25%；采用新型塑料模板，可全部回收再利用，实现零浪费。

综上所述，该项目在各方面为了实现节能目标都采取了一定的措施，最终做到了节电5%，节约土地资源及场区占地12100m^2，节水6%，节约模板材料25%。节能目标实现效果良好。

（6）评价结论

该项目竣工后，质量、投资、劳动安全卫生、节能等都实现了最初的目标。具体评价结论详见表8-36。

项目产出情况评价结论　　表8-36

一级指标	二级指标	三级指标	四级指标	五级指标	指标说明	评价结论
产出（20）	项目产出（20）	质量目标实现程度（6）	工程施工实际质量评价（6）	工程质量等级（3）	项目建成验收后满足国家规定的质量标准	1.0
				质量达标率（3）		
		时间目标实现程度（2）	完成及时率（2）	工程完成及时率（2）	工程延期率<5%，实现预期目标	1.0
		投资目标实现程度（6）	建设期总投资评价（6）	单位平方米造价超标率（2）	投资控制在预算5%以内，实现预期目标	1.0
				竣工决算审计核减率（2）		
				固定资产转化率（2）		

续表

一级指标	二级指标	三级指标	四级指标	五级指标	指标说明	评价结论
产出（20）	项目产出（20）	劳动安全卫生消防目标实现程度（5）	劳动安全目标评价（2）	重大事故发生率（2）	项目建设过程中符合有关规定，实现预期目标	1.0
			卫生防护目标评价（1）	卫生防护达标率（1）		
			消防目标评价（2）	消防达标率（2）		
		节能目标实现程度（1）	资源消耗的降低程度（1）	资源节约率（1）	以项目采取措施实现了节能目标为标准	1.0

4. 项目效益分析

1）项目经济效益分析

（1）指标体系构建

某桥梁项目经济效益指标体系构建详见表8-37。

经济效益指标体系构建　　表8-37

一级指标	二级指标	三级指标	四级指标	五级指标	指标说明	评价方法
效果	项目效益	经济效益	财务效益	净现值	相关指标分析满足国家规范	因素分析法
				投资回收期		
			国民经济效益	经济内部收益率		
				效益费用比		

（2）实际执行情况分析

公路建设项目国民经济评价是从国家或地区的整体角度考察项目的费用和效益，采用影子价格、影子汇率、影子工资以及社会折现率等参数对后评价时点以前各年度项目实际发生的效益费用加以核实，并对评价时点以后的效益和费用进行重新预测，计算主要评价指标，即净现值、内部收益率、投资回收期、费用效益比。其中，直接费用为桥梁建设费用、桥梁养护及大修费用、管理费用等。间接费用为线外工程费用、环保费用。直接效益包括节时效益、缩短里程效益、减少交通事故效益、减少货损效益。间接效益为铁路减少经济效益、社会效益。

根据有关资料，确定有关参数为设计折现率8%，贸易费用率6%，影子换算系数0.8，残值为建设费用的50%。

在桥梁建设费用中，对主要材料费、人工费、土地占用费、税金、供电站费、物价上涨、利息等主要费用进行调整，其他投入物按实际财务支出考虑，不做调整，经济费用调整详见表8-38。

经济费用调整　　表8-38

	单位	数量	估算单价（元）	投资估算（元）	影子价格或换算系数	经济费用（万元）
人工	工日	243024	79.3	1927.18	0.8	1541.74
原木	m^3	15	1521.01	2.28	1627	2.44
锯材	m^3	551	2102.75	115.86	2244	123.65
钢筋	t	13090.635	5069.90	6636.82	5389	7054.82
水泥	t	54799	432.07	2367.70	473	2592.62
石料	t	140418	127.05	1784.01	150	2101.68
其他费用				5673.11		5938.54
税金+利润				1804.00		
第一部分合计				20310.96		19355.54
第二部分合计				4.90		4.9
征地	亩	66	199818	1318.80	259762	1714.43
其他费用				3122		3122
第三部分合计				4440.46		4836
预备费				1238		1237.82
总计				25994		25434

关于桥梁大修和养管费用调整，根据该项目所在地区情况的调查，该项目养护费用为60万元/（年·km）。同时增加每年的小修养护费用，年增长速度为3%，大修费用预计为900元/m^2，大修间隔为10年，年增长率为2%。汽车运输成本详见表8-39。

汽车运输成本[单位：万元/（年·km）]　　表8-39

	速度（km/h）	45	50	60	70	80	90	100
小客	高速	203.2	188.1	164.1	148.3	136.9	129.1	121.36
	速度	20	30	40	50	60	70	80
	普通二级	219.72	158.13	128.1	111.26	100.87	94.3	89.31
大客	速度	45	50	60	70	80	90	100
	高速	460.53	427.12	400.43	378.77	360.94	345.99	323.74
	速度	20	30	40	50	60	70	80
	普通二级	472.24	341.87	304.5	276.9	238.79	222.48	215.06
大货	速度	45	50	60	70	80	90	100
	高速	462.46	426.02	409.47	379.14	339.26	355.01	338.43
	速度	20	30	40	50	60	70	80
	普通二级	425.76	313.89	281.9	258.37	240.44	214.15	201.53

交通量转移节约效益：

项目建成后，部分交通量将转移到新建桥梁上来，改善了桥梁的行车条件，降低了汽车运输成本，此项效益（B_1）的计算公式如下：

$$B_1= B_{11}+B_{12}$$

式中：B_{11}——项目降低营运成本的效益（万元）；

B_{12}——原有相关桥梁降低营运成本的效益（万元）。

旅客节约在途时间的效益，以旅客旅行时间缩短可多创造的国民收入来考虑，其金额以每人平均创造国民收入（净产值）的份额来计算。根据有关调查研究，认为其节约的时间将有40%~50%得到利用。旅客节约时间效益（B_2）为：

$$B_2=B_{21}+B_{22}$$

式中：B_{21}——使用本项目旅客节约时间效益（万元）；

B_{22}——使用原有相关桥梁旅客节约时间效益（万元）。

减少交通事故的效益（B_3）为：

$$B_3=B_{31}+B_{32}$$

式中：B_{31}——本项目减少交通事故效益（万元）；

B_{32}——原有相关桥梁减少交通事故效益。

分车型车辆运输成本（每百公里）的计算结果详见表8-40。

分车型车辆运输成本（单位：万元） 表8-40

V/C	S	小客车	大客车	小货车	中货车	大货车	拖挂车
1	20	212.19	467.82	222.62	330.53	418.21	309.43
0.93	24.2	192.62	416.14	197.87	294.47	373.18	279.90
0.88	27.2	179.72	383.12	181.91	271.3	344.04	260.97
0.84	29.6	170.05	359.03	170.18	254.32	322.54	247.12
0.79	32.6	158.77	331.84	156.82	235.05	235.05	231.44
0.75	35	150.39	312.42	147.17	221.18	221.18	220.18

经计算，该项目的国民经济内部收益率（*EIRR*）为10.64%，总净现值为6006万元，效益费用比为1.202，投资回收期为11.67年（包括建设期）。

（3）评价结论

该项目的评价结论详见表8-41。

项目经济效益评价结论 表8-41

一级指标	二级指标	三级指标	四级指标	五级指标	评价结论
效果	项目效益	经济效益	财务效益	净现值	优
				投资回收期	
			国民经济效益	内部收益率	
				效益费用比	

2）项目社会效益分析

（1）指标体系构建

针对某桥梁项目的特点，其社会效益评价指标详见表8-42。

社会效益评价指标　　表8-42

一级指标	二级指标	三级指标	四级指标	指标说明	评价方法
效果	项目效益	社会效益	政策的符合性	与国家政策方针、地区政策的符合程度	比较法
			对地区生产总值的影响	是否提升了该市郊区的生产总值	比较法
			对北郊生态公园旅游收入增长影响	是否提升了北郊生态公园收入	比较法
			对该市交通影响	是否使该市交通出行更加便捷	比较法

（2）实际执行情况分析

交通量的增加是城市经济发展的必然结果，修建道路与桥梁也是城市发展所必需的条件。桥梁是公路网的重要组成部分，是保障行人出行的基本要素之一。桥梁作为沟通河流两岸的重要方式，对加强两岸经济文化沟通，提高行车人员出行效率、加快经济增长速度有着重要的作用。某桥梁项目为加强桥梁所在河流两岸沟通、提高北郊生态公园出行效率起到关键的支持和保障作用。

①适应该市郊区未来发展需要

该项目所在的郊区与中心城区的联系一直以来都是依靠某市政公路，但近年来该公路交通量一直处于饱和状态，且该公路穿越郊区等集中城市化地区，过境交通与区域交通互相干扰，降低路网整体标准，道路服务水平下降。该项目全线贯通后，可以为郊区与中心城区之间的联系开辟一条新的通道，进一步加强郊区与中心城区之间的联系，缩短行车时间，提高行车效率。

②认真贯彻国家和地区有关方针政策，遵循有关法律法规

某桥梁项目作为重要的节点工程，目的是加强项目所在河道两岸沟通，促进当地社会经济发展。某桥梁项目的社会效益评价需要贯彻国家政策和该市地方方针政策和法律法规。该项目涉及了许多问题，如桥梁截面的设计、桥梁坡度设计、抗震、加固与改造技术等均必须符合国家的法律规定或者国家出台的公路建设相关标准和政策，遵从国家和该市地区的有关法律法规、规范，并在具体工作中贯彻和落实相关要求。

③促进区域经济增长

该市规划形成“一轴两带三区”的市域空间布局结构，“一轴两带三区”作为发展主轴是未来该市核心发展轴的重要组成部分，重点发展知识型经济和区域性高端服务业，成为区域大型交通枢纽。该项目作为加大郊区与中心城区联系的重要举措，将进一步为该市

空间结构布局增砖添瓦，带动周边人民生活水平，促进北郊生态公园旅游收入，拉动区域投资增长，最终促进经济发展。

（3）评价结论

从以上分析结论来看，某桥梁项目从建设到竣工，到结算、决算的整个过程中，项目的最终质量、性能、外观及运营效果都达到预期目标。该项目的建设在尽量节约资金的同时，保证资金能够合理、有效地运用，以建造高标准的桥梁工程。新建的某桥梁项目从整体到外观都很好地满足了实际需要。

该项目的社会效益评价结果详见表8–43。

社会效益评价结果　　表8–43

<table>
<tr><th>一级指标</th><th>二级指标</th><th>三级指标</th><th>四级指标</th><th>指标说明</th><th>评价结论</th></tr>
<tr><td rowspan="4">效果</td><td rowspan="4">项目效益</td><td rowspan="4">社会效益</td><td>政策的符合性</td><td>与国家政策方针、地区政策的符合程度</td><td>1.0</td></tr>
<tr><td>对地区生产总值的影响</td><td>是否提升了该市郊区生产总值</td><td>1.0</td></tr>
<tr><td>对北郊生态公园旅游收入增长影响</td><td>是否提升了北郊生态公园收入</td><td>1.0</td></tr>
<tr><td>对该市交通影响</td><td>是否使该市交通出行更加便捷</td><td>1.0</td></tr>
</table>

3）项目生态效益分析

（1）指标体系构建

针对某桥梁项目的特点，其生态效益评价指标详见表8–44。

生态效益评价指标　　表8–44

<table>
<tr><th>一级指标</th><th>二级指标</th><th>三级指标</th><th>四级指标</th><th>五级指标</th><th>指标说明</th><th>评价方法</th></tr>
<tr><td rowspan="7">效果</td><td rowspan="7">项目效益</td><td rowspan="7">生态效益</td><td rowspan="3">主要污染物排放</td><td>废水排放情况</td><td rowspan="3">建设产生的“三废”及噪声是否在总量上限制在国家、地方政府的标准之内</td><td rowspan="3">比较法</td></tr>
<tr><td>废气排放情况</td></tr>
<tr><td>固体废物污染控制情况</td></tr>
<tr><td rowspan="2">噪声情况</td><td>夜晚噪声</td><td rowspan="2">噪声情况是否达标</td><td rowspan="2">比较法</td></tr>
<tr><td>白天噪声</td></tr>
<tr><td>防尘情况</td><td>防尘合格率</td><td>项目建设过程中防尘措施的效率</td><td>比较法</td></tr>
<tr><td>水土流失情况</td><td>防止水土流失措施健全性</td><td>水土流失越少越好</td><td>比较法</td></tr>
</table>

（2）实际执行情况分析

①主要污染物排放量

为了防止废水污染，该工程主要采取了以下措施：

工程废水和生活污水不应排放进入农田、耕地、供饮用的水源、灌溉渠和水库；施工期间和完工之后，砂石料场应适当地进行处理以减少对河道和溪流的侵蚀，清洗集料的用水或含有沉淀物的水在排放前应进行过滤，以使沉淀物含量不大于施工前河湖中所达到的含量；施工期间，施工物料如沥青、水泥、油料、化学品堆放应严格管理，防止在雨季物料随雨水迁流排入地表及相应的水域造成污染。办公、生活区污水不得随意排放，不得排入I、II类水域。排入其他水域时，必须符合相应的水质标准，不符合时要进行水质处理。

为了防止废渣污染，该工程主要采取了以下措施：废渣的堆积和废弃不应影响排灌系统与排灌设施，位置由监理工程师指定。弃土场尽可能缩小范围，按图纸规定；生活垃圾堆放点应选择30m范围内无生活用水的废弃沟塘或废弃干塘。堆放点应无直通沟道或邻地。不得向垃圾点内排放生活污水。

②噪声情况

公路施工现场200m内有居民区时，应合理安排施工时间，尽可能将噪声大的作业安排在白天（6:00至22:00）施工，尽量避免夜间（22:00至6:00）施工，必须在夜间施工时，应征得当地政府及环境管理部门的书面同意；加强对运土机械、运输车辆的维修保养，包括安装有效的消声器；向周围生活环境排放噪声应当符合国家规定的《建筑施工场界环境噪声排放标准》GB 12523–2011。施工场所噪声的限值为白天75dB，夜间55dB。

③防尘情况

在施工期间，对施工场地洒水使扬尘降到最低程度。同时为工地操作人员装备各种防尘设施；容易起尘的细料和松散材料应予以覆盖或适当地洒水喷湿，采取措施防止材料沿途洒漏，并加盖帆布防止扬尘，当土方和砂石等材料需经居民区运输时，确保居民区的道路不受污染；运转时有粉尘发生的施工场地，如水泥混凝土拌合场、大型轧石机场等的投料器均应有防尘设备。

④水土流失情况

弃土、弃渣于指定地点堆放，并采取防护措施，避免其流入水体；施工清场的树木、农作物、杂草，除部分可作为肥料外，应及时清运；施工期间工程破坏植被的面积要严格控制，除了不可避免的工程占地、砍伐以外，不应再发生其他形式的人为破坏，如在路旁两侧进行砍伐供燃料使用等；施工中的临时排水系统，最大程度地减少水土流失及水文状态的改变。

综上所述，根据国家相关法律法规，这些措施的坚决执行保证了项目的生态效益，做到了废水排放达标率、废气排放达标率、噪声防治达标率、防尘合格率均为100%，固体废物污染控制情况、水土流失控制情况均处于良好的范围。

（3）评价结论

该项目生态效益评价结论详见表8–45。

项目生态效益评价结论 表8-45

一级指标	二级指标	三级指标	四级指标	五级指标	指标说明	评价结论
效果	项目效益	生态效益	主要污染物排放	废水排放情况	建设产生的“三废”及噪声是否在总量上限制在国家、地方政府的标准之内	1.0
				废气排放情况		
				固体废物污染控制情况		
			噪声情况	夜晚噪声	噪声情况是否达标	
				白天噪声		
			防尘情况	防尘合格率	项目建设过程中防尘措施的效率	
			水土流失情况	防止水土流失措施健全性	水土流失越少越好	

4）项目可持续影响分析

（1）指标体系构建

建设项目可持续性绩效评价指标体系是用以反映建设项目可持续性的相互联系、相互制约的指标集合，由经济、社会、环境、组织机制等方面的量度指标或指标体系构成。在构建建设项目可持续性绩效评价指标体系过程中，整个指标体系主要考虑两个方面的内容：一是建设项目可持续性的外部条件，即社会中诸多因素（财力的支持、政府的调控、资源分配、部门协作及相关政策等）对建设工程项目运作的影响、制约作用；二是建设项目可持续性的内部条件。即项目持续运作时项目本身的功能和运用管理方面所需具备的条件及实际具备程度，如工程能力、财务能力、运营机制、人员素质和管理水平等。同时结合该项目的特点得出可持续性评价指标详见表8-46。

项目可持续性评价指标体系构建 表8-46

一级指标	二级指标	三级指标	四级指标	五级指标	指标说明	评价方法
效果	项目效益	可持续影响	项目对所处区域影响的可持续性	对同类项目的示范作用程度C1	项目的建成与同类项目相比是否具有示范作用	公众评判法
				项目建设对促进管理水平提高程度C2	项目的建成是否促进管理水平提高	
				项目对人员业务素质提高程度C3	项目的建成是否对人才、人员业务素质的培养产生高标准要求	
				技术创新程度C4	与同类项目比较，所采用的技术是否具有创新性	
				区域内就业状况改善程度C5	项目的建成是否对所在区域内就业状况有所改善	
				当地交通拥堵改善情况C6	项目的建成是否改善了当地居民的交通及生活环境	

（2）实际执行情况分析

①项目使用大量新技术新工艺，树立了行业标杆

项目部全面质量控制小组开发了三种施工新技术，达到了国内领先水平，树立了行业标杆。第一，项目组在充分分析悬臂浇筑与满堂支架就地浇筑施工工艺的优缺点后，提出了一种新型的变截面混凝土连续梁桥施工方法，即以支架合拢法模拟悬臂浇筑施工的受力状态，解决了大跨径问题；第二，该项目在国内率先使用了智能张拉设备，利用计算机智能控制技术，通过仪器自动操作，完成了钢绞线的张拉施工，弥补了手动操作误差率高的缺点；第三，该项目的混凝土专题实验研究发现粗集料采用连续三级配的混凝土强度高、和易性好、水泥用量少，并在此基础上创新了混凝土的配合比，提高了商品混凝土的耐久性。

②项目建成提高了施工人员业务素质

项目为了实现成功申报相关工程奖项的既定目标，成立了全面质量控制小组，制定质量岗位责任制，卓有成效地推行全面质量管理和目标责任管理。关键工作责任到人，锻炼了施工人员的业务素质，实现了质量目标。

③项目建设改善了区域交通，实现了建设目的

项目建设之前，过境交通与区域交通互相干扰，降低相关路网服务标准，道路服务水平有待提高。项目建成后，交通压力有所缓解，加强了郊区与中心城区之间的联系，带动了周边地区经济发展，提高了就业率，实现了建设目的。

（3）评价结论

为了更好地对以上指标实现情况进行评价，通过问卷调查的方式对这些指标进行调查，并得出了各指标的实现程度。本次调查选取与项目有直接或间接关系的82人发放了可持续性评价调查问卷。其中访谈人有项目的建设方、施工方、周边的居民和行车人员以及项目的潜在影响群体。

其中回收调查问卷76份，并进一步通过对所收回的调查问卷进行可信度筛选，决定对其中75份问卷的调查结果进行统计，并赋予了各调查主体相应的权重。通过加权计算得出各指标的实现程度分值，详见图8-4。

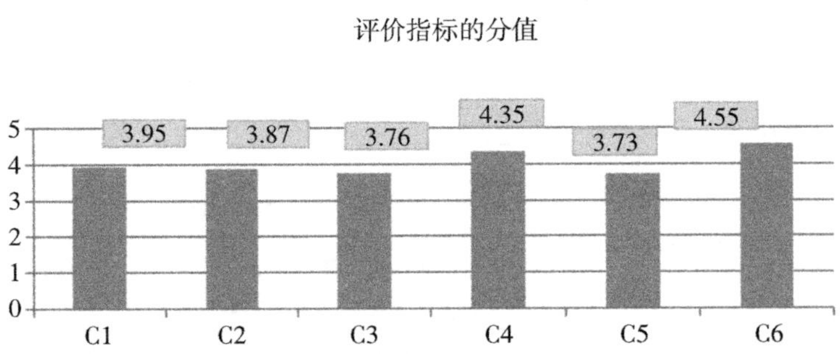

图8-4　可持续性评价指标得分情况

通过对调查问卷结果的分析得出，某桥梁项目的建设对当地交通现状和周边生活环境的改善影响程度很大，且该项目采用的技术较先进，形成了许多新工艺新技术。某桥梁项目的完成改善了当地交通状况，加强了桥梁两岸的沟通，促进了当地经济特别是旅游业的发展。且从总体情况来看，所有评价指标的得分均在3.7分以上，接近于比较好的程度。综上可知，该项目的整体可持续性良好。

5）社会公众或服务对象满意度

（1）指标体系构建

针对该项目的特点，社会公众或服务对象满意度指标体系详见表8–47。

社会公众或服务对象满意度　表8–47

一级指标	二级指标	三级指标	指标说明	四级指标	五级指标	评价标准	评价方法
效果	项目效益	社会公众或服务对象满意度	社会公众或服务对象对项目实施效果的满意程度	周边居民满意度	周边居民好评率	采用问卷调查法，打分范围：1~5，对回收数据采用加权平均法，给出指标最后得分。大于4.50非常好，4.00~4.50很好，3.50~3.99较好，小于3.50不符合	公众评判法
				行车人员满意度	行车人员好评率		

（2）实际执行情况分析

某桥梁项目的服务对象满意度是指服务对象对某桥梁项目的一种综合的感知水平与主观评价。在满意度形成之前，服务对象心目中会预先设定一个期望的标准或水平线。在对某桥梁进行一番主观感受之后，再与期望值互相比较，就能得出满意与否的最终评价了。如果服务对象的感知水平远远低于期望值，那么是很不满意的；如果服务对象的感知水平低于期望值，那么是不满意的；如果服务对象的感知水平与期望值相当，那么是一般的；如果服务对象的感知水平高于期望值，那么是满意的；如果服务对象的感知水平远远超过期望值，则是非常满意的。

为了可以多角度、全方位地测量服务对象的满意度，针对某桥梁项目，开发了该项目特有的服务对象满意度的量表。在问题的设计上，我们均采用封闭型问题，这样有助于采集系统性的、可立即转化为统计数据的信息，对指标进行量化分析。

本次问卷针对项目周边居民满意度和行车人员满意度这两个指标设计问题，以期准确测量出服务对象满意度。

问卷的内容安排包含以下四部分：

说明信。这部分其实是调查者写给被调查者的一封简信，主要用于说明问卷调查的目的和意义，并真诚地邀请被调查者的积极参与，同时承诺对问卷所搜集到的信息严格保密，在说明的最后附有研究人员的联系方式，以便被调查者可以对问卷的相关问题产生不解时进行询问，提高样本的有效性。

答卷人背景信息。主要是了解答卷的身份，选项有某桥梁项目行车人员与周围居民。

答卷正文。这一部分共包含12个问题，为了便于答卷人对同一指标的问题进行相互比较，我们将同类指标的问题放在一起，答卷人可根据其主观感受对该部分各问题在“A、B、C、D、E”中进行选择。在计算分数时，采取5点likert量表等距尺度，即“A=5分，B=4分，C=3分，D=2分，E=1分”，通过计算，给每一个问题一个量化的打分，便于定量分析。

结束语。在该部分中首先提醒被调查者问题已经结束，然后调查者再次对被调查者的合作表示感谢，并指出如果被调查者需要本次调研的分析结果，请留下联系方式，我们会及时向被调查者反映。

（3）评价结论

对该项目进行服务对象满意度分析过程中，采用公众判别法进行分析，现场发放50份调查问卷，当场全部收回，并且由于调查人员耐心地讲解，回收问卷全部有效。其中行车人员28份，周边居民22份，基本保证了结果的均衡性。结果汇总详见表8-48。

服务对象满意度评价结论　　表8-48

指标 / 标准	服务对象满意度	
	周边居民	行车人员
非常满意	6票	9票
满意	14票	16票
一般	2票	3票
不满意	0票	0票
很不满意	0票	0票
结果分析图	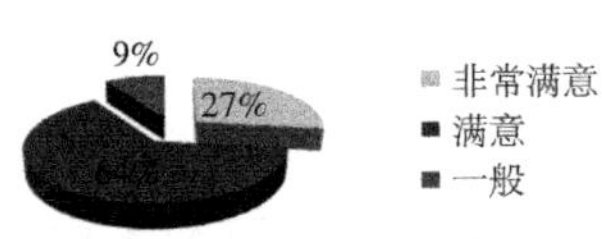	
总体分析	对以上调查结果进行加权平均，得出结果为4.18分，属于非常好，周边居民该项目建设的满意程度是非常好	对以上调查结果进行加权平均，得出结果为4.21分，属于好，行车人员对于该项目建设的满意程度良好

注：“非常满意”评分为5分；“满意”评分为4分；“一般”评分为3分；“不满意”评分为2分；“很不满意”评分为1分。

据此，该项目社会公众服务对象满意度评价为满意。

第三节　项目绩效评价结果分析

一、绩效评价结果应用建议

1. 未来年度预算安排

某桥梁项目在建设过程中，项目决策、组织和管理实施情况良好，同时合理安排施工进度，在保证工期的前提下严把质量关，以工程质量为核心，实现了项目的投资、进度和质量目标。

某桥梁项目作为重要的节点工程，建成后将开辟郊区与中心城区新的便捷通道，进一步加强与中心城区的联系，完善规划北郊生态公园起步区对外的交通出行，改善当地的交通状况，使交通更为便利，同时促进该区域的社会经济发展。

2. 评价结果公开

某桥梁项目属于轨道交通类项目，评价结果为优秀，根据《中华人民共和国政府信息公开条例》第33条规定，项目应在征询第三方（相应项目单位）同意后予以公开。根据该市财政局、地方税务局政府信息公开指南，可通过该市财政地税政务网的政府信息公开栏目予以公开。

二、主要经验、存在的问题和建议

1. 主要经验

1）采用多方案比选的设计方法，呼应周边景观

在桥梁方案比选上，为了充分考虑桥梁与生态公园的融合、协调，过滤掉了斜拉桥、悬索桥等较为宏大、现代的桥型，将设计方案确定为不突出桥体结构，桥梁主题为“简洁平和、自然生态、融入环境”。

在初步设计阶段，综合考虑项目施工工艺、建造成本、新材料新工艺的基础上，该项目进行了多方案比选。桥型布置上，给出了推荐方案和比选方案；在主桥施工工艺流程上，对两个方案进行比较之后选择了整体式支架+跨中合拢施工方案。依据桥型布置和主桥施工工艺流程的区别，项目主桥和引桥的工程数量表也分别给出了推荐方案和比选方案，呼应了周边景观，实现了设计目标。

通过多方案比选的方式，更能从实际情况出发，明确不同方案的优缺点。这种方式有助于建筑项目选择合理的设计方案，为项目施工提供真正可供参考的设计图纸，便于合同履行，最终实现合同目的。

2）集成质量控制手段，满足质量要求

某桥梁项目开工伊始，为了争创“鲁班奖”的目标，制定了科学、详细的创优计划，明确了严格具体的质量控制措施，并在此基础上取得了良好的成效。

（1）组织上成立全面质量控制小组

在项目管理班子的基础上，某桥梁项目为了保证工程质量，还成立了全面质量管理小组。业主、设计、监理、施工等单位具有丰富施工管理经验的人员组成了创优领导小组，成立了技术攻关小组和QC小组，指导创优活动按照计划扎扎实实地推进，解决施工过程中的难题。

对施工关键部位，质量管理小组对参建人员进行阶段性业务考核，考核不合格不允许上岗，实行一级交底一级、一级保一级质量的质量保证体系。在人员方面，配齐专职质检工程师和质检员，制定相应的对策和质量岗位责任制，卓有成效地推行全面质量管理和目标责任管理，从组织上、措施上保证了“国家示范工程”计划真正落到了实处。在工程材料方面，实行“四验、三把关”，即验规格、验品格、验质量、验数量、材料人员把关、技术质量人员把关、施工操作人员把关。对混凝土、钢筋等内容进行精细化质量管理。

某桥梁项目竣工通车后，项目管理小组荣获年度工程建设优秀质量管理小组奖。

（2）技术上推广使用新技术新设备新材料，保证整体施工质量

本项目位于北郊生态公园生态旅游区内，对外观品质、线型控制要求高；跨越“两河三堤”，具有地形地貌复杂、结构新颖、造型独特、施工工艺新等特点。

为了保证本项目的整体施工质量，该项目大力实施了住房和城乡建设部推广的新技术，共包括十项新技术中的七项，有效地实现了质量目标。该项目新技术应用情况详见表8-49。

某桥梁项目新技术应用情况一览表　　　　表8-49

<table>
<tr><th>序号</th><th>项目</th><th>子项</th><th>部位</th></tr>
<tr><td>1</td><td>地基基础和地下空间工程技术</td><td>土木合成材料应用技术</td><td>引路土格栅</td></tr>
<tr><td rowspan="2">2</td><td rowspan="2">混凝土技术</td><td>高耐久性混凝土</td><td>桩、承台</td></tr>
<tr><td>纤维混凝土</td><td>桥面铺装、伸缩缝</td></tr>
<tr><td rowspan="3">3</td><td rowspan="3">钢筋及预应力技术</td><td>钢筋焊接网应用技术</td><td>桥面铺装</td></tr>
<tr><td>有粘结预应力技术</td><td>全桥箱梁</td></tr>
<tr><td>建筑用成型钢筋制品加工与配送</td><td>全桥</td></tr>
<tr><td rowspan="3">4</td><td rowspan="3">模板及脚手架技术</td><td>塑料模板技术</td><td>现浇箱梁</td></tr>
<tr><td>组拼大模板技术</td><td>墩柱</td></tr>
<tr><td>盘扣式钢管脚手架及支撑架技术</td><td>引桥箱梁</td></tr>
<tr><td>5</td><td>绿色施工技术</td><td>施工过程水回收利用技术</td><td>雨水</td></tr>
<tr><td rowspan="2">6</td><td rowspan="2">抗震、加固与改造技术</td><td>消能减震技术</td><td>支座</td></tr>
<tr><td>建筑隔震技术</td><td>ZBJZ支座</td></tr>
<tr><td rowspan="2">7</td><td rowspan="2">信息化技术</td><td>虚拟仿真施工技术</td><td>整体造型</td></tr>
<tr><td>施工现场远程监控管理、工程远程验收技术</td><td>现场管理</td></tr>
</table>

在新材料方面，主要包括承插型盘扣式钢管支架、新型塑料模板和摩擦摆式双曲面减隔震球型支座。其中，在引桥施工时，该项目推广应用了承插型盘扣式钢管支架，并通过了新产品使用认证；为了提倡节能环保理念，该工程积极推广应用了新型塑料模板。该模板的优点为：可进行10次周转使用，提高了利用率；可再生，废旧的模板、余料可回收再利用；在应用效果方面，该模板形成的混凝土面光泽鲜亮；摩擦摆式双曲面减震球形支座则成功地实现了消减地震作用，保护梁体和墩台的目的。

在新设备方面，主要采用了数控立式弯曲中心和智能张拉设备。其中，在数控立式弯曲中心的应用上，由于该工程上部结构采用变截面现浇箱梁形式，腹板箍筋长度尺寸随腹板高度由1.8m变化至3.8m，共需要178种规格的钢筋，钢筋加工任务繁杂，但运用计算机模拟仿真技术后，可实际放样2814种，有效地解决了此类难题，实现了尺寸合格率100%，保护层厚度全部符合要求，提高了桥梁结构耐久性。在智能张拉设备的推广应用上，由于工程现浇箱梁预应力配束繁杂，现浇箱梁12~18号一联内最多可达392束钢绞线，为保证张拉精确，全部采用智能张拉。

3）开发施工新技术，形成质量特色

（1）开发变截面混凝土连续梁桥施工新方法，解决大跨径问题

该工程主桥上部结构采用单跨50m的大跨径变截面混凝土连续箱梁，截面最高处为3.8m，最矮处为1.8m，单幅桥标准断面宽度为18m，采用单箱三室结构。单独采用悬臂施工工艺或满堂支架就地浇筑，施工工艺复杂。

在项目部和质量控制小组的不懈努力下，项目组在充分分析悬臂浇筑与满堂支架就地浇筑施工工艺的优缺点后，提出了一种新型的变截面混凝土连续梁桥施工方法，即以支架合拢法模拟悬臂浇筑施工的受力状态。

（2）使用智能张拉设备，完成现浇连续箱梁预应力施工

某桥梁项目在进行现浇箱梁施工过程中，为了有效地控制施工质量，提高箱梁的使用寿命，采用了智能张拉设备。智能张拉就是利用计算机智能控制技术，通过仪器自动操作，完成钢绞线的张拉施工。针对施工现场连续箱梁的特点，将设备的无线信号传输创新为UWD传输，为数控设备配置稳压电源、延长液压油管和传感器信号传输线等。同时采用液压平板升降装置顶升张拉设备等措施，实现了4台千斤顶张拉时的同步性、持荷时间、锚下有效应力及其均匀度的质量控制。该方式改变了传统张拉施工纯靠施工经验手动操作、误差率高的缺点，既保证了预应力施工质量，又保证了结构物的使用功能。

智能张拉依靠计算机运算，能精确控制施工过程中施工的预应力值，使误差范围由传统张拉的±15%缩小到±1%，系统传感器实时采集钢绞线伸长量数据，反馈到计算机，自动计算伸长量，及时校核伸长量的误差，控制在±6%范围内，实现应力与伸长量同步“双控”，自动记录张拉数据，可进行真实的质量溯源。

（3）创新配合比设计，实现项目高品质混凝土质量效果

通过分析以往的施工经验可以发现，一般钢筋混凝土的表观质量不只影响美观，也影

响结构耐久性，容易存在漏砂、漏筋、空洞、蜂窝麻面等缺陷的混凝土结构，极易诱发腐蚀，引起耐久性失效。

在施工过程中，项目部成立了“提高混凝土耐久性”的研究课题，并由QC小组对课题研究进行了具体实施。经过QC小组的不断探索，最终发现，掺矿粉和粉煤灰混凝土的电通量小，氯离子扩散系数小；掺聚羧酸系、萘系和氨基磺酸盐系的清水混凝土表面状况，气泡总数、单位面积上的气泡数和气泡平均半径三个指标依次为小、中、大；粗集料采用连续三级配的混凝土强度高、和易性好、水泥用量少。

依据以上研究成果作为配合比设计原则，在工程中贯彻标准化施工，使103800m^2混凝土平整密实、表面光洁、色泽均匀一致，实现了项目高品质混凝土质量的效果。

（4）采用三维建模技术，利用清水混凝土自身特性实现“花瓶”造型

为了与北郊生态公园“大绿、野趣、亲水”的主题相融合，主桥现浇箱梁中墩设计为双曲面“花瓶”造型。为此，采用AUTOCAD三维建模技术，精确采集模板空间数据，模拟拼装等一系列仿真操作后，“花瓶”造型模板由21块减少到16块，在保证拼装精度的基础上减少了拼缝数量，为该市首次利用清水混凝土自身特性实现了优美的“花瓶”造型。

（5）采用不同地基处理方案，有效保证工程结构安全

主桥位于水上及河滩地带，河床及河滩表层地质条件为软—流塑状态淤泥质土；引桥位于陆地，表层地质条件为可塑状态素填土。针对主桥、引桥连续箱梁支架受力分析，结合地质条件，采用了不同的地基处理方案。

引桥陆地采用6%戗灰处理1.5m深；主桥跨河部位采用钢管桩支撑；主桥跨河滩部位围绕“提高现浇箱梁河滩地带的地基处理质量”开展QC小组攻关。

①在河滩迎水面不利位置利用钢板桩与防水布防止河水浸润地基土；

②在河滩50m范围内浇筑一层钢筋网片混凝土增加整体性；

③在河堤高差较大、地基土不稳定位置采用了悬臂式挡土墙工艺。

通过以上措施，各部位地基承载力得到了提升，沉降均匀。施工时恰逢该地区遭遇60年一遇的连续降雨，地基经受住了考验，未发生沉降、变形，有效保证了大桥施工过程中的结构安全。

4）贯彻“绿色环保、节能降耗”施工理念，提高安全文明施工效果

作为该市的重点工程，该项目在安全文明施工方面下了很大的功夫。大桥在施工过程中大力倡导“绿色环保、节能降耗”施工理念，并进行了合理的资源配置，采取了一系列的安全文明施工措施。这些措施主要从文明管理、安全生产、环境保护等方面分别对安全文明施工进行了明确的规定。与此同时，该项目召开了两次施工环境保护专题会，再次加强了该工程的安全文明施工力度。

在文明管理方面，该项目的目标是创建“市级文明工地”和“青年文明号”。根据该市“市级文明工地”考核标准，该项目对施工现场整体把关，做到了“三清、六好、一保证”，即现场清理、物料清理、作业面清洁，职业道德好、工程质量好、降低消耗好、安

全生产好、完成任务好、职工生活好，保证使用功能。

在安全生产方面，该项目的目标是无重大伤亡事故，创“平安工地”称号。主要做到了加强安全教育；健全安全组织机构；建立安全岗位责任制；保证施工人员及机械设备安全；各专业工程工作按照安全技术操作规范执行；建立现场安全用电措施；建立各类施工机械及电气设备验收制度。最终实现了节省电力资源33800度，节能5%；节约土地资源及场区占地共计12100m^2；节约淡水资源708t，节水率6%；节约模板材料25%，新型塑料模板全部回收利用。

在环境保护方面，做到了施工场地排水状态良好，最大限度地减少了水土流失率；废渣处理不影响排灌系统和排灌设施；水污染预防措施严格有效；施工现场洒水处理扬尘；合理安排施工时间减少噪声；及时修复绿色植被；临时驻地环境良好；施工不破坏地下管线。

2. 问题与建议

1）问题

（1）管理界面较多，项目群缺乏整体规划

某桥梁项目由该市公路工程总公司负责施工，外环北路北延道路由该市某区公路局负责施工，管理界面较多，缺乏整体规划。该项目作为外环北路北延线的节点工程，只有与周边道路连接起来才能发挥项目正常使用功能，但各项目负责人各自为战，导致项目群竣工时间不一致，大桥投入使用时仍有半幅桥无法通车。

根据监理单位第二次工地会议纪要，设计施工总承包单位在对施工进度安排进行汇报时，已经指出，沿新引河堤乡村公路有横穿桥位10kV高压线路，桥梁北侧引桥位置有220kV高压线3条，110kV高压线1条，线路水平尺寸及净空距离均小于安全要求，严重影响了北岸上部结构施工，需要迁移。由于与电力部门协商困难，项目的高压线切改问题依然存在，造成部分箱梁无法施工。与此同时，水利部门提出因防汛任务需要拆除12~18号支架。多部门之间的协调配合不顺易影响工程的正常施工。

经该市公路处与多部门之间多次协商，该市市政公路管理局最终对大桥项目下达了设计变更的批复，批复规定，关于高压线的影响，调整桥墩跨径，对原状地表下挖并降水处理。鉴于汛期的影响，对现浇梁段地基进行加固处理，对施工铺路及过河便桥进行提升，新增临时护堤。

综上所述，项目群在施工过程中缺乏整体规划，协调时间较长，解决过程较为繁杂，给项目群的正常进行造成了不便，是以后同类项目应当注意的问题。

（2）联合体各方缺乏沟通，致使业主大量参与项目管理

某桥梁项目作为交通设施项目，有大量详细的国家、地方和行业标准规定。同时，该工程按照上级部门要求，需要及时竣工，工程任务重而工期短。设计施工总承包模式原则上可以很好地适用于此类工程，最终实现项目目标。但在实际履行中，设计单位缺乏与施工单位的必要沟通，导致总承包管理效率低下，无力解决施工难题，致使业主大量参与项

目管理，合同执行力度不足。

综上所述，作为该工程最大亮点的设计施工总承包合同并没有很好地贯彻执行。但作为创新性的举措，项目落实总会存在不尽完善的地方，应当予以注意。

2）建议

（1）跨区项目设立指挥部，确保整体规划

由于各种主观及客观的原因，跨区项目各发包人通常从自身项目出发，以追求自身项目的项目绩效为最终目标。但在实际的跨区项目群中，单个项目是没办法投入使用并产生经济社会效益的。建议跨区项目设立临时指挥部，指挥部主要职责是：推动落实项目实施方案和相关标准，把控前期决策，下达施工计划，定期召开工作例会，监督工程进度，协调施工难题，调整资源分配，确保跨区项目整体目标顺利实现，发挥预期功能。

跨区项目设立指挥部，能够充分考虑到各利益相关者之间的不同情况，从而进行更加合理的项目群设计。在这种情况下，项目可以产生更大的经济效益，缩短项目群总工期，提高可操作性、可维护性，并使项目全生命周期成本降低。

（2）设计施工总承包模式限制联合体投标，减少业主管理负担

从该项目实施过程来看，设计施工总承包模式在同类项目中目前还没有成熟的经验，管理协调出现难题时，总承包人往往会将困难反映给发包人，这就导致了合同实际履行过程中发包人的协调管理工作并未真正意义上减少，也并未实现设计施工总承包模式的初衷。

建议未来选择设计施工总承包模式的建设项目，慎重选择联合体投标。如遇特殊情况必须接受联合体投标，则严格审查联合体各单位资质能力，要求联合体成员制定沟通管理计划，定期召开沟通会议，建立问题日志，保障问题及时解决。此外，在联合体投标协议中合理设置联合体各方风险范围、明确各方责任，促使各方按照合同约定履行合同义务，保证项目顺利实施。

第九章

某高速公路地方政府专项债券项目绩效评价指标体系构建及评价结果

第一节　项目背景

一、项目名称、建设内容及资金来源

1）项目名称：某高速公路地方政府专项债券项目。

2）建设内容：本项目内容为建设全长86.15km的高速公路，计划工期为4年，计划2021年初建成通车。其中包括52座桥梁（23153m），15座隧道（42931m），主线收费站2处，匝道收费站3处，服务区1处，停车区1处，管理分中心1处，养护工区2处。项目已于2020年11月底建设完成，并投入运营。

3）项目资金来源：项目计划投资为83.5亿元，其中，项目资本金约占项目总投资的25%，即20.9亿元；其余资金为申请到的地方政府专项债券，为62.6亿元。后因材料单价上涨等原因，总投资增加7.5 亿元，项目最终投资为91亿元。

4）项目背景：2020年7月，《关于加快地方政府专项债券发行使用有关工作的通知》指出，坚持专项债券必须用于有一定收益的公益性项目，融资规模与项目收益相平衡。重点用于国务院常务会议确定的交通基础设施、能源项目、农林水利、生态环保项目、民生服务、冷链物流设施、市政和产业园区基础设施七大领域，强调用于支持“两新一重”和公共卫生设施建设中符合条件的项目，并根据需要及时用于加强防灾减灾建设。为解决项目融资需求，加快推进项目建设，对本项目发行某省政府收费公路专项债券，项目通过自身收入还本付息，将风险锁定在项目本身，有利于支持地方经济稳定增长、调整结构、促进改革、惠及民生和防范风险，充分发挥专项债券的优势。

二、项目绩效目标

通过项目的实施，提升项目所在省份与邻近省份的路网连通度，为本省及邻近省的省界居民出行提供便捷；同时，增强区域应急安全通道，进一步强化项目所在省交通枢纽省份的定位与作用。

第二节　项目绩效评价指标体系的构建

地方政府专项债项目的绩效评价与传统项目绩效评价既有联系又有区别。因此，在构建此类项目的绩效评价指标体系时，应注意把握地方政府专项债券绩效评价与一般绩效评价的区别，并对专项债券项目的优、劣势进行合理把握。以某高速公路地方政府专项债券项目为例，在对其开展绩效评价时，事先成立的绩效评价工作小组要对该项目资金及实际使用情况展开分析，包括项目专项债券资金的拨付与投入使用情况、单位自筹资金到位情况以及是否存在未支付的施工单位工程款等情况，包括项目建设单位、质量监督机构、工

程质量管理体系以及工程进度等在内的本项目组织和管理情况也属于绩效评价小组要评价的内容。

此外，评价该项目本年度实现的具体效益目标，也是绩效评价小组的工作内容之一。《财政部关于印发〈项目支出绩效评价管理办法〉的通知》（财预〔2020〕10 号）指出，政府债务项目等绩效评价可参照本办法执行；表9-1是依据《项目支出绩效评价管理办法》所整理的某高速公路地方政府专项债券项目的绩效评价初步指标，包含项目立项、绩效目标、资金投入、资金管理、组织实施、产出数量、产出质量、产出时效、产出成本、项目效益等评价内容，体现决策、过程、产出和效益的绩效评价逻辑路径。

绩效评价三级指标体系说明　　表9-1

一级指标	二级指标	三级指标	指标解释	指标说明
决策	项目立项	立项依据充分性	项目立项是否符合法律法规、相关政策、发展规划以及部门职责，项目立项的依据情况如何	①是否符合国家法律法规、国民经济发展规划和相关政策； ②是否符合行业发展规划和政策要求； ③是否与部门职责范围相符，属于部门履职所需； ④是否属于公共财政支持范围，是否符合中央、地方事权支出责任划分原则； ⑤是否与相关部门同类项目或部门内部相关项目重复
		立项程序规范性	项目申请、设立过程是否符合相关要求，项目立项情况是否规范	①程序是否符合规定； ②审批文件、材料是否符合相关要求； ③事前是否已经过必要的可行性研究、专家论证、风险评估、绩效评估、集体决策
	绩效目标	绩效目标合理性	项目所设定的绩效目标是否依据充分，是否符合客观实际，项目绩效目标与项目实施情况是否相符（如未设定预算绩效目标，也可考核其他工作任务目标）	①是否有绩效目标； ②是否与实际工作内容相关； ③项目预期产出效益和效果是否符合正常的业绩水平； ④是否与预算确定的项目投资额或资金量相匹配
		绩效目标明确性	依据绩效目标设定的绩效指标是否清晰、细化、可衡量等，绩效目标的明细化情况如何	①是否将项目绩效目标细化分解为具体的绩效指标； ②是否有清晰、可衡量的指标值； ③是否与项目目标任务数或计划数相对应
	资金投入	预算编制科学性	项目预算编制是否经过科学论证和有明确标准，资金额度与年度目标是否相适应，项目预算编制的科学性、合理性如何	①预算编制是否经过科学论证； ②预算内容与项目内容是否匹配； ③预算额度测算依据是否充分，是否按照标准编制； ④预算确定的项目投资额或资金量是否与工作任务相匹配

续表

一级指标	二级指标	三级指标	指标解释	指标说明
决策	资金投入	资金分配合理性	项目预算资金分配是否有测算依据，与补助单位或地方实际是否相适应，项目预算资金分配的科学性、合理性如何	①预算资金分配依据是否充分； ②资金分配额度是否合理，与项目单位或地方实际是否相适应
过程	资金管理	资金到位率	实际到位资金与预算资金的比率，即资金落实情况对项目实施的总体保障程度如何	资金到位率=（实际到位资金/预算资金）×100%； 实际到位资金：一定时期（本年度或项目期）内落实到具体项目的资金； 预算资金：一定时期（本年度或项目期）内预算安排到具体项目的资金
		预算执行率	项目预算资金是否按照计划执行，项目预算执行情况如何	预算执行率=（实际支出资金/实际到位资金）×100%； 实际支出资金：一定时期（本年度或项目期）内项目实际拨付的资金
		资金使用合规性	项目资金使用是否符合相关的财务管理制度规定，项目资金的规范运行情况如何	①是否符合国家财政经济法规、财务管理制度以及有关专项资金管理办法的规定； ②资金的拨付是否有完整的审批程序和手续； ③是否符合项目预算批复或合同规定的用途； ④是否存在截留、挤占、挪用、虚列支出等情况
	组织实施	管理制度健全性	项目实施单位的财务和业务管理制度是否健全，财务和业务管理制度对项目顺利实施的保障情况如何	①是否已制定或具有相应的财务和业务管理制度； ②财务和业务管理制度是否合法、合规、完整
		制度执行有效性	项目实施是否符合相关管理规定，相关管理制度的执行情况如何	①是否遵守相关法律法规和相关管理规定； ②项目调整及支出调整手续是否完备； ③项目合同书、验收报告、技术鉴定等资料是否齐全并及时归档； ④项目实施的人员条件、场地设备、信息支撑等是否落实到位
产出	产出数量	实际完成率	项目实施的实际产出数与计划产出数的比率，即项目产出数量目标的实现程度	实际完成率=（实际产出数/计划产出数）×100%； 实际产出数：一定时期（本年度或项目期）内项目实际产出的产品或提供的服务数量； 计划产出数：项目绩效目标确定的在一定时期（本年度或项目期）内计划产出的产品或提供的服务数量
	产出质量	质量达标率	项目完成的质量达标产出数与实际产出数的比率，即项目产出质量目标的实现程度	质量达标率=（质量达标产出数/实际产出数）×100%； 质量达标产出数：一定时期（本年度或项目期）内实际达到既定质量标准的产品或服务数量； 既定质量标准是指项目实施单位设立绩效目标时依据计划标准、行业标准、历史标准或其他标准而设定的绩效指标值

续表

一级指标	二级指标	三级指标	指标解释	指标说明
产出	产出时效	完成及时率	项目实际完成时间与计划完成时间的比较，即项目产出时效目标的实现程度	实际完成时间：项目实施单位完成该项目实际所耗用的时间； 计划完成时间：按照项目实施计划或相关规定完成该项目所需的时间
	产出成本	成本节约率	完成项目计划工作目标的实际节约成本与计划成本的比率，即项目的成本节约程度	成本节约率=[（计划成本−实际成本）/计划成本]×100%； 实际成本：项目实施单位如期、保质、保量地完成既定工作目标实际所耗费的支出； 计划成本：项目实施单位为完成工作目标计划安排的支出，一般以项目预算作为参考
效益	项目效益	实施效益	项目实施所产生的效益	项目实施所产生的社会效益、经济效益、生态效益、可持续影响等。可根据项目实际情况有选择地设置和细化
		满意度	社会公众或服务对象对项目实施效果的满意程度	社会公众或服务对象是指因该项目的实施而受到影响的部门（单位）、群体或个人。一般采取社会调查的方式

在此基础上，结合高速公路地方政府专项债券的特点，整理出地方政府债券资金的相关制度、项目决策与实施的过程环节，采取案卷研究、访谈、实地走访及问卷调查相结合的方式，对项目的实施开展合理评价，同时提出有利于收费公路专项债券项目优化的建议。根据评价的基本原则和项目特点，本次绩效评价内容包括决策、过程、产出和效益四个部分。通过对某高速公路地方政府专项债券项目进行绩效评价，从决策、过程、产出、效益四个维度了解项目的实际完成情况，查找项目执行中的薄弱环节，发现管理中的“漏洞”以及项目实施各环节中存在的不足，对发现的问题提出科学合理的建议；进一步加强和规范专项债券项目管理工作，促进项目绩效目标顺利实现，按期完成，及时发挥效益，切实落实项目实施主体责任、项目实施机构及相关单位的监督责任，强化支出责任意识，以达到更加合理地配置公共资源、进一步提高专项债券资金使用效益的目的；通过了解专项债券资金的使用进度、内容、项目运营产生的收益及成本等情况，分析项目实际还本付息的能力。

按照相关性原则、重要性原则、可比性原则、系统性原则及经济性原则设置评价指标。根据相关政策要求，参考项目相关资料，结合地方实际，按照逻辑分析法，根据一般绩效评价的基本原则和专项债券项目的特点，从决策、过程、产出、效益四个维度制定评价指标体系。

在确定一级、二级评价指标后，对指标体系进一步细化形成三级指标，针对专项债券的目标和作用，通过细化三级指标充分体现出项目的特征以及项目最终达成的效果，一、二、三级指标构成详见表9–2。

某高速公路地方政府专项债券项目三级指标体系　　表9-2

总指标	一级指标	二级指标	三级指标
某高速公路地方政府专项债券项目绩效评价指标	决策指标	项目立项	立项依据充分性
			立项程序规范性
		绩效目标	绩效目标合理性
			绩效目标明确性
		资金投入	预算编制科学性
			资金分配合理性
	过程指标	资金管理	资金到位率
			预算执行率
			资金使用合规性
		组织实施	管理制度健全性
			制度执行有效性
	产出指标	产出数量	桥隧工程完成率
			房建工程完成率
		产出质量	工程质量达标率
		产出时效	工程完成及时性
		产出成本	成本节约率
	效益指标	社会效益	提升路网连通度
			带动沿线就业率
		经济效益	带动沿线经济产出量
			项目还本付息能力
		可持续影响	项目运营可持续影响
		社会满意度	项目主管部门满意度
			服务对象满意度

第三节　项目绩效评价结果分析

项目组通过收集资料、现场调研等工作程序的实施，运用比较法、成本效益分析法、公众评判法等方法，对某高速公路地方政府专项债券项目绩效情况进行客观、公正、全面地评价，同时提出优化收费公路专项债券项目的建议。某高速公路地方政府专项债券项目最终综合评价得分为86.4分，综合评价结果等级为“良”。相关方已完成项目的规划建设内容，目前该高速公路地方政府专项债券项目已按期投入运营。政府方及实施单位在项目产出、效果、管理等方面完成情况均较好，但仍存在一些问题，主要为：

1）项目前期立项程序合规性不足。项目存在环境影响评价文件未依法经审批部门审查或审查后未予以批准就擅自开工建设的情况。“边申请、边审批、边施工”的“三边工程”问题依然存在。这导致在运用构建的绩效评价指标体系对其打分时，扣除“立项”一级指标下的三级指标“立项程序规范性”对应的分值。

2）项目总投资的增加引发投资失控风险。项目可行性研究批复金额为83.5亿元，追加投资后总投资达91亿元，超概率达到了8.98%，说明落实的资金与初步设计概算总投资有一定差距。这导致在运用构建的绩效评价指标体系对其打分时，扣除“产出”一级指标下的三级指标“成本节约率”对应的分值。

3）项目收益及还本付息能力不足。项目实际运营收益与预期收益存在较大差异，且2021年该专项债券项目应付利息2.5亿元，从现阶段项目实现的运营收益来看，项目自身收益无法还本付息的风险较高。这导致在运用构建的绩效评价指标体系对其打分时，扣除了“效益”一级指标下的三级指标“项目还本付息能力”对应的分值。

针对上述问题，提出如下的整改建议：首先，加强项目前期报批报建管理，避免出现“三边工程”问题；其次，加快工程竣工决算审计，控制项目资金缺口风险；最后，充分挖掘项目收益点，提高项目的运营收益，减轻项目还本付息的资金压力。具体说明如下：

1）加强前期规划与报批报建的管理。项目前期规划是一个非常重要的阶段，通过对项目的规划明确项目是否可行，明确项目的投资与收益，减少未来项目开展时发生的风险。此外，项目的前期规划阶段是工程成本控制和管理中的一个关键环节，相关数据显示，前期投入虽然仅占总投资的1%，但其前期工作对投资的影响程度高达80%~90%，而在建设阶段，对投资的影响还不到40%。因此，在规划阶段对项目做好合理预测非常重要。高速公路专项债券项目的运营收益来源主要为收取高速公路车辆通行费。因此，对新建高速公路的车流量预测十分重要。项目在规划与可行性研究时需通过多种方法对新建高速公路车流量进行合理、准确地预测，在此前提下分析预测项目运营收益。通过合理地预测高速公路车流量来确定新建高速公路的运营收益，尽量减少项目实际运营收益与预期收益之间存在的差异，避免由此造成的项目自身收益无法还本付息的不利情况。

2）充分考虑材料价格波动等因素对项目投资产生的影响。高速公路建设周期较长，可能会出现项目建设材料价格波动的情况，使项目总投资发生较大差异，不利于项目投资的控制。本项目中，因材料单价上涨，总投资增加7.5亿元，造成项目投资的失控。因此，在项目规划与可行性研究时，对项目总投资的估算需要充分考虑时间因素，减少由于时间变化导致建设材料价格变化过大的情况，有效地降低出现资金缺口的风险。

3）合理设置项目绩效目标。合理的绩效目标可以为地方政府专项债券项目的绩效评价和绩效管理工作提供基础与依据。通过合理地设置绩效目标，可以明确地方政府专项债券项目建设的效益及资金使用的效率，为之后绩效监控及绩效评价提供相应的参考标准。在设置绩效目标时，应考虑地方政府专项债券项目在数量、质量、时效、成本、效益等方面的绩效目标，并重点关注项目的偿债资金来源、项目的偿债能力、项目的风险防控能力等内容。

4）对地方政府专项债券项目开展全过程绩效监控。对地方政府专项债券项目开展全过程绩效监控，可对其预算执行过程与项目绩效目标的实现情况等进行有效的控制，及时发现项目开展时存在的各种问题，并对问题提出相关优化建议，以切实解决问题，降低项目风险，保障项目平稳运行，如期实现绩效目标。

5）开发有针对性的地方政府专项债券项目绩效评价指标体系。地方政府专项债券项目与一般的建设项目既有联系又有区别，有其独有的指标和评价内容。因此，建设符合地方政府专项债券项目特色的指标体系非常重要。除关注政府投资项目绩效评价的通用指标外，在建立指标体系时还应重点关注地方政府专项债券项目的运营收益与还本付息率、政府债务风险控制、债券资金管理制度、项目产出相关效益、债券资金使用效益等内容。通过合理地设置地方政府债券绩效评价指标体系，可以更好地开展地方政府专项债券绩效评价工作。

| 第十章 |

BIM技术辅助的某保障性住房项目绩效评价

第一节　项目背景

一、项目名称、建设内容及资金来源

1）项目名称：某保障性住房项目。

2）建设内容：该项目占地面积为54586.35m²，建筑总面积约283465.43m²，其中地上建筑面积为226321.82m²，地下建筑面积为57143.61m²（地下一层，局部地下二层），建筑最高高度为92.50m，由10栋32～33层塔楼和1栋2层幼儿园组成。项目建筑功能为住宅及幼儿教学用房，地下室主要为辅助设备用房、停车库等，水、电、消防、智能化配套齐全。塔楼结构体系为剪力墙结构，标准层采用预制装配式施工工艺，地下室结构体系为框架结构，均采用承台桩基础。

3）资金来源：为弥补保障性住房建设资金缺口，发挥社会力量高质量服务和先进管理经验的优势，国家鼓励引入社会资本的 PPP 模式进行保障性住房的建设和管理。本项目中，为缓解财政投资压力，采用BOT方式实施。项目资本金确定为项目总投资的30%，剩余总投资的70%为金融贷款。项目建设期为3年，运营期为16年。项目采用可行性缺口补贴机制，合同期满后将资产及相关权利无偿移交给政府方。该项目总投资为2.7亿元。

二、BIM技术与该项目的适配

建筑信息模型（BIM）技术以三维的数字技术作为基础，通过集成工程建设项目中各种设计与施工信息的工程数据，利用模型数字化地表达工程建设项目设施实体与功能特性。BIM技术在建设项目的管理中具有重要作用，可用于碰撞检测（Clash Detection）、合规性检测（Compliance Checking）、采购进度/成本监控（360TM Field/Glue软件）、信息的完整性审查、进度/成本监控（Real-time/cost Progress Monitoring）、物资管理（Material Handling）、运维跟踪（Maintenance Tracking）等诸多方面。在政府投资项目中，近年来诸多研究尝试运用BIM辅助政府投资项目的投资管理和绩效评价工作，为本研究的开展提供了一定的借鉴。这是因为BIM技术的应用范围可完整覆盖政府投资项目的全生命周期，并对各阶段的项目管理活动展开辅助工作。基于此，本研究将讨论基于BIM的保障性住房项目的绩效评价工作，为后续相关研究与实践提供思路与借鉴。

第二节　某保障性住房项目绩效评价指标体系构建

一、保障性住房项目绩效评价指标体系

根据《关于印发〈政府和社会资本合作（PPP）项目绩效管理操作指引〉的通知》

（财金〔2020〕13号，简称“财金〔2020〕13号文”），保障性住房PPP项目的绩效评价包含建设期年度绩效评价、运营期的年度绩效评价和项目移交后的后评价。其中，建设期年度绩效评价包含保障性住房项目的项目立项、识别、准备、采购等阶段的绩效评价，一级指标涉及产出、效果和管理等，运营期的年度绩效评价亦包含产出、效果、管理等一级指标。本项目中，为完整体现绩效评价指标体系，一并设置建设期与运营期的绩效评价指标，对保障性住房项目的建设和运营两个阶段进行综合的绩效评价。

结合财金〔2020〕13号文和保障性住房PPP项目的特点，初步确定该项目建设、运营两阶段的绩效评价指标层级共分为两级，一级指标4个，二级指标13个。一级指标包括项目产出、项目效果和项目管理3个一级指标。其中，项目产出一级指标包含项目运营、项目维护、成本效益、安全保障4个二级指标；项目效果一级指标包含经济影响、生态影响、社会影响、可持续性和满意度5个二级指标；项目管理一级指标包含组织管理、财务管理、制度管理、档案管理和信息公开5个二级指标，如表10–1所示。

某保障性住房项目的绩效评价初步指标体系　　表10–1

总指标	一级指标	二级指标	指标解释
某保障性住房项目绩效评价初步指标体系	产出	项目运营	评价项目运营的数量、质量与时效等目标完成情况，如完成率、达标率与及时性等
		项目维护	评价项目设施设备等相关资产维护的数量、质量与时效等目标完成情况，如设施设备维护频次、完好率与维护及时性等
		成本效益	评价项目运营维护的成本情况，如成本构成合理性、实际成本与计划成本对比情况、成本节约率、投入产出比等（注：PPP项目合同中未对运营维护成本控制进行约定的项目适用本指标）
		安全保障	评价项目公司（或社会资本）提供公共服务的安全保障情况。如重大事故发生率、安全生产率、应急处理情况等
	效果	经济影响	评价项目实施对经济发展所带来的直接或间接的正负面影响情况，如产业带动及对区域经济的影响等
		生态影响	评价项目实施对生态环境所带来的直接或间接的正负面影响情况，如节能减排、环保处罚等
		社会影响	评价项目实施对社会发展所带来的直接或间接的正负面影响情况，如新增就业、社会荣誉、重大诉讼、公众舆情与群体性事件等
		可持续性	评价项目在发展、运行管理及财务状况等方面的可持续性情况
		满意度	政府相关部门、项目实施机构、社会公众（服务对象）对项目公司或社会资本提供公共服务的质量和效率的满意程度
	管理	组织管理	评价项目建设和运营管理的实施及组织保障等情况，如组织架构、人员管理及决策审批流程等
		财务管理	评价项目资金管理、会计核算等财务管理内容的合规性
		制度管理	评价内控制度的健全程度及执行效率
		档案管理	评价项目建设、运营、维护等相关资料的完整性、真实性以及资料归集整理的及时性
		信息公开	评价项目公司或社会资本履行信息公开义务的及时性与准确性

结合保障性住房项目的特点，确定某保障性住房项目绩效评价的三级指标，如表10–2所示。

某保障性住房项目的绩效评价三级指标　　表10–2

<table>
<tr><th>总指标</th><th>一级指标</th><th>二级指标</th><th>三级指标</th></tr>
<tr><td rowspan="32">某保障性住房项目绩效评价指标体系</td><td rowspan="10">项目产出</td><td rowspan="3">项目运营</td><td>目标人员覆盖率</td></tr>
<tr><td>配租入住率</td></tr>
<tr><td>分配及轮换效率</td></tr>
<tr><td rowspan="3">项目维护</td><td>质量事故次数</td></tr>
<tr><td>设备维护成本</td></tr>
<tr><td>设备故障率</td></tr>
<tr><td rowspan="2">成本效益</td><td>项目投资收益率</td></tr>
<tr><td>项目利润率</td></tr>
<tr><td rowspan="2">安全保障</td><td>政府支持</td></tr>
<tr><td>政策支持</td></tr>
<tr><td rowspan="17">项目效果</td><td rowspan="2">经济影响</td><td>财务效益</td></tr>
<tr><td>经济效益</td></tr>
<tr><td rowspan="2">生态影响</td><td>自然环境影响</td></tr>
<tr><td>景观环境影响</td></tr>
<tr><td rowspan="5">社会影响</td><td>缓解住房困难</td></tr>
<tr><td>改善生活质量</td></tr>
<tr><td>促进区域发展</td></tr>
<tr><td>就业贡献率</td></tr>
<tr><td>维护社会稳定</td></tr>
<tr><td rowspan="5">可持续性</td><td>地方财政能力</td></tr>
<tr><td>保障需求长效机制</td></tr>
<tr><td>质量性能</td></tr>
<tr><td>财务能力</td></tr>
<tr><td>运营保障</td></tr>
<tr><td rowspan="3">满意度</td><td>履职满意度</td></tr>
<tr><td>受益者满意度</td></tr>
<tr><td>物有所值实现程度</td></tr>
</table>

续表

总指标	一级指标	二级指标	三级指标
某保障性住房项目绩效评价指标体系	项目管理	组织管理	组织机构
			制度管理
			履行职责
		财务管理	资金到位
			财务管理制度
			资金使用合规性
		制度管理	制度完善性
			制度规范性
			岗位职责合理性
		档案管理	档案管理工作制度
			档案人员岗位责任制
			电子档案管理制度
		信息公开	信息公开及时性
			依法申请公开工作制度
			主动公开工作制度

应用上述绩效评价指标体系对保障房项目开展绩效评价时，应当按照评价标准和方法对每一项指标打分并汇总得分，指标和综合评分可根据实际情况分为几个等级并对应分值段，从评分情况判断项目绩效。根据指标打分情况找出存在的问题和差距，分析具体原因，有针对性地提出纠偏措施及合理有效的评价建议。为更好地应用绩效评价结果，还应当全面分析影响绩效评价结果的各方面因素，明确相关方责任和改进方向。此外，为了更好地将数字化技术应用于政府投资项目的绩效评价之中，还可以结合BIM技术构建保障性住房项目的绩效评价模型并展开应用，为更有效地开展绩效评价工作，下面将展开介绍。

二、基于BIM的保障性住房项目绩效评价模型构建

PPP模式下，政府与社会资本为提供公共服务形成长期的合作关系。本项目中，该种合作关系长达19年。因此，相较于其他模式，该模式的项目更具不确定性。因此，该种不确定情形下，PPP项目中的许多合作内容（体现为合作协议、财务文件、技术文件等）和风险分担方案都是基于长期合作关系形成的，并在项目的全生命周期中呈动态变化特征。相应地，PPP项目全生命周期的绩效评价也应体现这种动态变化，包括每个阶段的关键绩效指标（KPI）和评估流程。保障性住房项目全生命周期的绩效评价指标和评估流程主要涉及：项目的识别与准备、项目采购、项目执行。具体的KPI指标如表10–3所示。

BIM技术与某保障性住房项目绩效评价指标的适配性　　表10-3

<table>
<tr><th>阶段</th><th>KPI指标</th><th>BIM技术和工具</th><th>项目价值提升</th></tr>
<tr><td rowspan="11">识别与准备阶段</td><td>· 公众客户满意度指标</td><td rowspan="11">· 视觉漫游
· 空间计算
· 空间库存
· 基于5D模型的项目功能分析：功能分析和成本确定、编制折旧报告、初步建设方案、全生命周期成本分析</td><td rowspan="11">· 提升财务预测能力
· 跟进业主需求
· 信息实时传输
· 增强前期项目功能</td></tr>
<tr><td>· 物有所值（VFM）评价</td></tr>
<tr><td>· 宏观环境分析</td></tr>
<tr><td>· 定义服务需求和输出</td></tr>
<tr><td>· 风险识别与分配</td></tr>
<tr><td>· 可行性研究</td></tr>
<tr><td>· 融资方式选择</td></tr>
<tr><td>· 特许经营方选择标准制定</td></tr>
<tr><td>· 特许期制定</td></tr>
<tr><td>· 法律、商业、技术和工程结构要求</td></tr>
<tr><td>· 各参会方的接口管理方案</td></tr>
<tr><td rowspan="10">采购阶段</td><td>· 采购程序的制定</td><td rowspan="10">· 各参与方的信件/文件管理
· 碰撞检测
· 合规性检测
· 采购进度/成本监控
· 信息的完整性审查</td><td rowspan="10">· 建模优化
· 物流调度方案优化
· 改进进度和成本绩效
· 提升信息交互速率</td></tr>
<tr><td>· 最终谈判框架的制定</td></tr>
<tr><td>· 融资来源确定</td></tr>
<tr><td>· 界面管理</td></tr>
<tr><td>· 合同管理</td></tr>
<tr><td>· 质量绩效</td></tr>
<tr><td>· 工期绩效</td></tr>
<tr><td>· 财务/成本绩效</td></tr>
<tr><td>· 材料/物资管理</td></tr>
<tr><td>· 安全管理</td></tr>
<tr><td rowspan="14">执行阶段</td><td>· 公众客户满意度指标</td><td rowspan="14">· 进度/成本监控
· 物资管理
· 运维跟踪
· 用后评价
· 空间利用率检测</td><td rowspan="14">· 资产维护的可持续性
· 改进运营数据
· 延长项目生命周期
· 降低补救成本
· 减少维护中断</td></tr>
<tr><td>· 政府方满意度</td></tr>
<tr><td>· 项目收益</td></tr>
<tr><td>· 工期绩效</td></tr>
<tr><td>· 质量绩效</td></tr>
<tr><td>· 财务/成本绩效</td></tr>
<tr><td>· 材料/物资管理</td></tr>
<tr><td>· 资产的质量、业绩和盈利评价</td></tr>
<tr><td>· 环保评价</td></tr>
<tr><td>· 争议处理</td></tr>
<tr><td>· 运营管理与维护</td></tr>
<tr><td>· 设施管理</td></tr>
<tr><td>· 接口管理</td></tr>
<tr><td>· 移交管理</td></tr>
</table>

基于上述KPI指标及BIM技术和工具的工作流，构建基于技术的保障性住房项目建设、运营两阶段绩效评价模型，该模型“以目标为出发点”，统领整个绩效评价过程，其包括执行和维护项目/资产所需的信息定义，以及提供这些信息的责任要求，如图10-1所示。

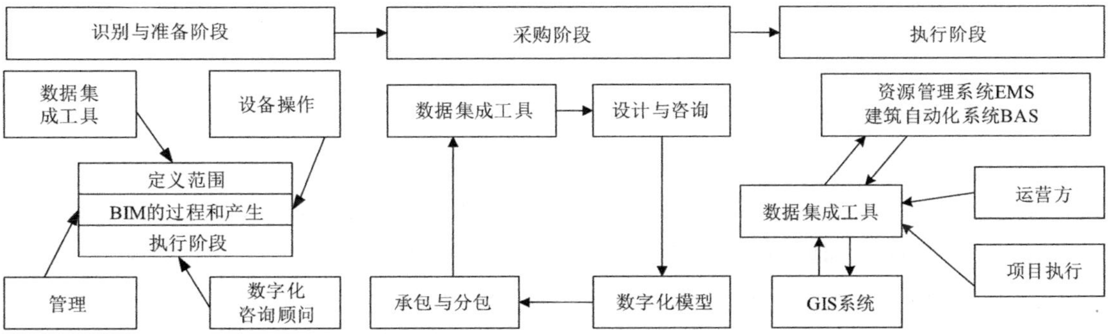

图10-1　基于BIM技术的保障性住房项目绩效评价模型

1）项目的立项阶段，委托独立的BIM咨询顾问，通过数据集成工具向设计、施工及运营团队收集数据。这些数据会在项目管理与各项设备中进行传递，并完成项目的范围定义等工作。

2）项目的采购阶段，采用BIM等数字化技术实施绩效评价的参与者将涉及设计、咨询、承包与分包等。这些数据会在数据集成工具与BIM模型之间交换。BIM咨询顾问根据项目业主方的需求创建BIM执行计划。持续收集和检查输入的数据和文件的质量，并移交给操作员。

3）项目的执行阶段，参与者将包括项目的运营方。BIM咨询通过EMS、ERP、BAS以及GIS等数字化工具为项目的实施提供依据，并协助完成政府投资项目的绩效评价。同时，设施管理计划的持续改进，还可用于为未来的项目需求提供反馈。

第三节　基于BIM的保障性住房项目绩效评价模型应用

一、项目识别与准备阶段

PPP项目的识别与准备阶段，KPI指标多围绕政府与社会资本的合作关系建立、项目的可行性、物有所值评价等前期工作展开。此阶段，可借助BIM技术审查可行性研究方案和物有所值评价报告中涉及的各项技术经济指标，亦可使用5D组件将该项目与同类项目进行比较，包括建设成本的组成、单方造价情况、功能性指标等内容，具体介绍如下。

1. 构建项目模型

借助BIM技术构建保障性住房项目的3D可视化模型，可为利益相关方提供该项目的建筑信息，并用以辅助该阶段项目的可行性研究与物有所值评价等工作，为项目立项提供依据与基础。在构建该项目模型时，应确定BIM项目团队、人员职责分工等内容，团队之间尽快熟悉项目图纸，在良性的内外部沟通情况下确保模型的准确性，以便政府方与社会资本方检测项目的各项功能指标。同时，可采用dRofus软件开展区域规划与管理及房间与功能区布置等工作，并协助完成该项目绩效评价过程中的财务管理、项目功能等评价指标的创建与评价。

2. 协助开展物有所值（VFM）评价

在保障性住房项目的识别与准备阶段中，尽管此阶段该项目的设计、施工以及功能等信息较为有限，但项目的运营与维护是项目能否运用PPP模式的重要基础。因此，该阶段应开展“项目全生命周期成本预测”，以保证项目的经济评价、服务需求评价和产出评价等绩效评价内容的准确性和可靠性。本项目中，采用BIM技术的估算工具包CostX，进行项目未来支出/净现值、贴现率等物有所值中各项目指标的计算，协助开展项目绩效评价中的成本效益评价。

二、项目采购阶段

保障性住房项目在采购阶段主要完成社会资本方的采购与项目设计等工作。该阶段中，SPV公司参与项目的设计工作，可确保该项目的使用功能更接近自身运营的需要。与此同时，设计阶段也是BIM技术应用的重要阶段。如果通过BIM综合管理平台将承包商、设计团队和分包商等相关方纳入进来，可克服大量的重复工作与低效沟通，开发和使用BIM的成本将得到较大程度的缩减。该保障性住房项目中，可通过对BIM模型完整性的定期检查，来确保设计的质量，并确保安装内容正确，由此，可响应该项目绩效评价指标体系中的质量事故次数、设备维护成本和设备故障率等三级评价指标。

三、项目施工阶段

1. 3D扫描

该保障性住房项目中，可运用BIM技术开展现场3D扫描。基于扫描得到的云点数据，可与建筑信息进行信息集成。例如，可借此确保项目现场施工在设计的范围之内，并确认施工是否正在进行中。如果在施工期间，可利用BIM技术不定期地监控建筑的结构，确保项目的质量、安全、成本和进度等，响应项目绩效评价指标体系中的质量性能等三级评价指标。

2. 进度监控与成本监控

该保障性住房项目中，可对工期进度实施“计划”与“实际”情况的实时监控，将工期进度与Autodesk Naviswork等软件中的建筑信息模型联系起来，使用云技术实时记录现场进度，并通过智能手机、个人电脑或iPad同步查看模型，项目中的所有利益相关者均可即时访问。此外，实时更新的工期表和成本信息有助于改进项目决策，确保实现预期目标，并为PPP的股东提供有关项目状态的最新信息。此项响应了该项目绩效评价指标体系中的信息公开等一级评价指标。

3. 检测施工规范性

在该保障性住房项目3D、5D模型构建过程中，结合“建模和模型处理规范及注意事项”“三维算量For Revit建模规范及注意事项”“广联达算量软件与BIM 5D交互规范”等建模规范要求，确保模型的准确性。因此，在该保障性住房项目的施工阶段，BIM技术的应用可在不断完善建筑模型完整性的基础上，检测施工进度的规范性、成本的合理性、工程量的可持续性等，以确保整个项目的各项目功能指标、安全指标满足国家与地方的规范要求和法律要求。此项响应了该项目绩效评价指标体系中的制度完善性、制度规范性等三级评价指标。

四、运营阶段

1. 辅助运营管理

运营管理是保障性住房PPP项目中政府和社会资本方合作的重要内容，基于BIM技术的项目设施运维管理的主要目标是优化建筑运维性能，并实现项目建设从设计、施工到设施运营、管理的平稳过渡。在项目施工阶段，可采用条形码与安装射频识别标签（RFID）的形式对建筑材料与设备进行监控。进入运维阶段后，可根据条形码与射频识别标签（RFID）开展运维管理工作，包括工作管理跟踪进度和对维修或投诉活动的响应。此项响应了该项目绩效评价指标体系中的质量事故次数、设备维护成本和设备故障率等三级评价指标。

2. 辅助运营能力评价

在该保障性住房项目中，可构建具备能源管理和持续调试功能的建筑信息模型，为资产所有者提供实时的数据和信息，并提供理想的、模拟的建筑性能与实际性能的对比信息，其中建筑区域和房间可以根据它们与模拟结果的接近程度进行排序。通过能源模型模拟值与实际值的对比分析，能够实时观测项目的运维情况，进而评估项目的运营能力。此项响应了该项目绩效评价指标体系中的配租入住率和运营保障等三级评价指标。

参考文献

[1] A Charnes, W W Cooper, E Rhodes. Measuring the Efficiency of Decision Making Units [J]. European Journal of Operational Research, 1978, 2 (6): 429–444.

[2] A Othman, S Y Ameen, H Al–Rizzo. A New Channel Quality Indicator Mapping Scheme for High Mobility Applications in the Systems [J]. Journal of Modeling and Simulation of Antennas and Propagation, 2015, 1 (2): 38–43.

[3] A1–Tmeemy S M H M, Abdul–Rahman H, Harun Z. Future Criteria for Success of Building Projects in Malaysia [J]. International Journal of Project Management, 2011, 29 (3): 337–348.

[4] Ashley D B, Lurie C S, Jaselskis E J. Determinants of Construction Project Success [J]. Project Management Journal, 1987 (18): 69–79.

[5] Baccarini D. The Logical Framework Method for Defining Project Success [J]. Project Management Journal, 1999, 30 (4): 25–32.

[6] Bernardin H J, Kane J S, Ross S, et al. Performance Appraisal Design, Development and Implementation [J]. HandBook of Human Resource Management, 1995: 462–493.

[7] Birkbeck D, Scoones A, Excellence C. Prefabulous Homes: The New Housebuilding Agenda [M]. Office of the Deputy Prime Minister, 2005.

[8] Bititci U, Carrie A, McDevitt L. Integrated Performance Measurement Systems: A Development Guide [J]. International Journal of Operations and Production Management, 1997, 17 (5): 522 – 534.

[9] Brumbrach. Performance Management [M]. London: The Cromwell Press, 1988.

[10] Campbell J P, McCloy R A, Oppler S H, et al. A Theory of Performance [J]. Personnel Selection in Organizations, 1993 (3570): 35–70.

[11] Chan A P C, Yung E H K, Lam P T I, et al. Application of Delphi Method in Selection of Procurement Systems for Construction Projects [J]. Construction Management and Economics, 29 (7): 699–718.

[12] Cooke–Davies T. The "Real" Success Factors on Projects [J]. International Journal of Project Management, 2002, 20 (3): 185–190.

[13] De Wit A. Measuring Project Success: An Illusion [C] //Proceedings of the 18th Annual Economics, 1986, 19 (7): 699–718.

[14] Ellis W R, Dantzig G B, Saaty T L. Compact City: A Plan for a Liveable Urban Environment [J]. Contemporary Sociology, 1975, 4 (4): 447.

[15] Gook D A, Osborn S M, Johnston, W. Cryopreservation of Mouse and Human Oocytes Using 1, 2–Propanediol and the Configuration of the Meiotic Spindle [J]. Human Reproduction, 1993, 8 (7): 1101–1109.

[16] Gormley B, James Q. Wilson, Bureaucracy: What Government Agencies Do and Why they Do it [M]. New York: Basic Books, 2015.

[17] Hatry H, et. al. Mini-Symposium on Intergovernmental Comparative Performance Data [J]. Public Administration Review, 1999, 59 (2): 101-104.

[18] Kane J S. The Conceptualization and Representation of Total Performance Effectiveness [J]. Human Resource Management Review, 1996, 6 (2): 123-145.

[19] Kaplan, Robert S. Measuring Manufacturing Performance: A New Challenge for Management Accounting Research [J]. Accounting Review, 1983 (58): 686-705.

[20] L Yan, Value Engineering Application in Construction Project Management 2012 International Conference on Industrial Control and Electronics Engineering, 2012: 1265-1268.

[21] Liu C Y. Demonstration Analysis of Performance Appraisal Index System for Military Enterpise [J]. Science & Technology of West China, 2008, 7 (27): 75-76.

[22] Michael Armstrong. Performance Management [M]. London: Kogan Page Limited, 1994.

[23] Munns A K, Bjeirmi B F. The Role of Project Management in Achieving Project Success [J]. International Journal of Project Management, 1996, 14 (2): 81-87.

[24] Murphy K R. Job Performance and Productivity [J]. Psychology in Organizations, 1990.

[25] Neely A, Adams, C, Crowe P. The Performance Prism in Practice [J]. Measuring Business Excellence, 2001, 5 (2): 6-13.

[26] Pinto J K, Slevin D P. Critical Factors in Successful Project Implementation [J]. IEEE, 1987.

[27] Prewitt K, Verba S. Principles of American Government [M]. New York: Harper & Row, 1975.

[28] Rodriguez Carrion A, Garcia Rubio C, Campo C. Performance Evaluation of LZ-Based Location Prediction Algorithms in Cellular Networks [J]. Communications Letters IEEE, 2010, 14 (8): 707-709.

[29] Stawicki J, Ronggui D. Principles of Connecting East and West Culture Differences in Project Environment. XXII IPMA World Congress, Rzym, Listopad, 2008.

[30] Swan W, Khalfan M. Mutual Objective Setting for Partnering Projects in the Public Sector [J]. Engineering, 2007, 14 (2): 119-130.

[31] T A Shiau, M W Huang, W Y Lin. Developing an Indicator System for Measuring Taiwan's Transport Sustainability [J]. International Journal of Sustainable Transportation, 2015, 9 (2): 81-92.

[32] Tzay An, Shiau, Jung-Shan, et al. Developing an Indicator System for Local Governments to Evaluate Transport Sustainability Strategies[J].Ecological Indicators: Integrating, Monitoring, Assessment and Management, 2013 (34): 361-371.

[33] Tuman J. Success Modeling: A Technique for Building a Winning Project Team. 1986.

[34] Wuellner, William W. Project Performance Evaluation Checklist for Consulting Engineers [J]. Journal of Management in Engineering, 1990, 6 (3): 270-281.

[35] 安秀梅，邵世才. 政府公共支出绩效评价方法的国际比较与我国评价方法的选择 [J]. 财政监督，

2007（5）：22-24.
[36] 鲍良，杨玉林. 公共投资项目绩效评价研究与发展［J］. 资源与产业，2008（2）：54-56.
[37] 陈健. 激励性规制强度对中国电信业全要素生产率的影响研究［D］. 南京：南京财经大学，2016.
[38] 陈丽娜. 关系型不确定环境中一阶决策理论规划方法研究［D］. 长沙：国防科技大学，2012.
[39] 陈鑫磊. 汕头市社会治安防控智能化建设研究［D］. 广西：广西师范大学，2021.
[40] 陈学安. 建立我国财政支出绩效评价体系的设想［J］. 中国财政，2003（10）：8-10.
[41] 陈奕林，尹贻林. 基于信任的合同柔性改善项目管理绩效研究［J］. 科研管理，2019，40（3）：197-208.
[42] 戴珊磊. 公共工程代建制项目绩效评价指标体系研究［D］. 重庆：重庆大学，2008.
[43] 单灵芝. 政党治理视角下党内巡视制度的技术与价值研究［J］. 科学社会主义，2021（1）：129-135.
[44] 德鲁克. 管理：使命、责任、实务（使命篇）［M］. 北京：机械工业出版社，2007.
[45] 德鲁克. 管理的实践［M］. 北京：机械工业出版社，2009.
[46] 杜亚灵. 基于治理的公共项目管理绩效改善研究［D］. 天津：天津大学，2009.
[47] 范道津. 公共管理视角下非经营性政府投资项目管理绩效研究［D］. 天津：天津大学，2007.
[48] 方建. 建设项目业主方组织文化、知识共享对项目绩效的影响研究［D］. 上海：同济大学，2013.
[49] 冯新舟，何自力. 中国模式中的市场与政府关系——政府主导下的社会主义市场经济［J］. 马克思主义研究，2015（11）：50-58，160.
[50] 顾建光. 现代公共管理学［M］. 上海：上海人民出版社，2004.
[51] 哈罗德·孔茨·海因茨·韦里克. 管理学（第九版）［M］. 北京：经济科学出版社，1993.
[52] 胡春萍，杨君. 德尔菲法在构建政府绩效指标体系中的应用——以乡镇政府为例［J］. 陕西行政学院学报，2007（4）：12-15.
[53] 姜小林. 以"四精"专项行动为抓手 奋力开创辽宁财政工作新局面［J］. 中国财政，2022（8）：46-49.
[54] 蒋慧杰，尹航，杨中保，等. 基于BIM技术的PPP项目全生命周期绩效评价研究——以保障房项目为例［J］. 建筑经济，2020，41（4）：40-45.
[55] 金雪飞. 代建单位政府投资项目竣工财务决算滞后问题浅析［J］. 纳税，2020，14（27）：77-78.
[56] 柯洪. 基于企业代建模式的公共项目管理绩效改善研究［D］. 天津：天津大学，2007.
[57] 李永友，钟晓敏. 财政政策与城乡居民边际消费倾向［J］. 中国社会科学，2012（12）：63-81，207.
[58] 刘汉屏，周谓兵. 公共支出项目评价方法初探［J］. 财政研究，2000（11）：38-41.
[59] 刘薇，贾康. 中国政府预算绩效管理改革研究——系统化思路与基本要领［J］. 江西社会科学，2022，42（6）：30-41，206.

[60] 莫童. 公共经济学 [M]. 上海：上海交通大学出版社，2005.
[61] 彭锻炼. 地方政府社会保险服务绩效评价指标体系构建与绩效测度 [J]. 中央财经大学学报，2015 (1)：19-26.
[62] 王姝. 构建我国政府投资项目绩效评价体系的几点思考 [J]. 商业文化，2015 (3)：53-54.
[63] 隗京兰，陈忠，李守志. 国际工程中目标管理的应用——埃塞TEKEZE水电站项目案例解析 [J]. 国际经济合作，2011 (5)：52-56.
[64] 温来成，徐磊. 地方政府专项债券项目绩效评价指标体系建设 [J]. 清华金融评论，2022 (1)：51-55.
[65] 乌云娜，毛春宇. 政府与公众视角下的非经营性政府投资项目绩效评价体系 [J]. 华北电力大学学报（社会科学版），2016 (3)：67-72.
[66] 吴建南，章磊，李贵宁. 地方政府绩效指标设计框架及其核心指标体系构建 [J]. 管理评论，2009 (11)：121-128.
[67] 徐政，姬晨阳，赵子衡，林朝阳. “三重压力”下的经济发展：表现、根源与路径 [J]. 华东经济管理，2022，36 (11)：9-16.
[68] 徐志超. 信任对工程项目管理绩效的作用机理研究：模型建立与实证分析 [D]. 天津：天津理工大学，2013.
[69] 杨锡春. 我国开展绩效审计的十大难点 [J]. 审计研究，2006 (2)：56-58.
[70] 杨中保，蒋慧杰，王元鸷. BIM在综合管廊PPP项目全生命周期绩效评价中的应用探讨 [J]. 价值工程，2020，39 (14)：258-261.
[71] 尹贻林，杜亚灵. 公共项目管理绩效改善：一个研究范式转变的视角 [J]. 科技进步与对策，2010，27 (17)：29-34.
[72] 尹贻林，阎孝砚. 项目代建制理论与实务 [M]. 天津：天津大学出版社，2006：4.
[73] 岳颖. 政府绩效指标体系设计中的主要特点及存在问题 [J]. 统计与决策，2009 (4)：60-62.
[74] 张少锦，刘海清，王勇，等. 公路专业数字化管理绩效评价指标体系研究 [J]. 工程经济，2021，31 (12)：51-53.
[75] 张伟，朱宏亮. 我国政府投资项目管理的制度变迁 [J]. 土木工程学报，2007，40 (5)：6.
[76] 代伟，费聿珉.基于Logit回归的跟踪审计绩效影响因素研究[J].财政监督，2017 (23)：77-81.
[77] 崔武文，王洪梅.高速公路PPP项目绩效评价研究[J].河北工业大学学报，2021，50 (3)：81-88.
[78] 张如山.浅析政府投资项目绩效评价[J].会计师，2015 (21)：37-38.
[79] 王丽颖.我国政务信息化项目绩效评估的发展之道[J].信息化建设，2018 (3)：56-61.
[80] 吴淑芹.政府投资项目的监管研究[J].中国管理信息化，2018 (1)：100-101.
[81] 张晓庆，李兰霞，张馨予.提高财政绩效评价质量的路径研究——基于某市2020年财政重点绩效评价项目实施情况[J].预算管理与会计，2021 (4)：43-46.

图书在版编目（CIP）数据

政府投资项目绩效评价理论与实务 / 周舜英等主编
. —北京：中国建筑工业出版社，2023.4
（新时代工程咨询与管理系列丛书）
ISBN 978-7-112-28682-9

Ⅰ. ①政… Ⅱ. ①周… Ⅲ. ①政府投资 – 基本建设项目—经济评价 Ⅳ. ① F284

中国国家版本馆 CIP 数据核字（2023）第 074077 号

责任编辑：朱晓瑜
责任校对：芦欣甜

新时代工程咨询与管理系列丛书
政府投资项目绩效评价理论与实务
主编⊙周舜英　林玉茹　祝建红　谢望平　李孝林
主审⊙赖铭华　王亦斌　焦红波
策划⊙尹贻林
*
中国建筑工业出版社出版、发行（北京海淀三里河路 9 号）
各地新华书店、建筑书店经销
北京海视强森文化传媒有限公司制版
建工社（河北）印刷有限公司印刷
*
开本：787 毫米 × 1092 毫米　1/16　印张：$21\frac{1}{2}$　字数：477 千字
2023 年 6 月第一版　2023 年 6 月第一次印刷
定价：**79.00** 元
ISBN 978-7-112-28682-9
（41119）

电话：（010）58337283　QQ：924419132
（地址：北京海淀三里河路 9 号中国建筑工业出版社 604 室　邮政编码：100037）